「難民」をどう捉えるか
難民・強制移動研究の理論と方法

Searching for Directions:
Conceptual and Methodological Challenges in Refugee and Forced Migration Studies

小泉康一 編著
Koichi Koizumi

慶應義塾大学出版会

はしがき

近年、難民・強制移動民（refugees and forced migrants）をめぐる問題が、グローバル化の進展ともあいまって、世界の政治、経済、社会、文化の各面と相互に影響しあい、国際社会の高い関心を集めている。難民、庇護申請者、その他の強制移動民は、多くの国々で政治論議の主たるテーマになってきた。強制移動についての論議は、国境管理と国家の安全保障と緊密につなげて論じられている。

運輸、通信、報道されるニュースはグローバル化し、人の避難の形態も変化し、国際的な出来事になっている。貧しい国と富める国の格差がますます拡大し、発展途上諸国から何百万もの人々が、世界のより富める国々での仕事と安全を求めている。人々は欧米の先進国だけでなく、アジアの国々や中東の産油国への入国を求めている。難民危機はもはや国内、地域内（regional）の問題ではなく、これまでになく広域で、グローバルな協力を必要とする問題となっている。

難民・強制移動民のテーマは、移住、紛争、人権、開発、環境について、グローバルにつながり、互いに影響しあっている。このテーマの分析の主眼は、社会変化のプロセスである。「難民問題」は、世界の経済、政治、環境、社会面の構造的な変化、特に途上国の変化で起こる、人の大規模移動というグローバルな動きの一部である。

こうしたなかで単に、原因国や庇護国（定住国）を基にした個別の現象ごとに機械的な分析を行えば、空間を限定した閉じられた分析になる怖れがある。さらにそうした枠組みのなかでは、「人は動く」という現代の人の移動の重要な特徴が見失われ、移動しない静的な社会集団だけが研究の対象とされ、動く人々は異常な行動をとる人々となって排除されてしまうかもしれない。

一九五一年国連難民条約（以下、難民条約）における「難民」の定義は、周知のように厳密で、より狭い範囲に限定されている。しかし、この定義に沿う難民を探したら、現代の難民の重要な現実を見失うかもしれない。研究者の間では、難民という言葉はむしろ強制移動民（難民も含まれる）のすべての種類の人々を意味する、より一般的な意味で広義に使われており、本書でもそれを踏襲したい(1)。

世界の多くの場所で、経済的、政治的な混乱が、人々に自国から出ることを促している。先進各国が軒並み門戸を閉じ、正規移住への見通しがなかなか望めないなかで、やむにやまれず不規則（不法）に入国を試みる人々が増えている。そのため、人を密輸し、人身売買を行う国際的な犯罪組織のネットワークが成長している。「北」の先進国では低賃金で働く未熟練労働者の需要があり、難民には移動途中の一時通過国と最終目的国で非正規労働の十分な機会がある。自国から逃れた人々は、正規移住の適切な機会や情報を得られないために、犯罪組織の餌食になっている。多くの場合、労働や性の搾取の被害に遭っている。

先進国社会はすでにグローバル化の勢いに強く晒されており、労働市場や社会制度の変革、人口の減少、社会の分断に苦しんでいる。その渦中にある個人が、生活に不確かさを感じるなかで、難民流入という現象は、地域社会に住む人々に、さまざまな懸念や感情、ナショナリズム、外国人嫌いや人種主義、社会的な妬みを抱かせることにつながっている。

〔日本での研究の現状〕

上記の状況に伴い、先進国、発展途上国の別を問わず、移民研究と並んで、難民・強制移動民に関する研究もますます盛んになってきている。こうした流れを受けて、日本でも国際政治学、国際社会学、社会人類学をはじめ多様な学問分野から、この問題に取り組む研究者や実務者の数が増えてきた。また、日本国内における外国人居住者の増加もあり、労働、医療、教育、福祉など、多様な分野の実務者が直接、間接に難民問題と関わるようになっている。

しかし、今日の日本にはこうした人々に対して知的な共通基盤となる体系的な研究書、とりわけ当該の分野に取り組み始めた若い研究者や、隣接する関連領域から難民問題に取り組み始めた研究者や実務者の手引きとなるような理論と分野の性質、研究手法に関する書籍が不足していると言わざるをえない。

今日、他所で起きている移動は過去の移動とどう関連し、以前の危機にどのように対処し、難民をめぐる言説・評価はどのようにして現れ、避難と庇護の政策はどのように形成されてきたのか。

誰がAからBへ移動するのか、そしてそれはなぜか。移動するのはこれらの人々で、他の人々でないのはなぜか。なぜCより、むしろBに動くのか。なぜ今、あるいはそのときなのか、といった疑問に答える一貫した理論的な基礎となる輪郭が不明である。

さらにまた、分析を行う法学、人類学などの「学問の間の関係」、「研究と政策の間の関係」、「研究と実践の間の関係」、「地理的な地域間の関係」が深められていない。

このことが、異なる研究背景や分析枠組みを持つ研究者間、あるいは視点やアプローチの異なる研究者や実務者の間の相互交流と相互理解・啓発を困難にし、ひいては現在の日本社会の難民理解をしばしば歪め、あるいは妨げる原因となっているように思われる。本書において、「研究」とは、適切なデータを十分に収集し、それを基に、避難状況にある人々とともに、知識を創造していくことである。

そこでこの度、難民・強制移動に関わる諸側面を深く理解し、本質となる点を把握する共通の枠組みを立てるために、この領域の理論研究および実証研究に関する国際的な研究蓄積を渉猟し、整理して、この研究の起源、発展、最新の研究動向を紹介する書籍を刊行することにした。企画は、慶應義塾大学出版会の木内鉄也氏の時代を見据えた鋭い洞察から生まれた。同氏の慧眼に敬意を払うとともに、ご厚意にあらためて謝意を表したい。

今後のさらなるグローバル化に伴い、人の移動をめぐるさまざまな現象が、私たち日本人にとってますます重要かつ身近な問題になると思われる。この分野に携わるさまざまな専門分野を持つ研究者が、本書により基礎的な知識や認識を共有できれば、広く世論の合意形成の一助ともなり、適切な難民政策の立案と実行にもつながっていくことを期待したい。

〔執筆の基本的な考え方〕

本書は、学問分野、背景、難民の調査経験がさまざまに異なる研究者の見解を集めたものである。各章のテーマが該当する領域ごとに、主流となる学問分野からのアプローチになるよう配置されている。重複はできるだけ避けることにしたが、各執筆者の行論の都合で記述する必要がある場合は、あえて修正せずにそのままとした。ご寛恕いただきたい。

序章でまたあらためて全体の概略と論点を述べることになるが、序章では、強制移動という経験を引き起こした力と対応する国際制度、災禍を経験した集団や個人への影響を描き、難民・強制移動研究の各分野の構成と内容・枠組みを提示している。それにより、続く章での詳細な分析への橋渡しとなるように努めた。中心となる前提は、難民自身の政治的考え、民族のアイデンティティ、ジェンダー関係のような領域で、個人の経験と社会的行動の間の複雑なつながりを明らかにすることである。それにより、「人の避難」という研究の枠組みを批判的に考えたいと思っている。

各章では、第一に、難民・強制移動民の当事者視点を忘れることなく、同時に広く「人の移動」をめぐる諸側面を、冷静かつ理論的に理解、解明しようとする学術的姿勢を保つことを重視した。

また第二に、執筆にあたっては、特定の地域・事象を取り上げる場合でも、常に他の諸側面、他地域、他次元（ローカル、国、地域内、グローバル）の研究と関連づけて捉えるという全体的で包括的な視点を心がけている。

そして第三に、各執筆者は本書全体のなかでの各章の位置づけを確認し、他章とのつながりを意識して執筆を行っている。内容はおおむね、研究対象の概要、先行研究、分析枠組み、倫理的課題、将来の研究方向などから構成されている。

そのうえで、第四に、読者対象として大学院生を含む若手研究者や隣接領域の研究者、実務者（NPO職員、政府・自治体職員、国際機関職員）を想定し、問題のレベルを高く保ちつつ、平易・簡潔で、できるだけわかりやすい語句や表現を使うように心がけた。

現状は、知識を基にした実践で変えることができる。「移住」（以下、「移動」とも使う。同義）は、歴史上で長年続いている現象であり、それを止めることはできない。各人が移住から利を得られるよう、また難民と地元社会がより良く「統合」できるよう、解決の努力を払う必要がある。庇護国の保護のもとで、難民個人は自分の望みを追求する自由がある。最終的な目標は、国家による安全への懸念と個人の権利の間にある緊張関係を解くことにある。

最後に、数十年にわたり世界の難民の権利を守るために献身し、英オックスフォード大学に世界で初めての難民研究センターを設けた、バーバラ・ハレルボンド教授（Professor Barbara Harrell-Bond）が、二〇一八年七月一一日朝、家族に見守られながら、オックスフォードの自宅で静かに息を引きとった。

バーバラ先生は、今日に至る世界の強制移動研究の礎を築き、難民の法的権利の啓発・擁護のパイオニアとして、莫大な貢献をされた。世界中の名だたる学者・研究者とともに筆者も、バーバラ先生のもとで学び、共に働いたことを誇りに思い、また大いに援助いただいたことを非常に懐かしく、喜ばしく思っている。

二〇一九年三月

編著者　小泉　康一

【注】

（1）例えば、難民の多くは事実上、無国籍ではあるが、すべての無国籍者が難民ではないし、すべての難民が厳密には無国籍ではない。無国籍は、難民の本質的な属性ではない。また「避難民」（displaced persons）は、難民の同義語として広く使われるようになってきており、実質的に両者は重複するが、法的な意味では二つの用語の間に互換性はない。多くの場合、避難民は「国内避難民」を意味する。

目次◆「難民」をどう捉えるか——難民・強制移動研究の理論と方法

第Ⅴ部　地域研究――事例分析と研究手法、課題の発掘

第15章　「脱北」元日本人妻の日本再定住　345

宮塚　寿美子

「難民」をどう捉えるか
——難民・強制移動研究の理論と方法

序　章　難民・強制移動研究とは何か
――分野と現状

小泉　康一

【要旨】　難民発生は単発的で、他の出来事とのつながりを欠く、特別・特殊な緊急事態だとする従来の古い見方は、二一世紀の新しい現実とは合わなくなっている。人の国際移動、特に強制移動は、グローバルな流れとつながり、今日の最も重要な社会的な動きの一つである。
難民・強制移動研究は、難民発生の現場の民族誌的研究から、グローバルな政治・経済まで広範につながった研究テーマを持っている。研究を行うには、種々のレベル（ローカル、国内、地域内）の分析をグローバルな政治・経済の分析に結びつけることが必要である。複雑な移住の解明には、移動パターンとグローバル・プロセスと地域の動向を踏まえた、バランスのとれた分析が求められる。

【キーワード】　人の強制移動、グローバル難民危機、国境管理、難民のラベル、難民経験

はじめに

人の「移動」は、二一世紀を説明する特徴の一つになってきた。そのなかでも「強制移動」が、現代世界の社会変化の中心的な位置を占めている。現代世界の六八〇〇万を超える難民・避難民は、世界人口の一％に近づいている（UNHCR 2018）。強制移動は、今や、より大規模な形をとり、それも短期に発生する。イラク、旧ユーゴスラビア、ルワンダ、コソボ、シリアがそうである。

世界中の貧困、不平等と、暴力の危機が合わさって、先例のない数の人々が身の安全とより良い生活、職の機会を求めて家を逃げ出している。「戦火被災民」といった、難民でもない移民でもない、いわば「危機移民」とも呼ばれる人々の数が大多数を占めている。しかし彼らは、現今の国際保護の基準と分類には当てはまらず、人道的な保護がこれらの人々に十分に与えられてはいない。現実には、大きなギャップが存在する。国境なき世界というユートピアはまだ現れていない。そのため、不平等と差別、国家による管理と制限に基づくプロセスとして移動を分析することが、まだ適切と見られる。

難民状況は単発的で、他の出来事とのつながりを欠く、特別・特殊な緊急事態だとする従来の古い見方は、二一世紀の新しい現実とは合わなくなっている。新しい見方は、伝統的な国民国家という見方を離れ、国境を越えた学際的な仕事の観点から、考えられねばならなくなっている。

ともあれ強制移動は、グローバルな流れとつながり、今日の最も重要な社会的な動きの一つである。個人は国家により保護される権利を持つべきだという抽象的で普遍的な原則があり、また一つの国で迫害されたら、その個人が庇護を見出した国で、保護を要求する権利を持つべきだと言われるが、しかしそれはほとんど使われない原則である。ある人は、「我々は爆弾・テロと移民の時代に生きている」（Malkki 1995, 504）と言う。この現実に対し、国は先進国、途上国を問わず、事態の打開に消極的な態度をとり、国境の管理を強化している。

重要な点は、そうした事柄の背後にある「人間の経験」である。ただし本書の関心は――難民の生の経験を伝えることの重要性を深く心に刻みつつ――、むしろそのような話と、政治紛争、緊急事態と移住や開発政策のようなマクロ分析の間を、可能なかぎりつなぐことにある。

手順として、最初に、研究課題の全体理解を進めるために、やや機能主義的ではあるが、難民をめぐる危機の諸相を時系列的に描写する。次いで、五つのテーマを述べて、地理的、歴史的な比較の作業を行い、さらに理解を深めたい。そして最後に、現代の難民・強制移動の最新の話題と見通しを述べて、結びとしたい。

1　現代世界の逃亡と庇護

人の強制移動は、新しいものではない。主に、戦争、占領、そして政治的争いの結果であり、人類史と同じように古い。逃亡と亡命は、大半の宗教の聖典に見出すことができ、国家の礎となる神話となっている。

それに対し、戦火などによる、現代の人のグローバルな移動は、アフリカ大湖地域、アフリカの角、コーカサス、バルカン、中東のように、めったに一国にとどまらず、地域および世界全体に影響を及ぼす。現代の難民危機は、政治的不安定、民族間の緊張、武力紛争、経済的崩壊、環境悪化、そして市民社会の崩壊が結びついた「複合的な緊急事態」である。難民の移動はしばしば国外にあふれ出し、環境被害や食料不足などの問題をさらに悪化させている。人の統治・管理もグローバルなことが避けられなくなり、政治的、社会的、倫理的な責任もグローバルになっている。

（1）避難・逃亡

世界の難民の九〇％以上は途上国にいる。そして、その難民の大半は現在、途上国が位置する域内諸国に閉じ込められている。トルコは、シリアからの難民・避難民三二〇万人を抱える一方、アフガニスタン、イラン、イラク、ソマリアその他から、戦火や人権侵害を逃れた約三〇万人の人々がいる。エジプトは、二一万五〇〇〇人の難民を受け入れ、多くはエリトリア、エチオピア、ソマリア、南スーダン、スーダン、イラク、シリア、イエメンからの人々で、その他に推定三〇〇〜五〇〇〇万人の移民が、カイロや同国内の小都市に住んでいる。南アメリカからの難民数は減り始めたが、ベネズエラから周辺国のコロンビアや他の南米諸国への逃亡があり、シリア内戦以降、最大の難民危機となっている。

重要な点は、大量の人々の避難・追放が、今や戦争の手段として使われていることである。政府側も反政府側もさまざまな政治的、軍事的な目的のために、人々の「避難」を使う。このやり方は、武装勢力が人間や領域を支配し、その他の資源を入手し、維持するための方策である。避難の使い道はさまざまで、民族的・文化的に一様な社会にするためか、国家への忠誠度が疑問な人々を取り除き一集団の独占支配にするためか、空爆から兵力を守る「人間の盾」として使うためかで、人間集団を移動させている。多くの場合、人間の避難（強制移動）は、戦争の目標である。

戦地にいる女性は、戦闘員の性奴隷にされたり、国際ギャングに売り飛ばされたりしている。「人身売買」は主に、女性、子どもに影響を与えるが、[1]借金で隷属状態にされる男性もいる。一九九四年のルワンダの一〇〇万人を超えるツチ族の虐殺は、国内紛争の以前の解決法である、「民族浄化」というやり方にいくぶん逆戻りしたように見える。

大量の難民流出で「南」の多くの政府は、世界の難民負担の大きな部分を背負っている。地理的に、アフリカ、中東での難民数が多いが、両地域は単に難民の発生地域だけではなく、避難の場でもある。これらの地域は過去、人道的な見地から、何百万もの人々の救済に応じてきたが、今や新規の難民受け入れには門戸を閉じている。多くの受け入れ国（庇護国とも使う。同義）は、難民の流入で、安全保障や環境悪化への脅威を感じている。庇護民（以下、難民認定申請者とも使う。同義）の排除という傾向は、「北」の他に「南」の国々にも拡大している。

（2）長期滞留と難民キャンプ

普遍的な国際難民制度は、難民が保護のない状態に放置されないことを謳うが、現実は多くの難民に解決が見出せないままである。国境閉鎖は、イタリア・シチリア島（Sicily）やギリシャの受け入れセンターに収容された人々に、健康上のリスクを発生させている。将来が不確実なまま、何年も無為に監獄のような難民キャンプ（以下、キャンプ）に置かれた難民は、精神を病んだり、生活の糧を得るために武装勢力の募集に応じたりすることもある。元々の紛争が解決せず、解決の道筋が容易に見えないためである。

今日の戦争は、新しい権力構造とともに、それに並行した経済が戦争社会の内部で作られるので、紛争の収まりが非常に難しく、以前よりも長続きする。多くの場合、正式の軍事組織が存在しないために、兵士はむしろ、個人的な生存と家族のために闘っている。危機が終息すれば、自分たちの力や富・資源の入手法が危うくなるので、常に反対の立場をとる。その結果、人道援助は三〜四年と長引き、国際社会の負担は大きくなる。

キャンプに残された難民は、地域の安定を脅かし、国際人道援助や仲間の難民を食い物にする。ルワンダ難民が最初に逃亡した周辺国のウガンダ、旧ザイール（現コンゴ民主共和国）は、彼らルワンダ難民に市民となることを許可せず、難民は武器をとって、自国に侵攻した。

難民キャンプの軍事化は、新しい現象ではない。難民キャンプの存在は、対立する武装勢力には敵対する相手方を保護し、外部からの援助は資源と見られる。キャンプ内での配布物、食料、乗り物、援助物資は奪われ、人々は武装勢力の楯として人質にとられ、新兵の補充基地となる。難民危機に対処する国際人道援助の現状は、難民の人権保護を犠牲にして物資の援助が続いていることである。

パレスチナ人は「難民戦士」の最もよく知られた事例だが、彼らは長期紛争の産物である。パレスチナ人はまた、難民条約の保護から法的に除外された戦後の唯一の難民である。

国際難民法は、国家を通じて難民の権利を守るようにできている。ただし、制度によって適切に保護することができず、難民を福祉への依存者として半永久的にキャンプに収容する制度ならば、問題を解決するよりも、むしろ難民の苦境を永続し、解決を遠のかせてしまう怖れがある。ドナー側（資金拠出国。多くが先進国）は、そうした援助に資金を出すことを望まない。ドナー側からは、国連難民高等弁務官事務所(2)（UNHCR）に難民帰還（しばしば、強制帰還）の要求が出される。UNHCRは不承不承、戦火が続き、安全が確認されない母国への帰還に手を染めることもある(3)。

人道機関は徐々に、「純粋な人道主義」機関のままではいられなくなっている。事態打開の選択が、究極の善の探求よりも、むしろ邪悪さが少ないほうを選ばなければならないとき、彼らの手は汚れざるをえない。

（3）勾留

庇護を求める入国者数の増加で、入国管理施設での勾留は、世界中の国家で一般的に行われる現象になってきた。そこでは、人権侵害は普通のことである。レバノンはますます、移民・難民の管理で制限措置をとり、監獄の過密化が進んだ。食事と医療をはじめ、法的な支援も不十分である。エジプトは二〇一三年半ばの同国での政治危機後、難民と庇護民に対する暴行と襲撃が発生している。エジプトは勾留施設を設けず、刑務所、警察署、軍隊の駐屯地が移民・難民の収容に使われている。イスラエルは二〇一八年一月、エリトリアとスーダンからの庇護民に対し、送還もしくは同国での無期限の勾留を決めている。

アイルランドは犯罪人と移民を分けて勾留していないとして、国際的に非難されている。ノルウェーでは庇護申請が減少し、国外追放が増加している。当局は勾留措置を強め、身体検査を行い、独房を使用し、暴動や自殺未遂が発生している。アメリカでは勾留センターの民営化が進み、収容状況は悪い。医療や精神のケアが十分ではなく、身体や口頭での暴力、性的暴力、懲罰行為がある。他国はますますアメリカ・モデルを模倣して、移民の勾留が拡大を続けている。

移民・難民の勾留に対する代替措置を考えることは、人間の基本的な権利を尊重することである。現在行われているよりも、費用的に安く、勾留よりも効果的な方法が、NGOの手で見出されつつある。

（4）人種化された受け入れ・定住と国境管理

難民・移民は冷戦後、安全保障上の懸念にますます結びつけられている。欧州では受け入れへの寛容さが薄れ、極右政党、その他のグループによる難民への偏見が増している。人種的、宗教的偏見も特徴で、難民との関係で問題になっている。

難民の大量流入により、受け入れ国では、経済、環境、社会、安全面での出費が増大している。国内での異邦人による緊張を減らすという期待から、国境管理のための資金が先例のない規模で増加している。世界中の政府の多くは、領域から庇護民を排除する手続きをとり、場合によっては即座に庇護民や難民を強制的に帰還させている。難民問題に対処する主要な手段であった国際機関と定住国の力量では、事態はもはや支えられなくなっている。

国境管理の理由として語られるのは、テロや、国としてのアイデンティティや文化への脅威から、国民を守ることである。二〇〇一年九月一一日のアメリカでの同時多発テロで、難民は国内治安への邪悪な脅威だと烙印を押されたが、しかしテロリストは実際上、難民や庇護民ではなかった。

専門家は、国境管理を厳格化しても、多くの人々を単に地下へもぐらせ、不法入国になるだけだ、と言う。例えば、EUで導入された庇護抑制策は、庇護民という目に見える流れを、不法移民という秘かな移動に変え、国が数を把握し、管理するのをますます難しくしてしまった（Loescher 2000, 201）。かくして、EUの抑制策は意図しない結果を生み、さらに難民を周辺化し、排除し、犯罪と関わりを持つ下層社会に追いやってしまった。

国境の「安全保障（問題）化」という事態は、軍事化、犯罪化、透明性と説明責任の欠如、強制出国やノン・ルフールマン原則（迫害が待つ国への送還禁止）への違反、国際協力の問題に及ぶ。安全保障化は、避難した人々の権利や福利への関心以上に、移住を制限し、国の経済および安全を進めたいという願いに動機がある。この動機を持つ当局から委託された研究は、安全保障化に関心を持つことに貢献し、移住と貧困というつながりへの関心を高めてきた、と言えるかもしれない。

強制移動の安全保障化は新しい現象ではなく、むしろ安全面への懸念が第二次世界大戦直後から、現代の国際難民制度をめぐる政治の中心にあった。ＥＵは域内制度、抑制策と管理政策が最も進んでいると見られるが、庇護民の扱いが適切なようには見えない。

（５）国外での審査と移住産業の興隆

近年「難民危機」を経験した欧州では、かなりの資金と努力を払って、リビアを通じた移住ルートを止めようとしている。ＥＵ（欧州連合）の戦略は二股で、自力で入国しようとする「悪い」難民を罰し、遠く離れたＥＵ域外で待つ「良い」難民には褒賞を与える。オーストラリア入国を目指す庇護民への同国の庇護が縮小したと同じように、国外での庇護の受け付けに軸足を移している。二〇一四年、ＥＵとアフリカ連合（ＡＵ）の計三七カ国は、難民・移民が混じり合う移動（混合移住）(4)の問題を認めて、人の密輸と人身売買に特に焦点を合わせた政策（ハルツーム・プロセス the Khartoum Process）を作った。その目的は、協力の強化と移住について、持続的に地域対話を続けることにあった。

西アフリカから欧州への移住には、長い歴史がある。多くの難民や移民がリビアで閉じ込められ、地中海中央部のルートで欧州への渡航をめざす。難民、庇護民、移民は、リビアで恐ろしい虐待に直面し続けている。若いエリトリア人は特に、同地で誘拐され、奴隷に売られるという脅威がある。彼らは無期限の徴兵制度と人権侵害から逃れてきている。

「人身売買」が急成長したのは、先進国の制限的な入国政策の結果である。「北」での安価な労働力の需要は高いので、入国への厳重な障壁と結びつき、「移住産業」(migration industry) に新たなビジネス・チャンスを作り出している。専門的な密輸業者が手はずを整え、緻密に組織化している。国際的な犯罪ネットワークが関与し、旅行文書、パスポート、就業許可書、在留許可書を盗み、偽造を行っている。難民・移民自身が、身の危険と金銭の搾取に遭っている。

そして、脱出しようとする人々には、イタリアに向け海を渡る命がけの旅程がある。目的地に何とか着いた人々は、密輸業者への借金の返済のため、犯罪を犯さねばならないときもある。彼らはますます犯罪組織のために禁止薬物の運搬、販売を強いられるか、売春か、他の犯罪行為を強要されている。

ＥＵは、結束して合法的な移住制度と庇護制度を作ることができず、多くの人々に地中海を越える危険な旅を続けさせ、目的地到着後も大きなリスクを負わせている。

2　強制移動を形成する主要なテーマ

難民・強制移動研究は、難民発生の現場の民族誌的研究から、グローバルな政治・経済まで広範につながった研究テーマを持っている。取り組むためには、種々のレベル（ローカル、国内、地域内）の分析をグローバルな政治・経済の分析に結びつけることが求められる。複雑な移住の解明には、移動パターンとグローバル・プロセスと地域の動向を踏まえた、より精度の高い証拠を基礎とした、バランスのとれた分析が必要である。

地理的、歴史的に比較するために、次の五つのテーマ、⑴難民というラベル貼り、⑵曲折した難民問題の解決法、

⑶難民救援とUNHCR、⑷包含と排除、⑸避難の経験、を取り上げてみたい。

（1）難民というラベル貼り

人を社会的に、明瞭に別個の種類と区分する「難民」という用語は、いつどのように発展してきたのだろうか。「難民」という用語とラベル貼り（labeling）は、難民研究に初めから付きまとう問題であった。現在、「難民」というと、一般にはUNHCRが援助に関わる人か、難民条約の条項に該当する人か、その他難民関係の地域条約や地域合意に当たる人々を指している。

難民条約のもとで、難民の地位は、迫害の怖れと人種、宗教、国籍などの要因と一つないしそれ以上を、因果関係で立証できることが必要である。難民の定義に含まれる関連の条項を、国家は法的に狭く解釈し、避難が必要な人に保護のうえでギャップを引き起こしている。

難民の用語、つまり定義は、執行機関の実施上の正当な領域を示している。どのような政治的、経済的な要因が、該当する資格基準（包含と排除）を作ってきたのかについては、戦後の国際難民制度を取り巻く現実を見る必要がある。第二次世界大戦後はまだ、国際組織の役割が判然としてはいなかった。難民は明らかに移民に入るが、難民と移民の人為的な区別は、第二次世界大戦後の国際政治の論争の結果である。そして特に、戦後生まれた欧州の避難民への対処で、アメリカと国際労働機関（ILO）の間に対立があった。最終的にアメリカの意向が通り、結果として二つの組織が作られた[5]（Scalettaris 2007, 42–44）。避難の輸送機能は、ヨーロッパからの移民の移動のための暫定政府間委員会（Provisional Intergovernmental Committee for the Movement of Migrants from Europe: PICMME）に、一方難民の保護は、UNHCRに割り当てられた。PICMMEは後に国際移住機関（the International Organization for Migration: IOM）に変わった。この変化は、移民と難民が持つ権利と国際保護に大きなギャップを生じさせた。

しかし、難民条約の定義が不適当と思われたのは、アフリカの文脈であった。定義は、アフリカ難民特有の状況を含むには、狭すぎた。アフリカ統一機構条約（ＯＡＵ条約）は、難民条約を補い、植民地解放および解放後の紛争からの人々を難民とした。難民条約では、難民は非政治的であることが求められたように見えるが、ＯＡＵの定義では、「自由戦士」（freedom fighters）も難民に含められた（Skran and Daughtry 2007, 21）。

ラベル貼りの問題は、国連パレスチナ難民救済事業機関（ＵＮＲＷＡ）でも中心的な論点だった（Holian and Cohen 2012, 318）。ＵＮＲＷＡは、レバノン、ヨルダン、シリア、エジプトにいるパレスチナ難民の窮状を軽減すべく、一九四九年に作られたが、最初はかなり広い定義をとっていた。保護した個人は多様で、援助が完全に必要な人、部分的な助けでよい人、いかなる助けも必要なく単にパレスチナ人と認めればよい人、に区別されていた。難民の区別が変わったのは、お役所的な言語表現からだけではなく、救援作業から作り出されたもので、権利ではなかった。ＵＮＲＷＡの分類は、パレスチナ人への人道的で非政治的なアイデンティティを強めた。

しかし対象が、暴力紛争、避難、そして人権侵害の被害者の経験というのであれば、研究者は単にこれらの被害者を研究対象とすることができない。他者の窮状の研究は、苦境の軽減を目的にしないかぎり、正当化されえない（Jacobsen and Landau 2003, 185–186）。「難民」のラベルは、この分野の固定した境界を示すよりも、むしろ問題探究の出発点にすぎない。

（2）曲折した難民問題の解決法

難民・強制移動研究では、歴史のなかの難民をもっと研究する必要があると言われる。難民は歴史的には、「国民の誕生」に重要な役割を果たし、国民という神話やその支配的なイデオロギーに挑んだが、歴史には現れてこない（Bakewell 2007, 12）。宗教施設が「聖域」となった制度は、近代の国民国家の発展で壊れ、国家は国民のアイデンティティを定める役割を持ち、どの部外者の避難を受け入れるかを決定することになった。

国際難民制度は、法律、組織、規範で、難民の取扱いを規定する制度的な枠組みである。現代のグローバル世界の一部である大量避難の問題を考えるために、庇護と難民の出現に対応して作られたこの難民制度が、時期ごとにさまざまに異なる国民国家内部の矛盾の解決にどのように対応してきたのか、時期を大まかに三つに区分して、その特徴を捉えたい。

(a) 第一期：戦間期

二つの世界大戦の時期、難民は、異なる国民性を持つ人々からなる国家の内部をきれいにするために追い出され、制度はそれらの後始末をしていた。人口交換と国境線の調整が、主な方法だった。例えば一九二二〜二三年のギリシャ・トルコ間での人口交換は、オスマン帝国の崩壊で作り出された難民危機を解決する方法であった。国民国家へ人々を振り分けることで、難民問題を解決しようとした近代制度は、戻る国・領域を持たない人々にはうまくいかなかったし、事実上、迫害を逃れた人々を入国させるか否かの権限を国家に認めていたので、ユダヤ人の他国への入国の妨げになったように、西側国家の倫理上の失敗となった。

戦間期の欧州ユダヤ人をめぐる対応は、ユダヤ人が難民か避難民かをめぐって戦後、国連で論議となる。避難民なら、元の国へ戻る。難民なら、他国・他領域への資格が与えられる。ユダヤ人の大半は、自分たちが逃げた国とは別の場所に定住することを求めていた。大半の国々が受け入れなかったり、わずかばかりしか受け入れなかったとき、ユダヤ難民の大半はパレスチナへ行くことを選んだ。

(b) 第二期：第二次世界大戦直後から一九九〇年代

特別の社会グループで、グローバルに法的な存在とされる「難民」は、第二次世界大戦前には現代のような形で存在していなかった。難民定住のような規格化、難民キャンプ行政の制度化(6)(Malkki 1995, 497)、難民法のグローバル化のプロセスは、戦争直後のこの時期に起こった。戦間期に続き、冷戦期も難民問題の最も重要な点は、庇護国を見つけるのが困難なことにあった。そのため解決の第一は、庇護の場所を見つけることだった。送り出し国と受け入れ国が交渉できるよう、国際レベルで対処することが合意された（Skran and Daughtry 2007, 26）。

他方、世界大戦直後の数年、戦間期の人口交換のやり方が持続し、人口交換は一九四八年、インドとパキスタンといった新しい国家の間で大規模に行われた。

しかしその後、難民問題の解決策として人口交換や国境線の再修正ではなく、国境不可侵と国際制度を原則とする、新しい制度が出現した。戦争直後は、避難民の数に圧倒されただけでなく、新しい国際難民制度の発展の時期でもあった。それ以前のグループ主体のアプローチに代わって、対象が個人化され、迫害からの逃亡に的を絞った普遍的な「難民」の定義が作られた。しかし、普遍的な主張にもかかわらず、新しい難民制度は決して普遍的・包括的ではなかった。根底には、ナチズムによる欧州人被害者の救済と、冷戦の進展があった。

この制度はまた、戦争や紛争が主に、野放図で不合理なナショナリズムや全体主義イデオロギーのせいだ、という考えに支えられていた。国民の概念が、第二次世界大戦前の難民制度にはカギとなっていたが、主権と不可侵の場である国家は、戦後の難民制度の中心となった。しかし法の支配は、国民国家の前で止まった。戦後の難民制度の焦点は、国民よりも国家となった。制度は、難民が自国の領域内にいないときだけ、個人に適用された。逃亡を強いられたが、国境を越えていない人は避難民とされ、難民からは区別された。自国内の避難民は、国際難民制度の保護外であった。

ＵＮＨＣＲは、欧州の避難民問題に対応するために作られた以前の二つの組織、連合国救済復興機関（the United Nations Relief and Rehabilitation Administration: UNRRA）や国際難民機関（the International Refugee Organization: IRO）から生まれ、これらの組織が欧州で得た経験を引き継いでいた。(7)

他方、世界の各地域で並行して、域内独自の制度が発展した。アフリカや南アメリカのように、域内の国々が協力して難民問題の解決にあたった。欧州で発展した難民制度は、より大きな画面の単なる一部で、これは戦後の難民対処、解決の仕方が決して一枚岩ではなく、並行していくつかあったことを示しており、制度としては分裂化である。

難民問題への実際の対応では、二つのやり方が開発された（Adelman 1999, 93）。「義務的な対応」と「任意の対応」である。義務的な対応は、制度が国民から個人に焦点を移動させたことで、対象とされたのは、個人の権利、法の普遍性で、十分根拠のある怖れのある個人の保護であった。条約締結国には、該当者を保護する責任があった。

他方、義務の制度と並行して、条約の締結国には、種々の原因から逃亡した「大量の難民」に対処する任意の対応があった。一九五六年のハンガリー、一九六八年のチェコスロバキア、一九七二年のウガンダ、一九七三年のチリからの難民は、逃亡した個人が迫害の標的かどうかではなく、一般に抑圧的政権からの逃亡であり、個人は迫害を申し立てるわけではなく、国家に保護の責任はなかった。その後、一九七〇年代、八〇年代に逃れた中央アメリカ人、インドシナ難民にもそれは当てはまる。彼らは難民条約上の難民（条約難民）ではなく、「人道上の難民」として定住の場所が与えられた。

任意の対応では、各国に難民引き受けの義務はないが、それは技術・技能を持つ移民を受け入れるという「自己の損得勘定と結びついた人道主義」を意味していた。このやり方は、一九八〇年代に入ると、綻びが出始めた。あまりにも多くの戦争、特に国内で内戦が始まり、全世界からの戦火被災民が西側諸国に流れ込み始めた。スリランカの内戦、レバノン内戦、アフガン戦争、ミャンマー、ウガンダ、スーダン、ソマリア、リベリアなどの戦火。この時期、戦後から冷戦終結まで、植民地解放と超大国の紛争が、最大数の難民を生んだ。

（C）第三期：一九九〇年代から現在

難民への対処法に変化が見られ、第三の波と言えるものが一九九〇年代に現れ始める。冷戦後の人道主義は物資の配布という援助形態が中心となり、食料、住居、薬品を難民や戦火被災民に配ることが主流となった。避難民の人権保護が容易に無視され、ボスニア、ルワンダ、コンゴ民主共和国、コソボ、イラクのクルド人の場合には、保護と援助が分離し、本来の保護が与えられなくなった。

国際社会は、出来事に一般に受け身となり、暴力、人権侵害、人道的緊急事態のつながりに対応できていない。とられた措置は、紛争の原因に取り組まず、人間の窮状に単なる一時しのぎの援助となるばかりでなく、さらには紛争を長引かせ、苦しみを長引かせるだけになる怖れが出てきた。

経済的なグローバル化で国民国家の自主性が減り、自国の生存と繁栄が課題になるなかで、難民問題の解決は難民自身の主導権に多く依存するようになり、また難民発生国、庇護国の主導権が強調されるようになる。国際制度の主導権や、その組織への依存は減らされるようになる。

戦後に作られた制度はいくつかの重要な変化を受け、難民条約の限界をとり繕う政策が導入されているが、しかし条約自体の影響はいまだ健在で、持続している。難民条約の規定は、庇護申請者の審査に使用されるだけでなく、各国に難民を考える際の主要な手がかりとして使われている。難民条約はまだ大いに、西側で政治的庇護の役割を果たしている。戦後の難民の史的研究は、現代の難民制度とそれが抱える未解決の問題を考えるためには欠かせない。

難民問題への解決策は過去にさまざまあったが、後に本国帰還、現地統合（庇護国定住）、再定住（第三国定住）の、いわゆる三つの「恒久的解決」に減らされた。この三つの解決策は、国際連盟以来、使われてきたが、援助行政担当者が政策上の選択をするための道具として使われ、そうした見方の反映である（Skran and Daughtry 2007, 25）。

一方、一九二〇年代から学者による提案は数多く、解決を考えるうえで多様性に満ちている。解決法は難民問題の状況の異なる解釈・理解を反映している。国際関係論や法学の研究者は、国際組織や国家の活動を通じた解決の重要性を強調し、他方社会学者や人類学者は地域社会や現場段階で、難民が政治的決定に含まれる必要性を強調してきた。

とはいえ、初期のアプローチのいくつかは、その時代の産物であり、今日の解決策として人口を移動させるようなことは明らかに困難である。しかし、過去のいくつかの解決策は今日、「恒久的解決」とされるものを補えば、より創造性が出てくるかもしれない。

（3）難民救援とＵＮＨＣＲ

国際的な力点が、難民の保護ではなく、物資配布の人道活動に置かれる傾向があるなかで、本項でのポイントは、戦後初期に作られた救援機関は、難民制度の概念に関連して、援助能力とその管理をどの程度発展させたのか。難民を救う場合、どんな技術が戦後の難民危機への対応でとられたのか。国際難民救済事業と、より一般的には国際人道援助を永続的に進めるにあたって、この時期に何が発展したのか。なぜＵＮＨＣＲは、いくつかの危機には介入し、他の場合はそうでなかったのか、である。

（a）ＵＮＨＣＲの苦闘

疑いもなく、ＵＮＨＣＲは現代にまでいたる難民援助の歴史の中心にある。難民危機へ包括的にアプローチすることで、重要な足跡を残した。多くの国々が、同機関に指針と援助を求めている。ＵＮＨＣＲの創設では、アメリカが中心的な役割を果たしたが、アメリカは究極的に、国連の枠組み外で難民を扱うことを選んだ。同様にソ連も、国連の難民計画に参加することを拒否した。

誕生直後のＵＮＨＣＲは、今日のような制度的な能力はなかったが、一九五〇年代、そして六〇年代、ＵＮＨＣＲの委任事項は非常に狭く定められ、実際のところ、初期のＵＮＨＣＲは、ＵＮＲＷＡや国連朝鮮復興機関（the United Nations Korean Reconstruction Agency: UNKRA）よりも弱体だった（Holian and Cohen 2012, 315–316）。

ローシャー（Gil Loescher）は、ホルボーン（L.W. Holborn）の一九七五年の著作『難民、我々の時代の問題』（*Refugees, a Problem of Our Time: The Work of the United Nations High Commissioner for Refugees 1951–1972*）によるＵＮＨＣＲの公式的な歴史を修正して、ＵＮＨＣＲは人道面で絶えず発展を続ける歴史ではなく、戦後初期に能力と釣り合わない大きな問題にぶつかり続けていた（*ibid.*, 315–316）、と言う。

ＵＮＨＣＲは、中国共産革命の際、中国に残る欧州系の人々を避難、定住させるために特別の努力をしたが、香港に逃れた中国人に意味ある援助はしなかった。難民条約の欧州的な委任事項から出発して、香港の中国人難民のために資金を集めるために「好意」（good offices）という方法を使った。この試みは、地理的に欧州を越えた国連の難民援助の再組織化への重要な一歩であった。しかし、実行可能な人道計画になることはなかった。冷戦と中国人移民の西側での定住の可能性に対する、深く凝り固まった植民地時代の慣行があった（*ibid.*, 317）。ＵＮＨＣＲの事業は、戦間期の一時的アプローチを超えて改善したように思われる一方、狭い委任事項のために、一時的な解決策を工夫することで欧州外の危機に対応するだけであった。

しかし二一世紀の現在、人道的介入と難民発生国での活動へのＵＮＨＣＲの参加は、過去よりもはるかに普通になった。その結果、活動は原因国国内の戦闘区域で、国連の平和維持部隊と緊密な協力のもとにある。ＵＮＨＣＲは援助範囲を広範な人々に拡大し、難民の他に、帰還民、国内避難民、戦火被災民、庇護申請者、庇護を拒否された人、その他の人々を援助している。

一九九〇年代前半、人道援助は急上昇した。ドナー国政府は、ＮＧＯを通じて人道援助を実施し、人道ＮＧＯは増殖を続けた。彼らは資金を求めて公然と互いに競い合うようになった。予防措置や長期の開発援助のほうが、より費用対効果が高いと思われるにもかかわらず、ＮＧＯや国際連合児童基金（ＵＮＩＣＥＦ）や世界食糧計画（ＷＦＰ）のような国連各機関はますます緊急援助に焦点を移した（*ibid.*）。ボスニアの「安全地域」（safe areas）の設置があってさえ、一九九三年春の紛争の最中に、当該地域内の人々の保護よりも、実際上、物を配布するだけの人道援助に力が注がれた。

一九九〇年代後期、ドナー国政府はコソボに緊急援助と復興援助に何百億ドルも使った。しかし、北大西洋条約機構（ＮＡＴＯ）は、目前の軍事目的が達成されると、多くの難民が、帰るにはまだ危険だと思い、戻ることを望まないにもかかわらず、帰還を促し始めた。コソボ難民は、急に「物をせびる不法移民」にされた（Marfleet 2007, 142）。アフリカでの緊急援助で、UNHCRを含む国連機関が受け取った額は、コソボの半分以下であった。ルワンダでは、虐殺という危機的な出来事に十分に対応できなかった。旧ザイールでは、難民本体から虐殺の犯罪者を分離できず、保護面で大きな禍根を残した。難民に保護を与えるという根幹にかかわることが、国際社会によって実質的にまったく方策がとられていないことが明らかになった。

今日、UNHCRは主導的な人道機関の一つとなり、活動を大きく拡大した後、世界の難民数の減少という変化のなかで、その立ち位置を変えようとしている。UNHCRの戦略は、全体として強制避難の指導機関に自身を再編成し、国内避難民など強制移動の他の種類を含められるよう委任事項を拡大することにある。強制（難民その他）と非強制（移民）の明確な区別を保って、自らの行動領域を定めることにある。つまるところ、自身の存在の正当化であり、生き残りのための戦略である（Scalettaris 2007, 46）。

（b）難民キャンプ――「家」への通過点か

人道援助の歴史を通じ、援助は常に難民キャンプで行われた。それもキャンプはしばしば農村に位置し、医療、住居、水、衛生で助ける計画が実施されてきた。キャンプは、難民と人道機関という、二つの主要行為者が作る「閉じられた制度空間」として、人類学上の調査が進められてきた。一九八〇年代と九〇年代、こうした難民の隔離状況を正当化し、庇護国のキャンプ当局と人道援助者の管理制度を押しつけるやり方に、研究者たちは批判的な目を向け始めた。

多くの難民にとり、平均五年以上のキャンプ生活は長い。ストレスがあふれるキャンプの状況は、うつ病になりやすい。自殺行為、家庭内暴力、無感動、無力感が広がる。難民の間に「経験で身についた無力さ」（learned helplessness）が起こる。キャンプは、収容者にとって身の安全と住居や食料などの配布があることは利点だが、上記のような負の側面があり、正負両面の独特の生活スタイルとなっている。しかし近年は、キャンプでの生活を避けて都市で生活する難民が、世界の難民数全体の六〇%以上、国内避難民の八〇%となり、彼らには農村での援助形態とは必要物が異なり、援助側は対応面で追いついていない。(8) 特に、彼らの社会への統合と生活資源へのアクセスが問題となっている。

難民移動は通常、難民発生国や庇護国への、そして帰還であれ、さらなる他国への移住であれ、最終的な落ち着き先までの直線的な移動とみなされている。しかし現実には、難民キャンプを含む多くの場所で長期間の足止めを余儀なくされている。また、発生国は「家」で、すべての人間は戻る権利を持たねばならない、そして「戻ること」とは単純に、発生国に戻ることと仮定されている。

これは国家を中心とした見方であり、実態とははるかにかけ離れている。国家的な視点から見れば、人の移動は常に問題で、ほとんど病的であり、重点は避難の原因となった状況よりも避難そのものにあり、解決すべき問題となってしまう。

UNHCRの見方では、「市民権」は個人にとって最も重要で特有なものとされている（Scalettaris 2007, 46）。しかし、これは初めからの思い込みで、個人には所属する場所があり、彼らにはルーツがあり、それこそが彼らにとって自然に留まる場所だ、と仮定される。ユダヤ難民には、自分の生まれた場所に戻るという考えはなかった。援助側の人々の考えは、難民は本来の場所から「根こそぎにされ」（uprooted）、「家」（home）から離れていることが、痛みある経験だ、とみなされる。これらの見方・考え方が、現在の国際関係の制度を支え、正当な解決法とされている。難民制度は、その下位制度である（*ibid*., 47）。

（4）包含と排除

難民・強制移動民は、生存のためや弱い法的な地位のため、援助者、庇護国政府などに頼らねばならないという、不平等な力関係のもとに置かれている。しかし、難民危機に対して人道活動が増えるなかで、多くの国々で伝統的に与えられてきた保護と庇護の仕組みが弱くなっている。受け入れ国政府は入国者が文化的、民族的に著しく異なる背景を持つとき、難民や庇護申請者の受け入れにますます尻込みするようになった。

先進国では、犯罪や暴力行為の増加が、庇護申請者、難民、移民数の上昇と関係してきた。各国は、戦火や迫害から避難所を求める人々に壁を作って、彼らの入国を抑えようとしている。

(a) 恐怖を煽るマス・メディアの報道

衛星中継のテレビ画面で日々、絶望的な難民の窮状を世界中の人々が見るとき、感情的に揺り動かされた大衆の声が、各国政府の指導者の考えや行動に大きな影響を与えている。テレビは、情感的にグローバルな一体性を育む媒体である。大衆は、救いのない窮状にある人々のために、国が正当な責任を引き受けるよう要求するので、国にのしかかる圧力はいっそう強まる。

マス・メディアの影響と「感情の政治」(politics of sentiment) はグローバル化し、暴力紛争のすべての被害者に代わり、事態に活発に介入するよう、政府に圧力をかける大衆の声が大きな力を持つようになった。ただし介入は、裏付けとなる金次第である。現在の国際制度は、暴力の根源や難民発生の原因に取り組むには力不足なので、難民の国際保護の制度は主に物資配布のグローバルな福祉制度に置き換えられ、原因と実際に取り組んでいるのは域内の国々である。

その一方で、マス・メディアの大きな影響は、ときにパニックを引き起こす。メディアは、非合理な怖れを高める手段となる場合もあり、人々を分断している。近年の欧州での難民流入に対し、マス・メディアはそれを「グローバル難民危機」と呼び、事態は大事件で、例外的、恐怖という警告的な調子で、大半の報道がなされた(9)。今あるメディアに加え、新しいメディアが世論の形成で大きな役割を担い、地域社会の人々の難民歓待か、排除(10)かという態度に強い影響を与えている。人々はメディアが報じる情報・知識や意見に強く依存するので、彼らの社会認識はメディアにより形成される。人々の社会認識は社会的に共有され、量的・質的に限界はあるものの、事柄を判断する基礎情報のすべてとなる可能性がある。国民は不十分な情報と非合理な基礎資料・説明に頼らざるをえず、理性的になることができない。これらの情報は、難民への社会の懸念と人々の態度を決定し、国境を越えた連帯の可能性を弱めている。

経済的なグローバル化が時代の支配的な力になったとき、「他者」への同情は自分たちの国民のなかで溶け、苦境の人々へ何かするという要求は薄れる（Adelman 1999, 88）傾向にある。社会はグローバル化を映し出し、社会がグローバル化を作るので、現地のナショナリズムなどの社会的流れを知るには、二〇世紀末に自国民中心主義を育んだ経済的、政治的な力の評価が重要かもしれない（Ager 1999, 14）。

(b) 優勢な政治的イデオロギー

グローバルには、移住をめぐる論議はますます否定的になってきた。移住は高度に政治化された話題となっている。難民や庇護民について、メディアの報道は彼ら難民にどのような影響を与え、それはどのようにすれば改善できるのか。難民はメディアにどのよう描かれたい[11]のか、どんな話が語られる[12]のを望むのか。出発点は、「移住は問題である」という支配的な考え方の検証である。

「移動の自由は良い」とされる。なぜなら、それは近代社会の解放のシンボルだったから。「移住は悪い」。なぜなら、それは侵略や避難の古い記憶を再び思い出させるから。

欧州内で先の「グローバル難民危機」で公に言われたのは、避難を求める難民と言うが、自分たちこそ危機の犠牲者だという主張だった。その結果、移住は、適切な政策で何とか固定すべき必要がある問題となる。他者の流入に抑制的な意向であれば、厳しい国境管理となり、より寛大で考え方に余裕があれば、移住の根本原因への対処、特に原因国の貧困や暴力に目が届く。そうすれば人々は移住の必要がなくなる。

しかし、どちらの考え方も移住は有害で、社会の機能障害を起こすと見ており、結論としては同じである。人がもし動くなら、繁栄と公共秩序の脅威となるので、家に留まるべきだと考えられている。これらの考え方は、欧州の場合、植民地政策で始まった長い伝統に根ざし、現代の大半の国際開発機関に受け継がれている（Castles 2010, 1567）、と言われる。しかし先進国は、移民労働者が必要なので、現実には難民・移民の南北移動を禁止するのではなく、むしろ労働力輸入国、送り出し国、そして移民自身のウィン・ウィン・ウィン状況だ（*ibid.*）という矛盾もある。

他者は異常で潜在的に危険、これは二〇世紀初め、大量の移民が流入したアメリカで発展した同化理論に現れている。同化理論では、移民の文化は無益で、移民は新しい環境には有害な人とされる。移民は、社会化や文化変容のプロセスを辿らねばならない。元の文化を断念し、新しい社会の価値、規範、振る舞いを受け入れねばならない。移民は、主流文化に馴染む必要があるという考え方は、今日の大半の国々で非常に影響力を持っている。

（5）避難の経験

難民グループとそのなかの個人についての避難の影響、そしてそれらの経験を形作る力が避難のプロセスにはある。一連の理論や概念が避難による影響を描くために使われる一方で、「難民経験」というこの言葉を使う意味は、難民自身が分析・研究の中心であるのを強調することにある。避難の経験は、その個人の信念や価値のような個人的要因によって決定的に形作られる（Ager 1999, 13）。

（a）逃亡・分離・移動

迫害や暴力といった認識可能で直接的な話に隠れてしまい、逃亡以前の居住社会での移動制限や学校閉鎖のような慢性的な要因が、個人や地域社会に与える深い影響は見落とされがちである。収入機会の破壊、飢饉、食料不足などによって、生活が不可能なこともある。逃亡をめぐる家族の葛藤はカギとなるが、信頼できるデータはほとんどない（*ibid.*, 4）。

自国からの逃亡は明らかに、情緒的および認識上の混乱を促す傾向がある。家族と別離せず一緒にいる人々でさえ、共通なのは「怒り」であり、祖国での「未完成の用件」と帰国願望である。逃亡は精神に負担をかけるが、極度に危険な経験をしたことで、その状況はさらに悪化させられる。しかし一般に、「逃亡前の厳しい経験」と「移動の際の過酷な経験」を区別して分析されていないのが実状である。

(b) 最初の到着・受け入れ

第一次庇護国への到着時、難民は一般に登録の手続きをする。難民としての地位は、食料配給や他の支援を受け取るのに決定的に重要である。難民が大量の人数で到着したときには、援助側の扱いは乱暴で人間味がなく、難民は他人への依存と無力感を感じる。しかし、食料が不足したときでさえ、時と場合によっては分け合うという社会的な礼儀を維持するかもしれない。

(c) 職の困難

適切な職の機会を得ることは難しく、生活上で長期にわたり困難がある。難民が難民登録をしないのは、かなり多くの国で庇護の申請が、労働許可とかかわるためである。申請結果が出るまで労働はできないか、勾留される。未登録のその他の理由は、申請の仕方を知らなかったり、申請に行く交通費などがなかったりするためである。

難民は生活の過程で、非常に高度で複雑な情報を必要とする。彼らが直面するのは、どこで必要な情報を得られるか、どのようにその内容の信頼度を評価するかである。情報が貧弱だったり誤っていたりすれば、情報は害になり、家族を失ったり、金銭的な破滅から命を取られることまである。

（d）社会・文化の軋轢

先進国での定住の場合は特に、難民という社会的に少数な人々の振舞い・行動が問題となる。彼らの振る舞い・行動は、途上国に定住する大多数の人々よりも、かなりの注目を集める。難民の持つ習慣・文化と地元の主流集団の習慣・文化の力関係の違いで、通常弱者である難民がとる文化変容の形が決まる。変容の形は、個人的、社会的、政治的要因に影響される。受け入れ国が極端な同化政策をとれば、難民には精神上の問題が生じやすい。

（e）世代間の軋轢

家族内の考えや、家族構成員のなかでの適応上の程度・差異がある場合には、大きなストレスを生み出す。子どもは学校での社会化の結果、大人よりも早く適応を進める。女性と年長者は家で孤立する傾向があり、受け入れ社会で期待される行動・振る舞いの習得が遅い。言葉や手続きで、大人の役割を子どもが代わりにすると、家族内での役割が逆転して、家族内の雰囲気は不和になる。

しかし、難民経験を形作る力はまた、グローバルに難民に実施される政策、政治、思想的な傾向から影響を受ける。それらは、国内や地域社会の社会・文化プロセスを通じ、個人的な性格や苦難に影響してくる。マクロからミクロまで、つまりグローバル、国内、地域社会、個人レベルで、難民に働く要因を概念化するには、異なるレベル間で働く力の間の相互作用とその関係の理解が必要になる。相互作用は、明らかに双方向である。その関係のあり方を決めるのは、両者の力関係である。

ところが現実の個人レベルでの分析では、あまりそれらを形作ってきた社会プロセスにつなげられていない。難民の経験が文脈を外れ、個人的状況や特徴にあまりに狭く焦点が合わされすぎている。「拷問」を受けた個人の場合、その後の受け入れでは、その個人の精神的な強靱性だけでなく、当該の社会全体の構造が影響している。痛みや処置の不当さを共有することが、拷問からの生存者と戦火を受けた社会の復興のカギとなる。

難民の多くが強靭な力で事態に対応する一方、より弱い状況にある人々には対応が難しく、精神的病いや社会問題を引き起こす危険性がある。しかし難民が共通に経験する広範囲の問題を考えるとき、そうした点に過度に焦点を合わせることは、難民の経験を不必要に病的なものにする危険性がある。「難民は脆弱だ」、という考えを強めてしまうかもしれない。

難民経験に多様さ、幅広さがあるなかで、トラウマなど個別の経験を過度に強調することは、経験が個別化され、文脈を外れる怖れがある。そうした出来事の鮮やかさや劇的な状況が、難民にとっても援助関係者にとっても話の中心となる危険性がある。自身の適応のために、彼ら難民のなかにはかなりのエネルギーがある。難民および難民グループが共通に持つ強靭な回復力を踏まえたバランスのとれた見方が必要である。

難民はすべて、庇護以上のものを必要とし、彼らには働く権利が必要で、生活費を稼ぐ機会が必要である。難民は、受け入れ国が要求するものと、その社会のチャンスを比較考量し、自分たちの文化・伝統の継続性との間でバランスをとっている。彼らは、自らのアイデンティティを活発に作り出している。

社会支援ネットワークの有無、政府の援助形態、自国で取得した専門資格の受け入れ国での認定具合、自国文化と受け入れ国の文化の距離、現実ないし知覚される人種差別、難民の動機と期待。これらのギャップのかなりの部分は、政府やNGOの介入によって教育・訓練、言語能力の改善が図られ、地理的に居住地を選ぶことで、緩和しうる。

難民経験の概念化の際には、その経験の共通の要因に視点を注ぐ一方、状況も環境も異なり、その反応も多様であるので、避難の経験を形作る歴史的、政治的、社会的、心理的な力をもっと包括的に評価する必要がある。

人間が庇護を求める権利を認め、再確認し、難民認定の審査手続きを規定どおり迅速、公平に尊厳を持って扱う方法を開発することは急務である。家族の再会を進めるために、暫定的な出国書類の作成のような創造的な解決策を講じることも必要である。

おわりに

難民・強制移動研究は急速に発展してきた。強制移動の原因となる人間の争いは、時代を通じて歴史の共通のテーマであったし、聖域を与えることは多くの社会に深く根づいていた。近代化は、世界を国民国家に分割し、国民は個人の権利を守るために国家へ依存するようになった。世界が完全に国家に分割されたとき、ある国での迫害を逃れた人々は、他国以外に行く場所がなく、その国から入国許可の申請を要求された。難民はこの制度のアキレス腱であった。

地球全体が国民国家に分割されたとき、各国家は感情的な共同体として固められ、時には一様な国民だという原始的な感覚を持たされた。個人は市民社会内で自己益を追求し、個人の権利を守るために国家に依存する。国家は誰が構成員となるかを厳正に管理する。国家への帰属を管理することが、常に国家主権の中心課題である。今日、「難民研究」は移住管理と移住の多様性という特有な歴史状況に囚われる傾向がある。

現在、移動する人々の数は、世界人口に比しても絶対数としても、先例のないものではない。人は常に、移動を強いられてきた。自国内で避難する人の数は、国境を越えた難民人口のほぼ倍である。彼らの動きには、移住、避難、計画的移転の三つのタイプがある。欧州での近年の「難民危機」では、スマホというデジタル機器を使った移動(digital migration)が話題になった。しかし、国際議題からは外される。

移動と社会変化の関係は進むが、現代の二〇〇近い国を相手に、人の移動の国際制度を発展させることはきわめて難しい。その辺の事情について、欧州を例にとって見てみたい。

(1) 欠けていた分担のルール

欧米先進国は、協調して移民の入国を防ぐための入国管理を一九八〇年代に始めている。制限主義（restrictionism）への動きは一九七〇年代にすでに始まっていたが、最初は労働移住を対象としていた。一九八〇年代後半、焦点は不法移民と庇護民となった[13]（Adelman 1999, 99）。人の入国は難しくなり、すでに「ヨーロッパ砦」という言葉があった。欧州各国は難民への方策を厳格化し、その傾向は一九九〇年代にいっそう明らかになった。

ＥＵに欠けていたのは、庇護民と難民が大量に押し寄せた場合に、内輪で結束を実際にどのように固めるかのルール、いわゆる負担分担の制度がない（Doomernik and Glorius 2017, 432）ことだった。ＥＵが拠り所にしたのは、一九九〇年のダブリン条約（the Dublin Convention, 一九九七年発効）であった。この条約がめざしたのは、庇護民が到着する最初の国で庇護の申請をし、その国が責任を持つことだった。しかし多くの人は、イタリアや他の南欧諸国、例えばギリシャに留まりたくない。大半の庇護民が到着するこれらの国の社会支援制度は、北欧諸国と比べ弱体で、国民の間でさえ、失業率が高い。新しく到着した人々は、どこかに何らかの接触をする場所がある。彼らより以前に来た、家族や友人がいる。そのことが、彼らに移動を続けさせる理由となっている。しかし、最初に到着した国で登録され、指紋をとられたら、いくらかの例外を除き、他の国に庇護申請（難民申請）ができなくなる。指紋は、ＥＵ内の国々の警察で検索可能なデータベースに収められてしまうからである。

危機で明らかになったのは、ＥＵは実際上、域内の結束や人権尊重に基づく共同体からは、はるかにほど遠いことだった。負担分担ではなく「負担の転嫁」、そして国境の軍事化、難民船の海上での阻止が、代わりに行われた。そのため、ＥＵでの難民受け入れは、非常に不公平なものになった。結果として、イタリアやギリシャの島々を当てもなく漂う庇護民への対処を迫られ、ドイツでは各地元社会で予想もしない、大量の難民を受け入れねばならなくなった。難民保護の最良のあり方は、政治統合とは別の次元で、欧州のより良い協力と結束にあると見られる。

（2）新たな国際難民制度の模索

難民流出は、国家建設が未完成か、まだ建設の途中の徴候と見られる。二〇世紀が「難民の世紀」だったのは、難民に逃亡を異常に強いたからではなく、上述のように、保護をするか否かに絶対的な権限を持つ「国民国家」に世界が分割されたことにある。非市民の入国の権利を決める力を持つのは、言うまでもなく国家である。

第二次世界大戦後、世界で主要な権力を握ったのはアメリカであった。そのアメリカの力は絶大だが、現在、難民は西側の利害、特に欧州諸国が中心となり、その周りに国際難民制度が機能している（Scalettaris 2007, 45）。しかし今ある国際難民制度に綻びが見えて、域内の責任と域内でのイニシアチブによる「新たな難民制度」が、これまでの先進国と国際機関に頼るやり方を迂回して現れている。一方、援助の相手が難民、避難民か帰還民であるかにかかわらず、暴力紛争の犠牲者として、一時しのぎの物資配布を行う国際的な支援制度が発展している。

こうしたなか、「世界人道サミット」（the World Humanitarian Summit, トルコ・イスタンブール、二〇一六年五月）が開かれ、二〇一六年九月に、国連総会は難民・移民のための「ニューヨーク宣言」を採択。難民や移民の大規模移動に対処し、各政府は負担分担の概念への関与を再確認した。しかしこの会議は、難民の負担分担にはいたらなかった。そして、「グローバル・コンパクト」（*Global Compact on Safe Orderly and Regular Migration*）を錬るために、複雑な交渉過程に入った。グローバル・コンパクトの目的は、移住に関する一連の原則を確認し、関与、理解を深め、グローバルな統治と調整について、加盟国の間で計画を立てることであった。グローバル・コンパクトは二〇一八年一二月にモロッコで採択され、その後同じ一二月、国連総会で採択された。このグローバル・コンパクトは、政府間で交渉を重ねて合意された最初のものであり、すべての国際移住の領域を包括的にカバーしている。

しかし、グローバル・コンパクトの考え方自体は、今回が初めてではなく、以前からの項目ごとの失敗経験を、十分にそのなかに取り入れるべきだと思われる。焦点となるグローバルな負担分担は、いくぶん具体化されているが、難民への保護や援助を与える責任をどのように、より平等に分かち合うかを検証するには、かなりの「政治意思」がいる。ニューヨーク宣言は、暴力や紛争の根源に取り組むだけでなく、政治的解決と平和的安定と復興に関与することを謳うが、各国がこれらへの関与をどれだけ本気で守り、実施するかに国際難民制度の今後の行方とあり方がかかっている。

【注】

（1）「子どもたちは、できるだけ母か父の近くに座る。彼らは遊ばない。彼らは微笑んだり、恥ずかしそうにくすくす笑いをしない。しかし見知らぬ訪問者を真剣に、大きく、不安な眼で見ている。」（トルコのあるシリア難民の言葉）

（2）ＵＮＨＣＲは徐々に難民保護の機関から、難民と自国内で避難する人々の援助を主要な任務とする、一般的な人道機関に姿を変えた。一九九〇年代、ＵＮＨＣＲは難民と国内避難民に援助を与える最大の救済機関に進化した。同機関は非常にさまざまな理由から、難民、国内避難民、帰還民、戦火被災民の別なく、援助の優先順位を決め、資金を集め、物資を配給している。ＵＮＨＣＲは複雑な緊急事態で、緊急事業を調整する、単一の人道機関に姿を変えた。

（3）驚くことではないが、ＵＮＨＣＲは旧ザイール、ボスニア、コソボ、西欧やアメリカで難民保護という自らの委任事項を果たすことができず、多くの批判を浴びてきた（Loescher 2000, 197）。

（4）難民や不規則移民（不法移民）の移住の流れを全体として表す言葉として、「混合移住」という言葉が使われた。しかし元々この言葉は、国際機関の間で難民と移民を明確に区別するか否かの論議から出ている。

（5）国際難民制度は一九五〇年代に、国際労働機関（ＩＬＯ）の広範な移住制度から分離された。

（6）大量の避難民を扱う、ある種のカギとなる技術が最初に規格化されグローバル化したのは、第二次世界大戦直後の欧州であった。難民キャンプは、大戦直後の欧州での「避難民キャンプ」がその原型である。軍事バラックがそのモデルで、基本的な建物配置と管理がなされ、大量の人々の管理に適していた。

（7）一九四〇年代末から五〇年代初め、欧州難民を扱うＩＲＯの多面的な業務を誰が引き受けるべきかで、かなりの論議があった。難民は特別の集団としては概念化されず、今日言うところの、難民、避難民、経済移民が入り混じっていた。UNHCRは究極的に、IROの仕事の小さな部分だけを引き継いだ（Holian and Cohen 2012, 315）。

（8）詳しくは、小泉（二〇一七）を参照。

（9）ただし、EUが直面した「グローバル難民危機」という言葉使いは、次の点で誤っている（Doomernik and Glorius, 2017, 431）。①危機は、難民によってではなく、EUの能力不足と、メンバー国が適切に共同して対処できなかったことによって起こったのであり、これが政治的な大混乱と危機の感覚を生み出した。②恐慌状態は今回が初めてではなく、EU各国はすでに一九九〇年代の旧ユーゴの崩壊時、安全を求める大量の人々に圧倒される経験をしている。

（10）難民と地域住民の間で、緊張と争いを起こす要因は、四点。①政治的問題と治安・安全の問題（特に、住民より難民数が勝った場合）。②有限な資源の獲得競争（援助で地域社会は恩恵を受けるが、途上国の場合は、土地、水、薪などの確保の問題を生じる）。③公共運輸機関、教育、社会福祉の負担増。④社会・文化面での軋轢の発生、がある。

（11）「私たちは、難民。ものごとに耐えねばならない。キャンプから出るため、助けが必要だ。それが間もなくできるとは思わない。ここでの生活は最悪だ。あなたには決してわからない。」（一九八〇年代の香港のあるベトナム難民の言葉）

（12）現在は難民自身がウェブで自分たちの声を発信している。また、翻訳が必要な難民・移民に対し、即座に匿名で、世界のどこでも、いつでも、ボランティアで翻訳するサービスがある。

（13）先進国側では協調的な動きが見られ、特に欧州で際立っていた。すべての先進国が参加して、難民政策を調整するために政府間協議（the Intergovernmental Consultations on Asylum, Refugee and Migration Policies in Europe, North America and Australia）が非公式に開かれている。

【参考文献】

Adelman, Howard (1999) "Modernity, globalization, refugees and displacement," Alastair Ager ed. *Refugees: Perspectives on the Experience of Forced Migration*, Continuum, 83–110.

Ager, Alastair (1999) "Perspectives on the refugee experience," Alastair Ager ed. *Refugees: Perspectives on the Experience of Forced*

Migration, Continuum, 1–23.

Bakewell, Oliver (2007) "Researching refugees: Lessons from the past, current challenges and future directions," *Refugee Survey Quarterly* 26 (3), 6–14.

——— (2010) "Some reflections on structure and agency in migration theory," *Journal of Ethnic and Migration Studies* 36 (10), 1689–1708.

Bradley, Megan (2007) "Refugee research agendas: The influence of donors and North-South Partnerships," *Refugee Survey Quarterly* 26 (3), 119–135.

Castles, Stephen (2003) "Towards a sociology of forced migration and social transformation," *Sociology* 37 (1), 13–34.

——— (2010) "Understanding global migration: A social transformation perspective," *Journal of Ethnic and Migration Studies* 36 (10), 1565–1586.

Clark-Kazak, Christina, with the Canadian Council for Refugees, the Canadian Association for Refugee and Forced Migration Studies, and York University's Centre for Refugee Studies (2017) *Ethical Considerations: Research with People in Situations of Forced Migration*.

Connor, Phillip (2010) "Explaining the refugee gap: Economic outcomes of refugees versus other immigrants," *Journal of Refugee Studies* 23 (3), 377–397.

Crisp, Jeff (2007) "Foreword," *Refugee Survey Quarterly* 26 (3), 1.

Davis, J. (1992) "The anthropology of suffering," *Journal of Refugee Studies* 5 (2), 149–161.

Doomernik, Jeroen and Birgit Glorius (2017) "Refugee migration and local demarcations: New insight into European localities," *Journal of Refugee Studies* 29 (4), 429–439.

Holian, Anna and G. Daniel Cohen (2012) "Introduction," *Journal of Refugee Studies* 25 (3), 313–325.

Jacobsen, Karen and Loren B. Landau (2003) "The dual imperative in refugee research: Some methodological and ethical considerations in social science research on forced migration," *Disasters* 27 (3), 185–206.

Loescher, Gil (2000) "Forced migration in the post-Cold War era: The need for a comprehensive approach," Bimal Ghosh ed. *Managing Migration: Time for a New International Regime?*, Oxford University Press, 190–219.

Malkki, Liisa H. (1995) "Refugees and exile: From 'Refugee Studies' to the national order of things, *Annual Review of Anthropology* 24, 495–523.

Marfleet, Philip (2007) "Refugees and history: Why we must address the past," *Refugee Survey Quarterly* 26 (3), 136–148.

Mason, Elisa (2007a) "Keeping up with refugee research," *Refugee Survey Quarterly* 26 (3), 149–161.

——— (2007b) "Resources for refugee research: A bibliography, *Refugee Survey Quarterly* 26 (3), 181–189.

Scalettaris, Giulia (2007) "Refugee studies and the international refugee regime: A reflection on a desirable separation," *Refugee Survey Quarterly* 26 (3), 36–50.

Schmidt, Anna (2007) " 'I know you're doing', reflexivity and methods in refugee studies," *Refugee Survey Quarterly* 26 (3), 82–99.

Skran, Claudena and Carla N. Daughtry (2007) "The study of refugees before 'Refugee Studies'," *Refugee Survey Quarterly* 26 (3), 15–35.

小泉康一（二〇一七）『グローバル・イシュー――都市難民』ナカニシヤ出版。

第Ⅰ部

難民・強制移動研究を捉える視座と分析枠組み

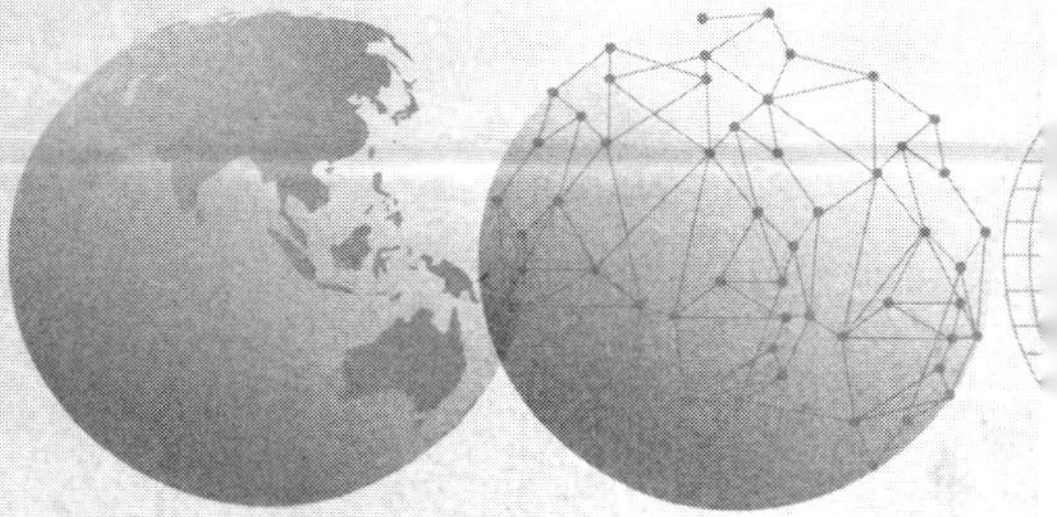

第1章　難民・強制移動研究の理論と方法

小泉　康一

【要旨】　難民・強制移動研究は学際的であり、研究を行う社会科学者は、しばしば二つの責務に直面する。すなわち、研究が、①学問的に厳密で、政策にも適合し、②倫理的に健全であること、である。そのためには、確かな方法論を選び、そのアプローチの限界と長所を明確に認識しながら、物事を批判的に見なければならない。

研究のうえでは、各学問の境界を克服しつつ、政治的・官僚的な政策用語を吟味することが不可欠である。理論的には大きな見取り図を持ち、この研究をより広い社会関係や構造、変化につなげていく必要がある。

【キーワード】　難民・強制移動研究、国際難民制度、中範囲の理論、学際研究、難民中心の研究

はじめに

「難民・強制移動研究」は、強制移動民（難民もその一部）の数が急速かつ継続して増えるなかで、この問題に関心を持つ研究者の取り組みから生まれた。強制移動の現象は新しいものではないが、その研究の歴史は難民への関心が急激に高まった一九八〇年代末に独自の学問分野として「難民研究」が現れたことに遡る。

もちろん、難民研究が独自の学問分野として現れる前に、難民の研究は存在した。二〇世紀前半に実施された難民問題についての主要な研究は、後年一九五一年国連難民条約（以下、難民条約）に成文化された「難民」の用語の進化に大きく貢献している（Bakewell 2007, 8）。難民の以前の研究の主眼点は、一つの社会から逃亡を強いられた人々が、他の社会の一員になる場合の研究であった。しかし、グローバル化とトランスナショナリズムの進展で、国の境界がぼやけると、この見方は時代錯誤となった。

非常に広い意味で戦後世界の難民研究は、「誰が国際難民制度の対象になるか」という関心から始まっている。そして、彼ら難民はなぜ、そうした行動をとったのかについて、国際難民制度の働き方とその効果を分析することが行われてきた。研究者の課題は、認識上で、難民が置かれた特異な状況と、人々の通常の状態のバランスをとって分析することだった。

国際難民法の枠組みや、難民保護と人道支援を行う国連難民高等弁務官事務所（ＵＮＨＣＲ）のような国際機関、そして世界的な難民制度が普及し、拡大したことは、難民研究の発展への大きな推進力となった。難民研究もそうした機関と並んで、着実に発展を遂げ、多くの学問が関わる分野になってきている。

難民が直ちに直面する主要な問題は、社会福祉を受給する際の危機、法的地位の不安定、受け入れと統合のされ方である。これらは、救援機関と開発機関の優先課題である。そのため初めから、研究の範囲は「難民」という「官僚的なラベル」を使い、政策分野で枠組みづけられる傾向があった。それと関連して、何人かの研究者の「難民政策研究」（Refugee Policy Studies）は、今も強い影響力を持っている。

難民の研究は、私たちの理解にいまだ大きな欠落がある「人間経験」の分野に関わり、知識を深めれば、人間生活の状況を改善できるかもしれないという見通しがあった（Bakewell 2007, 7）。年を経るにつれ、難民研究は学問的に魅力的で、活気に満ちた分野であることがわかってきた。このため、一九八〇年代末以降、世界には強制移動や難民を研究するセンターや大学での専攻コースが増加した。調査プロジェクトの数、学ぶ学生数が増えただけでなく、研究の範囲も広がった。

しかし難民研究の分野が拡大するにつれ、さまざまな問題が現れてきた。例えば、難民研究と関係する移住や人道支援のような分野との間に、意味ある区別はできるのか。研究者は分析に閉じこもるべきか、擁護活動に参加すべきか。研究はＵＮＨＣＲのような実施機関の政策や事業にどのような影響を与えるのか、等々である。

その後、難民の定義が現実に苦境にある人々と合わないこともあり、研究者の関心の力点は難民よりも他の強制移動民のほうへ移動し、研究の名称は「強制移動（民）研究」となった。しかし、難民研究自体は今も十分に意味を持つので、本章では、難民・強制移動研究として話を続けたい(1)。

1　研究の目的と範囲

難民とその他の強制移動民の研究は、絶えず学問的な探究が進む分野である。これは、暴力紛争、政治圧力、そして経済、社会、文化的な抑圧のために、家を離れることを強いられる多くの人々が世界中にいることを反映している。

(a) 目的

難民状況の改善に尽力することが目的としてあるが、私たちが強制移動を研究すべき最も明らかな理由は、その数が冷戦後に劇的に増加したためである。難民の数は一九七五年に二四〇万人、一九八五年一〇五〇万人、一九九〇年一四九〇万人、一九九三年一八二〇万人。その後、先進国における入国制限制度（non-arrival regime）のために下降したが、二〇一八年現在で二五四〇万人まで上昇している。一方、国内避難民（ＩＤＰ）の数も急上昇し、一九八二年一二〇万人、一九八六年一四〇〇万人、一九九七年までには二〇〇〇万人を超え、二〇一八年には四〇〇〇万人となっている（UNHCR 2018）。庇護民の数も同様に増加している。

しかし、単なる数の増加だけでは、新しい分野の研究の正当化には十分でない。この研究は、単なる純粋な知的探求ではなく、多様な学問分野からの見方、分析、方法論を統合しながら、人間の避難と喪失という経験を理解し、それに対処しようとする学問である。

国際移住機関（ＩＯＭ）の推定では、約二億四四〇〇万人（二〇一八年現在）が生まれた国以外で生活している。世界の全人口の約三・三%である。国連の数字では、全人口の伸び率よりもグローバルな移住の伸び率のほうがわずかに高い。その一方で、探究すべきカギとなる事柄は、富裕度、生活・社会状況、人権の遵守状況に巨大な格差があるなかで、大半の人々はなぜ移動しないのかという問題である。

(b) 範囲

近年の最も重要な特徴の一つは、紛争はもはやイデオロギーの争いで引き起こされるのではなく、民族的、宗教的な暴力や、地域社会での暴力により発生しているということである。その結果、難民や国内避難民が増大している。現代国家で、民族的に均質なところはほとんどない。今日起きている難民を生み出す紛争のほとんどすべては、国家間ではなく、国内である。しかし国内、国際間の戦火の違いは単純ではない。この研究は、暴力的な紛争により越境を余儀なくされた難民にのみ焦点を合わせるのではなく、国内避難民、開発と環境悪化・破壊による避難民なども含まれる。この研究は、戦争であれ、他の暴力形態であれ、災害避難であれ、避難を余儀なくされた人々の生活、感じ方、望みを理解する枠組みを作る学問である。強制移動と自発的移動の間の違いは、ますます曖昧化している。

2　用語・概念と分類

難民研究の誕生以来、「難民とは」が研究テーマの中心であった。難民という言葉は、近代の夜明け、一六世紀末そして一七世紀初めにフランスでの宗教迫害を逃れた新教徒のユグノー（the Huguenots）に最初に使われている。難民という近代的な概念は、中世的迷信に反対する新教の考えと不可分であり、個人の良心を意味していた。

一方、亡命者（exile）は、古くからの追放者に発する。彼らは外部者として烙印を押され、異常で非惨な生活を送った。難民は他方、二〇世紀の国家の創造物であり、「難民」は政治的な用語となり、緊急に国際援助を要する、途方に暮れた無害の大量な人々を指すようになった（Malkki 1995, 512–513）。

難民という用語はただし、学問的な分析や経験上の観察から作られたものではなく、代わりに人道政策の文脈から直接とられている。つまり、人道的な関心が根底に存在していたのであり、用語はしばしば描写的で、分析の程度は限られ、必ずしも社会科学上の個人やその集団を明確に表していない、と評される。

難民の用語は曖昧で弱さを持ち、分析上の点からも難民と呼ばれる人々に一貫性のある定義を付すことができなかった。それゆえ、難民という用語の「器」の容量に疑念が生じ、学問探究の領域を定めることができなかった。この用語については数多くの論議が交わされてきたが、受け入れ可能な合意がきわめて難しく、政策用語から学術用語への置き換えは解決しがたい問題である。

（1）定義の問題——誰が難民か

上述の傾向は、定義について概念的に明晰さを欠くという問題があることを示している。定義はまず、それが生み出された歴史的、制度的な背景を表している。一九五〇年ＵＮＨＣＲ規程と一九五一年難民条約は、難民は第一に、抑圧的で、全体主義的で、特に共産主義の犠牲者という考えを映していた。欧州外の難民危機には、一時的でその場限りの現地状況に応じた対応を続けた。難民条約は慎重に、中国、中東、南アジアのような難民の問題を避けた。アメリカやフランスといった条約作成の中心国は責任を最少にすることに熱心で、一九五一年以前の欧州での出来事に限った定義を作った。欧州内でさえ、東欧圏などから追放された大量のドイツ人は、新制度の範囲外であった（Holian and Cohen 2012, 314–315）。国際難民制度の文脈のなかで制度的に作られた分類法であるため、制度自体を支える原則があり、それを反映したいくつかの前提がある。それらは中立的ではなく、特定の見方を反映し含意している。つまりは、覇権を持つ国々の利害が人の移動を扱う際の政策枠組みを作り、それゆえ定義・分類を作るうえで最も重要な要因となった。

さらに、難民の用語（つまりラベル）は、官僚的に作られたことを意味し、国際人道分野で使われている。国家と国際機関は人間の移動を扱ううえで、異なる利害と委任事項、戦略に基づき、公共政策とラベルを作る。作られたラベルは、この交渉過程の結果であり、協議された概念である。それゆえ、概念は必ずしも描写的ではない。主たる目的はただし、現実を描写することでも、知識を生み出すことでもない。

この論議に最も活発に貢献したのは、国際法学者である。法的な定義は、援助と保護を促し、正当化することになる。難民性の法的側面については、相当な数の論文・書籍が書かれた。過去七〇年の間に発表された法律文献は、難民を表舞台に引っぱり出し、知識を体系化するうえで重要な働きをし、実際上では主権国家の秩序を作ってきた。

（2）政策から発した官僚的ラベル

難民条約の定義は、必要なときには国連総会の決議や補足的な地域条約（アフリカの一九六九年アフリカ統一機構（ＯＡＵ）条約、ラテンアメリカの一九八四年カルタヘナ宣言）によって、実用的に拡大できる普遍的、基本的で便利な定義である。難民の用語は、一九八〇年代の難民研究の初めから、研究者の間では官僚的なラベルとして認識されていたが、研究者の多くはそのラベルを現実的に使う傾向があった。最も狭い定義を使うのは国際政治と国際法の専門家で、最も広い定義は人類学、社会学、開発研究の専門家であった。前者は一般に難民を、特別の政治的地位を持つ人と考え、後者は難民、移民、その他の種類の移民の間に類似性を見る。ポイントとなるのは、研究では、難民についての技術的ないし法的な定義を使うのかどうか、あるいはより広めに定義をとるのかどうかである。

定義に明晰さが必要とされるのは、他の用語にも当てはまる。難民・強制移動研究では他の社会科学の諸学問から用語を自由に借用している。人間の安全保障、人的資本、エンパワーメント、ジェンダー、参加型などの用語は広く使われている。しかしこれらの言葉自体は、おそらく唱道団体や政策関係者の間での合意形成や資金獲得のために使われ、十分に定義されていない。「人間の安全保障」の概念は、一般にアフリカでの研究には合わず適用できない[2]（Bradley 2007, 125–126）という意見もある。

難民・強制移動研究は、政策から発した定義によって支えられている。難民、移民[3]、国内避難民のような人々の分類上の定義は難民・人道制度から出たものであり、分析の点で必ずしも学問分野での意味を持ったものではない。それらは、公共政策の枠組みの形成を通じて、政治交渉のなかで生み出された「政策ラベル」である。ラベル貼りは公共政策の立案では避けられないが、しかしそれは権利と資格という利益を受ける人々を限定するために、人々を規格化し固定化してしまう。

政策文書は一般に、社会的、政治的、そして包括的な使用は考えないで、技術的、経済的な結果に力点を合わせる。ＵＮＨＣＲの事業に見られる「国内避難民」のように、実施機関は一定程度、他の種類の人々を含めるために委任の範囲を広げることもある。しかし、その名前を難民に含めることは、他の種類の移民から、難民の状況や特異性を包括的に理解する、深い学問的なあり方というよりも、政策的な定義の拡大に関わってしまっている。

難民の用語は以上のように、学問的な分類よりも、むしろ官僚的なラベルだと考えられる。しかし研究のなかでは、社会集団を特徴づけるあたかも十分に定義された学問的な分類として考えられてきた傾向がある。難民というラベルは、ラベルを生み出した制度的分類については語られない。国際難民制度が「作り出す」難民というラベルが意味するのは、それが国家中心の見方、考え方に拠っているということである（Scalettaris 2007, 36）。難民は、彼らが救済のために拠る制度から不用意に分離・分類されるべきではないと考えられる。

3　学際的な中範囲の理論をめざして

グローバル理論は、国際的な社会科学の論議の中心である。そして人の移動は、グローバル化の決定的な形である。知識を蓄積し、整理し、体系化するためには理論が重要だが、人の国際移動を分析し説明するために過去、社会科学者が考えた理論は、主に産業化時代に進歩を遂げ、特に経済・社会制度、技術、人口学や政治学を反映していた。特に経済分析では、移動の際には人の合理的な決定を前提とするが、大半の移住の現実とは合っていない。移動の際、人は合理的に経済上の決定をするだけではなく、他の多くの非経済的要因が関係し、影響している。

難民・強制移動研究という多方面にわたるこの領域は新しく、問題を包括的に捉えることを難しくしている。特定の難民状況を分析する事例研究は急速に増えたが、より広く大きく捉える理論的な枠組みが欠けていることが問題となった。理論を作るうえで大きな障害となっているのは、難民移動の複雑さと多様性である。

難民移動は、無秩序な大変動や紛争で生み出されるのではなく、認識可能で地域ごとに異なるパターンに基づいた国際化プロセスの結果である（Loescher 2000, 204）と言われる。途上世界の多くで、地域社会内の暴力と分裂、内部崩壊、あるいは国民性の争いや民族紛争による国家の再編成、人口圧力、環境悪化、貧困があり、不安定な地域での政治的な激変は、先進世界からの武器取引による武器の拡散でさらに悪化させられている。

難民研究の発展にもかかわらず、この分野は主流の社会科学の周辺にとどまったままで、学界での認知度は限られている。研究が、学問の境界を越える学際研究であることが、主流部門にあまり受け入れられない一つの理由である。[4]

さらに、広く想定されているのは、「我々はなぜ難民が移動するかを知っている。だから、彼らの行動は説明の必要がない」というものである。根底にあるのは、難民移動を、より広範な社会関係や変化のプロセスとはきわめて離れた、特異なものと見る傾向である。しかし移動は現実に、社会の構造や制度が変化するプロセスの一部であり、その変化はグローバルな政治、経済、社会関係の主要な変化を通じて起こっている。

難民・強制移動研究の内部からも、この分野の理論的な基礎が弱いということが言われてきた。これまでのところ、理論的に自発的移動と強制移動を再結合したり、難民移動のモデルを一九七三年に開発したクンズ（Egon Kunz）の「逃亡モデル」の業績や、難民流出で最初に包括的な理論的説明をしたゾルバーグ（Aristide Zolberg）らの『*Escape from Violence: Conflict and the Refugee Crisis in the Developing World*』（一九八九）など、理論面では非常に数が限られている。世界中の異なる強制移動を分析した経験的な研究だけでは、事柄の比較や説明、そして違いを予測したり、主流の社会科学のなかに強制移動を位置づける理論的な枠組みを開発できない（Bakewell 2007, 7）、という声があった。

難民研究が理論的な背景を欠くのは、それが一時的にか無批判にか、主要な理論の考えを取り入れたからではなく、研究の分析対象の主な問題の一つが開発問題と考えられ、分析対象とされたことがある。そのため直接、開発人類学に結びつけられ、避難についての人類学調査が行われた（Malkki 1995, 507）という見方もある。

理論は、急激で複雑な変化のなかで、国際移動の力学を理解する枠組みを提供する必要がある。しかし一般理論はめったに一つの学問分野の境界を越えることはなく、むしろ単一の理論的な見方から、認識可能なすべての行動様式の形をカバーする論理的な構造を仮定している。しかし移住行動は複雑であり、人間生活のすべての分野を横断するので、簡潔な一般理論の枠内には容易に収まらない（Castles 2010, 1574）。

あらゆる場所で、あらゆる局面を説明可能な大理論は期待できない（Castles 2003, 27）と言われる。そうした理論は専門的でなくなり、一般的になって中身が何もなくなってしまうという。代わりに、特定の文脈ごとに適切な理論的アプローチを選び、歴史を踏まえて、適切な学問本体につなげることで、特定の経験的な発見物を説明する、ひとかたまりの中範囲の理論が望まれている。

中範囲の理論は、移動に関してすべての学問の知識を呼び集めることができる。強制移動理論はすべてを包含する一般理論ではなく、研究者は社会行動の複雑さ、矛盾や意図せぬ結果に集中すべきと考えられている。そのカギは、移動のみに限るのではなく、より広い社会理論へ移動プロセスをつなぐことにある。強制移動は、人間の行動や社会ネットワークが主要な役割を果たす「社会プロセス」として分析される必要がある（*ibid.*, 13）と見られる。

社会変化のプロセスの分析は、人間の移動とグローバルな変化の間のつながりを新しく理解するための基礎である。社会変化は、支配的な経済、政治、戦略的な関係のなかでの主要な転換と密接につながっている(5)（Castles 2010, 1576）。

難民の大理論を開発しようという願いは現実的ではないが、少なくとも難民や強制移動民の研究は、種々の学問分野の理論的な土壌のなかに位置づけられる必要がある。カスルズ（Stephen Castles）は「強制移動の社会学」を提唱し、暴力、強制移動、社会変容の間の関係を認識しようとした。強制移動を被った人はめったに元の姿には戻らず、新しく、しばしば問題の多い社会関係を作るからである。彼は強制移動の研究は、開発社会学のなかに含まれるべきだとしている（Bakewell 2007, 7）。

最後に、理論については、現場での経験的研究が過度に優先され、難民の持つ文化の特殊性や彼らの適応が過度に強調されることは、その分析が政治、経済・社会構造の包括的な視点を欠くことにつながる怖れがある。難民の文化的次元や異なる集団間の境遇を研究することは重要だが、多様性があるミクロ研究から直ちに一般化することは、対象全体を誤って捉えることになる。むしろ必要なのは、強制移動の構造的な原因のマクロ理論的な説明と、さまざまなタイプの受け入れ社会があるなかで、難民の編入パターンの構造的な決定因を関連づけることである。

4　学際研究――さまざまな学問分野からのアプローチ

人の避難と移動の管理は、長く国際関係の注目・関心の対象であり、安全保障、平和研究やその関連分野で扱われてきた。その一方、しばしば難民は、国際慈善機関が関わる用件とみなされ、政治的安全保障の問題とは見られてこなかった。しかし難民問題は事実上、極度に政治的である。大量移動は、国内的な不安定のみならず、国家間の緊張を生み、国際社会の安全を損なう。難民移動はすでに、冷戦終了後の政治的な安全保障の対象であった。大量移動はしばしば外交政策の道具として使われ、難民は戦争や軍事戦略の道具であった。

また難民は、上述のように開発とつなげた形で理解されてきた。難民と避難民の定住は、特に途上世界での開発という、十分に確立された考えに基づいていた。「難民と開発」という試みは、特にアフリカで二〇世紀後半から数次にわたり実施されており、それに関する社会科学からの大量の文献がある。難民を対象とした開発計画は、多くの場合、UNHCRと共同でなされ、多くの研究者の出発点となっていた（Malkki 1995, 506）。

経済開発と難民援助は、分離できない問題である。なぜなら、難民は世界秩序の安定の指標だったからである。関連の論議が行きつくのは、新しい難民危機に即座の緊急援助を与えるよりも、関係各機関は第三世界の貧困地域の人々の生活状況を改善する長期の開発の仕組みを作り上げることに集中すべきだという主張である。大量避難の場合に、緊急援助を超えて長期的に問題を見るのは確かに良い理由である一方、隆盛な開発のイデオロギーにより、難民となった人々がどんな影響を受けたかや、どんな政治的事柄があったかが見えにくくなった。

難民・強制移動研究は、広範なさまざまな種類の学問を含む学際研究の新しい分野である。大量避難は今日のグローバル世界の一部であり、人々は世界規模で影響を受ける。研究の多くは、人間移動の特有のパターンであるこの問題で、①どの難民を研究するか（範囲）、②誰が難民か（定義）、③難民移動を引き起こすのは何か（因果関係）、④難民問題には何が最良の解決策か（最終的解決策）、について研究が進められてきた。しかし目的が、法的な定義や最終的な解決といった実務的で実践上の関心ばかりで、他の地域との比較可能な一般的な枠組みとはならない。

　難民・強制移動研究は、学問の境界を探り、明確な見方を発展させるのにまだ時間が必要な新しい領域である。一九八〇年代初めに英オックスフォード大学に難民研究プログラムが誕生して以来、研究は著しく広い学問分野からたくさんの学識を取り入れてきた。学識の対象である「難民」という存在は多方面にわたり、初めは社会学、人類学、政治学、国際関係論、法学、開発研究、地理学、人口学、そして近年は心理学、精神社会学、文化研究、ジェンダー研究、環境学等々と、増え続けている。

　国際関係論や法学の研究者は、難民が庇護を得るために国際組織が果たす役割と法的保護の遵守を強調し、いったん避難の永住地を見出すと、難民の運命への関心は一般に薄れる[6]（Skran and Daughtry 2007, 28）傾向があった。国際関係論は物事を大きく、世界規模で眺め、現象について実務的視点から見る（Malkki 1995, 505）。ただし、現状の政治ラベルや法的ラベルを基礎として研究課題を進めることは、研究者の理解や問題の分析を歪める危険性がある。

　法学、人類学、政治学は、研究分野の多くを支える三つの主要な学問だが、各学問は方法や論議を進める形が異なる。国際法や国際政治の研究者は一般に、難民性の政治的な局面を主張する一方、人類学者や社会学者はより広く難民の種類を考えた[7]（Skran and Daughtry 2007, 21）。法学や人類学のようないくつかの学問は、研究上で十分に使われているが、他の経済学、歴史学は相対的に影が薄い[8]。

　難民についての歴史研究は難民研究よりも先行していたが、これまでの研究はあまり歴史を取り入れてこなかった。歴史および歴史人類学は、避難における文化的特異性や社会変化を考える際に広範な概念的な気づきを与えてくれる。それは、特定の難民状況で意味ある疑問点を探り出し、政策上の分類や関心を超えて見ることができるようにしてくれる。

イラク、スーダン・ダルフール、ジンバブエ、スリランカ、ソマリアのような難民危機は、植民地制度の複雑な遺産、グローバルな発展、外部からの介入、地域での緊張状態と紛争があり、とても歴史なくしては理解できない。しかし研究の多くは、非歴史的にアプローチしている。

研究分析に関するかぎり、単一の最善の方法はないが、どの学問も知識の生産では、難民に対する倫理といった特定の共通理解を踏まえるという手続きがとられ、一定の水準に到達することが要求されている(9)。各アプローチは、研究課題と探究する状況によって、その長所と短所がある。いかなる学問も単一では、この分野を適切に記述し、分析することはできない。各学問は、学際的な作業の一構成要素として理解されねばならない。

5　研究の方法

研究方法は、研究や分析の根幹に関わる。難民・強制移動研究は単に、経験で得た知識の蓄積に基づくことはできない。研究は、広範な理論的な理解に基づく、新しい疑問やアプローチを通じた知識の獲得に拠らねばならない。

移住は、社会生活のすべての局面を含み、それゆえ分析には、上述のような学際的なアプローチを必要とする。分析は、個人、家族の事情というミクロ段階から、国家、地域内、グローバルの法律制度とその構造といったマクロ段階にまで及ぶ。迫害や戦火とともに、経済的格差の増大、便利な輸送、西側での豊かな生活という情報の流入は、移動を促すマクロの構造状況である。強制移動の主観的・文化的な側面と、制度や構造の次元をつなぐ、すなわちミクロとマクロ段階を仲介してつなぐプロセスの分析により、両者は関連づけられねばならない(10)。

これは、学問分野を超えて行う理論的な作業である。現実は根本的に、多様で異なる沢山の成分からなり、単一のモデルでは科学的に説明できない。研究のすべての目的に合う単一の方法、アプローチはない。しかし学際的な試みは、統合よりもつけ加えが多かった。各学問はさまざまな技法を使って分析をするが、全体として統合させることはあまりない。実際、アプローチがバラバラという断片化の問題は、学問間だけでなく、学問内にもある。方法を混ぜ合わせると、必然的に認識の混合が起こる。難民研究の間、もしくはより広い移民研究の間でさえ、特定の研究方法だけで行われたことは非常に少ない。これは特に新しい問題ではなく、難民研究者が何年も取り組み、疑いもなくそれを続けてきている（Bakewell 2007, 13）。

研究に適したひとまとまりの方法はないというのは、広く認識されている一方、比較するうえでどの方法が有利かをめぐり、例えば量的方法と質的方法について活発な論議が続けられてきた（Schmidt 2007, 85）。それらは、透明性、再生可能性、表示性をポイントとしている。

難民・強制移動研究は、質的、量的なすべての領域に関わる。量的方法は、この分野ではしばしば問題となる。理論を開発するには、因果関係を仮定するためにデータからの抽出を行うが、しかし信頼性の高いデータの収集は、紛争という事情や調査者の安全面の点から問題が多い。

少数のサンプルに基づいたり、少数の詳細な深いインタビューに基づくだけの研究は、サンプルが母集団を代表していないなどの問題が生じやすく、学問的な信頼性や唱道の目的を満たす能力も限られ、十分な事例研究にはならない。

食料受給の目的のために難民は登録するが、配布物を多くもらうために人数などをさまざまに偽って登録することが起きる。ＵＮＨＣＲなどの登録データは、サンプルを選ぶのに有益なベースだが、正確さはすでに何らかの程度、損なわれている。広く引用される世界の難民数六八〇〇万にしても、十分な根拠がない。確固とした調査に基づくわけではなく、結局は憶測である。量的調査は、一定の大きさの集団のなかでの規則性を知るのに使われ、事例の比較に役立つ。しかし大規模に比較する場合には、事例は多様化して分裂し、結果を不用意に拡大させてしまう怖れがある。また、そうした変数の間の関係を因果関係と混同してはならない。数字だけから、直ちに因果関係をつかむことはできない（Bakewell 2010, 1704）。

インタビューや民族誌の作成のような質的方法は、量的調査では見えない抽象的な因果関係を引き出すのに使われる。参加型の質的調査は、小人数との密接な相互作用に適しており、問題やパターンを現場で見つけ、因果のつながりを明確にする。民族誌学などの質的技法は主要な方法だが、できるかぎり、より広範なデータや調査と関連づけられるべきである。

一方、インタビューでは、多くの言語間で通訳を介在させると、相手への倫理的観点から新たな問題が起きる。研究者と難民の間の力関係への配慮がよく言われるが、過剰に反応して強調する必要はない。

現場での話は、量的であれ質的であれ、データ収集の方法が貧弱であれば、中身は保証されない。しかし、いかなる方法をもってしても、すべてを万遍なく満たすことはできない。各方法には、利点もあれば欠点もある。この研究は、学問としての基礎となる共通の方法を欠くが、代わりに法的・政治学的分析、歴史的な公文書の調査や経済研究を含む、さまざまな技法を使う。政治学者や社会学者はミクロでインタビューを行い、マクロ的にアンケート方式も使うし、人類学者は現場で直接に調査を行う。

グローバルな背景を理解しないで個別の現地研究はないし、現地での調査を踏まえずにグローバルな理解は生まれない。各々の特定の現象を分析する際には、その現象が社会的な全体性に埋め込まれているとの意識が重要である。

研究方法をめぐっては、わずかに緩やかな了解があるだけである。広範に、多くの声がある。難民・強制移動研究に単一の最良のやり方はないが、研究を行うにあたっては、自分たちの仕事が難民の生活の改善に寄与するという、より大きな目標を共有することは可能である。そして絶えず、方法論の探求をすることと、倫理的な関心を持つことで、研究および政策への適合性を高めることができる。

6　研究と倫理

移動を強制される状況に置かれた人々の研究は、彼らが経験した事柄の理解を深め、移動の決定に至ったプロセスを証拠に基づき知らせるだけでなく、倫理的に特別な問題を引き起こす。

「難民になること」は、必ずしも元々の自然な特性でもないし、アイデンティティや集団的な態度様式に深く影響を与えるものでもない。難民になることは、何よりもまず、特定の公的な地位を持つことで、政府間機関や国際機関にその存在を認められることである。しかし難民キャンプのような特別な状況では、難民が一緒に隔離され、難民の地位はアイデンティティに実際的な意味を与え、社会的に（否定的な）強力な影響力を持つ。難民という概念とそれが倫理的に持つ意味は、国際難民制度につながる社会的、制度的なプロセスのなかで発展させられる。

しかし難民側も、その（否定的な）対処に甘んじているわけではない。一般に難民の地位というのは、難民とラベル貼りされた人への唯一の地位ではない。難民の地位は、国籍、民族、血族関係のような他の所属先の一つである。状況次第で彼らは意図的に異なる地位を使い分け、難民の地位から他の地位へ、正規の部門から非正規部門へ、異なる領域を行き交っている（Scalettaris 2007, 40–41）[11]。

(a)　研究者の二つの責務

人道状況のなかで現地調査を行う社会科学者は、しばしば二つの責務に直面する。窮状にある人々への倫理的責務と、研究が学問的に信頼でき、政策的にも理に適うものにするための責務である（Jacobsen and Landau 2003, 185）。強制移動の状況下で働く研究者は、難民への危害を最少限度にする倫理上の義務を注意深く考える必要がある、と言われる。

まず研究の話だが、難民関連の社会科学者は、高度の学問水準を満たすことを望んでいる。学問・科学のなかで正当な場所を占めるためである。しかし、研究の成果が学問的に洗練されるようになると、実務家や政策立案者には多くの場合、研究者の分析は現在の危機には合わないと疑われ、危惧される怖れがある。

これらの考えは、社会科学と政治の間を分離する難しさを反映している。非研究者側からの学問的な中立性の要求は、「難民移動は悪いものだ、悲惨な異常事態だ」という考えから発し、「移動はむしろ歴史上、当たり前のものではなかったか」という問われることのない疑問を覆い隠す。

強制移動研究には「北」での難民と庇護の問題、「南」では人道問題という、明瞭な二つの方向性がある。社会空間の広さを超えて、社会変化と人間移動の間の関係を調べる必要がある。それには、人々の移住の決定や生活戦略に影響を与える現場段階の要因の分析とつなげる政治経済アプローチが必要となる。

難民という人間の能力は、外部の制度・構造要因と反応し、どのように影響され、それにどのように対処しているのか。難民の能力に影響を与える種々の段階の政治的、経済的、社会的要因は重要である。

(b) 思い込みという落とし穴

次に、難民の「経験」の理解についてである。ある場合には、人は自国内に留まる。彼らには怖れるものがないためである。常にというわけではないが、迫害という種類には該当しないためである。戦争、暴力、そして大量避難があるとき、人々の目は自然に「難民になろうとする」逃げる人に向く。難民は精神衛生に関するかぎり、一般に思われているほど危険性は高くない。彼らには出国を強制されたという事実があるだけである。避難経験が苦痛の原因ではないというのは間違いだが、心理的な障害の問題を考えるとき、援助側はある種の経験的な思い込みで難民に対応している。難民に発生する精神障害や精神病を、彼らが難民だったからと、先験的に自明のこととして考えるべきではない[12](Malkki 1995, 510)。

母国の喪失を文化アイデンティティの喪失とすぐつなげてしまうのは、機能主義の一側面である。アイデンティティ、文化、伝統、家、コミュニティ、市民権、所属の意味が無批判に使われており、再定義する必要が出ている。援助側が、庇護国を難民にとって見知らぬ世界だとしてしまうのは、母国を普通に見るのではなく、「理想的な居住地」だと、知らず知らずに前提してしまうことにある。

(c) 難民中心の研究

研究は一般に、難民が相対する政治的、制度的な枠組みに焦点を合わせるが、ここでは難民自身に中心的な焦点を合わせたい。「難民中心の研究」(refugee-centred research) である。難民は、厳しい不利益を経験している。彼らは公に自分たちの経験や必要物をはっきり述べることができないし、公的な表現手段を欠くために、自分たちの声が他の人々に聞かれるようになるまで何年もかかる。

彼らの影の薄さは、受け入れ社会の周辺的な地位と不平等な関係に起因している。当局からは「好ましからざる人々」と見られ、退けられたり無視されたりする。政府にとって、難民を社会に迎えることは、それに伴うかなりの費用を要する人道上の義務である。受け入れには数を限り、管理しなければ、と考える (Doomernik and Glorius 2017, 430)。

経済や政治が不安定なときには、国内の問題は重要度を増し、政府は他者への敵意を内的、外的に一般化しようとするかもしれない。難民は容易に、「劣った」、「有害で」、「脅威あるもの」として描き出される。難民や避難民は、意識的、無意識的に自分たちの真の考えを言うのをためらい慎重になるか、怖れている。あるいは自分たちの苦難の「特定の部分」だけを言いたいのかもしれない。彼らの対応は、自分たちの生存戦略の一部でありうる。彼らは今一緒にいる仲間うちでの立場を危険にする何かを外部者に言うことはない (Jacobsen and Landau 2003, 185)。

難民の経験を現在の研究に導入するために、そして歴史的な記録として残すために、個人的な証言は重要である。追い立てられた人々の主観的な経験を書き残すことは、研究の重要な部分である。しかし、証言と記憶の分野の研究は、思い出す過程が複雑で、しばしば矛盾する点が見つかる。証言はそれゆえ、記憶の批判的理論で検証する必要がある（Marfleet 2007, 146）。

（d）研究者と難民の関係

高度に政治化された不透明な状況のなかでの、研究者と難民の関係はどうあるべきか。研究者は、強制移動の文脈で、人々の権利を尊重し、支援し、彼らの生活、研究への参加の度合いを難民自身が決定できるようにする[13]（Clark-Kazak 2017, 12）ことである。

情報提供者が、貧しく無力なとき、研究方法のあり方は倫理問題に逸れてしまうかもしれない。難民のなかで生活したり、仕事をしたりする研究者は、難民側の「想像上の歴史」を受け入れがちになったり、難民に親近感を持ち、彼らの生存戦略に組み込まれるかもしれない。そうした好意を非難することは難しいが、方法上の問題を生んでしまう。研究者の存在が情報提供者の振舞いに影響を与え、研究の発見物が損なわれる[14]（Jacobsen and Landau 2003, 192）怖れがある。

研究者は、難民の持つ文化を理解し、その多様性を理解し、適切な調査方法を選ぶ必要がある。難民に対し、彼らが持つ権利について正確な情報を与えることも大事である。研究は、難民への政策や計画を改善するうえで役立つ可能性がある一方、研究成果が常に難民や実務者と適宜、共有できるわけではない。研究が、学問的に厳密で、政策にも適合し、倫理的に効果的であるためには、方法論が確かで、アプローチの限界と長所を明確に認識したうえで、物事を批判的に見ることである。

おわりに

強制移動は、より大きな政治的な不安定や大変動の危険な原因となるので、陳腐な国境管理と人道措置の次元を超えて、国内、地域内、そして国際的な政治・安全保障の対象になる（Loescher 2000, 215）。間に合わせの短期的な政策と厳格な国境管理では、問題への対処を誤り、必要なイニシアチブと長期計画を立てる妨げになる。

強制避難（移動）の問題はますます広く、複雑な問題となってきたので、対応するには国際人道組織の委任事項内だけでは十分でなく、他の国際的な関連分野、特に人権、経済開発、平和と安全保障といった問題から分離することができない。強制移動は数多くの複雑な要因が混じり合って起こるので、政府の移住政策や実施措置だけではなく、国際的な紛争防止のほかに、貿易や開発政策のような、人の移動に影響する他領域の政策でも対処する必要がある。暴力と戦火の新しい形に対応する、包括的なアプローチが開発されねばならない。そのためには、対処する国際社会の容量・能力の評価のほかに、強制移動民により引き起こされる問題の現実的な評価が必要である。

しかし国家や国際機関の政策立案者は、大規模な強制移動にはまだ備えが十分ではない。国連は、平和維持や平和創出で主要な役割を演じるが、その能力は資金的に制約があり、活動が大きく制限されている。安全保障理事会は、事務総長に予防行動を現実的にとるための実権を渡し、構造改革をすることには気が進まない（Loescher 2000, 214）。現在の難民制度は、国際機関の委任事項に関して多くの重要なギャップがあり、国際人道機関の能力を損ねている。

今日まで、国際活動の大半は、移動の管理や強制措置に向かい、各国政府はそれぞれの国内対策と単独の対外交渉で事態を解決しようとしてきた。強制移動への国際的な対応は、今ある法や制度では時代遅れで、新しい問題に立ち向かうには、あまりにバラバラである。国際社会がグローバルな難民問題に対処するには、根本原因に訴える二国間および多国間での一致した取組みに注意を向ける必要がある。国際組織のほかに、難民流出国と受け入れ国を含む国際的に調整された政策が必要である。

しかし現下の国際政治の文脈では、新しく国際的なイニシアチブを想定するのは難しいかもしれない。人権と強制移動をめぐっては、各国の思惑が絡み、国際的・地域的な安定と、理想主義がぶつかってしまう。難民問題への多面的なアプローチの必要性があるにもかかわらず、国際社会全体としての反応は、政治、開発、安全保障、人道に区分され、異なる場で個別に論議されている。アプローチの統合や現場での効果的な協働への動きはほとんど成功していない（Loescher 2000, 207）。

民族浄化や、人を分離することに「先祖返り」し、難民に規範的に対処する国際制度に裂け目が現われ始めた。難民危機への解決策は、同じ民族が多数居住する場所へ戻ることに再び焦点が集まっている。そして主導権は、国際制度やその組織ではなく、地域での解決に委ねられようとしている。「地域的解決の時代」の始まりである。

しかし、難民危機を解決する手段が今ある、普遍的な根本原則の遵守と国際機関の介入という事態から、地域内の国々による具体的で実用的な解決に戻るなら、これまで積み上げられてきた国際法と人道主義の倫理制度は、一体何だったのか（Adelman 1999, 103–104）となってしまう。確かに、これまでに開発されてきた法制度は、利用可能な人々には依然として機能し有効だが、世界人口の一〜二％の難民を扱うのに、非常に高価な解決策だという声があるのも事実である。

ともあれ、すべての種類の強制移動民を含み、紛争を解決できる国際制度を開発するには、難民移動のように各国が絡む場合、国際協力を行い、グローバルに長期の安定を確保する以外に方法はない。

強制移動研究の要諦は、グローバル時代の強制移動の新しい傾向と性格を分析することにある。今日、強制移動は「南」の社会変化の結果であり、同時に原因となっている。暴力の一般化、大量逃亡は、植民地解放、それに続く新国家形成、そして冷戦構造への組み込みという状況のなかで、一九六〇年代からすでに見られた現象である。

もし私たちが、包括的で専門性のある難民援助制度を望むというのなら、研究は奨励されねばならない。研究は、かつてスタイン（Barry Stein）が言ったように、直近の入国者や特定の政策課題に焦点を合わせるのではなく、認識可能で、しばしば同一のパターンで、一群の因果律を持った再発する現象として、広く歴史的な視点から、あらゆる場所にいるあらゆる難民を見る、全体的・包括的な研究とならねばならない。

その肝要は、各学問上の境界を克服し、断片化や副次的分野への孤立化を防ぎ、政治的・官僚的な政策用語を吟味することである。理論的にもっと大きな見取り図を持ち、研究をより広い社会関係や構造、変化につなげていく必要がある。また受け入れ国での難民への偏った見方に打ち勝ち、複雑性、多様性や移住プロセスの状況に沿った、最も適切な理論と方法を見つけ出さねばならない。めざすのは、単一の（一般的な）理論の形成ではなく、中範囲の理論である。単一の理論は、平凡になり、純理論的な概念に退化しかねない（Castles 2010, 1582）。

すべての移住プロセスは異なり、ユニークである。歴史的な偶然性にもかかわらず、固有で典型的な難民の姿というものはない。代わりに、何千もの雑多な難民経験があり、何千もの難民の姿がある。「難民」という意味とアイデンティティは、避難の時間と場所のプロセスのなかで作り上げられる。

難民・強制移動研究は、学問の独立性と知的な力強さを維持することである。同時に、政策上の関心に適合性を持つ研究を生み出すことも忘れてはならない。真理の探究とともに、強力な実践志向を持った学際研究である。この研究は、より広範な移住研究へと進むために、開放性を持ち、研究領域を拡大する必要がある。他方で、より包括的な分析をするために、国際難民制度の機能、基礎、知識創出の仕組みを辿り、問題全体への厳正な評価を行う必要がある。

歴史が示すのは、移住は正常な社会生活の一側面だということである。グローバルな難民移動の研究は、人々が自国に留まるのを助ける方法を探すという孤立的な目的からではなく、移動はむしろ、通常の社会関係の一つの姿だということを前提とすべきである。したがって研究者は、現代の社会変化が持つ、複雑で異なるプロセスの一部として、強制移動の力学を分析すべきである。移住を減らすのではなく、それが平等と人権の尊重のもとで行われる方法を見つけるべきである。研究の妥当性は、つまるところ、どのように進めるかよりも、どんな質問を尋ねるかにある。移住はしばしば、難民にも元の社会にも前向きの結果をもたらす。一定の状況下で、送金、先進技術、新たな考えがもたらされ、良い変化を生んでいる。最大の問題は、難民保護の事業を、より広い人権擁護にどのように結びつけるかであるが、留意すべきは、抽象的な言葉のうえで個人の自由や権利を考えるのではなく、彼らは現実の生身の存在で、日常的な背景のなかで生活しているのを忘れないことである。

【注】

(1)「難民研究」という言葉は、他の形態の強制移動民の研究を含めて、使われることもある。

(2)「南」出身の研究者は、具体的で時宜を得た地元段階での関心に対応し、「北」で最新流行となる多国間の改革、人間の安全保障や「保護する責任」のような問題は、ほとんど焦点にならないという。

(3) 現代の論議が基づく、移民と難民の区別はこの点で象徴的である。両者の区別は明らかに人為的で、厳密な分析には耐えられない。難民もまた、移民である。現実に研究を進めると、難民個々に定義を適用できないことがわかる。区別はそれゆえ、社会科学の探求よりも、政策の必要に合わせて作られた政策関連のラベルであることがわかる。難民が、他と分離した特殊な種類とみなされ、移民の残りの人と対立するのは、難民には特定の保護への資格があるからである。

(4) おおまかに言えば、強制移動は他の移動の形態からは、かけ離れた存在と見られている。移住理論はあるが、強制移動は理論化の範囲を超えた例外とされている。結果として、この研究は外部資金に多く依存し、研究者は政策主導のコンサルタント業を強いられ、それがまた主流学問の側から研究に偏見を持たせている。

(5)「社会変化」は、常に作動中の継続的な変化を超えた、社会組織上の根本的な転換である。

(6) 特に難民政策に関わる実務者には、「終わったケース」となる。彼らが難民に関する知識に関心を持つのは、政策上の選択肢を考える際に限られる。理由の一端は、事業は彼ら実務者ではなく、国際機関の責任であり、彼らの責務はそれに協力することだからである。

（7）ハンセン（Art Hansen）とオリバースミス（Anthony Oliver-Smith）は、一九八二年出版の『*Involuntary Migration and resettlement: The Problems and Responses of Dislocated People*』で、社会・政治的紛争で避難させられた人々のほかに、開発計画や自然災害で起こされた避難問題を、より包括的な用語を使って探究した。オリバースミスは、災害による避難を移住理論での自発移民と非自発移民の論議に結びつけた。ハンセンとオリバースミスは、国家の利益よりも避難民の福利のために社会正義を訴えた。

（8）各学問の分析上での特長を簡単に述べる。政治学と法学は、入国規則、移民政策や制度、構造分析に有効。社会政策学は、定住と地域社会関連の分析。社会学は、個人、集団の社会との関係に関わる。歴史学、人類学、地理学、人口学、政治経済学、経済学は、強制移動の原因と移動の力学に有効。移住の研究は伝統的に、経済学と地理学の研究者が優位を占めてきた。心理学、文化学、人類学は、個人の亡命、アイデンティティ、所属、社会形成の個人的、集団的な経験を研究するのに適している。

（9）例えば、英国社会人類学会が作成した『*The Ethical Guidelines for Good Research Practice*』がある。

（10）カスルズ（Stephen Castles）は、国際移住論の立場から、〈マクロ―ミクロ〉をつなぐメゾ構造を含んだ分析の例として、次の四つの基本要因を挙げている（Castles 2010, 1574）。途上国から先進国への人の流れという話だが、①先進国からの入国を促す構造的な力の扱い、②先進国へ移民を引きつける構造的な力の性格、③これらの構造要因に反応する人々の動機、望みの考慮、④人々の出生地と目的地を結びつける社会、経済構造の扱い、である。

（11）セネガルのモーリタニア難民は、セネガルとモーリタニアの経済移住ネットワークを確立し、セネガルではセネガル人になりすまし、モーリタニアでは非難民のモーリタニア人に戻る。難民キャンプ内では、援助を受け取るため、人道機関やキャンプ役人に難民登録証を示す。同じ事例は、ザンビアのアンゴラ人、パキスタンのアフガン人にも見られる。

（12）難民となったり、難民であったりした多くの人々は、拷問、レイプ、脅迫、武力攻撃、友人や家族からの離別や死を目撃したために明らかに深い傷を負っている。多くの難民は暴力や、文字どおり、人々の想像を超えた喪失を経験するが、難民ならこうだと一般化し、かく心理状態になると仮定してはならない。「難民性」の一般化については、注意が必要である。

（13）難民と研究者の関係は、可能なかぎり公平になるように努力し、さまざまな観点に意を払い、ジェンダー、性的志向、年齢、能力、宗教、文化習慣、民族、国籍に基づく想定を避ける必要がある。研究過程では、自分の立場、偏見、責任を理解し、相互信頼を発展させることが大事である。

（14）研究で助けてくれる人に、何かをあげることによるバイアスである。決定的な問題は、あげるかどうかではなく、「それをどのように行うか」である（Bakewell 2007, 10）。

【参考文献】

Adelman, Howard (1999) “Modernity, globalization, refugees and displacement,” Alastair Ager ed., *Refugees: Perspectives on the Experience of Forced Migration*, Continuum, 83–110.

Ager, Alastair (1999) “Perspectives on the refugee experience,” Alastair Ager ed., *Refugees: Perspectives on the Experience of Forced Migration*, Continuum, 1–23.

Bakewell, Oliver (2007) “Researching refugees: Lessons from the past, current challenges and future directions,” *Refugee Survey Quarterly* 26 (3), 6–14.

——— (2010) “Some reflections on structure and agency in migration theory,” *Journal of Ethnic and Migration Studies* 36 (10), 1689–1708.

Bradley, Megan (2007) “Refugee research agendas: The influence of donors and North-South partnerships,” *Refugee Survey Quarterly* 26 (3), 119–135.

Castles, Stephen (2003) “Towards a sociology of forced migration and social transformation,” *Sociology* 37 (1), 13–34.

——— (2010) “Understanding global migration: A social transformation perspective,” *Journal of Ethnic and Migration Studies* 36 (10), 1565–1586.

Clark-Kazak, Christina, with the Canadian Council for Refugees, the Canadian Association for Refugee and Forced Migration Studies, and York University’s Centre for Refugee Studies (2017) *Ethical Considerations: Research with People in Situations of Forced Migration*.

Connor, Phillip (2010) “Explaining the refugee gap: Economic outcomes of refugees versus other immigrants,” *Journal of Refugee Studies* 23 (3), 377–397.

Crisp, Jeff (2007) "Foreword," *Refugee Survey Quarterly* 26 (3), 1.

Davis, J. (1992) "The anthropology of suffering," *Journal of Refugee Studies* 5 (2), 149–161.

Doomernik, Jeroen and Birgit Glorius (2017) "Refugee migration and local demarcations: New insight into European localities," *Journal of Refugee Studies* 29 (4), 429–439.

Holian, Anna and G. Daniel Cohen (2012) "Introduction," *Journal of Refugee Studies* 25 (3), 313–325.

Jacobsen, Karen and Loren B. Landau (2003) "The dual imperative in refugee research: Some methodological and ethical considerations in social science research on forced migration," *Disasters* 27 (3), 185–206.

Loescher, Gil (2000) "Forced migration in the Post-Cold War Era: The need for a comprehensive approach," Bimal Ghosh ed., *Managing Migration: Time for a New International Regime?*, Oxford University Press, 190–219.

Malkki, Liisa H. (1995) "Refugees and exile: From 'Refugee Studies' to the national order of things," *Annual Review of Anthropology* 24, 495–523.

Marfleet, Philip (2007) "Refugees and history: Why we must address the past," *Refugee Survey Quarterly* 26 (3), 136–148.

Mason, Elisa (2007) "Keeping up with refugee research," *Refugee Survey Quarterly* 26 (3), 149–161.

——— (2007) "Resources for refugee research: A bibliography," *Refugee Survey Quarterly* 26 (3), 181–189.

Scalettaris, Giulia (2007) "Refugee studies and the international refugee regime: A reflection on a desirable separation," *Refugee Survey Quarterly* 26 (3), 36–50.

Schmidt, Anna (2007) " 'I know you're doing', reflexivity and methods in refugee studies," *Refugee Survey Quarterly* 26 (3), 82–99.

Skran, Claudena and Carla N. Daughtry (2007) "The study of refugees before 'Refugee Studies'," *Refugee Survey Quarterly* 26 (3), 15–35.

The Association of Social Anthropologists of the Commonwealth (2011) *The Ethical Guideline for Good Research Practice.*

第2章　難民と人道主義
——歴史的視点からのアプローチ

上野　友也

【要旨】　昨今、国連難民高等弁務官事務所（ＵＮＨＣＲ）は、紛争地域から国境を越えて避難した難民を救援するだけでなく、紛争地域のなかで国境を越えられない国内避難民やその他の民間人も支援の対象としてきた。それにより、ＵＮＨＣＲの活動は、それまで紛争地域において民間人（文民）を支援してきた赤十字国際委員会（ＩＣＲＣ）などの民間団体の活動と重複するようになった。このような「ＵＮＨＣＲの人道機関化」は、国際難民法が規定する難民の枠を超えて、ＵＮＨＣＲが支援の対象を柔軟に拡大できたことに一因がある。しかし、「ＵＮＨＣＲの人道機関化」が進んでいるとはいえ、ＵＮＨＣＲの難民支援は人道支援に収斂するものではない。緊急事態における人道支援は、その収束によって役割を終えるが、平和な秩序が回復したとしても、依然として迫害の怖れのある人々を保護し、そのような人々を庇護国や第三国に定住させる任務は残るからである。

【キーワード】　難民支援、国連難民高等弁務官事務所（ＵＮＨＣＲ）、人道支援、人道主義、赤十字国際委員会（ＩＣＲＣ）

はじめに

国連難民高等弁務官事務所（United Nations High Commissioner for Refugees: UNHCR）は、「ＵＮＨＣＲ事務所規程」に掲げられた難民を支援するために設立された国連機関である。その「事務所規程附属書」に規定されている難民の定義は、以下のとおりである[1]。

人種、宗教、国籍もしくは政治的意見を理由に迫害を受けるおそれがあるという十分に理由のある恐怖を有するために、国籍国の外にいる者であって、その国籍国政府の保護を受けることができない者またはそのような恐怖を有するために国籍国政府の保護を受けることを望まないその他の者。

なお、これは、一九五一年の「難民の地位に関する条約」（Convention relating to the Status of Refugees）における難民の定義（第一条Ａ（二））とほぼ同一である（以下、「条約難民」）。また、このような難民を保護するためのＵＮＨＣＲの任務については、ＵＮＨＣＲ事務所規程附属書に規定がある[2]。

本規程の適用範囲に該当する難民に対して国際連合の後援の下に国際的保護を与えるという任務を負い、かつ、このような難民の自発的帰還または新しい国内社会内での同化を進めるために政府及び、関係国政府による認可を条件として、民間団体を援助することによって難民問題の恒久的解決を図るという任務を負う。

ＵＮＨＣＲは、難民の出身国への自発的帰還、庇護国における社会統合、第三国定住といった手段を用いて、難民問題を恒久的に解決する任務を負うことになっている。

ところが、冷戦終結後のＵＮＨＣＲは、このような条約難民だけでなく、武力紛争などの緊急事態によって生じた難民、国内避難民、その他の民間人（文民）も含めて支援の対象にしてきた。難民は、国境を越えて避難した人々のことであるが、ＵＮＨＣＲは、国境を越えられない人々にまで支援の対象を広げているのである。ＵＮＨＣＲが紛争地域での支援に力を入れることによって、ＵＮＨＣＲの支援は、これまで紛争地域で活動してきた赤十字国際委員会（International Committee of the Red Cross: ICRC）などによる人道支援に接近するようになってきた。本章では、このようなＵＮＨＣＲの変化を「ＵＮＨＣＲの人道機関化」と呼ぶことにする。

このような「ＵＮＨＣＲの人道機関化」は、昨今の欧米諸国における難民政策の変化が影響している。欧米諸国は、難民を治安や雇用の脅威として認識するようになり、難民の入国を制限するようになってきた。そのために、欧米諸国は、紛争地域や周辺諸国から難民を出国させないように、現地での人道支援や難民支援に力を入れるようになった。ＵＮＨＣＲは、欧米諸国から資金を調達して難民支援を行っているので、紛争地域や周辺諸国での人道支援や帰還支援に重点を置かざるをえない。それゆえ、「ＵＮＨＣＲの人道機関化」が促進されているのである。また、ＵＮＨＣＲが、難民の第三国定住を支援しようとしても、欧米諸国や日本が難民の受け入れに消極的であることから、相対的に帰還支援に比重が置かれることになる。そのため、「ＵＮＨＣＲの人道機関化」に対しては、紛争地域での難民支援や帰還支援だけでなく、難民の第三国定住にも注力するべきであるという批判もある。

このような昨今の国際政治の展開が、「ＵＮＨＣＲの人道機関化」を促進しているのであるが、本章では、人道支援と難民支援の成り立ちをたどることによって、「ＵＮＨＣＲの人道機関化」が歴史的に形成されてきたことを明らかにしたい。これを考察するために、本章では、以下の三点について論じていく。（一）人道の意味を明らかにしたうえで、「ＵＮＨＣＲの人道機関化」とは何かを論じる。（二）「ＵＮＨＣＲの人道機関化」は、ＵＮＨＣＲの難民支援が人道支援に接近していったことによって生じたことを明らかにする。そのために、さらに三点を中心に論じていく。（a）人道支援と国際人道法はどのように発展し、紛争地域における活動を可能にしたのか。（b）難民支援と国際難民法はどのように発展し、紛争地域における活動を可能にしたのか。（c）難民支援は、国際難民法の枠組みを超えて、紛争地域における人道支援にどのように接近していったのか。（二）「UNHCRの人道機関化」が進むなかにあっても、難民支援には人道支援に統合されない独自の意義があることを論じる。なお、本章での人道支援は、NGOなどの民間団体による人道支援ではなく、ICRCや赤十字社による活動を念頭に置いて議論している。

1　人道とは何か

ここでは、「UNHCRの人道機関化」の意味を理解するために、人道（humanity）の概念について考えていこう。赤十字国際委員会の国際法学者であったジャン・ピクテ（Jean Pictet）は、赤十字社の行動原則を作成するために、一連の論稿を執筆し、それを赤十字国際委員会が『赤十字の諸原則』（一九五八年）として刊行した。赤十字の歴史において、人道の概念が示されたのは、このときが初めてである。一九六五年の第二〇回赤十字国際会議で人道原則を含む基本原則が採択され、一九九一年の国連総会で国連における人道原則が承認された[3]。

ピクテによれば、人道は、一般に人間の本性や人類全体を指すことばとして用いられているが、ここで重要なことは、人類に対する積極的行為の感情という意味である。このような人道的感情は、各人が他人の幸福のために行動するように仕向けるものでもある。また、人道主義（humanitarianism）とは、人道の社会思想であり、個人の苦痛と闘い、束縛から解放するだけでなく、人類の幸福を最大限度に求めるといった積極的な意味をもつものである（ピクテ 一九五八、一九─二〇）。このような考え方は、人道の行動原則に集約されている。

赤十字は苦痛と死とに対して戦う。それは人間がいかなる状況においても人間らしく扱われることを要求する（ピクテ 一九五八、一九）。

しかし、赤十字社は、このような人道主義に基づいた行動のすべてを追求しているわけではない。赤十字社による人道支援は、歴史的に展開してきたものであり、人道主義に基づいた行動の一部を実践しているにすぎない（ピクテ 一九五八、三〇–三一）。次節以降で論じることになるが、赤十字社による人道支援は、戦争被災者の援助と保護、赤十字条約（国際人道法）の制定と普及を中心に発展している。

それでは、「UNHCRの人道機関化」とは、何を意味するのであろうか。難民支援は、難民の苦痛と死と戦うものであり、難民を人間らしく扱うことを求める行動であるから、人道主義に基づく行動であると言えるであろう。難民支援は、人道主義的である。しかし、難民支援は、人道支援と同一ではない。難民支援は、難民に対する援助と保護、難民条約の制定と普及を中心に独自に発展してきたものだからである。UNHCRは、人道機関ではなく難民機関として設立され、難民支援を実施する組織として成長を遂げてきた。ところが、昨今では、UNHCRによる支援が、戦争や武力紛争における民間人に対する援助や保護にまで拡張し、赤十字社が展開してきた人道支援と区別がつかなくなってきた。このようにして、「UNHCRの人道機関化」が進んできたのである。

以下、どのようにして「UNHCRの人道機関化」が生じたのかを考察することにしよう。そのために、第二次世界大戦以降の人道支援と難民支援の歴史を追いながら、以下の三点について述べていく。（a）人道支援と国際人道法はどのように発展し、紛争地域における活動を可能にしてきたのか。また、人道支援と国際人道法はどのように一致して発展したのか。（b）難民支援と国際難民法はどのように発展し、紛争地域における活動を可能にしてきたのか。また、難民支援と国際難民法はどのように乖離して発展してきたのか。（c）難民支援は国際難民法の枠組みを超えて、紛争地域における人道支援にどのように接近していったのか（図2–1）。

図 2–1　人道支援と難民支援の発展経路

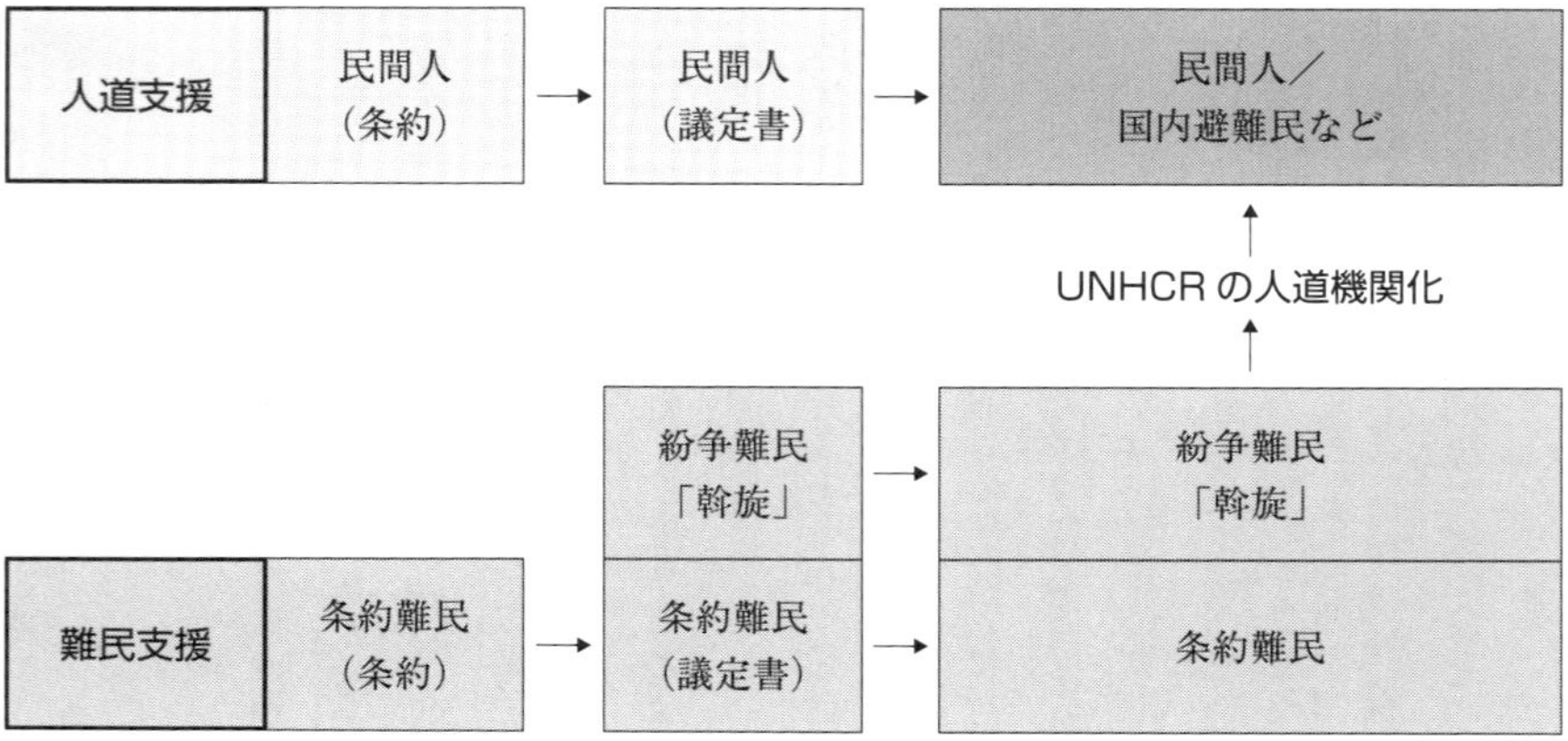

出所：筆者作成。

2　第二次世界大戦と戦後処理

（1）人道支援の活躍と挫折

第二次世界大戦では、連合国と枢軸国が敵国の壊滅のために人間と資源を総動員して死闘を繰り広げた。一方、ＩＣＲＣによる民間人に対する人道支援は、法的な根拠がないままに実施されることになった。それは、赤十字が提案していた敵国文民保護に関する条文草案（東京草案）が、国際情勢の悪化を受けて一九四〇年の国際会議で採択に至らなかったからである（Bugnion 2003, 126–127; Haug 1993, 58–59; Sandoz 2007, 185–186）。それでも、ＩＣＲＣと赤十字社連盟（各国の赤十字社からなる組織）は、合同救済委員会を設置し、紛争当事国からの同意を得て、鉄道、輸送車、病院船などの輸送機関を駆使してドイツの占領地にいる民間人に援助を提供した（ICRC 1948, 124–126, 359–400）。

しかし、第二次世界大戦において最も深刻な問題であったのは、占領地の住民の処遇と占領地からの住民の強制移動であった。ヒトラー政権は、ＩＣＲＣによる強制収容所の訪問を拒絶していた。一九四三年以降、ＩＣＲＣは、訪問が拒絶されている収容所に対しても援助物資を提供したが、強制収容所における収容者の帰還支援に着手できたのは、一九四五年三月からであった（Durand 1984, 596–597）。それまでに多くのユダヤ人やポーランド人などが強制収容所で抹殺されていた。ICRCは、ホロコーストを防げなかったとして非難を浴び、ICRCによる人道支援は大きく挫折することになった（Favez 1999）。

このようなICRCの成功と挫折の経験を踏まえて、一九四九年八月、五九カ国の代表が参加したジュネーヴ国際会議において、新たなジュネーヴ諸条約（第四回赤十字条約）が採択された。ジュネーヴ諸条約は、四つの条約から構成されており、傷病兵、難船兵、捕虜、民間人（文民）の保護を目的としている。とくに、重要な進展は、それまでのジュネーヴ条約（赤十字条約）において保護の対象でなかった民間人が、新たな条約で保護の対象になったことである。

これにより、東京草案にあった紛争当事国と占領地の敵国住民だけでなく、武力紛争に乗じて自国民を弾圧し迫害する行為も禁止されることになった。また、ジュネーヴ諸条約共通第三条第一項では、国家間戦争のみならず内戦においても、民間人に対する人道的待遇を保障するように紛争当事者に求め、生命や身体に対する暴力（殺人、傷害、虐待、拷問）、人質、個人の尊厳に対する侵害などの非人道的行為を禁止した。第二項では、傷病者の収容と看護を提供する義務を紛争当事者に課した。

第二次世界大戦においてICRCは民間人を保護するために活動したが、ICRCの人道支援（実践）とジュネーヴ条約（規範）との間には乖離があった。しかし、この乖離は、一九四九年のジュネーヴ条約の改定によって解消され、戦争や武力紛争における民間人の保護が条約上も保障されるようになった。

（2）連合国による難民支援

一九四三年一一月、連合国は、連合国救済復興機関（United Nations Relief and Rehabilitation Administration: UNRRA）を設立し、連合国管理下の欧州地域や極東において、難民や国内避難民に対して人道支援を提供した（UNRRA 1950, 4–5; Loescher 2001, 35–36）。ソヴィエト連邦や東欧諸国の難民のなかには、共産化した出身国への帰還を望まない者も多く、連合国救済復興機関による帰還支援が外交的争点となった。東側諸国は、祖国に帰還する難民だけを支援の対象にするべきであると主張し、西側諸国は、祖国に帰還せず第三国への移住を希望する人を支援するべきであるとして対立した（UNRRA 1950, 47, 64; Loescher 2001, 36–37; UNHCR 2000, 16）。

一九四七年七月、国際難民機関（International Refugee Organizations: IRO）が、連合国救済復興機関に代わり、国連の非常設の専門的機関として設立された。国際難民機関は、アメリカの意向を受けて、東欧諸国からの難民を西側諸国に受け入れて、再定住させる支援を主に実施した（McBride 2009, 2; Loescher 2001, 19）。しかし、国際難民機関の活動費は多額に上り、その多くを負担していたアメリカは支援の対象を限定し、難民の再定住だけを支援する非常設の難民機関の設立を新たに求め、その難民機関から現場での人道支援と任意拠出金を要請する権限を剝奪しようとした（Loescher 2001, 41–44; UNHCR 2000, 19）。

一九四九年一二月、ＵＮＨＣＲが、国連の補助機関として設立された。任意拠出金を要請する権限は与えられたが、これを要請するためには、国連総会の事前承認が必要になったので、事実上、アメリカの許可なしに資金調達はできなかった。そのため、ＵＮＨＣＲは、国連総会からの運営資金と緊急資金に依存することになった。アメリカの消極的な姿勢が転換したのは、一九五六年のハンガリー動乱を受けた難民支援からである。

一九五一年七月、国連は、「難民と無国籍者の地位に関する国連会議」を開催して、難民の地位に関する条約を採択し、難民の一般的な定義を設けた。しかし、難民の地位に関する条約第一条Ａ（二）は、「一九五一年一月一日前に生じた事件」によって生じた難民だけを保護の対象とした。また、第一条Ｂ（一）によれば、それが意味する事件をヨーロッパに限定して解釈することも締約国に認められた。このことから、ＵＮＨＣＲによる難民支援（実践）と国際難民法（規範）の乖離は、すぐに生じることになった。

3　冷戦と植民地解放

(1) 難民支援の世界的展開

ＵＮＨＣＲが大規模な難民支援に乗り出す契機となったのが、一九五六年のハンガリー動乱であった。ハンガリーでの政変を避けるために、多くのハンガリー人が隣国オーストリアやユーゴスラビアに脱出し、難民となった。オーストリアに逃れた難民の数は、約二〇万人であった。ＵＮＨＣＲは、赤十字社などの救護団体の協力も得て、オーストリアから欧米諸国への第三国定住を支援し、ハンガリー本国への帰還も援助した。これは、ＵＮＨＣＲが赤十字社と連携した初めての事例となった。ユーゴスラビアでは、北部がハンガリー人居住地域であったことから、ハンガリー難民の庇護国への統合が速やかに進められた（UNHCR 2000, 26–29）。

しかし、ハンガリー難民に対しては、難民の地位に関する条約が保護の対象とする難民であるのかが問題となった。難民の地位に関する条約は、一九五一年一月一日前の事件によって生じた難民を対象としており、それより後の難民は保護の対象にならなかったからである。ハンガリーが共産党支配下に置かれたのは一九五〇年以前であるので、ハンガリー難民は条約の保護の対象となるという解釈も可能であった（UNHCR 2000, 30–31）。その後、一九六七年の「難民の地位に関する議定書」（The Protocol relating to the Status of Refugees）において、その時間的制約が取り払われることになった。

ＵＮＨＣＲが、欧州だけでなくアジアやアフリカで大規模な難民支援を展開する契機となったのが、一九五四年から一九六二年までのアルジェリア独立戦争であった。アルジェリアの住民は、戦火を逃れて隣国チュニジアとモロッコに避難し、ＵＮＨＣＲは、スイス政府の資金拠出とアメリカ政府の物資援助を受け、赤十字社連盟と協働して食料や衣料品などの援助や医療支援を実施した。それまでのＵＮＨＣＲは、難民の地位に関する条約によって欧州の難民だけを支援の対象としていたが、一九五八年一二月、国連総会は「斡旋」(good offices) を通じて、チュニジアとモロッコにおける難民支援の権限をＵＮＨＣＲに与えた。一九六二年三月、アルジェリア暫定政権とフランス政府の間で停戦協定が成立し、ＵＮＨＣＲの資金提供のもとで、赤十字社連盟が難民の帰還支援を実施し、難民の帰還をアルジェリア独立の是非を問う国民投票に間に合わせることに成功した (UNHCR 2000, 40–43)。

これまでの難民の地位に関する条約では、一九五一年以降の欧州での難民流出（ハンガリー動乱）や欧州以外での難民流出（アルジェリア独立戦争など）に対応できないことが明白であった。このことから、ＵＮＨＣＲは、条約上の時間的・地理的条件を撤廃する方向で調整を開始した (UNHCR 2000, 54–56)。一九六六年一二月、国連総会は、国連事務総長に対して、難民の地位に関する議定書の草案を加盟国に提出するように要請した。一九六七年一月、国連総会議長と国連事務総長が草案に署名して、加入手続きが開始された。難民の地位に関する議定書は、条約第一条B（二）の選択を除いて、時間的・地理的制約を撤廃することになった。

しかし、難民の地位に関する議定書は、難民の定義に変更を加えなかった。迫害のおそれはないが侵略や占領といった事態で祖国を追われた者に対しては、国連総会の斡旋を根拠として、ＵＮＨＣＲの難民支援が実施されることになった。また、アジアやアフリカの難民流出は大規模であり、迫害を受けるおそれがあると十分に理由のある恐怖を有しているかどうかを個別に審査することは不可能であった。ＵＮＨＣＲは、このような大規模な難民流出に対して、集団単位で難民認定をする「prima facie（一応）の認定」を取り入れた。

一九六九年九月、アフリカ統一機構（ＯＡＵ）は、独自の難民条約を採択し、外部からの攻撃、占領、外国の支配、もしくは出身国ないし国籍国全体あるいは一部のいずれかにおける公の秩序を著しく乱すような出来事のために、出身国を逃れた人も難民として認定することになった。また、一九八四年一一月には、ラテンアメリカ諸国がカルタヘナ宣言を採択し、広範な暴力、外国の侵略、内戦、大規模な人権侵害、それ以外の公の秩序を著しく乱す状況によって、生命、安全、自由を脅かされて出国した人も難民の認定対象になった。

ＵＮＨＣＲは、アジア・アフリカ諸国における難民を支援するようになったが、このようなＵＮＨＣＲの難民支援（実践）の対象となる難民と国際難民法（規範）が保護する難民は乖離しており、その乖離は、一九六七年の議定書では十分に解消されなかった。議定書における難民の定義を維持したため、侵略、外国の支配、内戦、人権侵害といった要因によって発生した難民は、難民の地位を得ることができなかったからである。ＯＡＵ条約やカルタヘナ宣言が難民の定義を拡大したのは、難民の地位に関する条約・議定書の限界を補うものであった。それ以降、ＵＮＨＣＲの難民支援は、国際難民法の根拠に基づくのではなく、国連総会の斡旋に基づいて、なし崩し的に拡大していった。それにより、「ＵＮＨＣＲの人道機関化」が可能になったのである。

（２）人道支援の世界的展開

第二次世界大戦後、ＩＣＲＣなどの救護団体もまた、欧州からアジアやアフリカへと人道支援活動の重心を移すようになった。この転換点となったのが、ナイジェリアからの分離独立を求めてビアフラ地方が起こした内戦である。ビアフラ戦争（一九六七‐一九七〇年）では、民間人の救済を訴える国際世論が高まり、ＩＣＲＣやキリスト教系の救護団体が現地に職員を送り、紛争地域における人道支援を展開することになった。ＩＣＲＣは、ナイジェリア政府とビアフラ政府の捕虜収容所を視察し、捕虜と民間人に対する処刑や殺害が深刻であったことから、ジュネーヴ条約に基づいて非人道的行為を慎むように要請している。また、ＩＣＲＣは、ナイジェリア政府の許可を得て、ビアフラにおける医療支援や食糧支援も実施した（Haug 1993, 115）。

このようにビアフラ戦争では、内戦における民間人の保護が課題となった。それは、これに関するジュネーヴ条約の規定が、たった一条（共通第三条）しかなかったからである。一九七三年、ＩＣＲＣは、ジュネーヴ条約追加議定書の草案を提案し、一九七四年二月から一九七七年六月までの四年間をかけて草案が議論された。それにより、一九七七年六月、二つのジュネーヴ条約追加議定書が採択された。それは、国際的な武力紛争の犠牲者の保護に関する議定書（第一追加議定書）と、非国際的な武力紛争の犠牲者の保護に関する議定書（第二追加議定書）である。第二追加議定書は、第一追加議定書ほどに十分な規定が置かれなかったが、ジュネーヴ諸条約共通第三条よりは厚い保護が民間人にも認められるようになった。

ＩＣＲＣは、アフリカなどの内戦においても人道支援を展開するようになり、そのような内戦における紛争被災者を保護するために、ジュネーヴ条約（規範）の拡充が求められ、ＩＣＲＣの人道支援（実践）とジュネーヴ条約（規範）との乖離が縮まることになった。

4　冷戦終結後の現代

一九九〇年代以降の現代においても、内戦、民族紛争、テロリズムなどの暴力が収まる兆しはなく、暴力から逃れた難民の流出は続いてきた。ＵＮＨＣＲは、大規模に流出した難民を支援するだけでなく、紛争地域の国内避難民やその他の民間人にも支援の対象を拡大してきた。このような拡大の契機の一つとなったのが、ボスニア内戦であった。

一九九二年三月、ボスニアがユーゴスラビアからの独立を宣言し、これに反発するボスニアのセルビア人勢力が、独立を支持するイスラーム教徒のボスニア人を攻撃し始めた。この戦闘に、ボスニアのクロアチア人勢力も加わり、ボスニア内戦が開始された。一九九二年五月、ブトロス・ブトロス＝ガーリ（Boutros Boutros-Ghali）国連事務総長は、人道支援の主導機関としてＵＮＨＣＲを指名し、ＵＮＨＣＲによる支援は、ユーゴスラビアの国内避難民やその他の民間人に拡大した。ＵＮＨＣＲは、武力紛争と民族浄化が継続するなかで、多くの民間団体と協力することで援助物資を民間人の元に輸送し、国連保護軍がその輸送を警護した。一九九二年から一九九五年までに約九五万トンの援助物資をボスニアに輸送し、その量は一九九五年時点で約二七〇万人分に上った（UNHCR 2000, 225）。このようなＵＮ

ＨＣＲによる支援は、ＩＣＲＣやその他の民間団体が提供する人道支援と実質的には同じであった。このようにして、ＵＮＨＣＲは「人道機関化」したのであった。

一九九八年には、国連事務総長特別代表フランシス・デン（Francis Deng）が「国内避難民に関する基本原則」を提案し、二〇〇五年の世界サミットは、この原則を国際的に重要なフレームワークとして承認している。それによれば、「国内避難民とは、特に武力紛争、一般化した暴力の状況、人権侵害もしくは自然もしくは人為的災害の影響の結果として、またはこれらの影響を避けるため、自らの住居もしくは常居所地から逃れもしくは離れることを強いられまたは余儀なくされた者またはこれらの者の集団であって、国際的に承認された国境を越えていない者をいう」とある（UNCHR 1998）。このように、国境を越えられない人々も保護の対象にするための原則が形成されたが、このような試みは、国際難民法（規範）がＵＮＨＣＲの支援（実践）の実態と乖離していることを示すものである。

これまで難民支援と人道支援の歴史を比較しながら、両者がどのように発展し、難民支援が人道支援にどのように接近してきたのかを明らかにした。人道支援の領域においては、一九四九年のジュネーヴ条約によって民間人の保護が保障され、ＩＣＲＣは民間人に対する人道支援についても法的な根拠を得た。ビアフラ戦争は、ＩＣＲＣが内戦において民間人を支援する契機となり、一九七七年のジュネーヴ条約第二追加議定書によって、内戦での民間人の保護に関する規定が拡充された。このようにして、紛争地域における民間人の保護に関する実践と規範が確立していった。

一方、難民支援の領域では、一九五一年の難民の地位に関する条約によって難民の定義が確立し、ＵＮＨＣＲの難民支援も法的な根拠を得た。ハンガリー動乱やアルジェリア独立戦争におけるＵＮＨＣＲの支援は、難民の地位に関する条約の適用が問題となり、一九六七年の難民の地位に関する議定書の制定につながった。しかし、難民の定義は維持されたので、武力紛争、人権侵害などによる難民は保護の対象にならなかった。このような難民だけでなく国内避難民を保護するために、国連総会の斡旋が用いられることで実践と規範が乖離することになった。難民支援と国際難民法の領域では、規範に基礎づけられない実践を許容したことが、「ＵＮＨＣＲの人道機関化」を可能にしたのである。これにより、ＵＮＨＣＲは、紛争地域において国内避難民を支援することが可能になり、ＩＣＲＣによる人道支援に接近することになった。

5　難民支援の意義

それでは、「ＵＮＨＣＲの人道機関化」によって、難民支援は人道支援に収斂してしまうのかと言えば、必ずしもそうとは言えない。ジュネーヴ諸条約では、赤十字社による人道支援は、国家間戦争（共通第二条）や内戦（共通第三条）などの武力紛争において実施されることになっているため、このような緊急事態の収束に伴って人道支援も役割を終えることになる。しかし、新たにもたらされた平和や秩序が、すべての人々にとって喜ばしいものであるとは言えない。新たな政府に迫害されたり差別されたりするおそれのある人々は少なくなく、本国への帰還を望まない人も多くいるであろう。そのような人々への支援は、緊急事態における人道支援の対象ではない。難民支援の対象である。彼らは、依然として迫害を受けるおそれがあると十分に理由のある恐怖を有しているからである。彼らや彼女らを強制的に帰還させることは問題であり、庇護国での社会統合や第三国定住のための支援が必要になる。

おわりに

ＵＮＨＣＲは、「人道機関化」を望んだのであろうか。前述したように、大国の国際政治の影響によってＵＮＨＣＲが紛争地での支援に集中せざるをえない状況に追い込まれたという見方もできるが、ＵＮＨＣＲが自発的に「人道機関化」を望んだという側面もあるだろう。難民支援は、本来であれば、国境を越えた人々への支援であるが、国境を越えられない多くの人々を見殺しにしてもよいのかという倫理的な問題がある。ＩＣＲＣなどの民間団体であれば、国境内の民間人を救助することが可能であるが、ＵＮＨＣＲにはその権限がない。そこで、ＵＮＨＣＲは、国境を越えない人々を支援するために、国内避難民という新しいカテゴリーを使って、「人道機関化」に乗り出したのであろう。冷戦終結後のボスニアでの国内避難民支援は、ＵＮＨＣＲの権限を越えて、国境を越えられない人々を助けるべきであるという倫理的な判断から踏み切ったのではなかろうか。

【注】

（１）ＵＮＨＣＲ事務所規程附属書第六条Ｂ。第六条Ｂは、第六条Ａ（ⅱ）とほぼ同一の規定となっているが、時間的制限が外された、より一般的な規定になっている。

（２）ＵＮＨＣＲ事務所規程附属書第一条。

（３）A/RES/46/182, 19 December 1991.

【参考文献】

Bugnion, François (2003) *The International Committee of the Red Cross and the Protection of War Victims*, Macmillan.

Favez, Jean-Claude (1999) *The Red Cross and the Holocaust*, Cambridge University Press.

Haug, Hans (1993) *Humanity for All: The International Red Cross and Red Crescent Movement*, Paul Haupt Publishers.

International Committee of the Red Cross (ICRC) (1948) *Report of the International Committee of the Red Cross on its Activities during the Second World War (September 1, 1939–June 30, 1947)*, Vol. 3, International Committee of the Red Cross.

Loescher, Gill (2001) *The UNHCR and World Politics: A Perilous Path*, Oxford University Press.

McBride, Mike (2009) “Anatomy of a resolution: The general assembly in UNHCR history,” *New Issues in Refugee Studies*, Research Paper 182, United Nations High Commissioner for Refugees, December.

Sandoz, Yves (2007) “Max Huber and the Red Cross,” *The European Journal of International Law*, 18(1), 171–197.

United Nations Commission on Human Rights (UNCHR)(1998) *Report of the Representative of the Secretary-General, Mr. Francis M. Deng*, submitted pursuant to Commission resolution 1997/39. Addendum: Guiding Principles on Internal Displacement, 11 February 1998, E/CN.4/1998/53/Add.2.（ＧＰＩＤ日本語版作成委員会（二〇一〇）「国内強制移動に関する指導原則　日本語版」）

United Nations Office of High Commissioner for Refugees (UNHCR) (2000) *The State of the World's Refugees: Fifty Years of Humanitarian Action*, Oxford University Press.（国連難民高等弁務官事務所（二〇〇一）『世界難民白書――人道行動の五〇年史』、時事通信社）

United Nations Relief and Rehabilitation Administration (UNRRA) (1950) *UNRRA: The History of the United Nations Relief and Rehabilitation Administration*, Vol. 1, Columbia University Press.

ピクテ、ジャン・S／井上益太郎訳（一九五八）『赤十字の諸原則』日本赤十字社。

第Ⅱ部
移動のダイナミクス
——発生要因とプロセス

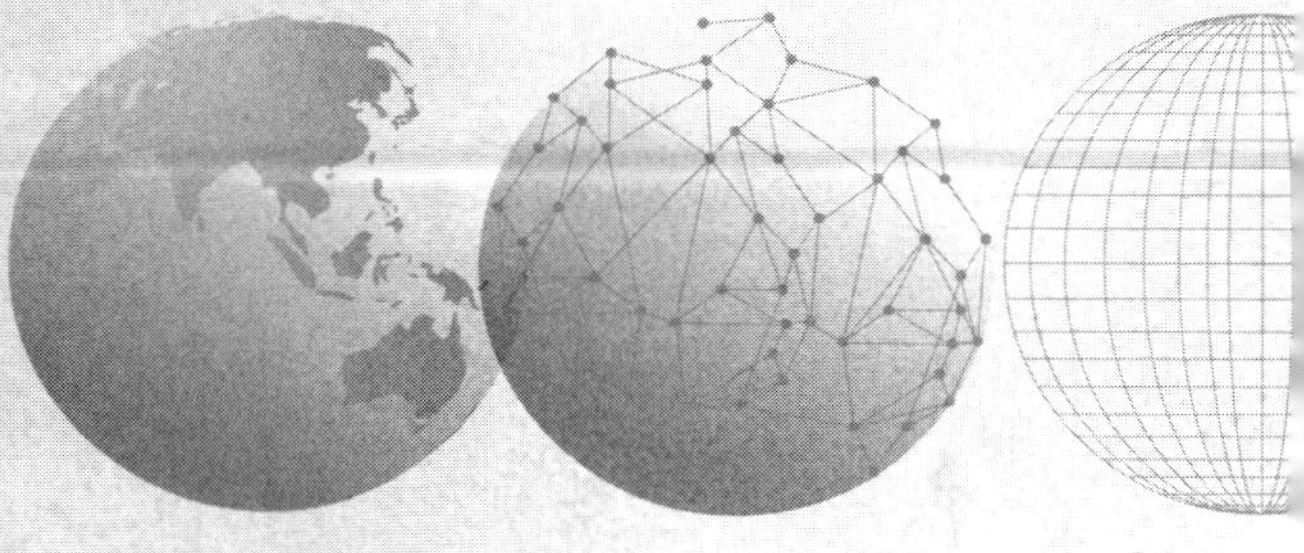

第3章　紛争・政治対立と移動のダイナミクス
——移民／難民の主体的な移動先選択

錦田　愛子

【要旨】　紛争や政治対立を逃れる人々を保護するための枠組みは、第二次世界大戦後、国際的に議論が進み発展してきた。ノン・ルフールマン原則などの規範を含めた国際協調体制、および各国の移民政策や法制度に関しては、多くの研究蓄積がある。そうしたなかで移民／難民自身の主体的な選択に焦点を当てた研究はいまだ乏しい。彼らはどのようにして移動先を選び、移動を決定するのか。受け入れ国の政策は、移民／難民の選択にどの程度影響を与えるのか。ヨルダンおよびスウェーデンでの質的・量的調査事例を挙げて考察する。

【キーワード】　移民／難民、主体性、難民危機、アラブ、世論調査

はじめに

内戦や国際紛争による戦闘、政治対立による暴力は、そこに住む人々の身体や生命を危険に晒すことで、難民を生む主要な要因となる。そのため、これらの紛争は強制移動の基本的な要件として想定されている。移動の発生要因やプロセスの解明は、個別の事例研究に沿ったものが多い。だがこれらは、より一般的な比較の視点から捉えることもできるだろう。移動の背景にはどのような動機や選択があるのか。移動とそれを受け入れる体制はどのように連関し、発展してきたのか。本章ではこうした移動の多様な側面を取り上げ、その動態を捉える研究上の試みについて紹介していきたい。

1　多様化する「紛争」難民の現状

紛争や政治対立による大規模な人の移動は、二〇世紀以降特に顕著に見られる。ロシア革命や、ナチス・ドイツによる迫害、冷戦開始を受けた国家の分断や政治的亡命などは、その主な契機となった。これらの政治変動を受けて、難民・強制移動に対する保護の枠組みが国際的に議論され始めた。ホロコーストの終焉で収容所から解放されたユダヤ人およびマイノリティの人々、チェコやハンガリーでの民主化運動に続く弾圧、アジアでは一九四七年のインド・パキスタン分割などは、特に多くの難民を生んだ。戦後一九四〇〜五〇年代は大量の人の移動が起こり、国家横断的で組織的な対応が必要となった（小泉 二〇〇九、カースルズ・ミラー 二〇一一）。

難民を保護するための法的枠組みや国際協調体制は、難民レジームとして第二次世界大戦後、規範とともに発展してきた（新垣 二〇一八）。一九五一年七月に採択された難民条約（「難民の地位に関する条約」）は、その端緒として合意されたものであった。そこでは当初、「一九五一年一月一日前に生じた事件の結果として」と限定したうえで、保護を受けるべき難民の定義を「人種、宗教、国籍もしくは特定の社会的集団の構成員であることまたは政治的意見を理由に迫害を受けるおそれがあるという十分に理由のある恐怖を有するために、国籍国の外にいる者であって、その国籍国の保護を受けられない者またはそのような恐怖を有するためにその国籍国の保護を受けることを望まない者」と定めた（一条A（二））。その後、一九六七年一月三一日に採択された議定書（「難民の地位に関する議定書」）では、一九五一年の条約にあった地理的・時間的制約が取り除かれた。以後、「条約難民」と呼ばれる人々のこうした定義は、難民・強制移動がどのような要因により生まれるのかを端的に示している。

難民条約のなかでも第三三条に定められた「ノン・ルフールマン原則」（「いかなる方法によっても、その生命または自由が脅威にさらされるおそれのある領域の国境へ追放あるいは送還されない」）は、危険の及ぶ可能性の高い紛争地に人を送り返すことを禁じている。これは、彼らの移動プロセスにおいて機能する、人道的観点に基づく共通原則として、現在に至るまで重要な役割を果たしてきた。つまり、シリアやリビアなど紛争が続く地域から逃れてきた者は、受け入れ国で不法滞在などの理由が生じた場合でも、本国へ強制送還されることはないという原則である。こうした紛争地からの難民・強制移動民は、その移動の要因からして送還されることにより、実際に身体に危険の及ぶ可能性が高いため、彼らの人権を守るうえで、この原則は重要な役割を果たす。

とはいえ、国際支援の現場では、紛争や政治対立が生む人の流れは、必ずしも上記の定義内に収まる移動にとどまらない。その移動の実態を受けて、支援の対象は徐々に拡大されてきた。難民の他に、難民としての地位がまだ認められていない庇護申請者を含めて、同じ経路と移動手段を用いる人々の動態は「混合移動（mixed migration）」と呼ばれる（Linde 2011）。国境を越えない避難を指した国内避難民、帰国後の難民、無国籍者なども含めた人々は、難民条約を受けて設立された支援機関である国連難民高等弁務官事務所（UNHCR）による庇護の対象とされている。U

NHCRは二〇〇六年、これらの対象者に向けて「一〇点の行動計画」を打ち出し、移民と区別したうえで、難民などに対して地域的に統一された支援の展開をめざしてきた(1)。

人数の割合で言えば、二〇一八年六月現在、世界各地で移動を強いられた人々約六八五〇万人のうち、約四〇〇〇万人が国内避難民、約二五四〇万人が難民（うちUNHCRによる支援が約一九九〇万人、UNRWAによる支援が約五四〇万人(2)）、庇護申請者が約三一〇万人を占めている(3)。また出身国別の割合を見ると、第一位から順にシリア、アフガニスタン、南スーダン、ミャンマー、ソマリア、スーダン、コンゴ民主共和国となり、いずれも紛争または政情不安定な国が上位を占めることがわかる（UNHCR 2018）。難民レジームが保護を行う対象は、移動の形態こそ多様化しているものの、要因としては今でも紛争や政治対立による難民・強制移動が大半を占めることが指摘される。

紛争による難民は、支援をミッションとする機関の間だけでなく、国際政治の場面でも大きな関心を集めてきた。シリア紛争による難民がヨーロッパ諸国に殺到した二〇一五年にはメディアで大きく報じられただけでなく、EU諸国において難民の受け入れに関する会議が開かれ、国別の負担が議論された（土谷 二〇一七）。トルコ・ギリシャ国境を渡る東地中海ルートによる大規模な人の流れは、ドイツのメルケル首相が主導した二〇一六年三月の「EU-トルコ協定」により収束を迎えることとなった（今井 二〇一七）。だが、地中海を渡りヨーロッパ諸国をめざす人の移動は、「難民危機」以後も依然として続いている。これに対して、国連では難民や移民の基本的人権の尊重とそのための国際協力が議論され、二〇一六年九月一九日のニューヨークでの国連総会第七一会期において、「難民と移民のためのニューヨーク宣言(4)」が採択された。これを受けて二〇一八年一二月、ニューヨークの国連総会で「難民に関するグローバル・コンパクト(5)」が採用された。また同時期にモロッコで開催された国際移民会議では、難民のみならず移民に対しても人権保護の必要性を認め、権利保障のための国際的な協力を求める「国連移民協定(6)」が採択された(7)。

2　移民政策と移動の過程についての先行研究

紛争や政治不安による難民・強制移動民をめぐる問題については、受け入れ諸国においては移民政策や法制度などの分野で議論され、多くの研究が蓄積されてきた。その柱となるのは出入国管理政策ならびに統合政策である。出入国管理に関しては、その意思決定は基本的に主権国家の選管事項とされ、ビザの発給や選別的受け入れなどが各国の基準により決定される（小井土 二〇一七）。また多くの移民が目的地とするＥＵ圏では、地域統合に伴う共通管理政策の課題として一九九〇年代以降は移民政策も取り上げられるようになり、域外民に対する扱いの共通規則化が進んだ（岡部 二〇一六）。統合のあり方については、文化や教育面などで、外国人の同化から、多文化主義の理解に向けた異文化間教育へと向かう、時代ごとのさまざまな試みと議論がなされてきた（伊藤 二〇一七）。

国際的な人口移動への対応は、一国家単位にとどまらず、各国レベルの対応を結ぶものとしてＮＧＯや地域連合、国際機関などが協働する国際レジーム、グローバル・ガバナンスの問題として多く論じられてきた（Betts 2011; 小泉 二〇一三、中山 二〇一四）[8]。難民を受け入れることにより治安が不安定化する可能性について論じる「安全保障化」（セキュリタイゼーション）の議論も、近年では盛んである（Huysmans 2000; Léonard 2011; 清水 二〇一三）[9]。だが、これら受け入れ国側の対応や、移民の移動を促す経済的要因についての研究は豊富にある一方で、難民の移動を促す要因や、その動態に注目した研究はあまり盛んとは言えない。

難民流出の原因については、その主要因として紛争の形態を「四つの型」に分類整理した分析がある（小泉 二〇〇九、三八八）。①国家間の武力紛争、②国内の民族に起源を持つ紛争、③国内での非民族的な原因による内戦、④権威主義体制や革命政権による抑圧と追放、という類型は、現行の紛争の理解を助けるものだが、シリア紛争のように③と④の要素に加えて、非国家主体や国際介入が紛争を激化させている場合も見られる。紛争の形態の多様化に伴い、難民・強制移動民が生まれる要因も多様化していると言えるだろう。

これらの要因により居住地を追われた人々の、その後の移動のプロセスに着目した古典的研究としてはクンズ（E. F. Kunz）が挙げられる。クンズは強制移動による人の移動が一度では完結しない点に着目し、そのプロセスを三段階で捉えた。すなわち、出身地からの逃避（flight）、一時的避難（asylum）、最終的な定住（settlement）である（Kunz 1973）。最初の逃避は戦闘の勃発など火急の事態や、次第に状況が悪化し安全な生活の確保が難しくなったことにより起こる。その避難先はしばしば近隣諸国にとどまり、これら周辺国に設置された難民キャンプは一時的な滞在地（transit or temporary haven）としての役割を果たす。その後、状況が改善すれば一部の者は故郷へ帰還するが、他方では一時滞在地に定住したり、第三国定住を試みる人々も出てくる。

定住に向けた人の移動は、トランスナショナリズムの研究とも結びつく。移動する人のエージェンシー（行為主体性）を強調する理解のなかで、移民は「下からのトランスナショナリズム」と捉えられる（Portes et al. 1999, 221）。そこでは当事者の持つ社会資本、すなわち親族や隣人との間での対面的コミュニケーションの存在が、遠く離れたコミュニティの間でのネットワーク形成に貢献する。ネットワークの存在は移民と定住を支援し、移動に必要な資産や条件を備えた人々は、不安定な一時的避難先から、よりよい経済的・社会的機会を提供する国へ移住することができる（Zolberg and Benda 2001）。こうした移動のなかでは、「移民と庇護申請者の結びつき（migration-asylum nexus）」（カースルズ・ミラー 二〇一一、四四）が見られ、経済的動機による移民と、紛争や政治的要因による難民とを区別することは困難である。

このように、移民と難民、庇護申請者はしばしば同じ経路を通って移動し、移動の動機もしばしば一人のなかで混じり合っている。受け入れ側の政策レベルでは区別の必要があるとはいえ、実態としての人の移動は複合的である。移民と難民、庇護申請者、国内避難民などの間に見られる生活上の実態や抱える問題の共通性から、本章ではこれらをグラデーションを成す連続的なカテゴリーとして捉え、「移民／難民」と総称する（錦田 二〇一六）。

3　移動の動機を探る――質的・量的研究の併用アプローチ

上記の先行研究を踏まえたうえで、本章では移民／難民の移動先の選択について、筆者らが共同研究で実施したフィールドワークと世論調査の結果を紹介する。調査の対象は、長期化した紛争で故郷を追われたシリア、パレスチナおよびイラク出身者である。調査は二〇一四年から二〇一六年にかけて、中東ではヨルダン、EU諸国ではスウェーデンの二カ国を対象として実施された(10)（以下、「錦田科研費 二〇一四」）。ともに難民の主要な受け入れ国でありながら、移民／難民の出身地からは地理的距離や歴史的関係、文化、政治制度などが互いに大きく異なる、これら二カ国における移民／難民の状況を比較することで、移動の目的や経緯を分析することがこの調査の主な目的であるが、本章では移動の動機に関する分析結果のみを取り上げる。

ヨルダンでは二〇一四年八月にアンマーン市内、またシリア国境近くのパレスチナ難民キャンプ、シリア難民キャンプなどでシリア人、パレスチナ人、イラク人に対するアラビア語での聞き取り調査を行った。またヨルダン大学戦略研究所との共同で、独自の質問票を用いた世論調査を実施した。調査対象はヨルダンに在住する一八歳以上のパレスチナ人男女六九七人およびシリア人男女四九三人で、完全回答数は一一九〇であった。

スウェーデンでは二〇一五年九月、二〇一六年五月、二〇一六年八月に南部のマルムー市内および首都ストックホルム市内のSFI（スウェーデン語語学学校）などで聞き取り調査を行った。また調査機関ノーヴス（NOVUS）との共同で、独自の質問票を用いた世論調査を実施した。調査対象はストックホルム、マルムーに住む一八歳以上のシリア、イラク、パレスチナ出身者四七二人である。それぞれの移民／難民には移動の波となる時期があり、それぞれに背景が異なるため、シリア人は二〇一一年以降、イラク人は二〇〇三年以降に移住した者、パレスチナ人については移動時期に制約を設けずに調査の対象とした。

また本章では、ヨルダン在住のシリア難民を対象に行った世論調査（以下、「錦田科研費 二〇一七」）の結果にも言及する。[11] こちらは二〇一七年一一月に実施されたもので、上述のヨルダン大学戦略研究所との共同で、独自の質問票を用いた世論調査をシリア難民に特定して実施した。調査対象はヨルダンに在住する一八歳以上のシリア人男女で、最大規模の公式キャンプであるザアタリ難民キャンプ内の在住者六〇二人、およびキャンプ外の在住者六〇九人である。

移民／難民の受け入れの是非や、移民政策のあり方を問う各国世論調査は、当該国のマスメディアや研究所などにより定期的に実施されている。それらを踏まえた分析にも秀逸なものがある（中井・武田 二〇一八、Ceobanu and Escandell 2010）。移民／難民の統合をめぐる課題についても、失業率など経済的要因が差別的態度に影響を与える傾向などに関する計量分析がある（Coenders et al. 2008）。だが、移動の当事者である移民／難民自身に、移動の動機や経緯、移動後の満足度を直接、尋ねた世論調査は少ない。さらに、それを聞き取り調査などのフィールドワークと有機的に組み合わせた研究は稀と言える。日本の現代中東研究の分野では近年、独自の質問票を用いた調査が定期的に実施され、計量分析が発表されてきているが、本研究はその一角を成すものである。[12]

4　なぜ、そこへ移動するのか――アラブ系移民／難民の移動の選好

移民／難民はどのような人々で、いかなる基準で移動先を選び、どのように移動するのか。本節ではこの問いに対して、ヨルダンおよびスウェーデンでの調査結果を踏まえて考察を加える。

まず調査の結果から明らかに指摘されるのは、中東からヨーロッパ諸国へ向かう移民／難民の多くは、あらかじめ明確に目的地を定めて移動を開始しているということである。ヨルダン在住のシリア難民に、希望する今後の移動先

表3-1　シリア避難民・次の各地の居住を希望する程度

（%）

	シリア	レバノン	スウェーデン	ノルウェー	英国	ドイツ
強く希望する	78.3	3.0	21.9	11.6	11.4	12.8
かなり希望する	4.9	3.9	11.0	9.1	7.9	9.3
どちらでもない	0.8	4.5	6.7	5.7	5.5	6.9
あまり希望しない	2.2	5.5	2.4	3.0	3.7	3.2
まったく希望しない	13.2	82.4	56.6	69.0	69.8	66.3
わからない・無回答	0.6	0.8	1.4	1.6	1.8	1.4
合計	100.0	100.0	100.0	100.0	100.0	100.0

出所：（錦田科研費 2014）より髙岡豊・筆者が作成。

を尋ねた質問では、シリアへの帰還を望む声に続いて、スウェーデン、ドイツ、ノルウェー、イギリスなどが希望の移住地として選択された（表3-1）。これは、実際にシリア難民が移動し庇護申請が出された件数の傾向とおおむね重なる。(13) つまり、目的地と到達地がほぼ合致しているということになる。

この合致が示すのは、シリア人をはじめとする移民／難民が、ただ偶然により、または受け入れ国側の政策や取引によりスウェーデンやドイツに辿り着いたのではなく、移動主体として彼ら自身が明確な意識を持ってこれらの地域をめざして到達したという事実である。二〇一五年から二〇一六年にかけて筆者らがスウェーデンに住むシリア難民に対して行った聞き取り調査でも、実際に彼ら自身がこれらの国々を望ましい移住先として認識し、目的地として定めていたことが確認されている（錦田 二〇一七b）。

なぜスウェーデンを選んだのかという問いに対しては、想定されがちな「高収入」や「安定した生活」よりも、むしろ「能力を生かす機会」や「寛大で人道的な受け入れ政策」を受け入れ国がとっていることのほうが、高い比率で理由として挙げられた。また自由回答では、当然の背景である「戦争」からの避難や、「安全」を求めての移動、「子どもの教育」などが理由として挙げられた（錦田科研費 二〇一四）。ここからは、第三国への移動であっても移民の理由は紛争それ自体であり、それと並行して将来の生活を立て直すことのできる可能性が少しでも高い場所が求められていることがわかる。そうした意味では、移民／難民は無力な支援の受益者ではなく、危機的な状況に置かれていても、能動的によりよい目的地を選択し行動に移すことのできる主体性を保持している（Nyers and Rygiel 2012）。

移動に際しては、家族や親類など血縁者との間で密接な連絡がとられる。連絡手段として主に用いられているのは、スマートフォンである。ワッツアップ[14]（WhatsApp）やメッセンジャー（Messenger）など、短いテキスト・メッセージや録音音声をやり取りできるアプリが多用されるほか、通話も国際電話ではなく、バイバー（Viber）などアプリを使ったインターネット回線による無料の通話機能が利用されている。

二〇一五年にヨーロッパで「難民危機」が報じられた際、こうしたスマートフォンやソーシャル・ネットワーク・サービス（ＳＮＳ）の利用は大きな関心を集めた（Gillespie et al. 2016; Gillespie et al. 2018; Kaufmann 2017）。難民を生む紛争や貧困という状況と、高額なスマートフォンというイメージが結びつきにくかったせいもあるだろう。だが、中東を含め途上国の携帯電話市場ではプリペイド方式で中古のスマートフォンが多く出回り、日本のように必ずしも毎月高額の契約料を支払わなくてもスマートフォンを入手できる。Ｗｉ‐Ｆｉがつながる場所が見つかれば、インターネット契約は必要なく、比較的安価な初期購入費用のみで維持できる[15]。端末はＳＩＭフリーが基本でどこの国でも使えるので、国境に縛られない柔軟な情報通信手段と言える。

とはいえ、人々は情報をインターネットだけに頼るのではなく、テレビのニュースや隣人との会話などさまざまな形で入手する。図３‐１はヨルダン在住のシリア人がシリア情勢に関して情報を得る手段を示したものだが、むしろ受動的に情報を取得できるテレビや、近隣住民との対面的コミュニケーションのほうが、インターネットよりも頻繁に利用されている様子がわかる。移動に向けて目的地に関する情報を収集する際にも、これと大きくは異ならない情報リソースが利用されていると考えてよいだろう。

この数字が意味するところは何か。インターネット上で不特定多数が発する情報は、移動に必要な情報収集手段として活用されるとはいえ、あくまで参考情報にすぎない。紛争によりメディアが政治対立のプロパガンダ手段として用いられることの多い中東地域では、発信者が特定できる対面的コミュニケーションや親族間での情報のやり取りの

図3-1　情報入手経路

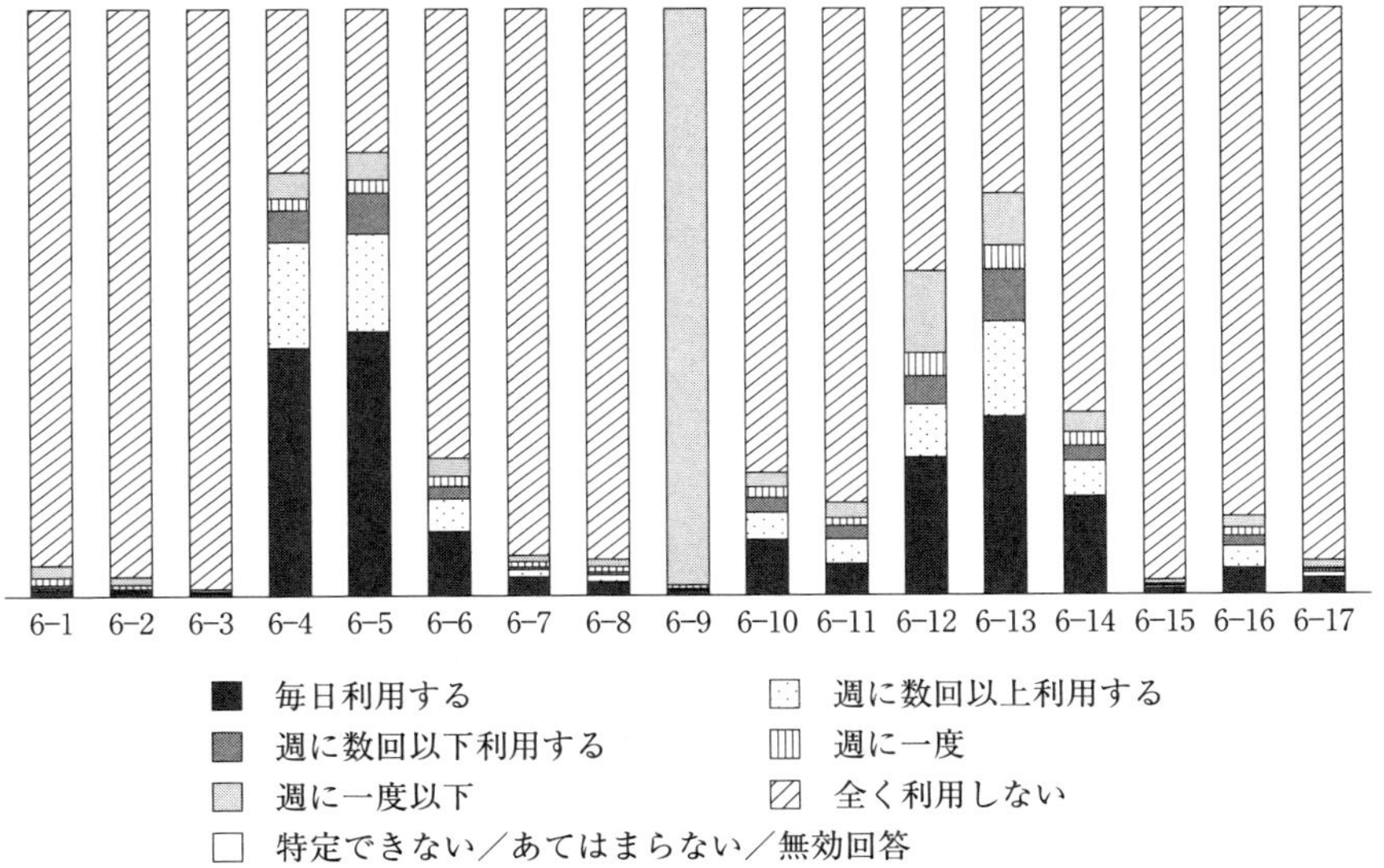

問い：シリアの現状を知るために、次のメディアをどの程度の頻度で利用しますか。

選択肢：6-1 ヨルダンの新聞や雑誌、6-2 他のアラブ諸国の新聞や雑誌、6-3 非アラブ諸国の新聞や雑誌、6-4 ヨルダンのテレビ・チャンネル、6-5 他のアラブ諸国の衛星テレビ・チャンネル、6-6 非アラブ諸国の衛星テレビ・チャンネル、6-7 ヨルダンのラジオ、6-8 他のアラブ諸国のラジオ、6-9 非アラブ諸国のラジオ、6-10 インターネット上のニュース、6-11E メール、SMS、6-12 電話、6-13 地元コミュニティとの口頭でのコミュニケーション、6-14Facebook、6-15Twitter、6-16 チャット（Yahoo Messenger、MSN Messenger、Skype）、6-17 その他

出典：（錦田科研費 2017）より青山弘之・筆者が作成。

ほうが、より確かな情報として信頼される。そのため、移動するか否かの決断や、移動先の選択など重要な決定においては、あらかじめ発信元の性格がわかるテレビや、親族との連絡のほうが重視されていると考えられる。[16] スウェーデンで行った聞き取り調査では、調査対象者であるアラブ系移民／難民の多くに、先にヨーロッパへ移住した親族がおり、彼らから情報を得たうえで移動を決めていた。またSNSで最も頻繁に連絡をとる相手は、友人ではなく親族との結果が出ている（錦田科研費 二〇一四）。

5　結論

ヨルダンおよびスウェーデンに逃れた移民／難民は、出身地域や近隣諸国

で起きた紛争を逃れて、それぞれ現住地に到達した。その過程で彼らは、マス・メディアや親族との間の情報交換などを通して、より住みやすい場所を選択していた。住みやすさとは、戦闘からの安全だけでなく、子どもの教育や就業など将来的に生活を立て直すことのできる可能性の高さを意味する。人々は支援に依存した生活ではなく、自らの能力を生かして自活することのできる環境を求め、移動していた。そのためには、そうした環境の整った受け入れ国を選択する必要がある。すなわち、各国の移民政策や法制度や、それに関連する国際的な難民レジームの存在は、彼らの選択に少なからぬ影響を与えていると言える。

紛争や政治対立による強制移動には、国ごとに異なる背景があり、本章で取り上げたアラブ系移民／難民もそれぞれの出身地における混乱が移動を促す要因となっている（錦田 二〇一七ａ）。また、移動先の選択が個々人さまざまであることは論をまたない。筆者は本来、個別事例に基づく研究をしており、本章で扱ったヨルダンとスウェーデンでの調査結果も別稿で論じている。一時避難先としてレバノンを、また第三国としての移住先としてスウェーデンを選んだ人々の具体例については錦田（二〇一七ｂ）を参照されたい。

おわりに

だが、人の移動には一定の傾向もある。二〇世紀の大規模な人の移動は、国際的な難民レジームやグローバル・ガバナンスの発展と表裏一体で進展してきた。紛争による危険を逃れて国外へ移動するという選択も、難民条約によるノン・ルフールマン原則があってこそ成立する移動と言える。国家間戦争だけでなく非国家主体の増大や国際介入などにより、紛争の形態が多様化し、難民・強制移動が生じる要因も多様化してきた。その意味では、人の移動は政治や社会のあり方そのものの変化を映し出す鏡とも言えるのかもしれない。

本章では、多様化する人の移動について、その動向、法的枠組みや体制の変化、それらに支えられた動態と選択の主体性を論じた。国際的な難民保護の枠組みが拡充されていく一方で、人の移動の動機への理解は必ずしも深まっているとは言えない。紛争による難民と、経済的動機による移民を厳格に区別しようとする受け入れ側の試みは、限られた資源の分配や、国民へのアカウンタビリティという点からは不可避な選択なのかもしれない。だが実際には、両者は厳格に区別できるものではなく、人の移動は複合的である。多くの難民は危険から逃れるだけではなく、避難先で誇りを持って生きられる、援助に依存しない生活を求めている。大規模な人の移動は、当事者にとっても受け入れ側にとっても、それまでの秩序の大きな変化を求めるもので、一筋縄でいく問題ではない。そのなかで活路を見出す一助として、移動を強いられた人々の主体性に対する理解・分析がいっそう深まることを期待したい。

【注】

（１）ＵＮＨＣＲホームページ http://www.unhcr.org/mixed-migration.html

（２）国連パレスチナ難民救済事業機関（ＵＮＲＷＡ）は、一九四八年のイスラエル建国戦争により生まれたパレスチナ難民の支援に特化して設立された組織である。

（３）ＵＮＨＣＲホームページ http://www.unhcr.org/figures-at-a-glance.html

（４）宣言の全文公式訳は下記を参照。http://www.unic.or.jp/files/a_71_l1.pdf

（５）ＵＮＨＣＲホームページ https://www.unhcr.org/jp/global-compact-on-refugees

（６）正式名称は「安全で秩序ある正規移住のグローバル・コンパクト（The Global Compact for Safe, Orderly and Regular Migration）」。

（７）経緯の詳細についてはアジア・太平洋人権情報センター（https://www.hurights.or.jp/archives/newsinbrief-ja/section1/2018/02/-20182.html）およびＵＮＨＣＲ（http://www.unhcr.org/towards-a-global-compact-on-refugees.html）のウェブサイトを参照（閲覧：二〇一八・一〇・三）。

（8）詳しくは本書の第6章（池田）および第7章（佐藤）を参照。

（9）詳しくは本書の第11章（藤巻）を参照。

（10）本研究はＪＳＰＳ科研費基盤Ｂ（研究代表者：錦田愛子、課題番号二六二八三〇〇三「アラブ系移民／難民の越境移動をめぐる動態と意識：中東と欧州における比較研究」二〇一四～一六年度）の助成を受けた調査結果である。

（11）本研究はＪＳＰＳ科研費新学術領域研究（研究代表者：酒井啓子、課題番号一八〇一「グローバル秩序の溶解と新しい危機を超えて：関係性中心の融合型人文社会科学の確立」二〇一六～二〇二〇年度）の助成を受けた二〇一七年度の個人研究による調査結果である。

（12）研究成果については青山弘之が監修するウェブサイト「現代中東政治研究ネットワーク」に統合的に掲載されている（https://cmeps-j.net/ja/poll_surveys）。

（13）実際の庇護申請件数では、ギリシャやイタリアなど比較的中東・北アフリカに近い地域や、バルカン・ルートと呼ばれる移民／難民の通り道となるバルカン半島諸国の国々も多く含まれる。これはダブリン条約によりＥＵ圏内での庇護申請は、一カ国でのみ可能との原則が定められ、実務上はＥＵ入境国となる国々での申請が、移民／難民自身の意思にかかわらず、手続きとして求められ実行される場合が多いからである。

（14）日本をはじめ東アジア諸国で多く利用されているライン（Line）とほぼ同じ機能を果たすスマートフォン用アプリ。中東およびヨーロッパ諸国では、ラインではなくワッツアップが広く使用されている。

（15）これは東南アジアやヨーロッパ諸国を含めた多くの国々で当てはまる状況であり、携帯電話機種本体の支払いと高額のインターネット回線契約が月額払いでセットになっている。ＳＩＭカードの自由な交換もできない日本は、むしろ特殊なガラパゴス状態とも言える。

（16）中東諸国ではアラビア語の衛星テレビ・チャンネルが他国の放送局のものも含めて一般的に利用されているが、それぞれの放送局の所属国や政治的傾向に関する情報は広く共有されており、それを踏まえて視聴している場合が多い。

【参考文献】

Betts, Alexander ed. (2011) *Global Migration Governance*, Oxford University Press.

Ceobanu, A. M. and X. Escandell (2010) "Comparative analysis of public attitudes toward immigrants and immigration using multinational survey data," *Annual Review of Sociology* 36 (1), 309–328.

Coenders, Marcel, Marcel Lubbers, Peer Scheepers, and Maykel Verkuyten (2008) "More than two decades of changing ethnic attitudes in the Netherlands," *Journal of Social Issues* 64 (2), 269–285.

Gillespie, Marie, Lawrence Ampofo, Margaret Cheesman, Becky Faith, Evgenia Iliadou, Ali Issa, Souad Osseiran, and Dimitris Skleparis (2016) "Mapping refugee media journeys: Smartphones and social media networks," The Open University/ France Médias Monde.

Gillespie, Marie, Suad Osseiran, and Margie Cheesman (2018) "Syrian refugees and the digital passage to Europe: Smartphone infrastructures and affordances," *Social Media + Society*, March 2018, 4 (1).

Huysmans, Jef (2000) "The European Union and the securitization of migration," *Journal of Common Market Studies* 38 (5), 751–777.

Kaufmann, Katja (2017) "The empowered refugee: The smartphone as a tool of resistance on the journey to Europe," *AoIR Selected Papers of Internet Research.* https://spir.aoir.org/index.php/spir/article/view/1352/pdf

Kunz, E. F. (1973) "The refugee in flight: Kinetic forms and models of displacement," *International Migration Review* 7 (2), 125–146.

Léonard, Sarah (2011) "EU border security and migration into the European Union: FRONTEX and securitisation through practices," *European Security* 19 (2), 231–254.

Linde, Thomas (2011) "Mixed migration: A humanitarian counterpoint," *Refugee Survey Quarterly* 30 (1), 89–99. https://doi.org/10.1093/rsq/hdq044

Nyers, P. and K. Rygiel eds. (2012) *Citizenship, Migrant Activism and the Politics of Movement*, Routledge.

Portes, Alejandro, Luis E. Guarnizo and Patricia Landolt (1999) "The study of transnationalism: pitfalls and promise of an emergent research field," *Ethnic and Racial Studies* 22 (2), 217–237.

UNHCR (2018) *Global Trends: Forced Displacement in 2017*, UNHCR.

Zolberg, A. R. and P. M. Benda eds. (2001) *Global Migrants, Global Refugees: Problems and Solutions*, Berghahn Books.

新垣修（二〇一八）「武力紛争による人の移動と難民レジームの規範」『国際政治』第一九〇号、六五‐八〇頁。

伊藤亜希子（二〇一七）『移民とドイツ社会をつなぐ教育支援――異文化間教育の視点から』九州大学出版会。

今井宏平（二〇一七）「難民問題の「矛盾」とトルコの政治・外交――ソフトパワー・負担・切り札」駒井洋監修・人見泰弘編「難民問題と人権理念の危機――国民国家体制の矛盾」『移民・ディアスポラ研究 六』明石書店、一三三‐一四九頁。

岡部みどり（二〇一六）「人の国際移動とEU――ハイ・ポリティクス化、統合への挑戦、グローバル・イシューとの接点」岡部みどり編『人の国際移動とEU――地域統合は「国境」をどのように変えるのか?』法律文化社。

カースルズ、S、M・J・ミラー（二〇一一）『国際移民の時代』第四版、名古屋大学出版会。

小泉康一（二〇〇九）『グローバリゼーションと国際強制移動』勁草書房。

――（二〇一三）『国際強制移動とグローバル・ガバナンス』御茶の水書房。

小井土彰宏編（二〇一七）『移民受入の国際社会学――選別メカニズムの比較分析』名古屋大学出版会。

清水謙（二〇一三）「スウェーデンにおける「移民の安全保障化」――非伝統的安全保障における脅威認識形成」『国際政治』第一七二号、八七‐九九頁。

土谷岳史（二〇一七）「EUにおける「難民危機」とシェンゲンの再構築（1）」『高崎経済大学論集』五九（二／三／四）、三三‐四五頁。

中井遼・武田健（二〇一八）「難民の分担をめぐる欧州諸国の世論分析――欧州懐疑要因の検討」『国際政治』第一九〇号、四九‐六四頁。

中山裕美（二〇一四）『難民問題のグローバル・ガバナンス』東信堂。

錦田愛子（二〇一六）『移民／難民のシティズンシップ』有信堂高文社。

――（二〇一七a）「なぜ中東から移民／難民が生まれるのか――シリア・イラク・パレスチナ難民をめぐる移動の変容と意識」『移民・ディアスポラ研究』第六号、駒井洋監修／人見泰弘編集、明石書店、八四‐一〇二頁。

――（二〇一七b）「ヨーロッパの市民権を求めて――アラブ系移民／難民の移動と受入政策の変容」『中東研究』第五二八号、一六‐二五頁。

第4章　環境および開発と難民・強制移動
――開発事業に伴う立ち退きと生活再建

浜本　篤史

【要旨】　ダムなどインフラ建設に伴う住民移転問題、すなわち「開発による立ち退きと再定住」（DIDR）は、強制移動研究における主要テーマの一つである。本章ではまず、よく知られているサイアー・スカッダーによる「四段階の枠組み」とマイケル・チェルネアの「IRRモデル」を確認する。また、この研究領域は、世界銀行などの開発援助機関における実践と深い関係にあることから、この点を踏まえたうえで、これまでの課題や近年の研究動向を検討する。

【キーワード】　ダム、住民移転、補償、生活再建、中国、世界銀行

はじめに

環境および開発領域における難民・強制移動は、いずれも非自発的な移動（involuntary migration）の一形態として位置づけられる。出稼ぎなどの経済的動機に基づく自発的移動も、やむにやまれずという側面はあるが、非自発的移動の場合はその強制力がかなり強く、移動する以外に選択肢がないという局面に追い込まれることが多い。環境関連で言えば、干魃、砂漠化、森林破壊、地球温暖化よる海面上昇などを理由とするものが典型的であるが、そのほかサイクロンやハリケーン、地震、津波などの自然災害に起因する場合もここに含めることがある。前者は、数十年単位でゆっくり進行していくが、後者はある日突然に移動を余儀なくされるという特徴がある。

このような環境および開発領域における難民・強制移動の一つに、「開発による立ち退きと再定住」（Development induced Displacement and Resettlement: DIDR）に特化した研究領域がある。ここで「開発」とは、マクロな社会変動としての「近代化」や「経済成長」を意味しているのではなく、個別の開発プロジェクトを指している。例えば、道路や橋梁、港湾などのインフラ建設、採鉱あるいは都市再開発などであり、それらに伴う立ち退きと生活再建が主な研究対象となる。なかでも、ダム事業による住民移転は、その規模と全体性という点において影響が大きく、しばしば社会紛争化することから、これまでに多くの関心を集めてきた。本章では、このダム事業を中心とした「開発による立ち退きと再定住」という現象や研究を、以下でＤＩＤＲと呼ぶ(1)。この研究テーマは、同じく非自発的な移動である難民研究（refugee studies）と重なりながらも、ある種独特の研究領域を形成していると言ってよいだろう。

1　強制移動としてのダム建設による立ち退き問題

（1）ダムによる立ち退きの世界的動向

これまでに世界でどの程度、ダムによる立ち退きが行われてきたのだろうか。表4－1は主なダム事業の一覧であるが、実は、全体像を把握できる網羅的なデータは存在しない。そのため、大雑把なイメージでしかないが、各国で利用可能なデータを積み上げていくと、世界でこれまでに四〇〇〇～八〇〇〇万人がダム建設によって立ち退いた計算になるという（WCD 2000, 104）。なかでも中国とインドは突出しており、一九五〇年～一九九〇年の間に中国では一〇二〇万人が、インドは一六〇〇～三八〇〇万人が立ち退いたという（*ibid.*）。[2] また、大規模な立ち退きをもたらすダム事業は発電目的のものが多い。日本では、一九五〇年代にピークを迎えた水力発電であるが、途上国では電力供給が追いついておらず、潜在的な開発可能性もあることから、東南アジア、南アジア、南米、アフリカで発電ダムに伴う立ち退きが、今後さらに見込まれている。

（2）専門的ネットワークと研究者の背景

DIDRの領域では、中国・南京の河海大学に中国移民研究センター（The National Research Center for Resettlement: NRCR）という専門機関があるものの（浜本 二〇一八）、難民研究におけるオックスフォード大学の難民研究センター（Refugee Studies Centre: RSC）のように固有スタッフを抱え、専門ジャーナルを発行するほどの研究拠点は存在していない。つまり、各大学・援助機関でバラバラに研究者や実務者が存在しているといった状況にある。こうした専門家をつなぐプラットフォームとなっているのが、二〇〇〇年に設立された「立ち退きと再定住に関する国際ネットワーク」（International Network on Displacement and Resettlement: INDR）である。[3] 一般的な学会組織とは異なり、メ

表 4-1　世界における主なダム建設と立ち退き移転

名称	国	完成年	移転者数
サルダル・サロバル *Sardar Sarovar*	インド	建設中	>200,000
ポン *Pong*	インド	1974	150,000
ヒラクド *Hirakud*	インド	1958	>110,000
タルベラ *Tarbela*	パキスタン	1976	96,000
アコソンボ *Akosombo*	ガーナ	1964	78,000
コスー *Kossou*	コートジボワール	1972	75,000
ヤシレタ *Yacyreta*	アルゼンチン／パラグアイ	建設中	68,000
水口 *Shikou*	中国	1993	67,000
ウカイ *Ukai*	インド	1972	52,000
アスワン *Aswan*	エジプト	1967	50,000
カインジ *Kainji*	ナイジェリア	1968	44,000
岩灘 *Yantan*	中国	1992	43,176
カオラ・バッサ *Cahora Bassa*	モザンビーク	1975	>42,000
カリバ *Kariba*	ザンビア	1958	34,000
ナラヤンプール *Narayanpur*	インド	1982	30,600
ヴィクトリア *Victoria*	スリランカ	1984	29,500
チラタ *Cirata*	インドネシア	1988	27,978
イタパリカ *Itaparica*	ブラジル	1988	26,000
セロ・デ・オロ *Cerro de Oro*	メキシコ	1989	26,000
クドゥン・オンボ *Kedung Ombo*	インドネシア	1988	24,000
ツクルイ *Tucurui*	ブラジル	1984	23,924
アレマン *Aleman*	メキシコ	1952	19,000
ノリス *Norris*	米国	1936	14,249
サグリン *Saguling*	インドネシア	1986	13,737
パンタバンガン *Pantabangan*	フィリピン	1973	13,000
カオ・レーム *Khao Laem*	タイ	1985	11,694
ナンベト *Nangbeto*	トーゴ	1987	10,600

出所：Scudder (2005), 59–60 より一部抜粋。

ンバーシップは明確ではなく、その名称のとおり、緩やかなつながりの専門家コミュニティである。

難民研究では、国際法の解釈、帰還政策、政治的力学に関心が置かれがちであり、コソボやソマリア、シリア、クルドなど、その都度、欧州社会に脅威を与えうる事例対象が多く取り上げられる。これに対してＤＩＤＲ研究では、補償政策が中心的課題であり、アフリカや南米、アジアなどへの関心も強い（特にダム研究では上述のとおり、中国・インドを抜きに語ることはできない）。また、社会学や人類学の専門家が多いという点は、国際法や人権分野の専門家が多い難民研究と対照的である。これに加えて、世界銀行など開発機関に働く人々の手で実施されていることを特徴としており（小泉 二〇〇五、三六五）、実際に、①世界銀行やアジア開発銀行（ＡＤＢ）などの援助機関でキャリアを築いてきた専門家やコンサルタント、②援助機関などで外部のコンサルタントとして業務経験があるアカデミック研究者、このいずれかのキャリアを持つ人たちを中心に展開されている。こうした背景が、この研究領域の性格形成に深く関わっており、この点はまた後述しよう。

（3）問題認識と「ナルマダ」の教訓

さて、ＤＩＤＲ研究の基本的な関心として、まず確認したい点がある。それは、（重要ではあるが）ＮＧＯによる問題指摘や告発をひとまず別にすると、開発行為そのものの否定からは出発しない論者が多いという事実である。開発事業が立ち退きを随伴する、そのこと自体を全否定するわけではないというのが、ほぼ共通したスタンスである。立ち退きが生じないことが望ましいことではあると認識されつつも、むしろそれが不可避の場合に、「どのようにすれば、事業の影響を受ける人々（project affected people）の犠牲を減じることができるのか」という問題解決をめざしているのである。そしてそれは、住民移転や生活再建の支援が考えられてきたにもかかわらず、「なぜ失敗を繰り返してきたのか」という現状認識に基づいたものである。これらの特徴は、伝統的な社会学や人類学が開発行為・現象の問題点を記述し批判してきたことから言えば、善し悪しは別として、際立った傾向であると言えよう。人類学者のオリバースミス（Oliver-Smith 2006, 2011）のようなＤＩＤＲに対する批判的検討もあるが、こうした角度からの研究は全体からすると一部であり、別言すれば、ＤＩＤＲは政策実務志向の研究領域であると言ってよい。

このようなＤＩＤＲ研究の基盤は古くからあったわけではない。そもそも電源開発や灌漑のための立ち退き移転は、「国全体の経済成長のためには、やむをえない小さな犠牲」として長らく正当化されてきたからである。技術的および経済学的観点に由来するこのような見方は、きわめて強固であり、そのため「どうすれば犠牲を減じることができるのか」という議論へつながりにくかった。しかし実際、自分の意志に反して、住んでいた土地を奪われた人々が生計の糧を失い、家族親戚や地域社会との絆を壊されてしまうケースは頻発していた。十分な補償も与えられず、まさに「ただ、どかされる」だけの扱いとなることも珍しくないというのがＤＩＤＲの実態だった。こうした問題に対して、ダム立ち退きに関する初期のものとして、デビット・ブロケンジャ（Brokensha 1963）のガーナ・ボルタダム研究、ブロケンジャとサイアー・スカッダー（Brokensha and Scudder 1968）による再定住の諸側面を扱った研究、ロバート・チェンバース（Chambers 1970）のやはりガーナのアコソンボダムおよびボルタダム研究、エリザベス・コルソン（Colson 1971）によるジンバブエ・ザンビア国境に建設されたカリバダム研究、さらにスカッダー（Scudder 1973）などがあり、アフリカの人類学的調査に基づくものが多い(4)。

しかし当時、これらへの社会的関心は必ずしも高くなく、ＤＩＤＲに注目が集まったのは主に一九八〇年代以降のことである。とりわけ、一九八〇年代後半から一九九〇年代前半にかけて世界で大きな議論を喚起した事例が、インド・ナルマダ渓谷のサルダル・サロバルダム（Sardar Sarovar Dam）事業であった。現地住民およびＮＧＯからの強い異議申し立てを受け、第三者委員会として国際連合開発計画（United Nations Development Programme: UNDP）のモース（Bradford Morse）を委員長とする第三者委員会が発足したが、同委員会がまとめた報告書（いわゆるモース報告書）は、融資を進めていた世界銀行とインド政府を厳しく批判し、最終的に世銀は一九九三年に事業から撤退することになったのであった（日本も世銀に先立って一九九〇年に撤退(5)）。

「ナルマダ」の教訓はそれ以後、国際援助機関において住民移転問題への対応見直しを強く促すことになった。(6) 世界銀行は一九八〇年から住民移転に関する内規を持っていたが、特に「ナルマダ」以後にこの動きが加速化した。融資判断を下す段階でインフラ建設計画そのものの実行可能性（feasibility）だけではなく、それまで融資決定後の二次的、後付け的な扱いにすぎなかった住民移転について、「住民移転実施計画」（Resettlement Action Plan）と呼ばれる具体的な計画を同時に突き合わせて検討するような仕組みが整えられた。(7) こうして各援助機関の内部において、住民移転、先住民族、環境といった各種のガイドラインが策定・改定され充実し、開発事業に伴って生じる負の諸側面に対処する「セーフガード・ポリシー」（safeguard policy）として重視されるようになった。また世銀では一九九四年より、影響を受ける人々が直接訴えることができる「インスペクション・パネル」（inspection panel）という画期的な仕組みも導入され、(8) 二〇一八年までに一三〇件の異議申し立てがあがっている。(9) さらに二〇一八年には、新たなセーフガード・ポリシーとして「環境・社会フレームワーク」（Environmental and Social Framework: ESF）の運用が始まった。従来と比べて、世銀すべての融資事業が対象となる包括的な取り組みであり、借入国側の責任も強調されるようになった。

こうした動きは世銀内部だけにとどまらない。これらと前後して、一九九八年にはＩＵＣＮ（国際自然保護連合）および世銀の出資による、時限的な独立組織として世界ダム委員会（World Commission on Dams: WCD）が発足し、データの取りまとめと今後の指針が示された（WCD 2000）。この委員会の成否については提言の実効性を含めて議論があるが、国連環境計画（United Nations Environment Programme: UNEP）でも二〇〇一年から二〇〇七年にかけてＷＣＤをフォローアップする形で「ダムと開発プロジェクト」（Dams and Development Project: DDP）において議論が継続され、さらなる検討と情報共有そして取り組みの推進が図られた。国連人権委員会でも二〇〇七年に「開発に基づく立ち退きに関する基本原則とガイドライン」（Basic Principles and Guidelines on Development-based Evictions and Displacement）が策定されるに至っている。

2　代表的な研究枠組みとモデル

以上のような経緯から把握されるように、ダムをめぐる社会的問題についての議論が深められ、対応が進むなど一九八〇年代後半から二〇〇〇年代にかけてＤＩＤＲの問題改善へ向けた大きな展開が見られた。この過程で特に活用されたのが人類学および社会学の知識である。とりわけ、ＤＩＤＲ研究における重要な知的基盤を提供してきたのがスカッダーとチェルネア[10] (Michael Cernea) であることに異論はないだろう。以下では、両者の代表的概念である「四段階の枠組み」と「ＩＲＲモデル」を見ていこう。

(1) サイアー・スカッダーによる「四段階の枠組み」

スカッダー (1930–) はハーバード大学に学び、カリフォルニア工科大学で長らく教鞭をとってきた人類学者である。コルソンとともにアフリカを中心とした調査研究を行い、それを通じて提唱したのが「四段階の枠組み」(the four-stage framework)[11] である。世銀をはじめ、ダム建設と住民移転に関する数多くのプロジェクトで評価活動やアドバイザリー業務を経験し、世界ダム委員会のメンバーも務めた。

スカッダー (Scudder and Colson 1982; Scudder 1991=1998; 2005) は言う。移住者の生活再建パターンには四つの段階がある。それはそれぞれ、第一段階 (計画立案・入植者募集期)、第二段階 (適応期)、第三段階 (コミュニティ形成および経済発展期)、第四段階 (移譲・連携期) に分けられる。ここで特に重要なのが、第二段階と第三段階との区別である。

スカッダーによれば、第二段階の移住者は、それまでの生産レベルを維持し生活を安定させることを第一に考えているため、きわめて保守的である。よって、(移住担当者の期待とは裏腹に) 決して、リスクを伴う新たな事業や活動には着手したがらないし、劇的な生産性の向上も果たされることはない。そのようなことが望みうるのは、少なくとも二～五年の移行期を経てひとまずの生活の安定を得た第三段階以降であり、決して第二段階ではありえない。しかしながら、プロジェクト立案者は移住後直ちに生産収益を期待できると誤解しているなど、こうした移住プロセスの傾向をよく理解しておらず、失敗が繰り返されているとスカッダーは指摘した。

ここで注意したいのが、この概念は、アフリカで実際に起きている実態を整理したわけではないという点である。現地調査を疎かにしているわけではない。むしろ、丹念な人類学調査を基にして（例えばScudder 1962; 1968; 1972; 1982）、そこからさらに応用的な提言として、「こうなると望ましい」というある種の理念型を提示した住民移転の生活再建モデルである。スカッダーは決して、ＤＩＤＲそのものや入植プロジェクトに対して否定的ではない。住民生活の向上に寄与するはずのＤＩＤＲや入植事業をより適切に行うにはどうしたらよいのか、というのがスカッダーの基本的な眼差しであり、この点こそ開発専門家や実務者にとって示唆的なのである。

(2) マイケル・チェルネアによる「貧窮化リスクと生活再建」（ＩＲＲ）モデル

ルーマニア生まれのチェルネア（1931–）は、ブカレスト大学で博士号を取得後、スタンフォード大学で研究員生活を送っていた一九七四年、世界銀行に雇用された初の社会学者である。

言うまでもなく、世界銀行は世界最大の開発援助機関であり、エコノミストの集合体である。そのなかにあってチェルネアは、インフラ融資事業で生じる住民移転の問題を現地調査から明らかにし、組織内の融資決定過程においてチェック機能を働かせるための提言をたびたび行ってきた。世銀は、援助機関のなかでも最も早くから住民移転問題に取り組んできたが、その主導的立場にいたのがチェルネアである。

チェルネアの考えは、開発援助の実施にあたっては「人々を前面に置く」（Putting people First）べきだという主張に集約されているが、同時に、ダムなどのインフラ事業において、移転者および予定地に起こりうる負の影響を「貧窮化リスクと生活再建」（Impoverishment Risk and Reconstruction: IRR）モデルとして示した点が大きな功績である。それはすなわち、①土地の喪失、②家の喪失、③仕事の喪失、④周縁化、⑤食料確保の危機、⑥疾病罹患率と死亡率の増加、⑦共有財へのアクセス喪失、⑧社会の無秩序化、以上八つの貧窮化リスクである（Cernea 1991=1998, 137）(12)。

このモデルは、分析枠組みであるとともにチェックリストのようなものでもある。立ち退き住民は「○○という困難に陥りやすい」「だからよく注意してあらかじめ、対応を考える必要がある」という、ある種のツールとしての価値があり、そのため世銀内部はもちろん多くの援助機関や研究者によってこのモデルは重宝されてきた(13)。チェルネア自身、後の著作では、開発事業に用いられる費用対効果（cost-benefit analysis）は生活再建の社会的側面を見落としているとと批判し、さらには補償そのものだけでは生活再建は成しえないとして、「補償と開発をセットで」（compensation with development）と提唱するなど、さらに実践的、具体的な提言を発信している（Cernea and MacDowell eds. 2000; Cernea and Mathur eds. 2008; Cernea and Maldonado eds. 2018）。

（3）両モデルへの批判と共通点

以上で見てきたように、両者の概念モデルはその捉え方の目線がやや異なっている。スカッダーが生活再建過程におけるある種の理念型を提示しているのに対して、チェルネアは、立ち退きの際に、何も対策を講じなければ陥りがちなリスクを具体的に指摘している。スカッダー自身は、ＩＲＲモデルと比べて「四段階の枠組み」は、立ち退き移転者が十分な機会を与えられる環境があった場合に、どのように生活再建を果たすことが期待されるのかを示しており、より実践的かつ予測的であるとしているが（Scudder 2005, 32）、両モデルは相補的に組み合わせることが可能であろう。ＩＲＲモデルは、立ち退きを実施する際に起こりうるリスクをチェックリストのように用いることで、これらを回避するための方策を事前に検討することができる。「四段階の枠組み」もモデルとして、中長期視点に立った段階的な生活再建過程の策定に生かすことが可能である。

また、両モデルに対してはこれまでに、モデルとして一般化しすぎているという批判が寄せられてきた。スカッダーに対しては、ある種の理想論であり、現実にそのように順調な生活再建の過程を辿ることはない、という指摘があった（Scudder 2005）。しかしスカッダーにしろ、チェルネアにしろ、国・地域あるいはケースごとに多様な実態のなかから、ある種の一般法則を見出そうとしたのであり、もちろんすべての事例がこれで説明できるわけではない。むしろ、これらのモデルを参考に、援助実施機関などにおいて応用する際に、単純化されてルール化されてしまうことへの懸念がここにあるように思われる。

いずれにしても、同時代生まれのエキスパートであるスカッダーとチェルネアであるが、キャリアを築いてきた場が異なっているものの、狭い意味で学問的業績を積み上げるより、実践的な貢献をめざしている点は共通しており、ＤＩＤＲ研究の道標となってきたのは間違いない。

3　中国の経験をどう見るか

（1）相反するイメージ――模範的な国なのか、人権無視の国なのか

さて、以上のようなモデルを用いながら、ＤＩＤＲの研究領域は、繰り返される「失敗」に向かいあい、改善策の模索と提言をしてきた。そして、それは具体的な実践を生んできたが、その成果が顕著であると評価されている国が中国である。中国への高評価はＤＩＤＲ領域の専門家、特に世銀関係者の間で、共通認識となっていると言って差し支えない[14]。以下は、世銀の再定住専門家であるダニエル・ギブソン（Daniel Gibson）が長年にわたる北京駐在を通じて得た所感をチェルネアに述べた一部である。

中国における再定住政策の実践は、一九九〇年代から二〇〇〇年代以降にかけて大きく変化した。…（中略）…過去二〇年間で明らかに改善されたのは、中国政府が責任主体として、再定住の帰結について責任を負うようになったことである（Cernea 2016, xxiii）。

世銀における業務評価局（Operations Evaluation Department: OED）局長のピッチョートらも、世銀融資案件での経験をもとに、中国の取り組みは計画が包括的であり、影響を受ける人々の参加、生計回復手段としての雇用創出へのコミットメント、そして予算や計画に問題が生じた場合にもそれを修正する高い対応力によって特徴づけられているとしている（Picciotto et al. 2001, 41）。このような見方は、援助機関以外の研究者でも一定程度以上は共有されており、中国の例が一般的な成功モデルと言えるかどうか疑問を呈するデ・ウェット（de Wet ed. 2006）も、以下のように認めている。

（中国の場合は）すべての必要な要素が揃っているように見える。それらは、政治的意思、法的枠組み、政策、適切な財政措置、そして効率的な官僚組織である（de Wet 2006, 194）。

中国が世界銀行に加盟したのは、文化大革命の混乱を経て改革開放路線を歩み始めた一九八〇年であった。このタイミングは、チェルネアらによって世銀内部でガイドラインが正式に策定された年であり、この当初から、世銀の経験および指針を中国は取り入れてきた。岩灘ダム（広西チワン族自治区）、水口ダム（福建省）、二灘ダム（四川省）などがその実験的な取り組みであった。中国が三峡ダムにおいて打ち立てたコンセプト「開発型移住政策」は、まさにチェルネアが主張してきたような「補償と開発をセットで」を具現化したものであるが（浜本 二〇〇三、二〇〇九）、この施策の前提である近接地移住から後に地域外移住へ大きく舵を切ることになったことも、挫折というより、柔軟

写真：中国・三峡ダム（筆者撮影）。

な路線変更として評価されている。中国では水力発電の収益から住民移転支援に回すような利益還元策を採用してきたほか[15]、二〇〇六年七月からは立ち退き農民一人あたり六〇〇元／年の支援が二〇年間にわたって実施されている[16]。このような事後支援策は、世界を見渡してみても画期的な取り組みである[17]。

以上のような中国の優等生イメージに対して、疑問もあるだろう。たしかに、世界最大の三峡ダムでは、人権無視の強制移住によって、住民は移転後も経済的に窮しているという批判がなされてきた。日本では鷲見一夫（一九九七、鷲見・胡 二〇〇三）による一連の著作で、生活再建が成り立っていない事例や、陳情者が地方警察に拘束され、労働矯正所送りになった事例など、多くの問題点が指摘されている。さらに三峡ダムについては、カナダのＮＧＯ「プルーブ・インターナショナル（Probe International）」や香港の人権団体、台湾紙などから多くの批判が随時なされてきた。ダム以外でも、二〇〇八年に重慶で起きた立ち退き問題（立ち退きを拒んだ家の周りが掘り下げられ、陸の孤島のような状態になった事件）から想起されるように、中国では現在も開発事業に伴う土地収用をめぐる問題が頻発しており、各地でデモや紛争が生じている（浜本ほか 二〇〇五、浜本 二〇〇八、浜本 二〇一八）。この二〇年の間、ＤＩＤＲは紛れもなく、中国社会の安定を脅かしかねない深刻な社会問題の一つであったと言って過言ではない。

（２）異なるパースペクティブ

このように相反するかのような中国への見方、評価はどちらが正しいのだろうか。この答えをここで端的に述べれば、それは、どちらも正しい。いずれもが事実であるが、事実は多面的であり、それぞれ見ている側面、強調している側面が異なるのである。これは同時に、両者ともにバイアスがかかっている部分があることも意味する。

優等生と見る立場は、一九八〇年代以降の中国の取り組みを、他の途上国との対比において高く評価する。しかし補償の制度設計に力点を置くため、政策と実態の乖離に目が向けられにくい。実際は制度の運用に問題があり、制度からこぼれ落ちてしまう人々もいる。制度が機能不全を起こし、悲劇的なケースが発生していることもある。また、土地利用や生計回復のみへの注目は一面的でもある。さらに重要な点として、世銀関係者が取り上げる事例は、多くの場合、中国で数多く実施されているダム建設および立ち退きのうちの世銀融資案件のみであり、このため、ある種の「模範例」だけが強調されている可能性を排除できない。一方、人権無視の国と見る立場は、悲劇的事例が存在することを告発し、住民移転の実像に迫るものの、生活再建のごく一部のみを切り取ることや、中長期的な動態把握に欠けることが多い。また中国政府や関連機関が住民移転問題に取り組んできた努力を、見ようとしない傾向もある。

このように異なるパースペクティブをまず確認したうえで、DIDR専門家の間で共有されている中国評価を再検討したい。なぜなら、DIDR専門家[18]（特に世銀関係者）の認識はこの研究分野において影響力が大きく、ミス・リードしてしまう危惧があるからである。なぜ、世銀関係者はNGOなどが問題視する事実を取り上げないのか、直視しないのか、あるいは過小評価するのだろうか。

松本（二〇一四）は、現地における社会関係把握の調査能力を有する「社会科学者」（主には社会学や人類学の専門性を持つ人材）」を多数揃えながら、世銀はなぜ事業に関する調査に失敗するのかという問いを立て、チェルネアのような「社会科学者」の世銀内における位置および組織内政治を分析した。これを通じて松本は、組織内における経済学者の優位性や圧力、社会科学者の組織内生き残り戦略などから、社会科学者たちは次第に迎合し、変節してしまったという仮説を導いている（松本 二〇一四、二八五―二九二）。筆者はこれを検証する材料を持ち合わせていないが、こうした要素が、世銀関係者の「中国びいき」と結びついている可能性はたしかに考えられる。

とはいえ、もっと単純に、調査者が当事者になってしまっているという指摘もできるだろう。「中国を鍛えたこと」

がチェルネア自身および世銀内「社会科学者」たちのキャリアや業績の一つになっているため、[19]中国の成果が繰り返し強調されやすい。そのため、第三者から見て、客観的な説明とは受け取りにくい部分もある。しかしこれも、実はチェルネアらの実践志向、政策志向そのものと表裏一体の関係にある。「既存の学問がやっているような失敗探しよりも、問題改善に役立つような成功例のエッセンスを抽出したい」といった狙いが、このような中国評価の背景にある。社会学・人類学こそが現地社会のリアリティを理解できると考えるチェルネアが、ガイドラインや指針を設定してもなお、実際には問題が起きることに考えが及ばぬはずがない。しかし、具体的事実からさらに、組織改革を実現するためのアクションをとるべきだと社会学者たちを鼓舞し、実態把握に留まることをよしとせず、事業評価、政策改善に大きくシフトした取り組みを行っているのがチェルネアを筆頭とする援助機関の社会学者・人類学者の強い傾向でもある。この政策志向は援助業界内のみならず学術研究者の背中を押すような大きな貢献である一方、政策提言に偏りすぎるという陥穽となっているのではないか。

おわりに――当事者の視点と隣接領域との接合

(1) これまでの取り組みと近年の動向

「ナルマダ」からすでに三〇年前後が経過している。この間に、本章でも見てきたような多様な取り組みや展開が生まれた。中国のように劇的な改善があったと評価される国もある。しかし、にもかかわらず、ＤＩＤＲ研究が現在もなお必要とされているのはなぜだろうか。今後もさらにＤＩＤＲは途上国を中心に増えていくと予測されていることは本章の冒頭で述べたが、ほかにもいくつかの理由がある。

第一に、上記の制度改善だけで問題は決して解決していないからである。先のインスペクション・パネルについても、すべての問題が解決されるわけではなく、その制度運用の実態については疑問も上がっている（松本編 二〇〇三、松本・大芝編 二〇一三）。

そして第二に、ＤＩＤＲの形態も多様になっている。本章では紙幅の関係で取り上げることはできなかったが、さまざまな側面を扱った研究がある。環境問題との関連は従来から論じられてきたが、国立公園や自然保護区の設定によって（つまり動物や自然を守るために）、地元住民が立ち退きを余儀なくされる事例や、やはり自然環境の保全のために実施される立ち退き移住政策（中国における退耕還林政策など）もある。さらに現在は、気候変動に伴う非自発的な移動や、貧困削減のための移住促進についてもＤＩＤＲとの接点で論じられているが、一つ一つ異なる実態について地域社会や文化の文脈を踏まえながら、まずはその問題構造を理解しなければならない。移転のパターンとしても、元の居住地と往復しながら生活再建を果たすケースも少なくなく、その実態は多様である。スカッダーの「四段階の枠組み」はあまりに多様な現実を検討するうえで一つの基盤を与えてくれるが、もちろん、すべての事例をこれに当てはめて説明できるわけではないことは、すでに述べたとおりである。

（2）取りこぼしてきたことと今後への展望

これまで見てきたように、ＤＩＤＲは、途上国の問題として開発援助機関に関わる専門家を中心として、融資先となる途上国での問題を主な対象として展開してきた。そのため、良くも悪くも、世銀の融資対象になったダム事業が議論の対象となる。援助する側は、起こりうる問題をどう回避できるのか、融資すべきなのか否かが論点となり、政策判断と隣り合わせに近い立場で現実把握を行ってきた。それゆえ、補償政策として「成功例」なのかどうか、という二者択一的で画一的な視点に押し込められてしまう傾向がある。「援助に関わる人間として、どうすればよいのか」といった視点が「暗黙の了解」となり、事業実施者、援助者、融資者の目線に偏りがちでもある。

しかしながら本来、ＤＩＤＲという現象は、世銀や援助機関だけのものではなく、もとより多様である。外国からの開発援助とは接点を持たない事業を視野に収めるならば、これまで取りこぼしてきた別の事実も見えてくるだろう。こうした地平に立ったとき、例えば、世銀撤退後にインド政府によって継続されたナルマダ開発がその後どうなったのか、もっと関心が持たれてもおかしくない。また、補償の経済的側面だけではなく、精神的問題にもアプローチ可能になるだろう。さらに今後注目が集まるだろう問題として、小規模ダムを中心とするダム撤去も議論の視野に入ってくるだろう。ダム撤去問題は現在、河川環境の再生という観点から捉えられているが、立ち退きが行われた事例であれば、ダム撤去後の再移転を求める声にも対応していかなければならない。これらは既存のＤＩＤＲ研究の枠組みからは、議論の範疇に入ってこなかったような問題群である。

さらに欧州や北米の国内問題との連続性のもとで議論することで、より汎用性のある議論が可能になるだろう。[20]先進国はダム建設の歴史が比較的長く、すでに建設から五〇年以上が経過した事業から、中長期的な影響や教訓を得ることができる。これまでのＤＩＤＲ研究では、今、目前に起きていることの実態を把握し、対応策を検討しようとする傾向があった。特に、開発援助機関の専門家はそうした貢献が求められる。しかし、学術的にはもっと長いスパンからの把握が可能であり、また必要でもある。先進国の事例を扱ったフォール（Faure 2008）、町村編（二〇〇六）、浜本編（二〇一二）からも明らかなように、ダム建設から五〇年が経過すれば、現地でもダムの存在を所与のものとみなす世代が中心となる。この点に注目することで、事業のサステナビリティを深く検討することもできるだろう。

以上のような隘路を乗り越えるためには、分断されている強制移動研究、非自発的な移動研究との対話や接合がやはり必要である。難民研究だけではなく、災害研究、移民研究など研究領域の壁を越えて、その知識を統合し、「どのようにすれば、事業の影響を受ける人々の犠牲を減じることができるのか」という基本命題に生かすことが求められるだろう。ＤＩＤＲ研究の意義として根底にあるのは、インフラ事業が主として工学および経済学によって担われ、社会学や人類学が後回しにされてきたことに尽きる。政策提言や実践を急ぐ前に、社会学や人類学の現地調査から得られた知見に立ち返る必要もあるだろう。

地理学者のパーンウェル（Parnwell 1993=1996, 1）は、途上国において人口移動現象はしばしば開発の失敗を検出する「リトマス試験紙」であると指摘したが、ＤＩＤＲもその一種である。パーンウェルが各種の人口移動現象に共通点はほとんどないと言うように、ＤＩＤＲ現象もケースごとに多様である。他国・他地域にまたがった研究もまだ多くはなく、課題は多く残されていると言える。この意味で、中山幹康・藤倉良編（Nakayama and Fujikura 2014）などアジア比較やパドヴァーニ編（Padovani 2016）の中印比較、プライスとシンガー編（Price and Singer eds. 2018）などの国別分析の試みも貴重である。

【注】

（1）同種の概念として、ＤＦＤＲ（Development-caused Forced Displacement and Resettlement）を用いる論者もいる。

（2）このなかに三峡ダムは含まれていない。なお、国際大ダム会議（International Commission on Large Dams: ICOLD）が作成した冊子（二〇〇七）によれば、ダムは世界に約五万基ある（二〇〇〇年現在）。ここでのダムの定義は、高さが一五メートル以上の土木構造物、あるいは高さ一〇〜一五メートルで貯水容量三〇〇万立法メートル以上の土木構造物である。また、ダムの大部分（七一・七％）は単一目的のダムであり、その内訳は灌漑（四八・六％）、水力発電（一七・四％）、水供給（一二・七％）、洪水調節（一〇・〇％）の順になっている。

（3）国際強制移動研究学会（The International Association for the Study of Forced Migration: IASFM）でもＤＩＤＲは議論されているが、その前身組織であるＩＲＡＰ（The International Research and Advisory Panel on Refugees and Other Displaced Persons）の名称が「難民とその他の立ち退いた人々」となっているように、ＤＩＤＲは難民領域のやや周辺的な位置づけになっている。ＩＮＤＲの代表はその設立以来、ダウニング（Theodore Downing）が務めている。設立当初に数年に一度のペースで会議を開催してきた後、近年は、アメリカ応用人類学会（Society for Applied Anthropology: SfAA）の年次大会の枠組みのなかで一〇前後のセッションを組み、毎年五〇名規模の参加者があったが、二〇一八年は米トランプ政権による移民政策およびビザ発給厳格化に抗議する意味で、北米開催が通例であるＳｆＡＡの枠組みではなく、ＩＮＤＲは独自にメキシコ・オアハカで年次大会を開催した。

（4）先行研究の整理として武貞（二〇一二）が詳しい。

（5）鷲見（一九九〇）参照。ダムそのものはインドの単独事業として完成したが、当初の計画にあった渓谷全体の開発は停滞しているという。

（6）日本政府がインドネシアに融資したコタパンジャンダムでも、住民移転問題をはじめ多くの問題がＮＧＯより指摘され、現地住民は東京地裁に融資取り消しを訴えるなど、開発援助の枠組みを問い直すような議論となった（鷲見 二〇〇四）。

（7）ここで詳細には立ち入らないが、一九八〇年二月に初めて内部規定として住民移転のガイドラインを「業務マニュアル声明」（Operational Manual Statement 2.33. *Social Issues Associated with Involuntary Resettlement in Bank-Financed Projects*）としてまとめ、「ナルマダ」の経験を経た一九八六年一〇月には「業務政策覚書」（Operations Policy Note 10.08. *Operations Policy Issues in Applying Bank Resettlement Guidelines*）に改訂され、一九八八年にはこれらが初めて対外的に公表された。その後さらに一九九〇年六月の「業務指令」（Operational Directive 4.30. *Involuntary Resettlement*）を経て、二〇〇二年一月以降はダム事業だけではなく多様なセクターの立ち退きをカバーする「業務政策」（Operational Policy 4.12. *Involuntary Resettlement*）に更新されるなど、さまざまな制度設計と改定を重ねてきた。この過程はチェルネア（Cernea 1995）、チュルネアとマルドナド（Cernea and Muldonado 2018）、松本（二〇一四、二八〇―二八五）などに詳しい。

（8）その背景や制度の仕組みについて、松本編（二〇〇三）に詳しい。

（9）世界銀行ホームページ http://inspectionpanel.org/panel-cases（access: 2019.6.20）

（10）実はこの二名は「ナルマダ」においても、早い段階で警鐘を鳴らしていた（段家誠 二〇〇六、三一―六）。世界銀行は同事業に対して一九八四年に融資を承認し、一九九三年にインド政府が未支払い分の辞退を表明するまで、大きな注目を集めた。チェルネアは融資承認前の一九八三年九月に世銀内の「オフィス・メモランダム」において明確に懸念を表明し、世銀調査団のコンサルタントとして現地訪問したスカッダーも同年一一月に作成した報告書において、再定住計画の欠如や予算不足から、多くの立ち退き移転者が生活手段を失い、生活水準を悪化させる可能性を問題視していた。しかし彼らの指摘は、この時点で理事会など上層部には届かず、組織内部で見過ごされていた（同前）。

（11）なお、この概念はネルソン（Nelson 1973）およびチェンバース（Chambers 1970）による枠組みを参考にして、一九七九年に発表されたものである。このモデルはＤＩＤＲだけを対象にしていたのではなく、自発的な、あるいは政府奨励による入植プロジェクトなども念頭に置かれている。以来、スカッダー自身が経験蓄積を深めながら、たびたび補足や修正を施してきた。

（12）チェルネアがＩＲＲモデルを確立したのは一九九〇年代初頭のことであるが、これを構成する貧窮化リスクについては、その後、さまざまな著作で部分的修正を施している。ここでは広く読まれ、日本語訳が利用可能なチェルネア（Cernea 1991=1998）をもとに提示しているが、原著ではリスクが七つである点（日本語訳は原著の改訂稿が基になっている）と、日本語訳を一部変更している点に留意されたい。

（13）同書はこれまでに、インドネシア語、フランス語、日本語などで訳書が出されている。日本語版は第二版の訳書であるが、チェルネアの第六章は原著には含まれていない。

（14）中国への高い評価は、ＤＩＤＲ領域に限ったことではない。世銀で都市計画や水道セクターの中国案件に携わった児玉（二〇一四）も、中国政府の高い管理能力やスピード感は、他国とは大きく異なるとしている。

（15）中国におけるダム利益の再配分をめぐる議論や背景については林（二〇〇六）が詳しい。

（16）「国務院関于完善大中型水庫移民後期扶持政策的意見」（二〇〇六）に基づく。

（17）これら中国における政策改善を概観するものとして施国慶（Shi 2018）がある。

（18）この点で、中国人研究者の業績のなかに、現地調査に基づく着実な研究がある。応星・晋軍（二〇〇〇）、応星（二〇〇一）、風笑天（二〇〇六）、彭豪祥・馮耕耘（二〇一五）、黄東東（二〇一六）、段躍芳（Duan 2018）など三峡ダムを中心とした調査研究の蓄積があり、鋭い指摘をしている良質の研究成果は少なくない。

（19）チェルネアは、中国が世界銀行の助言を参考に政策改善を進めたことは当初驚きだったと述懐している（Cernea 2016, xx–xxi）。

（20）なお、日本については移転者数は多くないが、これまでに多くの紛争や議論があり、さまざまな経験をしてきたことは周知のとおりである。しかしながら、英語論文が中山・藤倉編（Nakayama and Fujikura 2014）などに限られており、その経験はＤＩＤＲ専門家の間でほとんど知られていない。

【参考文献】

Brokensha, David (1963) "Volta resettlement and anthropological research," *Human Organization* 22, 286–290.

Brokensha, David and Thayer Scudder (1968) "Resettlement," Neville Rubin and William M. Warren eds., *Dams in Africa: An interdisciplinary Study of Man-Made Lakes in Africa*, Frank Cass.

Cernea, Michael M. (1991) "Involuntary resettlement: Social research, policy, and planning," Michael Cernea ed., *Putting People First: Sociological Variables in Rural Development*, 2nd edition, Oxford University Press.（「非自発的な住民移転：調査、方針、そして立案」マイケル・M・チェルネア編、〝開発援助と人類学〟勉強会訳（一九九八）『開発は誰のために：援助の社会学・人類学』日本林業技術協会、一三一－一五〇）

――― (1995) "Social integration and population displacement: The contribution of social science," *International Social Science Journal* 43 (1), 91–112.

――― (2016) "Foreword: State legislation facing involuntary resettlement: Comparing the thinking in China and India on development-displacement," Florence Padovani ed., *Development-Induced Displacement in India and China: A Comparative Look and the Burdens of Growth,* Lexington Books, vii–li.

Cernea, Michael M. and Julie Maldonado eds. (2018) *Challenging the Prevailing Paradigm of Displacement and Resettlement: Risks, Impoverishment, Legacies, Solutions,* Routledge.

Cernea, Michael M. and Hari Mohan Mathur eds. (2008) *Can Compensation Prevent Impoverishment?: Reforming Resettlement through Investments and Benefit-Sharing*, Oxford University Press.

Cernea, Michael M. and Christopher McDowell (2000) *Risks and Reconstruction: Experiences of Resettlers and Refugees*, World Bank.

Chambers, Robert ed. (1970) *The Volta Resettlement Experience,* Pall Mall Press.

Colson, Elizabeth (1971) *The Social Consequences of Resettlement: The Impact of the Kariba Resettlement upon the Gwembe Tonga*, Manchester University Press.

De Wet, Chris (2006) "Risk, complexity and local initiative in forced resettlement outcomes," Chris de Wet ed. *Development-*

Induced Displacement: Problems, Policies, and People, Berghahn Books, 180–222.

Duan, Yuefang (2018) "Investing in resettlement and benefit-sharing in China: New paradigm, approaches, challenges, and prospects," Michael Cernea and Julie Maldonado ed., *Challenging the Prevailing Paradigm of Displacement and Resettlement: Risks, Impoverishment, Legacies, Solutions,* Routledge, 162–179.

Faure, Armelle (2008) "Social norms for population displacements caused by large dams France, 20th century. The example of the Tignes and Serre-Ponçon dams in the Alps and the Aigle and Bort-les-Orgues dams in Haute-Dordogne," *Journal of Alpine Research*. vol.96, 29–44.

International Commission on Large Dams (2007) *Dams: The World Water.*（坂本忠彦訳、国際大ダム会議（翻訳年不明）『ダムと世界の水』）

Nakayama, Mikiyasu and Fujikura Ryo eds. (2014) *Restoring Communities Resettled after Dam Construction in Asia*, Routledge.

Nelson, Michael (1973) *The Development of Tropical Lands: Policy Issues in Latin America,* Johns Hopkins University Press for Resources for the Future.

Oliver-Smith, Anthony (2006) "Displacement, resistance and the critique of development: From the grass roots to the global," Chris de Wet ed., *Development-Induced Displacement: Problems, Policies, and People*, Berghahn Books, 141–179.

Oliver-Smith, Anthony (2011) *Defying Displacement: Grassroots Resistance and the Critique of Development,* University of Texas Press.

Padovani, Florence ed. (2016) *Development-Induced Displacement in India and China: A Comparative Look and the Burdens of Growth,* Lexington Books.

Parnwell, Mike (1993) *Population Movements and the Third World*, Routledge.（マイク・パーンウェル、古賀正則監訳（一九九六）『第三世界と人口移動』古今書院）

Picciotto, Robert, Warren van Wicklin, and Edward Rice eds. (2001) *Involuntary Resettlement: Comparative Perspectives*, Transaction Publishers.

Price, Susanna and Jane Singer eds. (2019) *Country Frameworks for Development Displacement and Resettlement: Reducing Risk, Building Resilience*, Routledge.

Scudder, Thayer (1973) “The human ecology of big projects: River basin development and resettlement,” *Annual Review of Anthropology* 2, 45–55.

——— (1991) “A sociological framework for the analysis of new land settlements,” Michael Cernea ed., *Putting People First: Sociological Variables in Rural Development*, 2nd edition, Oxford University Press, 148–187.（「新規入植を分析するための社会学的枠組み」マイケル・Ｍ・チェルネア編、〝開発援助と人類学〟勉強会訳（一九九八）『開発は誰のために：援助の社会学・人類学』日本林業技術協会、一〇五–一三〇）

——— (2005) *The Future of Large Dams: Dealing with Social, Environmental, Institutional and Political Costs*. Earthscan.

Scudder, Thayer and Elizabeth Colson (1982) “From welfare to development: A conceptual framework for the analysis of dislocated people,” Art Hansen and Anthony Oliver-Smith eds., *Involuntary Migration and Resettlement: The Problems and Responses of Dislocated People*, Westview Press, 267–287.

Shi, Guoqing (2018) “Comparing China’s and the Wold Bank’s resettlement policies over time: The ascent of the ‘resettlement with development’ paradigm,” Michael Cernea and Julie Maldonado eds., *Challenging the Prevailing Paradigm of Displacement and Resettlement: Risks, Impoverishment, Legacies, Solutions*, Routledge, 143–161.

World Commission on Dams (2000) *Dams and Development: A New Framework for Decision-Making,* Earthscan Publications.

風笑天（二〇〇六）『落地生根―三峡農村移民的社会適応』華中科技大学出版社。

黄東東（二〇一六）『征地補償、制度変遷与交易成本――以三峡移民為研究対象』法律出版社。

彭豪祥・馮耕耘（二〇一五）『三峡移民社会適応性研究』武漢大学出版社。

応星（二〇〇一）『大河移民上訪的故事』三聯書店。

応星・晋軍（二〇〇〇）「集体上訪中的『問題化』過程」『清華社会学評論』鷺江出版社。

小泉康一（二〇〇五）『国際強制移動の政治社会学』勁草書房。

児玉十代子（二〇一四）「世銀の融資業務の概要と中国向けオペレーションの特徴」井出穣治・児玉十代子『ＩＭＦと世界銀行の最前線』日本評論社、一四七–一八九。

鷲見一夫（一九九〇）『きらわれる援助――世銀・日本の援助とナルマダ・ダム』築地書館。

———（一九九七）『三峡ダムと日本』築地書館．

——（二〇〇四）『住民泣かせの「援助」——コトパンジャン・ダムによる人権侵害と環境破壊』明窓出版。

鷲見一夫・胡暐婷（二〇〇三）『三峡ダムと住民移転問題』明窓出版。

武貞稔彦（二〇一二）『開発介入と補償——ダム立ち退きをめぐる開発と正義論』勁草書房。

段家誠（二〇〇六）「世界銀行とNGOs——ナルマダ・ダム・プロジェクト中止におけるアドボカシーNGOの影響力」築地書館。

浜本篤史（二〇〇三）「中国におけるダム計画と住民移転政策の変遷」『中国研究論叢』三、五-二一。

——（二〇〇八）「北京における都市再開発と住民の二極化」『中国——社会と文化』二三、六六-八三。

——（二〇〇九）「開発事業と非自発的移動——三峡ダム住民移転はいかなる社会的文脈の下、遂行されようとしているのか」根橋正一・東美晴編『移動する人々と中国にみる多元的社会』明石書店。

——（二〇一八）「中国における立ち退き問題と専門研究機関」『アジ研ワールド・トレンド』二四（二）四二-四五。

浜本篤史編（二〇一二）『御母衣ダムの社会的影響と地域活性化に関する社会調査報告書』名古屋市立大学浜本篤史研究室。

浜本篤史・吉富拓人・出和暁子・真野洋介（二〇〇五）「中国における近代的住居への移行と住民生活の変容——北京市崇文区の危旧房改造事業を事例として」『住宅総合研究財団研究論文集』三一、一九五-二〇五。

町村敬志編（二〇〇六）『開発の時間　開発の空間——佐久間ダムと地域社会の半世紀』東京大学出版会。

松本悟（二〇一四）『調査と権力——世界銀行と「調査の失敗」』東京大学出版会。

松本悟編（二〇〇三）『被害住民が問う開発援助の責任——インスペクションと異議申し立て』築地書館。

松本悟・大芝亮編（二〇一三）『NGOから見た世界銀行——市民社会と国際機構のはざま』ミネルヴァ書房。

林秀光（二〇〇六）「中国における水力開発と利益再配分——ダム立ち退き住民への補償問題を中心に」『法学研究』七九（三）一-四六。

第5章　ジェンダーと難民・強制移動
――抜け落ちる難民女性への視点

中村　文子

【要旨】アラブの春に端を発したシリア内戦では、大規模に難民が発生し、地中海などを越えてヨーロッパに庇護を求めようとした。難民に寛容であったヨーロッパですら、難民の受け入れに消極的になってきている。このような難民危機において、さらなる危機に晒されているのが女性である。難民の女性は男性よりも脆弱な立場に置かれ、深刻な被害を受けてきた。そのなかには、移動過程および難民・避難民キャンプでの性暴力、国連平和維持活動要員や援助団体職員による性暴力、地域社会や家族からの暴力などもある。さらに、女性であるがゆえに、人身取引や誘拐、経済的理由によって、難民の女性たちが強制的に住む場所を追われるのである。
このように、移動を強いられることが多い女性の脆弱な立場は、ジェンダー差別に基づく日常的な性差別に起因する。このような難民の女性の問題を一挙に解決するためには、ジェンダー差別を全廃するほかないが、本章では、国際社会の助力による難民女性問題を緩和する取り組みも合わせて紹介する。

【キーワード】女性、女児、性暴力、ジェンダー、ジェンダー暴力、人身取引、望まぬ結婚

はじめに

二〇一八年一〇月五日、ノルウェーのノーベル委員会は、ナディア・ムラド（Nadia Murad）氏にノーベル平和賞を授与すると発表した。イラクの村に住んでいたヤズディ教徒の少女ナディアは、イスラーム国の兵士に拉致されて、兵士の所有物となり、強姦されるという性暴力の被害を受けた。運良く脱出して安全な難民キャンプに避難した彼女は、イスラーム国の兵士によって受けた性的被害の実態を世界に発信した。二〇一六年には、人身取引被害者の尊厳のための国連親善大使に就任し、今回のノーベル平和賞の受賞につながったのである。このように、強制移動の被害者である女性に対する性的搾取の問題は、国際社会の注目を集めるようになってきた。

しかし、いまだに多くの国々で、女性は、誘拐、監禁、人身取引や望まぬ結婚などにより、生まれ育った地域から移動を余儀なくされるケースが相次いでいる。女性は、武力紛争、政治的対立、環境破壊といった要因だけでなく、女性であるということで脆弱な立場に追いやられ、男性とは異なる苦しみを受ける。例えば、シリア難民のなかには、一八歳未満の少女の児童婚が増えているという[1]。少女の親は、経済的理由から少女を結婚させ、嫁ぎ先から支払われる金銭を期待する。少女たちは自分の将来の夢を諦め、家族の負担を減らすために望まぬ結婚をするのである。

このような女性と強制移動の問題は、開発研究やジェンダー研究において注目されてきた。「開発における女性」（ＷＩＤ）アプローチでは、開発における女性の経験が男性の経験と異なるものであり、女性の経験や視点について研究することの意義を説いた。女性を社会経済システムに統合することにより、女性の生産性を開発に活かそうとするアプローチである（Fiddian-Qasmiyeh 2014, 396）。一方、一九七〇年代の「女性と開発」（ＷＡＤ）アプローチでは、ネオ・マルクス主義フェミニズムの影響を受けて、階級構造、グローバルな不平等、搾取といった問題が開発を考えるうえで重要であり、女性が経済発展の中心的役割を果たすべきであるが、依然として女性が開発から取り残されていることを強調した（*ibid.*, 396-397）。さらに一九八〇年代後半から、社会主義フェミニズムやポスト・コロニアリズム理論の台頭を受けて、「ジェンダーと開発」（ＧＡＤ）アプローチが発展してきた。このアプローチによれば、女性が「女性になる」ことは社会的な要因によって決まるのであり、これらは社会的な変革によって乗り越えられるものであると説く。ジェンダー平等や女性のエンパワーメントのためには、女性が社会変革の主体となって、社会的かつ制度的な権力関係にある不平等を正すことが重要であると主張する（*ibid.*, 397）。

このように開発学において女性とジェンダーの研究が盛んになり、強制移動研究のなかでも女性やジェンダーの問題が取り上げられるようになってきた。それが、「強制移動における女性」（ＷＩＦＭ）アプローチや「ジェンダーと強制移動」（ＧＡＦＭ）アプローチである。これまでの強制移動研究において女性は忘れられた存在であったが、ＷＩＦＭアプローチでは、一九八〇年代半ばから一九九〇年代にかけて、女性と強制移動の研究領域が開拓されるようになってきた。しかし、依然として女性を単なる性暴力の犠牲者であると認識する研究もあり、これからの強制移動と難民の研究では、女性がどのようにして、なぜ犠牲者となるのかを問う必要がある（*ibid.*, 397-398）。

本章では、このような研究動向を背景にして、女性の難民や強制移動に関する現状を概観し、女性がそのような脆弱な立場に追いやられる要因を探ることにする。また、国際社会における強制移動と女性の問題をめぐる規範を説明し、規範を実践につなげるための課題についても論じることにしたい。

1　難民危機の時代と難民女性の現状

（1）現代の難民危機

現在、国際社会で難民が注目を浴びているのは、シリアやアフガニスタンなどからの難民が、ヨーロッパ諸国に大規模に流入していることに端を発している。二〇一〇年のアラブの春からの余波を受けたシリアの民主化運動は、アサド政権と反政権派、さらにアメリカ、ロシア、イランをも巻き込む長期の内戦へと発展し、国民の約半数が住み慣れた土地を追われ、難民としてさまようことを余儀なくされた。その大量の難民がギリシャやイタリアからヨーロッパに押し寄せることによって、ヨーロッパ市民は難民の流入を目の当たりにし、難民を包摂するか排除するかをめぐって対立することになった。今まさに、ヨーロッパは難民をめぐり大きく動揺している。

「難民ビジネス」という言葉も生まれ、難民を隣国やその他の地域へ手引きすることで儲けを得る業者も数多く生まれた。難民は家族で、あるいは一人で、命からがら新天地を求める。定員を超える大量の難民を乗せて難破するゴムボートや船舶は、彼らの命を保障せず、地中海では多くの命が失われた。ようやく難民キャンプにたどり着くことができても、そこには将来が見えない、長い時間が待っているのである。

（2）難民危機と女性の被害

国連難民高等弁務官事務所（ＵＮＨＣＲ）によると、居住地を追われた人の数は二〇一七年で六八五〇万人に上った。そのうち、国内避難民と庇護申請者を除く難民は二五四〇万人で、シリアからの数が圧倒的に増えており、難民全体の三分の一を占めている。また、女性と女児の割合は約半分である。このような難民危機のなかでも、最も脆弱な立場に置かれているのが女性である。難民の女性の多くは、治安が安定しない祖国から難民キャンプへ、そして第三国までの避難の過程において、難民の男性よりも危険に晒されている。とくに性的暴力や人身取引の対象となっているのである。

（a）移動・強制移動における女性の被害

アフリカに目を転じれば、二〇〇九年以降ナイジェリア北部を拠点として活動しているイスラーム教スンニ派の過激派組織ボコ・ハラムによって、女性は暴力の脅威に晒されてきた。二〇一四年にナイジェリア北部のボルノ州の女子学校から二七六名の女子生徒が拉致された事件は、世界中に衝撃を与えた。西洋的な教育に反対するボコ・ハラムによって拉致された女子生徒は、イスラーム教への改宗や、ボコ・ハラムのメンバーとの強制結婚、性奴隷、人身取引などの被害に遭っていることが広く報道された（萩原 二〇一七）。このような強制結婚や性奴隷を拒否した女子生徒は、自爆テロリストに仕立てられることもあった（ウエストコット 二〇一六）。英国内務省の報告書によると、ボコ・ハラムは、性奴隷として若い女性や女児を売買したり利用したりするために拉致していたという（Home Office UK Border Agency 2015）。以下は、彼女たちの経験である（Newsweek 2016）。

事例：ザイナブ・イサ（一七歳）は七カ月間監禁された。イスラーム教徒で、監禁中にレイプされて子どもを身ごもった。

事例：マリー・ジョン・イブラヒム（五〇歳）は二週間監禁された。ナイジェリア北東部の村で政府系の病院に勤務していたが、病院がボコ・ハラムに襲撃され、拘束された。キリスト教からイスラーム教への改宗を拒否すると鞭打ちされ、食事も与えられなかった。二週間後に運良く脱出できて、難民キャンプに避難した。

事例：サラトゥ・ザカリヤ（四四歳）は七カ月監禁された。村がボコ・ハラムに襲撃され、夫が射殺された。キリスト教からイスラーム教に改宗させられ、ボコ・ハラム戦闘員と結婚しなければ殺すと脅された。結婚を拒むと鞭で打たれ、結婚に応じた女性たちは複数の「夫」に毎晩のようにレイプされていた。

ボコ・ハラムに拉致された女性たちは、必死に逃亡して故郷に戻ることができたとしても、ボコ・ハラムへの協力者と見なされ、差別されたり、監禁中に強姦でできた子どもを含めて現地社会から排除されたりした。自分の家族にも受け入れてもらえず、孤立するのである（HuffPost 2016）。

このような女性の被害は、アフリカ大陸のものだけではない。アメリカ大陸に目を転じてみても、女性が脅威に晒されていることがわかる。中南米から逃れてくる大量の移民に対して、米国政府がメキシコとの国境に壁を建設し、不法に国境を乗り越えてくる人々を牽制しようとしている。中南米からの避難民は、出身地域での犯罪組織による暴力などから身を守るためにメキシコ国境をめざす。しかし、そのルートは犯罪組織の縄張りとなっており、襲撃、恐喝、性暴力、人身取引、拉致、拷問などの危険がある。メキシコを通過して北へ向かう移民の六八％が暴力の被害に遭っており、女性の三人に一人が性的虐待を受けているという報告もある（国境なき医師団 二〇一八）[2]。

(b) 難民・避難民キャンプにおける女性の被害

難民キャンプに避難した女性にも過酷な現実が待っている。ＵＮＨＣＲによれば、難民キャンプで生活する女性は、兵士やゲリラによる性暴力から逃げてくるが、「難民キャンプに入ってからもキャンプの警備兵や同じ難民に襲われて性暴力の脅威が消えることはない（ＵＮＨＣＲ「難民キャンプでの生活」）。紛争地域での逃走中も、難民キャンプでさえも、女性は敵のみならず、同胞からも性的暴力を受ける危険がある（静岡新聞アットエス 二〇一七）[3]。また、難民キャンプでは、多くの難民が人身取引の犠牲者となって近隣諸国へ売られていく。人口が過密した難民キャンプでは、食料も十分ではなく（米川 二〇一七）[4]、いつ自国へ戻ることができるかもわからない閉塞感がある。また紛争で親を失ったり、避難の過程で親とはぐれたりする子どもも多い。そのようななか、人身取引業者による勧誘が、人身取引の被害者を数多く生み出しているのである。

例えば、ＢＢＣの取材によると、ミャンマーの少数民族であるロヒンギャ難民が避難しているバングラデシュの難民キャンプで、人身取引が横行しているという。人身取引業者が女性や女児を騙してキャンプから連れ出し、売春を強要する。これまでに、ロヒンギャの女性や女児がバングラデシュ、ネパール、インド、マレーシアへ売られていったと言われる。難民キャンプの混沌とした状況のなか、雇用とよりよい生活を求める難民に対して、人身取引業者のつけ入る隙は大きい（BBC News 2018）。難民危機では、人身取引業者と買春者にとって大変に都合のよい状況が生まれる。

また、国内避難民として住む場所を追われた女性たちも、もちろん性暴力の被害から逃れられるわけではない。アムネスティの報告によると、ボコ・ハラムから逃れ、国内避難民としてナイジェリア北東の収容キャンプにいる数千人の女性が、軍と民兵組織による組織的な人権侵害を受けている（アムネスティ・インターナショナル 二〇一八）。ナイジェリア軍はボコ・ハラムが支配していた村を奪還後、男女を分けて収容し、女性たちを強姦したり、飢えに苦しむ女性の弱みにつけ込み、性交を強要したりした。このように、ボコ・ハラムから解放されて、避難民キャンプに逃れたとしても、女性が置かれている危険な状況に変わりはない。

（c）国連平和維持軍や援助職員からの暴力

人道支援や避難民・難民救援のために実施される国連平和維持活動（ＰＫＯ）部隊が、現地の女性に対して性的に搾取する事例が報告されている。例えば、二〇〇二年に西アフリカで発生した援助関係者による受益者に対する性的搾取事件が挙げられる。また、国連やＮＧＯ職員による性的虐待も明らかになっている。援助関係者や国連ＰＫＯ兵士が、食料などの援助と引き換えに、難民キャンプなどの支援地で搾取・虐待を行うという事例が報告されている。

これは、ＰＫＯ要員が、免除特権などの司法的手続きによって守られており、現地で裁かれないといった問題があるだけでなく、破綻国家や紛争地域において現地の司法制度が確立しておらず、法の支配が浸透していないことも原因として挙げられる。ＰＫＯ要員自身の出身国における女性の地位の低さも、ＰＫＯ要員の認識に影響を与えていると考えられる。

(d) 難民キャンプにおける女性の役割

ＵＮＨＣＲによれば、難民の約八割は子どもと女性で、難民キャンプでは一般の経済活動が禁止されているため、仕事のない夫は家のなかで過ごし、女性が水汲み、薪の用意、料理の準備をする。しかし、女性にとっては、難民キャンプにおいても暴力やレイプをはじめとする身の危険があるのみならず、社会的差別も受ける。

難民キャンプでは、食料へのアクセスは大変重要である。とくに、妊婦や授乳中の女性にとって栄養不足に陥ることは避けたい。しかし、難民キャンプでの食料分配はしばしば男性が支配しており、世帯主である男性に食料が配給される場合が多い。難民の間のリーダーシップ構造は、とくに極度の緊急時においては、女性を排除しがちである。その結果、食料の分配は不適切になされる。食料は、男性のネットワークを通じて、抵抗軍（紛争当事者）に渡ったり、闇市で売られたりする。したがって、家族である女性や子どもに食料が渡らない。これらの問題は、食料であれ何であれ、男性が最初に与えられるべきであるという難民の人々の文化も影響している（UNHCR 1991; Martin 2004, 62–67）。

一方、食料の分配方法を変更し、直接女性に食料を配給する方法が採られた事例がある。一九八〇年代にタイとカンボジアの国境沿いに建てられたキャンプでは、女性に食料を直接配給したところ、上記の問題は解消された（Martin 2004, 64）。

また、難民キャンプでは、いつ生活を立て直せるのか、先を見通せないうえ、一般の経済活動が禁止されているため、仕事のない夫は家のなかで過ごし、その不満から妻に暴力をふるうという（UNHCR 1991）。難民キャンプでの生活が長期化し、仕事もできず、社会的・経済的な役割を果たせない精神的な苛立ちや失望などが、そのような暴力を引き起こすのである（*ibid.*）。(5)

アムネスティ・インターナショナルによれば、レバノンはこれまで一〇〇万人の難民を受け入れてきたが、レバノンでの家賃や食費が高いため、シリア難民の女性たちが生計を立てていくのは難しいという。二〇一五年にレバノン政府がＵＮＨＣＲによるシリア難民登録を停止し、難民の在留資格更新を困難にする政策を採り始めたため、シリア難民は不法滞在を余儀なくされた。その弱みにつけ込んで、難民女性たちに対する嫌がらせや搾取が横行し、彼女たちは金銭的援助と引き替えに性交渉を要求されても、警察に行くことができないという（アムネスティ・インターナショナル　二〇一六）。前述のように、長期化する難民生活により生活資金が底を突き、未成年の娘に望まぬ結婚をさせて金銭を得る家族も出てくる。この児童婚によって、少女たちが教育を受ける機会はさらに奪われるのである。

このような女性の境遇から見えてくることは、女性が非常に脆弱な立場に置かれ、性的搾取の多大な被害に遭っているということである。次節では、難民の女性が脆弱な立場に置かれる理由を分析し、その女性たちへの国際社会による対策と問題点を考察する。

2　難民女性の被迫害要因

難民の女性はなぜ脆弱な立場に置かれているのか。それは、女性が社会において劣位な立場に置かれているからである。とくに、武力紛争などの人道危機が発生した場合に、その社会構造が露呈し、脆弱な立場に置かれた女性に対する暴力が露骨な形で行使される。まずは、そもそも女性が社会的に置かれている劣位な立場について考察したい。

ジェンダー研究者のエヴィオータ（Elizabeth Uy Eviota）によれば、初期の人間社会では、女性は家庭の日常生活を維持し、食料を収集する役割を担い、男性は狩猟で動物を捕獲していた。このような収集と狩猟の分担から、ジェンダーによる階級が発達したという（ウイ・エヴィオータ　二〇〇〇、二一―三〇）。国家が成立すると、国家は人々を支配者と従属者に分けた。女性は男性に従属し、男性が家族の長となり、生産資源に対する女性の財産権も制限されるようになる。さらに資本主義が発展すると、遺産相続や私有財産など、男性優位な制度が社会的不平等を形成する。男性の権威を承認する家族制度、家庭と仕事場の分離、性別による職業区分、賃金雇用からの女性の排除・周辺化をもたらしたのである。

このような経緯から、男女の権力格差が形成された。女性の劣位は、現在まで平時・戦時を問わず、ありとあらゆる場面で継続している。こと紛争においては、「民族浄化」のもとに女性に対する組織的・集団的レイプにまで至る。トゥリュメル（Nelly Trumel）によれば、産業技術社会の出現とともに拡大した軍事化は、「資本主義と家父長制が結びついた究極の発現」であり、性暴力（大規模なレイプ）は現代の戦争のなかで、管理され、計算され、敵を心理的・人口統計学的に打ちのめすために使われる（トゥリュメル 二〇〇〇、三七-四一）。旧ユーゴスラビアやナチスによる「民族浄化」や「人種の純血」は、女性たちにとって、性と民族に関して二重に否定されることになるのである。

以上のような女性をめぐる権力構造は、難民という脆弱な立場に置かれることによって、女性の脆弱さがますます露呈される。このような状況を改善するためには、女性の地位を向上させること、女性の人権も尊重されるべきであることを、国際社会のあらゆる行為者が認識する必要がある。

3　国際社会の対応と課題

このような難民の女性が置かれた境遇を改善するために、国際社会はどのような対応をとってきたのであろうか。第一に、国際人権法をはじめとする国際条約が、難民の女性をどのように保護しているのかを確認する。第二に、国連安全保障理事会が、難民の女性をどのように保護しようと取り組み始めたのかを考える。第三に、国際機関による対策について述べる。

(1) 国際規範における難民の女性

まず、難民の女性を保護するための国際規範の位置づけについて確認しておく。難民女性の状況は過酷であるにもかかわらず、彼女たちの保護に特化した国際条約や議定書は存在しない。ただし、難民女性は、国際難民法、国際人権法、国際人道法などの諸条約によって法的に保護されていると同時に、UNHCRは難民条約の締約国に対して条約履行のガイドラインを提示しており、そこで女性に配慮した条約の解釈を促している。

難民の地位に関する条約（一九五一年）（以下、難民条約）とその議定書（一九六七年）には、女性を特別に保護する規定は置かれていない。UNHCRは、二〇〇二年に「国際的保護に関するガイドライン——一九五一年の難民の地位に関する条約第一条A（二）および／または一九六七年の難民の地位に関する議定書におけるジェンダーに関連した迫害」（UNHCR 2002）を出すことにより、難民条約やその議定書において、ジェンダーに関連した迫害を受けた者を難民として保護するための指針を示している。

難民条約やその議定書第一条A（二）において、「難民」は以下のように定義されている。

人種、宗教、国籍もしくは特定の社会的集団の構成員であること、または政治的意見を理由に迫害を受けるおそれがあるという十分に理由のある恐怖を有するために、国籍国の外にいる者であって、その国籍国の保護を受けることができない者、またはそのような恐怖を有するためにその国籍国の保護を受けることを望まない者及びこれらの事件の結果として常居所を有していた国の外にいる無国籍者であって、当該常居所を有していた国に帰ることができない者、またはそのような恐怖を有するために当該常居所を有していた国に帰ることを望まない者。

このように、難民条約にはジェンダーという言葉は明示的に用いられていない。しかし、その解釈を通じてジェンダーを要因として迫害を受けた女性や同性愛者に対する難民認定は認められることになる。

「特定の社会的集団の構成員」とあるが、これには女性という集団も含まれる。それは、女性は、生来の変更不可能な特性を持つ社会集団であるからである。また、同性愛者も、同様に社会的集団の一つである（*ibid.*, para 30）。「迫害を受けるおそれがあるという十分に理由のある恐怖」とあるが、女性に対する迫害は、男性に対する迫害と異なる場合がある。女性に対する迫害のなかには、継続的な性暴力、ドメスティック・バイオレンス、性器切除、人身取引といったものがある（*ibid.*, para 9）。また、とくに女性に対する差別を法律によって規定しており、その結果として、女性が迫害を受けるおそれがある場合も、そのような女性は難民として認定される（*ibid.*, para 10）。また、そのような法律が、過度に厳しい刑罰を科す場合も同様である（*ibid.*, para 12）。一方、法律が女性に対する差別的な規定を廃止しているにもかかわらず、社会的・文化的慣行として継続し、それが迫害につながるのであれば、同様に難民として認定されうる（*ibid.*, para 11）。また、強制売春や性的搾取を目的とする人身取引の犠牲者も、国家の保護が与えられない場合に難民申請の対象者となる（*ibid.*, para 18）。このような女性に対するジェンダー暴力とその迫害だけでなく、同性愛者に対する暴力や迫害もジェンダーを要因とした難民として認められる（*ibid.*, para 16–17）。昨今では、一部のイスラーム諸国において、とりわけ同性愛者に対して厳しい処罰を科す国家があるが、そのような国家における同性愛者は難民の申請をすることができるであろう。

このように、女性の難民に対する保護は、十分とは言えないまでも国際規範が形成されている。しかし、そこで問題となるのは、そのような国際規範をどのように実現するのかということであろう。平時においても女性の人権を担保することは困難であるが、紛争地域ではなおさらである。紛争当事者による規範の履行は期待できず、国際機関などの第三者による規範の促進が必要になってくる。

（2）国連安全保障理事会と難民の女性

そのような取り組みの一つが、国連安全保障理事会（以下、安保理）による動きである。二〇〇〇年一〇月三一日、安保理は決議一三二五を採択し、戦時下の女性に対する保護と権利の擁護に関する決定を下した（UNSC 2000）。その決議のなかで、安保理は、すべての紛争当事者に対して、とくに女性と女児のニーズを考慮に入れたうえで、難民キャンプと避難所における人道的性質を尊重するように要請している。

この決議一三二五は、武力紛争における性暴力を対象とした決議であるため、政治的迫害などの理由による難民女性を対象とはしていない。しかし、今日の難民女性に対する性暴力は、武力紛争のなかで多く見られるものであり、このような安保理による取り組みは、武力紛争における性暴力の撤廃に向けた大きな第一歩になるはずである。安保理の積極的な姿勢が求められる。

（3）国際機関（ＵＮＨＣＲ）による対策

国際機関の対策の一つとして、ＵＮＨＣＲの活動は、難民の多くを占める難民女性と難民の子どもに関して、その保護を中核に据えている。上述したように、難民キャンプの女性は、家族の世話、食事の用意や水汲み・薪取りなど、その仕事は男性より多い。また妊婦や授乳中の女性は、食料が世帯主の男性に配給されることにより、栄養を摂取することが困難である。そのような生活のなかで、兵士や武装勢力、キャンプの警備兵や同じ難民による性暴力の危険が常につきまとう。

ＵＮＨＣＲは、性的搾取や性的虐待を徹底的に排除する姿勢を示しながら（UNHCR 2018）、「性とジェンダーに基づく暴力」（Sexual and Gender-Based Violence: SGBV）に関する六つのアクションプランを掲げている。すなわち、①ＳＧＢＶからの難民の子どもの保護、②避難所における性的取引を抑制するための取り組み、③男性と男児の難民に対するＳＧＢＶの被害への対応と、難民の男性と男児の参加を通じたＳＧＢＶの対策促進、④難民にとっての安全な環境の確保と、電力などのエネルギーと自然資源へのアクセスの提供、⑤ＳＧＢＶからのＬＧＢＴＩの難民の保護、⑥ＳＧＢＶからの難民の障がい者保護についてである。

とくに、②に関してＵＮＨＣＲは、難民女性が自立できるように財政的支援や職業訓練を行うこと、（食料と引き替えに性的に搾取されるケースに対して）食料を提供することによって女性たちが性的搾取の犠牲とならないようにすること、女性や女児に対して衛生用品を提供したり教育を提供したりすること、自身の生存のために性的搾取を受け入れた人に対して偏見なく接するようにスタッフを教育することなどが、ＳＧＢＶの予防につながるとしている。同時に、必要な支援を見極めながら、コミュニティと政府、国連との関係をより強化することをその対策としている（UNHCR 2019）。

一方、国連女性機関（UN Women）の人道支援は、女性に向けた人道支援を行うこと、ジェンダー平等や女性のエンパワーメントをめざしている。バングラデシュに逃れてきたロヒンギャ難民の支援では、衛生用品や下着、ランプなどを配布し、物資面で難民女性が危険を避けて生活できる手助けをしている。さらに難民女性を家族やコミュニティにとって重要な役割を担う存在であると位置づけ、難民キャンプの運営に難民女性を参加させ、リーダーシップを発揮させている。また、難民女性の自立支援として、例えば裁縫の技術を習得して将来に職を得たり起業したりできるようしている（国連女性機関　二〇一八）。難民キャンプにおける（難民）女性の地位向上につながる活動であると評価できる。

おわりに

そもそも難民は、主権国家体制が作り出した国境によって生み出されたものである。紛争や迫害などによって祖国を追われた難民を、避難先の国家が受け入れるかどうかは、その国家の裁量に委ねられている。難民女性にとっては、そこにジェンダーの問題も絡むことによって、性的搾取や人身取引をはじめとする劣悪な状況が生まれる。国家がめざす安全保障に「女性に対する視点」が欠けていることによって、ジェンダーの問題が冷遇されてしまう。それでは、国際社会についてはどうであろうか。難民女性を支援するアクターとして機能しているだろうか。UNHCRをはじめとする国際機関による難民女性への積極的な支援活動がある一方で、いまだに難民女性へのさまざまな（性）暴力や差別的扱いがなくならないのも事実である。

二〇一八年一二月、国連総会は、増加する難民を国際社会が一体となって保護することを促す「難民に関するグローバル・コンパクト」（Global Compacts on Refugees：以下、協定）を一八一カ国の支持を受けて採択した。難民の数が増加の一途をたどるなかで、その六割をわずか一〇カ国で受け入れており（UNGA 2018）、一部の国家にその負担が偏っていることから、国際社会全体で難民問題に取り組むための取り決めがなされたのである。この協定に法的な拘束力はなく、難民受け入れ国の負担軽減、難民の自立促進、第三国定住枠の拡大、安全かつ尊厳ある帰還に向けた環境整備といった四点が提示されている。さらに、人身取引やジェンダーに基づく暴力・性的搾取といった女性や女児に対するリスクへの配慮も促しており、ジェンダー・センシティブな提言がなされている。

昨今の難民排斥の大きな動きのなかで、この協定に多くの国家が賛同したことは、難民をめぐるあらゆる問題に対する前向きな動きと捉えることができるかもしれない。一方で、法的拘束力がないこの協定は、参加を促しやすいと同時に、同協定を支持した一八一カ国にとってコストがかからないものにすぎない。さらに、アメリカは、今回の協定に不参加を表明している。このことから、この協定にどれほどの意味があるのかと批判することはできる。あらゆる場面で、武装集団や同胞を含むあらゆる人からの性暴力の脅威に晒され、常に脆弱な立場に置かれている難民女性に対して、今後どれだけ国際社会にその協定の内容を実行させ、救済を促進させられるだろうか。

この難民危機において、本来、包括的で緊密な国家間の協力関係が必要であるにもかかわらず、安保理常任理事国であるアメリカは、昨今あらゆる条約や協定を崩壊させており、国連をはじめとする国際社会からの逸脱が、人権ガバナンスにも影を落としている。リベラルな秩序を担ってきたアメリカの国際社会からの「撤退」によって、グローバルな規範が揺れ動き、難民女性はそこに挟まれてしまった人々なのである。

【注】

（1）『朝日新聞』二〇一九年二月二五日。
（2）同団体がメキシコの保護施設で治療した人々の医療データによる。
（3）このことは紛争地域のみならず、先進国の難民保護施設も例外ではない。ドイツ・ベルリンの難民保護施設では警備員が難民女性に売春を斡旋するネットワークが存在することが明らかになった。警備員は仲介料として一件あたり二〇ユーロを受け取っていた。
（4）米川（二〇一七）によれば、難民キャンプでの食料援助の質・量がともに不足しており、難民の急性栄養失調がサブサハラ・アフリカでは平均三〜五％、スーダンでは二〇〜七〇％にまで及ぶ。
（5）さらに、宮地佳那子は、武力紛争下における女性に対するパートナーからの暴力は、その件数なども深刻で、レイプといった家の外での暴力よりも看過できない問題であると強く指摘している（Miyachi 2018）。一方、米川も難民キャンプでの閉塞感が男性の暴力を引き起こすことについては同様に言及しつつ、そのことから男性も「弱者」と捉え、特別な支援が必要であると主張する（米川 二〇一七、一四〇）。

【参考文献】

BBC News “The Rohingya children trafficked for sex,” March 21, 2018. https://www.bbc.com/news/world-asia-43469043 (access: 2019.1.10)

Fiddian-Qasmiyeh, Elena (2014) “Gender and forced migration,” Elena Fiddian-Qasmiyeh, Gil Loescher, Katy Long,and Nando Sigona eds., *The Oxford Handbook of Refugee and Forced Migration Studies*, Oxford University Press.

Home Office UK Border Agency (2015) “Country information and guidance - Nigeria: Fear of Boko Haram,” June 2015. https://

assets.publishing.service.gov.uk/government/uploads/system/uploads/attachment_data/file/566195/CIG_NIG_Fear_of_Boko_Haram.pdf.

HuffPost "Here's Who's Helping Girls Kidnapped By Boko Haram Rebuild Lives," 2016/2/ 26. https://www.huffingtonpost.com/entry/groups-helping-boko-haram-victims_us_56cf75f2e4b0bf0dab317046

Martin, Susan Forbes (2004) *Refugee Women* (Second edition) Lexington Books.

United Nations General Assembly (2018) Report of the United Nations High Commissioner for Refugees: Part II Global compact on refugees, A/73/12 (Part II), 13 September 2018.

UNHCR（1991）"Guidelines on the Protection of Refugee Women," July 1991. https://www.unhcr.org/publications/legal/3d4f915e4/guidelines-protection-refugee-women.html (accesse: 2019.1.13)

――（2002）Guidelines on International Protection: Gender-Related Persecution within the context of Article 1A(2) of the 1951 Convention and/or its 1967 Protocol relating to the Status of Refugees, HCR/GIP/02/01, 7 May 2002.

――（2018）"Addressing sexual exploitation and abuse and sexual harassment: Strategy, structure and key actions," May 2018. https://www.unhcr.org/protection/women/5b2cb6284/unhcr-addressing-sexual-exploitation-abuse-sexual-harassment-strategy-structure.html (access: 2019.1.9)

――（2019）"Action against Sexual and Gender-Based Violence: An Updated Strategy," February 2019. https://www.unhcr.org/protection/women/4e1d5aba9/unhcr-action-against-sexual-gender-based-violence-updated-strategy.html (access: 2019.1.9)

United Nations Security Council（2000）S/RES/1325, 31 October 2000.

朝日新聞「シリア難民　児童婚の闇：一六歳で七人から求婚・病院に拒まれ自宅出産」二〇一九年二月二五日。

アムネスティ・インターナショナル「レバノン：シリア難民女性に増える搾取と性的嫌がらせ」二〇一六年二月六日。https://www.amnesty.or.jp/news/2016/0206_5844.html（閲覧：二〇一九・二・二〇）

――「ナイジェリア：ボコ・ハラムから逃れた女性たちに性的虐待」二〇一八年五月三一日（https://www.amnesty.or.jp/news/2018/0531_7437.html（閲覧：二〇一八・一・一〇）

ウエストコット、ルーシー（二〇一六）「自爆テロの五分の一が子供、少女は性奴隷かテロ実行役に」*Newsweek* 二〇一六年

四月一三日号。https://www.newsweekjapan.jp/stories/world/2016/04/post-4897.php（閲覧：二〇一九・一・九）

エヴィオータ、エリザベス・ウイ著／佐竹眞明、稲垣紀代訳（二〇〇〇）『ジェンダーの政治経済学――フィリピンにおける女性と性的分業』明石書店。

国連女性機関「バングラデシュのロヒンギャ難民女性・少女支援プロジェクトについて」二〇一八年五月二八日。http://www.unwomen-nc.jp/4970（閲覧：二〇一九年一月九日）

国境なき医師団「米国の難民認定規制で深まるメキシコ国境の危機」二〇一八年一二月一四日。https://www.msf.or.jp/news/detail/pressrelease/mex20181214.html（閲覧：二〇一九・一・一〇）

静岡新聞アットエス「難民に売春あっせんか　ドイツ保護施設の警備員ら」二〇一七年一〇月二六日。

Newsweek「ボコ・ハラムから逃れても女性たちの地獄は続く」二〇一六年四月二六日号。

ネリー・トゥリュメル（二〇〇〇）「女性、暴力、戦争」ミシェル・ディラス監修／日仏女性資料センター翻訳グループ訳『女性と暴力――世界の女たちは告発する』未來社。

萩原豊「七千人の女性を性的暴行、ボコ・ハラム被害の深刻～アフリカにある〝世界の縮図〟」note（ＴＢＳテレビ報道局）二〇一七年八月一〇日。https://note.mu/hagiharayutaka/n/n3658b3e6a60f（閲覧：二〇一九・一・一二）

Miyachi, Kanako（宮地佳那子）「紛争影響下のジェンダーに基づく暴力―パートナーからの暴力を取り残さない」*THE POVERTIST* 二〇一八年一一月一一日。https://www.povertist.com/ja/nogbvipv/（閲覧：二〇一九・二・二〇）

六辻彰二「急増するロヒンギャ難民の『二次被害』――人身取引と虐待を加速させる『ロヒンギャ急行』」*News Week* コラム（二〇一八年六月一日）。https://www.newsweekjapan.jp/mutsuji/2018/06/post-28.php（閲覧：二〇一八・一〇・一二）

ＵＮＨＣＲ「難民キャンプでの生活」。https://www.unhcr.org/jp/camp（閲覧：二〇一八・七・二）

米川正子（二〇一七）『あやつられる難民――政府、国連、ＮＧＯのはざまで』ちくま新書。

第Ⅲ部

法制度と政策

——国家の管理と国際組織

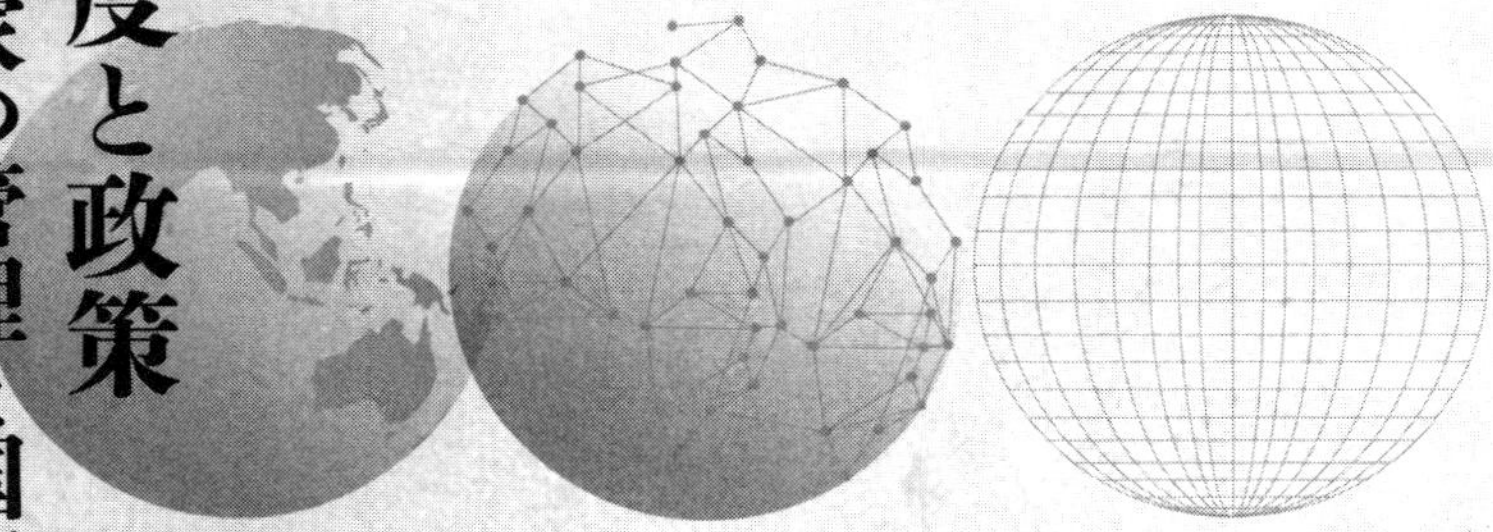

第6章　法・政治理論と強制移動
――難民保護と国際法・制度の現在

池田　丈佑

【要旨】第二次世界大戦以降、国際社会は、難民や強制移動民を保護する体制を作り上げてきた。それは、ポール・ウェイスに象徴されるように、強制移動の経験者と制度の設計者が重なる格好でスタートしたと言ってよい。だが、強制移動のグローバル化に伴い、それに関わる制度もまた、グローバル化を余儀なくされる。そしてそのなかで、双方の結びつきは次第に希薄になる。世界的規模でガバナンスが構築されるに至った今日、両者の関係をどう考えればよいか。この問いに対し、本章は、「救う側の論理」「救われる側の論理」という二つの論理を用いて回答する。まず、これまでの制度的発展が、主に「救う側の論理」によるものであったことを確認する。そのうえで、制度に対する根本的批判として「救われる側の論理」を対置し、批判の内容を明らかにする。両者の緊張関係を通して、少し違った視点から、難民・強制移動に関わる制度を概観することが、この章の役目である。

【キーワード】救う側の論理、救われる側の論理、パスポート・レジーム、パーリア、溺れるものと助かるもの、市民的主観性の根本原理

はじめに

一人の人物からこの章を始めよう。名を、ポール・ウェイス（Paul Weis）という。難民条約を起草した一人であり、国際難民機関（ＩＲＯ）と国連難民高等弁務官事務所（ＵＮＨＣＲ）の両方に跨がって、専門家として助言を与えた人物である。研究という点で言えば、彼は、第８章で扱われる無国籍問題について今日古典となった著作（Weis 1956=1979）をものした。しかし本章でより重要なのは、彼がかつてダッハウ（Dachau）の強制収容所にあって、生き残ったことである。つまり、彼は難民でもあった。迫害を受け、閉じ込められ、解放された。そして戦後、難民と強制移動について後世に残る実践と研究を重ねたのである。

強制移動を論じるにあたって、実際に強制移動を経験したかどうかは、おそらく決定的に重要である。「最終解決」の経緯を明らかにしたラウル・ヒルバーグの著作（Hilberg 1985）や、その原因を考え抜いたハンナ・アーレントの著作（Arendt 1951）は、この点を知るのに最適だろう。そのうえで、過去の経験を踏まえ将来に向けて何らかの制度を構想し設計するとなった場合、強制移動の当事者性はその重みをいっそう増すことになる。問題となる制度が本当に人を救いうるのか、本人の経験をもとに議論できるからである。思想を基礎に「活動」の重要性を説き、「最終解決」を二度と起こさない政治を構想したのがアーレント（Arendt 1959）だったとすれば、法と政策を基礎に「国際難民レジーム」を構想したのがウェイスだったと言ってよい。都市国家の経験によって没落する国民国家を政治的に再生しようとしたのが前者であり、国民国家と別物でありながらも、それに似せた機能を持つ制度を作ることで国民国家なき領域における保護の真空を埋めようとしたのが後者であった。

第二次世界大戦後、強制移動問題に関わる制度を再建するにあたって、「ユダヤ人」という要素は、当事者性とほぼ重なる格好で、重要な意味を持った。もちろん、二つの大戦を前後して強制移動を経験したのはユダヤ人に限られない。だが、ユダヤ人たちの姿が、それまでの歴史を含め、大戦後の制度を構想し設計するうえで一種の象徴となったことも、また否めない。前述したウェイスがこの点をよく体現している。このとき、強制移動の当事者と制度の設計者とは、おおむね重なり合っていた。だが大戦が終わって、当然のように、また大戦前とおそらく同じように、あらゆる人々が強制移動に再び遭遇する。ヨーロッパの経験をもとに構想され設計された制度は、強制移動の世界化を前に変容を迫られる。一九六七年の難民議定書採択は、事実としては古くから世界的に存在した強制移動を、法的対応が必要な事実として世界的規模で再構成した点で画期的であった。強制移動の世界化は、（地域条約の締結という形すら含めて）それに対応する制度の世界化を招き、難民保護に関する国際レジームは、強制移動をめぐるグローバル・ガバナンスへと発展した。だがこのとき、強制移動の経験者とガバナンスの設計者が重なるとは限らない。つまり、当事者の論理と設計者の論理とが、別々に発展する余地が生まれるのである。仮にそれぞれを、「救われる者の論理」と「救う者の論理」と呼ぶなら、今日、二つの論理はこれまでにないくらい乖離してしまったのではないだろうか。

本章は、難民・強制移動問題に関わる制度の発展を、「救う側の論理」と「救われる側の論理」の関係から浮き彫りにする。本書の性格上、各節では、これまで表明されてきた議論や考え方、先行研究群（筆者が引用・参照するものは、それぞれのトピックにおいて「スタンダード・レファレンス」（＝まず参照すべき書籍）と考えられるものである）が紹介される。だが、本の紹介と制度説明に終わらせる意図はない。むしろ読者には、二つの論理の乖離、「救う側の論理」の拡充と制度の発展、そしてその限界に注目してもらいたいと思う。

1　救う側の論理（1）

筆者は以前、救う側の論理が思想としてどう現れ、いかに制度へ結実していったかを論じたことがある（池田 二〇一四a）。庇護と保護という二つからなること、双方は歴史を通じて文字どおり両輪として機能してきたこと、しかしその過程はむしろせめぎ合いに近く、主権に基づく庇護の時代から人権に基づく保護の時代へと遷りつつあること、がそのときの主な議論であった。本節と次節では、この救う側の論理を、法・政治理論と接続させて、さらに掘り下げてみることにする。

難民・強制移動の歴史は、おそらく人類の歴史と同じくらい長い。にもかかわらず、この現象は一義的に近代と結びついて把握されることが多い。その理由は、私たちが今日難民・強制移動として念頭に置く諸々のものが、近代に発生しあるいは完成した思想や制度を前提に成立しているからである。三度アーレントを参照するなら、難民とは国民国家が成立するうえで「排除項」とされた存在である（アーレント 一九七二）。つまり、この人々が排除される以前には、すでに国民があり、国家があり、また国家に付随するものとして主権が存在したことになる。いずれも、その萌芽こそ近代以前に求められるものの、近代に完成をみた考え方であり、制度である。かくして、国民、国家、主権という三つは、「救う側の論理」を支える基盤的要素と言えそうである。

そのうえで、出発点は「国民」（nation）である。「国民」が何であるかという問いは、難民・強制移動研究というよりは政治理論における問いであり、影響力の高い概説がすでにいくつかある（Anderson 1991; Gellner 1983=2006）。一方、本章の扱う内容を踏まえるなら、特定の人間集団を指す「国民」よりは、特定の集団が「国民であ」り、あるいはその集団を「国民とする」ことを意味する「国籍」（nationality）のほうが、より適切であろう。「国籍」には、誰を国民とし、誰を国民としないかを定める動的要素があるからである。この動的要素とは、言うまでもなく権力作用である。だがそれは、単に双方を分かつだけでなく、国民に対して何者か（それは通常「国家」であり、その国家は近代にあって、初めは王が、その後は国民自身が、それを体現した）が権力を振るい、義務を負うことをも含む。ウェイスは国籍に内在するものとして、国民にあたる人々が国家の権力の及ぶ範囲内の地に住む権利を挙げた（Weis 1956=1979, 45）。これは国家が国民に対して、そこに住むことを認める義務と対をなしている（*ibid*., 45, 59）。

ところで、この権力作用は、ある国の内において、国家が自国民に対して及ぼすものである。この事実を、国家間関係という文脈で捉え直すと、違う側面が明らかになってくる。「自国民」と認識した人々の処遇はあくまで当該国家が行うべきであって、他国が力を及ぼすべきではないというものである。この考えは、主権概念の帰結として当然に導かれるものだが、二つの意味を持っている。まず、自国民の処遇に対して他国が干渉することの否定である。次に、他国にいる自国民の処遇について、他国に委ねず自国で行うという主張である。前者は主権が領域に及んでいるがために成立し、後者は主権が当該国民に及びうるために成り立つ。ここで重要になるのは、主権作用として自国民に及ぼされる権力が「保護」という言葉で表現される点である。この場合、保護とは他の権力からの保護を意味するが、その根拠は、保護される者の持つ内在的価値（それは通常「人間の尊厳」や「人権」という言葉で呼ばれる）に必ずしも拠らない。したがって、ここで言う「保護」とは実質的に「庇護」のことを言う。外交的「保護」に見られるように、自国民を在外で「保護」する理由は、第一に自国民に対して他国の権力が及ばないようにするためであり、さらには他国の権力が及ぶことによって自国の権力が毀損されることを避けるためである(1)。この点が、各人の持つ内在的価値に取って代わられたのはごく最近のことであり、しかも全面的に取って代わられたわけではない。領域的「保護」にせよ、外交的「保護」にせよ、その理由は国家による権力作用を十全に保つためである。それが及ぶ対象がたまたま国民であるために、人に対して「保護」が向けられているにすぎない。

このように、国民に対する国家の主権作用は、まずもって国家のためにある。それは国民に対する国家の統制である。そして、移動をめぐる国民の統制は、「パスポート・レジーム」の形成と発展として現れてくる（Goodwin-Gill

1978; Torpey 2018)。まず、パスポートを所持するためには、原則としてその者がパスポート発給国の国民でなければならない。(2) そこで発給されるパスポートは国境を越えて旅行することを「認める」ものであり、旅行は発給国から与えられる「権利」とされる。しかも、それは旅行先の秩序を乱さないことを前提に認められており、通常、旅行の権利があるということだけをもって旅行先の国に入国することはできない。査証 (visa) の発給という形で、入国を許可する権利もまた、国家が有する。もちろん、「パスポート・レジーム」には統制以外の側面もある。海外を旅行する自国民に対する便宜供与の要請であり、これは在外自国民にではなく他国に向けられている。にもかかわらず、便宜供与を誰が認めるかという点で言えば、その主体は旅行する本人ではなく、当該旅行者が属する国家である。結局、「パスポート・レジーム」は、国家の、国家による、国家のための仕組みだということになる。

さて、難民の出現とは、外交的保護も「パスポート・レジーム」の恩恵にも預かれない人々の出現であった。まずもってそれは「国籍を奪われた存在」の登場であった。しかも、かつて見られた少数の政治亡命者ではなく、多数の一般人として登場したことが重要である。これは、難民が、多数 (mass) ではあっても多数者 (majority) ではなかったことを意味する。要するに、難民は「無国籍者」であり「少数者」だったわけである。こうした流れのなかで国際制度が生まれる。だが、それが難民保護レジームのみならず、複数のレジームとして現れたことに注意しておこう。一九二〇–三〇年代には、難民と別に少数者保護のレジーム (Stone 1932) が構築され始める。そして同じ時期に、「パスポート・レジーム」が今日的形態で確立する (Goodwin-Gill 1978, 25)。国民国家体系における「逸脱」者を扱ったレジームは、その一原因である「少数者」を扱うレジームとも、また「正常」である国民自体を扱うレジームとも、足並みを揃えて整えられたのである。

したがって、この時期に難民保護の象徴となった「ナンセン・パスポート」が、「パスポート・レジーム」の延長であり類推をとりながら、その実「パスポート・レジーム」の否定の上に成り立っていたことは驚くにあたらない。その形式において「ナンセン・パスポート」は、「パスポート」同様、難民の滞在や便宜供与を求める形をとっている。だがその内容において、この「パスポート」は、「ナンセン」という言葉が象徴するように通常のパスポートと異なる機能を持つ。そもそも、「パスポート」を発給し、難民の身分を保障し、移動先の国で適切な取り扱いをする主体は、難民の本国ではない。それは国際連盟であり、「ナンセン」国際難民事務所である。加えて、この「パスポート」は通常のパスポートが機能する外で初めてその力を発揮する。重要であるが、「ナンセン・パスポート」は、国家主権が行使も機能もしていないことが前提である。難民の本国は難民に保護を与えず、受け入れ国は当該難民が滞在することについて正式な決定を下していない。前者は国家主権の濫用または放棄であり、後者は国家主権を行使する以前の状況にある。つまり、双方において国籍は事実上不在であり、法的な意味で言う保護もまた不在なのである。この意味で「ナンセン・パスポート」は「パスポート・レジーム」が否定されているところで初めて成立する。難民を経験していたアーレントは、この仕組みが持つ難点を見抜いていた。著作『全体主義の起源』において、彼女は大戦中の難民保護レジームが失敗だったと論じる。「すべての亡命者は実際に無国籍であり、ほとんどすべての無国籍者は事実上亡命者」だからである（アーレント 一九七二、Ⅱ二五五–二五六）。かくして難民は、法的保護がないなかに置き去りにされる。何をもってこの不在を埋めればよいのか。

2　救う側の論理（2）

国家主権が行使されず（機能せず）、人々に対する法的保護が不在であるとき、その間隙を埋めるには二つの方法しかない。第一は国家主権と法的保護とを擬制することであり、第二はそれらに匹敵する実質的保護を代わりに提供することである。二〇世紀における難民保護レジームは、戦間期にせよ第二次大戦以後にせよ、国際条約と国際機関という二枚看板で基本的に運用されてきた。それは国際条約を通して第一の方法を、国際機関を通して第二の方法を、それぞれ実現しようとした国際社会の実践であり、国際条約は各国が難民として認定し自国民に準ずる法的保護と待遇とを与えることによって、国際機関はそこに至るまでの間（避）難民に実質的保護を与えることによって、それぞれに国家主権の真空状態を解消しようとした、はずであった。

にもかかわらず、第二次大戦以降、救う側の論理が制度化される過程で、国家主権に基づく保護の回復がどこまで真剣にめざされたかは疑問である。そもそも、難民や強制移動という事態を前に、主権に基づき保護が回復される状況はこれまた二つしかない。すなわち、難民の母国が迫害を止めて従前の形で保護するか、難民を受け入れた国が庇護として自国民と同等の待遇を与えるかである。これらはいずれも難民の権利実現である以前に国家主権の機能回復（後者の場合は、本来自国民でなかった者に対して主権を及ぼすという点で機能延長）であり、(3) 少なくとも難民に関しては国家主権の実現が人権の実現よりも常に優先され続けてきたわけである。難民条約における最重要原則の一つであるノン・ルフールマンと、国家安全保障上の理由をもって強制移動民の流入を拒みうるデロゲーション（derogation）との対立にあってさえ、たとえ後者に限界があることが指摘され（寺谷 二〇〇三）、難民の権利が優先しうるように見えたところで、デロゲーションの行使自体が国家主権によるものであって、つまり主権の行使によって主権が持つ別の機能を制限するにすぎないのである。そのようななか、第二次大戦後以降に生じてきたのは「主権行使の放棄」と言ってよい事態であった。つまり、本国であれ受け入れ国であれ、強制移動の被害者保護を意識的に引き受けないのである。この背景には、当然、強制移動現象の大規模化が考えられる。しかし、単に規模が大きくなったからといって強制移動民を引き受けなくなったわけでない点は、大戦中におけるユダヤ人難民の受け入れの例を見れば明らかであろう。ここでさしあたり、二つの疑問が生じる。強制移動民を引き受けなくなった要因は何か、そしてこの事態をどう克服するかである。

強制移動民を引き受けなくなった要因として、その「コスト」を説くものは多い。この説自体は長く存在するものであって本章で繰り返す必要はないと考えるが、当の「コスト」が明確な形を伴わず人口に膾炙することについては留意する必要がある。アイデンティティを例に挙げよう。アイデンティティに訴える主張自体は昔からある。民族の純粋性が損なわれるというものもあれば、「受け入れ国国民の雇用が奪われる」という表現で経済的（物質的）利益と結びつけ、間接的に説かれるものもある。最近では、テロに象徴される暴力と結びつけられ、受け入れた人々が社会に危害を与えると主張するものもある。いずれも将来における不確定な危惧や恐怖に拠っており、いま述べた主張が、単独というよりは併用されることが多い。その意味で言えば、ここで言う「コスト」は「リスク」に近い。以上をまとめると、強制移動民を受け入れない理由の一つは、受け入れに伴う「コスト」というよりは受け入れることで引き受ける「リスク」ゆえということになる。「強制移動民自体がリスクを内在する」という意見があるなら、その淵源はいま述べたあたりにあると考えられる。

しかし一方で、強制移動民の数は増え続けている。となれば、この事態をいかに克服すればよいか。先回りして答えを言えば、受け入れを倫理化するということになる。一般に、難民の受け入れ如何をめぐっては、難民を受け入れることによる「便益」が先述した「コスト」を上回るかどうかが問題となる。それは物質的でもあるが非物質的性格がより強く、とりわけ受け入れ国の評判という点に集中しがちである。ここで注目してよいのは、この評判の基礎となっているものが何であったかである。冷戦時に典型的に見られた政治亡命者の受け入れは、亡命者本国における不寛容と、その者を受け入れた国の寛容からなる。そもそも寛容という考え自体、かつては宗教上の対立を、近代に至ってはイデオロギー上の対立を前提に示された姿勢であり、さらに言えば、それに付随する倫理的価値をも含んできた[(4)]。つまり、評判という利益の基盤には倫理が存在したことになる。実際、難民や強制移動民の受け入れは、それが持つ政治的影響にもかかわらず「人道」というすぐれて倫理的な理由において展開されてきた。ここで、倫理が「リスク」を上回るという構図が、「便益」が「コスト」を上回るという構図に取って代わった格好になる。

「人道性」が何からなるかという問いについては、第2章でその輪郭が描かれているから、本章では繰り返さない。ただそのうえで、現在この点が「グローバル倫理」（global ethics）の勃興として現れていることには触れておこう。

グローバル倫理は「世界の人々が相互につながり依存するなかで生じる倫理的問題を取り扱う理論領域（Hutchings 2010, 1）」であり、おおむね規範倫理学に沿う格好で発展している。注意すべきは、従来から強制移動民保護につい て思想的基盤となってきた「人権」という考え方は、グローバル倫理にあって重要な一部分ではあっても、すべてではないことである。倫理の仕組みを「特定の行為を命ずる部分」と「その命令の理由となる基礎」という二階建てで考えるなら、(5)後者として人権は正しく一角を占める。だがグローバル倫理にあって、基礎の部分は権利のほかにも「利益」や「義務」によって占められうる。この場合、「人権」は「利益」「義務」に並ぶ第三の立場となるわけだが、(6)人権という考え方が持つ西洋基準的思考に鑑みるなら（池田 二〇一四b）、人権とは別物でかつ人権を補足する概念が必要となる。この点に関連して、近年では、「何が人間の人間たる特徴を構成しうるか」という問いを軸に研究が進んでいる。経済学者アマルティア・センと哲学者マーサ・ヌスバウムによって提唱された「潜在能力」（capability）はその一例である（Nussbaum 2006）。人間の特徴をその「脆さ」（vulnerability）に求めてきた何人かの研究は、もう一つの例である（Nagel 1979; Goodin 1985; Turner 2006）。双方に共通するのは、「潜在能力」の実現を阻んだり、傷つきやすさゆえに人間を危機に追いやるような状況をともに「悪」と判断する姿勢である。そして、危機に苦しむ人々を救うことが要求される（Goodin 1985; O'Neill 1986; 1996）。この論理に沿えば、強制移動民の受け入れとは、強制移動という危機に否定的評価を与え、それに苦しむ人に応え、救出に向けて動くことを言う。

最後に、このような倫理化に伴う問題に触れておくことにしたい。それは、「リスクを倫理で克服できるか」というものである。論点は二つある。まず、倫理にどれくらいの力を与えればよいか。次に、力を伴った倫理は本当にリスクを克服できるか。両者は問いとしては二つに分けられるものの、その実、絡み合っている。そのうえで問いに対してておそらく最も雄弁に応えているのが、二〇〇一年に公にされた『保護する責任』ということになろう。別稿を敷衍するなら、この文書が持つ最大の特徴は倫理に実力を与えたところにある。『保護する責任』は、主権概念を「伝統的」なものと今日的なものに分け、後者に対して「責任」を付与した。そして「責任」が果たされない場合、国際社会の「付随的責任」(residual responsibility)を認めて介入を正当化した。しかも、その基本原理は国内強制移動に対するグローバル・ポリシーを練るなかから登場し、二〇〇五年に成立した国内強制移動に関する「国家責任枠組み」という形で強制移動の文脈に返ってきた(UN 2005)。これらを考慮すれば、今日、国際社会は「リスクは倫理で克服できる」という姿勢をもって事態に臨んでいると考えられるだろう。

3　救われる側の論理

以上が、「救う側の論理」から見た制度のあらましであった。だが、この「救う側の論理」だけをもって難民・強制移動に関する説明を終えることは十分でない。むしろ「救われる側の論理」を通した検討が必要である。そこでは、自身の経験を踏まえて制度をどう評価するかが問題になる。そして「救われる側の論理」は、単なるフィードバックを超え、根本的批判として機能することになる。本節はこの「救われる側の論理」を、アウシュヴィッツ(Auschwitz)を頂点とする「最終解決」に巻き込まれた人々による思考をもとに考える。「最終解決」は、難民・強制移動が最も組織的な形で進行した事例であり、強制移動のあらゆる形態(国境を越えた移動、国内移動、自由な移動の否定)を包含した事例だからである。

まず、「救われる側の論理」がどのような形をとって表れたかから考察を始めたい。「救われる側の論理」は、難民や強制移動の経験をした者が自らの経験を綴る形で表れることが多い。だが、そこにも大きく二つの形態がある。第一は、経験している最中に日記や手記その他の形で残されたものである。第二は、後年になって経験を回顧し残されたものである。『アンネの日記』(フランク 二〇〇三)は前者の、『夜と霧』(フランクル 一九五六)は後者の、代表だと言ってよい。それぞれに利点があり、どちらがよいかについて判断することは難しく、適当でもない。第一の形態では、難民や強制移動の最中に感じられた息づかいや感情、暮らしの様子がかなり克明に描かれる。第二の場合、時間的な隔たりを活用して、過去に起こった自らの経験を、その場にいなかった多くの人が理解できる形で表現できる。「救われる側の論理」を見るうえで必要な具体性と一般性を、それぞれが与えてくれるわけである。

だが、形式をめぐっては根本的な問いも存在する。それは、「そもそも語ることができるか」というものである。この問いには、語る主体の当事者適格性を問うことと、語る行為の実現如何を問うことという、二つがある。当事者適格性をめぐる問いは、遡ると「戦争の終わりを見た者は死者だけである」(only the dead have seen the end of the war)という警句に辿り着く(7)。ただ、この警句を通して問われていたことが、「戦争の本質とは何であったのか」であり、誰がその本質を知りうるかという点であると考えるなら、難民や強制移動における本質は「移動を強いられる」ことであり、この点については語る余地も、またその資格も、より広くの人に開かれていると考えてよい。

一方、語る行為の実現如何をめぐっては、それが「可能か」という問いと、それを「語るべきか」という問いにさらに分けられる。前者については、物理的にその頃の記録が残っているかどうか、経験者本人が回顧できるだけの健康状態にあるかなどの要素が勘案される。問題は後者である。語る行為については、一方で間違いなく適切な部分がある。『他人』に語りたい、『他人』に知らせたいというこの欲求は、解放の前も、解放の後も、生きるための必要事項」(レーヴィ　一九八〇、ii)であり、また「書くことにより否定された人間性を回復」(同上、二六〇)するからである。語りを通して自らをあらわにし、それを複数の人間のなかで共有していく、アーレントの言う「活動」の実践がここに認められる(8)。だが他方で、ドイツの哲学者テオドール・アドルノが残した「アウシュヴィッツの後に詩を書くことは野蛮である」(アドルノ　一九九六b)とする別の警句と合わせて考えることも必要であろう。アドルノの一節には、二つの意味が考えられる。第一は、アウシュヴィッツという「表象を超えた事態」を経験してしまった後で「なおも表象の可能性を疑うことがない」ことへの批判である(竹峰　二〇〇七、二八一)。これによるなら、たとえ語りであったとしても「表象できないものを表象する」ことはアウシュヴィッツの経験後には適切でないということになる。第二は、アドルノが著作『否定弁証法』のなかで記した「アウシュヴィッツのあとではまだ生きることができるか」（アドルノ 一九九六a、四四〇）という問いに表れている。「生きていてよいのか」という問いに対して肯定的であることは、アウシュヴィッツの後にあって「市民的主観性の根本原理」に沿って生き続けることであり、それは「冷酷」だと彼は言う。アドルノにとって、この「市民的主観性の根本原理」とは「啓蒙」の別表現である。そしてこの「啓蒙」こそ、アウシュヴィッツにつながった原動力であり、ホルクハイマーとの共著『啓蒙の弁証法』の冒頭において「進化するほど落ち込んでゆく野蛮」（ホルクハイマー＝アドルノ 二〇〇七、七）と表現されたものである。

さて、そのようななかで「救われる側の論理」と呼ぶべきものは出てくるか。「啓蒙の弁証法」を受けてまず指摘すべきは、数多くある体験で語られるものの大部分が、その日その日の出来事であることである。アンネ・フランクの場合にせよ、イタリアの作家プリーモ・レーヴィの場合にせよ、語られる内容の多くは毎日どのように暮らしたか、そこで誰と何を話し、また何を見て考えたかである。これは、アウシュヴィッツの後で「詩を書き」あるいは「生きる」ことが適切なのかという、つまり「当為」に近い問いと、とりあえず別の次元で起きている。つまり事実である。にもかかわらず、そのような日々の暮らしは「匿われる」「収容される」という枠組みに囚えられている。そうした囚われは常人の理解を超えたものであって、そのなかにあって淡々と起きる事実を淡々と表現することが「当為」の問題として再度問われることになるのである。アドルノはそれを糾弾した。だがレーヴィはそれを記すことにした。二人の対置は、「経験したことをそのまま語る」ことが、そのまま「救われる側の論理」につながるかという、もう一つの問いをめぐる対置である。本章の文脈から見るなら、こうした非日常的状況における日常的生活は、そのような出来事が起こるべきではなかったという点で、明確に制度の失敗を語る。もちろん、制度の失敗と言うとき、何がどうなっていることを失敗とするか、判断の基準は曖昧である。しかし、難民や強制移動に対応する制度が、最終的に難民や強制移動を成立させている事態を解消するためにあるとするなら、「救われる側」の（非）日常が続くことは、「救う側の論理」が実現していないことを意味する。

以上に加えて、「救われる側の論理」として注目したいものがある。第一は、アーレントが「パーリア」（pariah）と呼んだ考え方である。「社会ののけ者」（アーレント 二〇一三、五四）という意味を持つこの言葉を用いて、彼女はユダヤ人を「自発的パーリア」と呼んだ。本章と関連するのは、こうした特徴づけが「難民」とつながっていた点である。重要であるが、今日、私たちが難民・強制移動研究において「難民」と言うとき、それは大体においていわゆる「条約難民」を指す。一方、アーレントが一九四三年に論考「われら難民」を執筆したとき、「難民」は難民条約の定義以前に特定の人々を形容した言葉であった。彼女は、ユダヤ人が「難民」と呼ばれたくないこと、しかしそう呼ばれざるをえないことを指摘した。「難民」は、「なんの手立てもなく新しい国に到着し、難民救済委員会の支援を受けねばならないほど不運な目にあったわれわれのような人間」（アーレント 二〇一三、三六）であった。この「不運な目」という言葉は、後に「迫害」という別の言葉で表現される。しかしこれは法制度的な変換であって、アーレントにとって「不運な目」の理由はユダヤ人であることそのものであった。「われわれの存在とともに『難民』という言葉の意味は変化した」（アーレント 二〇一三、三六）のである。一九四四年の論考「パーリアとしてのユダヤ人」は、類型化を通して「なぜユダヤ人であることが理由なのか」に対してアーレントなりの回答を与えようとした試みであった。ユダヤ人とアーレントの経験は、第二次大戦後の国際難民レジームが「ポスト・アウシュヴィッツ」という性格を色濃く体現することにつながったと考えられる（ここで再度、冒頭のウェイスを思い出してもらいたい）。

第二は、先述したレーヴィによる「溺れるものと助かるもの」という記述である（レーヴィ 一九八〇、一〇四）。まず留意すべきは、これも論理以前に彼が「事実」と呼んだものであって、さらに言えばレーヴィは「助かった」側に属したことである。この点は、『アンネの日記』が最終的に「溺れた」側に属したという別の「事実」と対照をなしている。レーヴィの考察を続けるなら、「溺れる」者と「助かる」者が出てくる理由は、彼が「ラーゲリ」と呼ぶ強制収容所の異様な性格ゆえである。そこでは「生存競争に猶予がな」く、「みなが恐ろしいほど絶望的に孤立している」（同上、一〇五）。通常の生活で存在する物質的・精神的「蓄え」はラーゲリの生活を前に尽きる。そのなかで衰弱し、生きる力を失い、殺害対象として「選別」される寸前の者を、彼は「回教徒」と呼んだ。後に、哲学者ジョルジョ・アガンベンが論じたように（アガンベン 二〇〇一）、「回教徒」において生きる人間と死んだ人間はほぼ一致する。それは、生きる人間と殺す人間とが同じユダヤ人として事実上「一致」してしまうこととともに、奇妙な完結を見せている。それは「ラーゲリ」の性格ゆえであるが、しかしその完結性は「溺れるものと助かるもの」という事実によって引き裂かれる。レーヴィの経験から導かれるのは、「救われる側の論理」が、結局、救われたという事実によって初めて存在できることである。そしてこの点は、レーヴィが述べたように、論理というよりは事実であろう。

最後に、今日の難民・強制移動民保護との関わりで気になる点を指摘しておきたい。それは、先に出たラーゲリと難民キャンプの類似性をどう考えるかである。一九九〇年代以降、主にポストモダンの視点から、難民・強制移動民保護をグローバルな権力作用として批判的に把握する見解が出されてきた（Hyndman 2000; Dubernet 2001）。そこにおいて難民キャンプは、権力作用の及ぶ場として、かつての収容所と似た構造を持ち、似た性格を持つと指摘されるに至る。言うまでもなく、両者は別物である。難民キャンプは生きることを前提に存在し、強制収容所はその否定を前提に存在した。ベクトルの方向は真逆なのであって、この点は十分に強調されなければならない。にもかかわらず、批判的研究の視点から見るかぎり、双方は（ア）国民国家体系から排除された者を扱い、（イ）アーレントの言葉を借りるなら「国籍」を失った点で「諸権利をもつ権利」（アーレント 一九七二、Ⅱ二八一）をも失っているがゆえに、生存について極限の状況にある者が集まっている、という二点でなおも性格が一致しているように思われる。逸脱と極限というこの二つの状況は、アーレントの「パーリア」とレーヴィの「溺れるものと助かるもの」とに、それぞれ対応する。そしてこのつながりは、転じて、「救う側の論理」が二重の意味で裏切りであることをも私たちに示唆している。第一は、人道主義が、アドルノの言う「市民的主観性の根本原理」だった点である。これに沿うなら、詩と同様に、アウシュヴィッツの後で人道主義を謳うことも野蛮だということになろう。第二は、キャンプはそれを制度化したものであると同時に、その失敗をも体現しているという点である。繰り返しになるが、難民・強制移動における「恒久的解決」とは、国籍や「パスポート・レジーム」が十全に機能しているかぎり、現在にあってもなお、ある人間が特定国の主権のもとにあることである。翻って、キャンプの存在は、「恒久的解決」に向けて一次的に設けられた制度が事実上恒久的に機能していることを意味するのである。

おわりに

かくして「救う側の論理」と「救われる側の論理」の間には、超えるに難しい分断が生まれてしまったように思われる。冒頭に述べた経験者と制度設計者との一致を思い出すなら、これは非常に皮肉な結果だと言うべきであろう。そのうえで、ここまでの思考が意味を持つとして最後に考えるべきは、「断絶をつなぐことはできるか」という問いとなる。国際難民レジームから、強制移動をめぐるグローバル・ガバナンスへ変容する今日、両者の和解は可能なのか。

ここで五度、アーレントを引きたい。彼女は『全体主義の起源』において、国民国家の行き詰まりのみならず、庇護権の、帰化制度の、人権の行き詰まりを論じた。庇護権の崩壊、帰化制度の崩壊、無国籍者に対する不安、「外国人問題」の登場、「潜在的無国籍者が移住によって本物の亡命者となることを防ごうとあらゆる方法を試みた」（アーレント 一九七二、Ⅱ二六二）こと、「主権国家の体制の枠内で無国籍者に人権を保障することの不可能性」（同上、Ⅱ二七五）などである。むろん発展はあった。むしろ、一九五一年以降の国際社会における制度的発展とは、いま述べたアーレントの批判に対する、国際社会の総力を挙げた克服の努力であったと言ってよい。にもかかわらず批判はなおも生きており、しかも相当程度に当てはまるのである。もし彼女の批判を、単なる一政治哲学者による批判以前に、一難民による批判として考えるなら、「救われる側の論理」をもってなされた「救う側の論理」への批判は、痛烈をきわめるものがある。

となれば、難民や強制移動をめぐる制度的状況は八方ふさがりなのか。現時点で筆者に言えることは三つある。第一は、先述のように、国際社会による努力が、結局このアーレントの批判に対する最大限の取り組みであったことである。第二は、いわばその頂点として、「救う側の論理」が受け入れることを倫理とし、責任として定め、それに実力を与え始めたことである。第三に、にもかかわらずこのような制度・政策は、部分的に問題を解決することはあっても、強制移動という問題全体の解決にはつながっていない。ここで考えるべきは、問題の「解決」と言ったとき、何がどうなることを意味するかである。アーレントが「人権のアポリア」を論じた『全体主義の起源』第五章は、「国民国家の没落と人権の終焉」とある。そしておそらくここに、問題を考えるヒントが潜んでいる。そもそも、「人権の終焉」に陥った原因は、それまで機能していたはずの「国民国家」と、それに基づいて機能していた「人権」が、いずれも限界を迎えたためである。となれば、問題を乗り越えるにあたっては、国民国家と人権に代わる政治的メカニズムを構想することが、論理的に想像できる「解決」となる。とはいえ、この点こそ国際政治において最も難しく、ハードルが高い。その高さは現状において「解決」不可能と判断してもよいくらいである。しかしだとすれば、アーレントの批判に対し、さらには「救われる側の論理」による批判に対し、「救う側の論理」はその懸命な努力と成果にもかかわらず、難民と強制移動にまつわる根本的な問題のいくつかに、やはり力が及ばないということになる。二〇一〇年代を象徴した出来事の一つに、シリア内戦に伴う難民の発生があった。それはヨーロッパにおける難民「危機」とされる。この「危機」は、一九三〇年代にヨーロッパで起きた難民「危機」と、どのくらい異なるのか。根本は変わっていないのか。仮に後者だとすれば、難民や強制移動のあり様が「変貌」し、国際人道体制が「崩壊」するのであれば、私たちは溢れる強制移動民のみならず、アーレントの批判に対峙する必要がある。彼女もまた、かつての強制移動民だったからである。

(小泉 二〇一八) という現象は新しいものではない、ということになる。難民・強制移動に関する制度を考えるので

追記　本章は科学研究費補助金（「人道危機をめぐるグローバル・ポリシーの比較研究」研究代表者：川口智恵　採択番号一八KT〇〇五七）に基づく研究成果の一部である。

【注】

（1）近代以降、ヨーロッパを中心に整えられた領域的庇護制度において最も重要な原則の一つとされたのは、逃れてきた者を匿う行為が逃れてきた元の国に対する敵対行為を構成しないことであった。ここで言う「敵対的」には、本来であれば逃れてきた者をその者の国が処遇するべきところ、他国が「庇う」ことによってその権力作用を打ち消すところに本質が認められる。この点は池田（二〇一四ａ）二五頁を参照。一方、この考え方と実践を逆転させて発達した制度が犯罪人（ただし政治犯を除く）引き渡しであろう。ここにおいては、本来自国において処遇（処罰）すべき者が他国に逃れた場合、逃れた先の国が当該国の権力行使を一次的に引き受けてその者を拘束したうえで、本来行使されるべき国へ返送する仕組みができている。これを相互に行うことで、領域外における自国の権力行使は保障されることになる。この点については島田（一九八五）七六–七七頁を参照のこと。

（2）グッドウィン＝ギルは、パスポートの主な目的を「［旅行先の国へ］入国を希望する者の地位（identity）と国籍を立証すること」と言う（Goodwin-Gill 1978, 26）。

（3）この意味で旧西ドイツが「ボン基本法」において実践した難民保護は、国家主権の機能回復よりも難民の権利を重視した点で、それまでの思考を逆転させたものであった。この点に注目した研究として本間（一九八五）がある。

（4）近代ヨーロッパにおける寛容思想の系譜については、やや古くなるがKamen（1967）が詳しい。

（5）これは、倫理学者Ｒ・Ｍ・ヘアの議論を参考にした。ここではHare（1982）を参照。

（6）この点は、法哲学者ロナルド・ドゥオーキンの分類を参考としている。Dworkin（1977, 171）を参照。

（7）この言葉は、アメリカ人哲学者ジョージ・サンタヤナによって、プラトンの言葉だと紹介されているが、実際プラトンがそのような発言をしたことについては疑問の声が多い。

（8）ただ、『アンネの日記』が象徴しているように、「日記」という表現形式は公開を前提としないことが多い。にもかかわらずその語り口は、彼女の日記における「親愛なるキティ」という表現に象徴的なように、何らかの形でなおも聞き手を念頭に置いている。

【参考文献】

Anderson, Benedict (1991) *Imagined Community: Reflections on the Origin and Spread of Nationalism*.（ベネディクト・アンダーソン著／白石隆・白石さや訳（二〇〇七）『定本・想像の共同体――ナショナリズムの起源と流行』書籍工房早山）

Arendt, Hannah (1951) *The Origin of Totalitarianism*.（ハナ・アーレント著／大島かおり訳（一九七二）『全体主義の起源』みすず書房）

――― (1959) *The Human Condition*, The University of Chicago Press.（ハンナ・アーレント著／志水速雄訳（一九九四）『人間の条件』ちくま学芸文庫版）

Dubernet, Cécile (2001) *International Containment of Displaced Persons: Humanitarian Spaces without Exit*, Ashgate.

Dworkin, Ronald (1977) *Taking Rights Seriously*, Harvard University Press.（木下毅・小林公・野坂泰司訳（二〇〇三）『権利論（増補版）』木鐸社）

Gellner, Ernest (1983=2006) *Nations and Nationalism*, Blackwell.（加藤節監訳（二〇〇〇）『民族とナショナリズム』岩波書店）

Goodin, Robert (1985) *Protecting the Vulnerable: A Reanalysis of Our Social Responsibilities*, The University of Chicago Press.

Goodwin-Gill, Guy (1978) *International Law and the Movement of Persons between States*, Oxford University Press.

Hare, R. M. (1982) *Moral Thinking: Its Levels, Methods and Point*, Oxford University Press.

Hilberg, Raul (1985) *The Destruction of the European Jews*, Holmes and Meier.（ラウル・ヒルバーグ著／望田幸男・原田一美・井上茂子訳（二〇一二）『ヨーロッパ・ユダヤ人の絶滅（上）（下）』柏書房）

Hutchings, Kimberly (2010) *Global Ethics: An Introduction*, Polity.

Hyndman, Jennifer (2000) *Managing Displacement: Refugees and the Politics of Humanitarianism*, University of Minnesota Press.

Kamen, Henry (1967) *The Rise of Toleration*, McGraw-Hill.（ヘンリー・カメン著／成瀬治訳（一九七〇）『寛容思想の系譜』平凡社）

Nagel, Thomas (1979) *Mortal Questions*, Oxford University Press.
Nussbaum, Martha (2006) *Frontiers of Justice: Disability, Nationality, Species Membership*, Belknap Press.
O'Neill, Onora (1986) *Faces of Hunger: Essay on Poverty, Justice and Development*, Allen and Unwin.
――― (1996) *Towards Justice and Virtue: A Constructive Account of Practical Reasoning*, Cambridge University Press.
Stone, Julius (1932) *International Guarantees of Minority Rights: Procedure of the Council of the League of Nations in Theory and Practice*, Oxford University Press.
Torpey, John C. (2018) *The Invention of the Passport: Surveillance, Citizenship and the State* (second edition), Cambridge University Press.（ジョン・C・トーピー著／藤川隆男訳（二〇〇八）『パスポートの発明――監視・シティズンシップ・国家』法政大学出版局）
Turner, Brian (2006) *Vulnerability and Human Rights*, The Pennsylvania State University Press.
United Nations (2005) *Framework for National Responsibility*, UN Doc., E/CN.4/2006/71/Add.1, 23 December 2005.
Weis, Paul (1956=1979) *Nationality and Statelessness in International Law* (second revised edition), Sijthoff and Noordhoff.
アーレント、ハンナ著／J・コーン、R・H・フェルドマン編／齋藤淳一ほか訳（二〇一三）『アイヒマン論争（ユダヤ論集2）』みすず書房。
アガンベン、ジョルジョ著／上村忠男訳（二〇〇一）『アウシュヴィッツの残りのもの――アルシーヴと証人』月曜社。
アドルノ、テオドール著／木田元ほか訳（一九九六a）『否定弁証法』作品社。
――／渡辺祐邦・三原弟平訳（一九九六b）『プリズメン――文化批判と社会』ちくま学芸文庫。
池田丈佑（二〇一四a）「庇護と保護の理念」墓田桂・杉木明子・池田丈佑・小澤藍編著『難民・強制移動研究のフロンティア』現代人文社。
――（二〇一四b）「人権――人を救わないとき」高橋良輔・大庭弘継編『国際政治のモラル・アポリア』ナカニシヤ出版。
小泉康一（二〇一八）『変貌する「難民」と崩壊する国際人道制度――二一世紀における難民・強制移動研究の分析枠組み』ナカニシヤ出版。
島田征夫（一九八五）『庇護権の研究』成文堂。

竹峰義和（二〇〇七）『アドルノ、複製技術へのまなざし――〈知覚〉のアクチュアリティ』青弓社。

寺谷広司（二〇〇三）『国際人権の逸脱不可能性――緊急事態が照らす法・国家・個人』有斐閣。

フランク、アンネ著／深町眞理子訳（二〇〇三）『アンネの日記　増補新訂版』文藝春秋。

フランクル、ヴィクトール・E著／霜山徳爾訳（一九五六）『夜と霧――ドイツ強制収容所の体験記録』みすず書房。

ホルクハイマー、マックス＝テオドール・W・アドルノ著／徳永恂訳（一九九〇＝二〇〇七）『啓蒙の弁証法』岩波書店。

本間浩（一九七四）『政治亡命の法理』早稲田大学出版部。

――（一九八五）『個人の権利としての庇護権』勁草書房。

レーヴィ、プリーモ（一九八〇）『アウシュヴィッツは終わらない』朝日出版社。

第7章　国際協調と国際機関

――難民レジームの展開と新たな負担分担の模索

佐藤　滋之

【要旨】　難民問題に関する国際協調と負担分担への制度的取り組みは二〇世紀初頭に始まり、第二次世界大戦後に難民レジームとして成立・発展を遂げた。このレジームの組織的な柱である国連難民高等弁務官事務所（ＵＮＨＣＲ）は、国際社会での難民に関する国際協調と負担の分担を推し進めるために、自律的な役割を担ってきた。難民レジームの形成・維持・変容には、それぞれの局面で「力」「規範」「利益」のダイナミズムが働く。これらは相互に関連しているものの、それぞれの時代状況に応じて特徴を見ることができる。レジーム成立初期には「力」が、そして冷戦後の世界では「規範」のダイナミズムを見ることができる。しかし、難民問題の拡大とグローバル化のなかで「力」と「規範」は往年の役割を失いつつある。現在、ＵＮＨＣＲは難民に関する新しい国際協調と負担分担を、「利益」を中心として再編成することを試みている。

【キーワード】　ＵＮＨＣＲ、国際レジーム、力、規範、利益

はじめに

戦争はあたかも人間の本性に接ぎ木されたかのようである（カント 二〇〇六、二〇二二）。そう説いたイマヌエル・カントは『永遠平和のために』で、国際機関の創出による平和の実現の可能性を探った。人間は争いを求めると同時に平和も希求するアンビバレントな存在である。人類は長い歴史において争いや迫害を通じて多くの人々の安寧を奪い荒野へ追いやったが、同時に災いや争いを逃れてきた者を助けようともしてきた。世界の主たる宗教もまた、そうした人々に救いの手を差し伸べることを善と説いている[1]。善意の個人や、信仰に基づくコミュニティが、自らの貧困を顧みず逃れてきた異邦人の窮状を救う、その素朴な感情の発露に冷徹な合理性を問う者は少ないであろう。しかし、逃れてきた異邦人の保護を近代以降の国家的枠組みで行うことは、きわめて政治的な問題として扱われる。近代国家の統治の本質が社会契約に基づく資源（リソース）の再分配にあるならば、そのリソースを用いて、自国家の成員以外を助けることは、他の国益との慎重な比較考量のうえになされる決断であり、そこには政治的な合理性が求められる。そして、異なる国益がせめぎあう国際社会において、難民を助けることに協調行動をとるためには、政治的な「力」を必要とする。

古典的リアリズムにおいて国際政治上の「力」を担保するものは、他をしのぐ軍事力や経済力であった。こうしたハード・パワーを持たない国際機関が、特定の国際問題領域において、国家の協調や調整を促す「レジーム」を形成しうるのは、どのような作用によるものか。山本吉宣は「国際レジーム」を形作り、維持・変容させる作用の源泉を「力」「利益」「規範」に整理した（山本 二〇〇八、五九）。山本の整理した三つの要素は、「難民レジーム」を成立させ、それが維持され、変容を遂げるなかでどのような役割を担ったのか。この章では難民に関する国際協調がその対象や方法論をめぐって変質した三つの歴史的分節点に着目し、それぞれの時点での「力」「利益」「規範」の作用を分析する。

一九六〇年代に難民レジームの地理的適用範囲が欧州を超えて世界各地に広がっていくなかでは「力」の中心的働きを、また冷戦終結後に難民レジームが新たな保護対象として国内避難民を包括することにおいては「規範」の働きを中心に見る。そして二〇一〇年代に始まりなお現在進行中である、難民保護のアプローチ転換を分析する。そこでは「力」「規範」の有効性は相対的に低下し、「利益」がレジームの維持と国際協調を実現させるうえでの残されたカードになりつつあるが、「利益」のダイナミズムを用いて難民に関するより効果的な国際社会の協調と負担の分担を実現するには、「利益」を実現するための理論モデルと国際社会の支援体制をさらに積み上げる必要があることを指摘する。

1　難民に関する国際協調はなぜ必要か

難民問題が国際協調を必要とする課題として初めて認識されたのは二〇世紀初頭、そして国際社会が世界の平和と安定のために国際連盟を設立してからも、まだわずか一〇〇年ほどの歴史しかない。しかし、難民問題を国際社会が取り扱わなくてはならない理由とは何であろうか。難民問題に関する国際協調と国際機関の機能を論ずるにあたって、この点をあらためて確認しておく必要がある。その第一の理由は問題の取り扱いと解決に複数の国の合意と協働を必要とすること、第二にはその取り扱いと解決に必要な負担の国家間の分担が必要であること、である。第一の理由について、きわめて単純な難民流出のシナリオを想定しても、少なくとも難民の流出国と受け入れ国の二つの国が関わる。現実には、難民の流出先も複数国あり、そこで人道的支援を展開するには、多くのドナー国による資金提供が必要となる。難民流出を招いた事態に対しては地域国際機関の加盟国による仲介、あるいは中立の立場をとりうる域外仲介国の関与を必要とする事態もある。

特にグローバル化の進展した二一世紀の世界では、難民問題はより広く大きな国際的インパクトを生む。一つの難民流出が影響を及ぼす国の数は増え、地理的にもその発生地からはるか離れた地球の裏側にまでしばしば影響が及ぶ。今日、難民を含む人の国際移動の問題は、これまで以上に国際政治、国際関係に影響を及ぼし、また影響を受ける存在となっている。難民を含めた避難民の数は六八五〇万人（UNHCR 2017）、特にシリア内戦が多くの難民を生んで以降、難民を含めた人の流動性が急速に高まり、とりわけ欧州諸国をパニックに陥らせた。難民は船や陸上交通機関のみならず徒歩ででも欧州諸国をめざした。その数は二〇一五年の一年間だけで一〇〇万人に達したという（UNHCR/IOM 2015）。折しも欧州諸国はイスラム国やそれに共鳴する人々によるテロ攻撃の脅威に晒されていた。二〇一五年だけを見ても、フランス各地やデンマークで、数多くの無辜の市民がテロ攻撃によって命を落とし、領内の外国人の存在が安全保障上の深刻な問題となった。発展途上国でもまた難民の移動が大きな問題となっている。国境沿いに設けられた難民キャンプが軍事化し、地域の安全を脅かしている。都市に流入した難民は必要な援助も得られないまま、貧困層の数を増やしている。先進国も発展途上国も、いつ終わるともしれない難民問題への対応に疲弊している。そして、難民の存在は国内にくすぶる諸問題にも飛び火し、社会を分断し、政治的な対立を深刻化させている。難民問題はもはや遠い国の、さらにその辺境を騒がせるだけのローカルな問題にとどまらない。それは多数の国の利害に関わり、また関与を必要とするグローバルな政治問題なのである。

そして難民問題が国際協調を必要とするもう一つの理由は、負担の分担である。ベッツ（Alexander Betts）によれば、負担の分担は難民レジームの最も重要な（しかしながら、確立されていない）原則の一つである（Betts 2009）。難民への対処には、さまざまなリソースを要する。それは人道的支援物資だけではなく、難民の居住する土地の確保、難民の輸送コスト、治安の維持、登録をはじめとした行政コストや人件費、そして難民の存在が現地住民に何らかの犠牲を強いるなら、その損失補償も要求されるだろう。それればかりでなく、難民の受け入れは政治的なコストも発生させる。国内的には難民受け入れを良しとしない政治勢力を勢いづけるであろうし、対外的には難民発生国との間の二国間関係の悪化も考えられるだろう。

二〇世紀の後半から、難民の大量流出は、ほとんどが社会経済的リソースの乏しい発展途上国で起こっている。ＵＮＨＣＲのデータによれば、現在なお全世界の難民の八五％が経済的には先進国に及ばない国々に居住している（UNHCR 2017）。これらの国々が負担する難民受け入れのコストが国際的に分担されないならば、たちまち多くの国が難民受け入れに門を閉ざす結果となる。難民レジームの責任分担におけるおそらく最大の困難の一つは、難民の発生がもたらす問題が国際社会の諸国家に平等には影響せず、難民流出国に地理的に近接している諸国が、より多くの影響を受けることである。この負担を国際社会ができるかぎり平等に負担することなしに、難民レジームの安定は維持されえない。

2　難民問題に関する国際協調の萌芽

難民問題に関する効果的な国際協調や負担の分担を実現するためには、国家間に取り決めや規範、手続きや機構といったものをあらかじめ用意する必要がある。ある特定の国際問題に対して、国家の作為を予測可能なものとするものの集合体をレジームと呼ぶ。レジームに関しては、今までにさまざまな定義が提示されてきたが、クラズナー（S. D. Krasner）による「レジームとは、国際関係の特定の分野における明示的、あるいは黙示的な、原理、規範、ルール、そして意思決定の手続きのセットであり、それを中心として行為者の期待が収斂していくもの」（Krasner 1983, 2）という定義が広く知られている。後に登場するグローバル・ガバナンス論との大きな違いは、レジームにおけるアクターは国家であり、また国際機関は国家間に生成されたレジームの一部と考えられる。他の多くの国際問題の領域と同じく、難民問題の国際協調に関しては、このレジームの働きがあると考えられる。

近現代的な意味での難民の誕生は、主権国家を国際政治の基本的な単位とみなすウェストファリア体制の成立（一六四八年）に象徴される、国民国家を単位とした国際社会に起因する（山田 二〇一七、二三–二六）。以来、難民の発生や流入に対しては、個別の国家がそれぞれ対応してきたのであり、難民に対する国際協調制度の誕生は、それから三世紀近い年月を待たなくてはならなかった。国際社会が人の移動の問題に取り組み、制度化を進めるのは国際連盟の時代からである。難民を含む人の国際移動に関して、一九一八年に創立された国際連盟は自らの委任事項（マンデート）に含まれるものとして積極的に関与するべきか否か、明確にはしてこなかった（舘 二〇一四、四五–五三）。しかし、一九二一年、国際連盟は当時欧州中に広く尊敬を集めていたノルウェー人探検家フリチョフ・ナンセン（Fridtjof Nansen）を難民問題の取り扱い責任者に任命する。ただし、ナンセンには難民問題に関して国際協調を実現するのに必要十分な資金も法的な権威も与えられず、彼はその任務を主に彼個人の交渉力と行動力に頼って遂行しなくてはならなかった。また、この当時の難民の定義は流出の事態とグループごとに定められ（小澤 二〇一二、四七–六六）、後に見られるような普遍的な定義を持たなかった。国際連盟は個々の事態に合わせて関係諸国の間で対応をそれぞれに調整するものの、難民流出の事態に全般的に適用される法原則は持たなかった。また、第二次世界大戦後の難民保護が、個人に対する迫害の有無に焦点を当てて難民としての法的保護を与えるか否かを判断したのに対して（一九五一年国連難民条約）、国際連盟の時代では、民族など人々の集団への帰属に焦点を当てて難民としての扱いを検討した。

3　第二次世界大戦後の難民レジームの成立

難民への対処に関して、実効的な国際レジームが誕生するのは、第二次世界大戦後である。第二次世界大戦後、難民レジームは、すでに始まっていた自由主義陣営と共産主義陣営の対立を背景として、自由主義陣営のイデオロギー闘争の道具の一つとしての性格を強く持つに至った（明石 二〇一〇、六）。戦後の国際制度の構築において主導権を握った米国は、難民という存在を主に共産圏から自由主義圏に逃れてくる人々と想定し、個人に対する政治的迫害を根拠とした難民の地位と、それに基づく諸権利を付与することを主張した。このような政治的背景のもとで、難民は人の国際移動のなかでも、通常の移民とは異なる特別のカテゴリーとして規範や制度のうえで独自な発展を遂げる。ベッツによれば、難民レジームは規範と国際機関の両方を備えてはじめて成立する（Betts 2009, 9）。一九五一年に国連で締結された「難民の地位に関する条約」（以下、難民条約）と、その前年に設立されたＵＮＨＣＲは戦後の難民レジームの柱をなす存在である。

一九五〇年に創立されたＵＮＨＣＲは今日まで約七〇年近い歳月の間、難民レジームの柱としての役割を果たし続けてきた。しかしながら、ＵＮＨＣＲはその設立の経緯を考えると、これほど有力な国際機関になると予想されていたとは言い難い（Barnett and Finnemore 2004, 80–86）。ＵＮＨＣＲは当初、第二次世界大戦によって欧州諸国で発生した難民問題の処理を主な任務として成立し、その解決後は速やかに解体される運命であった。当初、この機関に許された存在期間はわずか三年間であった。また、ＵＮＨＣＲの設立に関する交渉のなかで、欧州諸国は難民に対する人道的な支援にも包括的に責任を負う機関を望んだのに対して、難民問題が国際機関の管轄で取り扱われることを望まなかった米国代表団は、あくまでも法的な保護にのみ責任を負う機関を求めた（Barnett and Finnemore 2004, 80）。設立時に定められたＵＮＨＣＲの「事務所規定」（一九五〇年、国連総会にて採択）を見てみると、ＵＮＨＣＲには機関としての国際協調の責任はほとんど与えられていない。わずかに付属書の第八（g）項において関係諸国との連絡責任が述べられているのにとどまる（UN 1950）。一方で事務所規定において目を引くのが、難民条約の各国での遵守・施行についてＵＮＨＣＲに与えられた監督的・補助的な責任である。この責任は一九五一年難民条約でも確認されている。また、ＵＮＨＣＲの権限が無制限に拡大され、自国の難民政策を拘束することや財務的な負担を強いられることを怖れた米国政府によって、ＵＮＨＣＲの予算は当初から国連事務局によりあてがわれる活動予算でなく、各国からの自主的な拠出金によるものと定められている。各国による財政的な支援を求めるには国連総会の許可を求めるとされているものの、これはＵＮＨＣＲが後にその活動に必要な資金に関して国際協調と負担の分担を求める足掛かりとなる。ベッツの指摘にあるとおり、負担の分配は難民スキームの重要な柱の一つである。難民に関する恒常的な資金負担を避けたいとする米国の意向が、逆にＵＮＨＣＲの国際協調機能を形作る一つのきっかけとなった。

第二次世界大戦後の難民レジームが誕生した一九五〇年代、想定されていた難民の姿とは、東欧の共産主義の世界から、自由を求めて西側諸国に亡命する人々であった。それゆえに一九五一年条約における難民の定義は、難民の出自を限定せず、亡命者それぞれの事由を条約に定められた抽象的定義に照らし合わせて難民としての該当性を判断するものであった。しかし、時代の移り変わりとともに難民の姿も変質していく。難民レジームの創出に関わった人々におよそ想定されなかったのは、難民問題の中心がほどなく欧州からアジア・アフリカの新興諸国に移っていったことであろう。難民問題の性格が変わるにつれて、その取り扱いも必然的に変化する。新しい時代の難民は、異なった性格の国際協調と負担の分担を要求した。

一九五七年、国連総会はＵＮＨＣＲの活動範囲を広げるための重要な決議を採択する。第一二回国連総会における決議一一六七号は、ＵＮＨＣＲの斡旋（good offices）権能を用いて、委任事項に含まれないと考えられていた地域の難民危機への対応と、自らのイニシアチブによって国連加盟諸国や他の国連専門機関に支援を求めることを可能にした（UN 1957）。

この時期、長らく植民地支配のくびきのもとに置かれていた国々が独立への道を急いでいた。多くの国が平和裏に独立を達成した一方で、血塗られた道を辿って独立に向かう国々もあった。一九六〇年、凄惨な独立闘争を戦っていたアルジェリアからの難民を対象として、ＵＮＨＣＲは歴史的な判断を下す。それは欧州の外で流出した難民に対して直接的にその援助に関わるという点である。そして、その活動範囲は欧州以外の世界に広がっていった。このアルジェリア独立戦争によって流出した難民への関与は、UNHCRにとってもう一つ大きな意味を持っていた。それは、条約の施行を助言・監督する機関として創出されたUNHCRが、難民の人道的支援に直接的に乗り出す契機になったからである。領内にアルジェリア難民を受け入れたチュニジア政府の要請により、UNHCRは難民に対する物質的な人道支援を行った。UNHCRの人道支援機関としての性格はその後一九八〇年代に飛躍的に拡大される。

4　UNHCRに見る国際協調を形作る「力」

国際関係論においてリアリズムの伝統に立つ論者は、国際機関の自律的な判断能力や政策形成の権限を限定的に見る傾向にある。国際機関はあくまでもその加盟国が下した判断や決定に基づいて、その委任事項を手続きに従って履行するのみの存在と見なされるのである。しかし、この視点に立つと、例えばUNHCRが一九六〇年にアルジェリア難民を保護するにあたって、フランス政府に行った交渉を説明できない。アルジェリア内戦は宗主国フランスの統治下に留まることを支持する勢力と、フランスからの完全な独立をめざす勢力との間で闘われた。フランス政府から見れば、アルジェリア独立を支持し、戦闘によってチュニジアに逃げた人々は敵であり、彼らに対するいかなる支援も支持しなかった。UNHCRの与えられた権限において、これらの人々はまったく管轄の範囲外であり、避難民の滞在するチュニジア以外いかなる政府もUNHCRに対してこの状況への介入を求めていなかった。これに対し、当時のリンツ（Auguste Lindt）難民高等弁務官は状況への介入と難民への支援を決意し、粘り強く交渉にあたった（Loescher 2001, 97–101）。その結果、フランス政府はついに折れ、チュニジア領内でのアルジェリア難民支援を実現させたのである。この構図は今日でも同じであり、UNHCRは難民やその他UNHCRの支援対象となる人々に到達するために、さまざまな交渉を関係国政府と行っている。国家間の相反する利益の調整はもちろんのこと、関係諸国が消極的な事案に関しても、UNHCR自身のイニシアチブによって働きかけ、しばしば関係諸国の態度を変化させ、あるいは反対を押し切ることにも成功している。UNHCRは国連機関のなかで、特に人道支援に関わる領域において、国家も一目置かざるをえない「力」を持ち続けている。その「力」はどのように発生しているのか。

一九八〇年代後半から、難民研究の焦点の一つは、難民をめぐる力の形成と行使に当てられてきた（Milner 2017, 7）。その関心は国際政治レベルのマクロな領域と、例えば難民キャンプ内部の力関係の形成のようなミクロな領域の両方に及んだ。いま一度、古典的リアリズムの立場に立てば、難民レジームの参加者は、自国にとって可能なかぎり多くの国益を、可能なかぎり負担を小さくしながら得ようとしている。このように、それぞれの国益がせめぎあう世界のなかで利害の調整を行い、必要となる資源の負担を各国に引き受けさせるには、何らかの「力」の行使が必要である。上に見たように、UNHCRは単に加盟国からの委任業務だけを行う事務局的機能しか持たない国際機関にとどまらず、独自の権威と自立的な判断によって難民やその他の人道領域に関する国家の作為や不作為に影響を与え、国際協調を実現してきた。ローシャー（Gil Loescher）はこの組織の設立以来四代の高等弁務官が保ち続けた、難民法分野での深い見識と状況判断、そして指導力を、UNHCRが難民・人道分野で一定の「影響〈力〉」を持ちえた一つの源泉と見ている（Loescher 2017, 77–86）。

難民問題が二〇世紀的以降の世界に象徴的な現象であるように、その法的枠組みである難民法もまたすぐれて二〇世紀的な枠組みである。それは内実として反共イデオロギーとの親和性を隠し持ちながらも、それ以前の時代には到達しえなかった汎世界的なヒューマニティの具象として存在し、戦火から、あるいは植民地支配の長い抑圧から今まさに立ち上がらんとしているその時代において、人類の到達すべき人権の高みを示す、理想の丘の上に掲げられた灯とも言うべきものであった。このような時代の文脈にあって、UNHCRは諸国家とともに戦後世界における人権の尊重を実現する存在として、きわめて大きな尊敬を集めていた。一九五四年、早くも設立四年目にしてUNHCRはノーベル平和賞を受賞した初めての国際連合の機関となった。新興の独立諸国にとって、難民条約を批准することは、自らを人権を尊重する国家の一つと任じ、植民地支配によって踏みにじられたプライドを回復する象徴的行為でもあった。そしてこのＵＮＨＣＲに寄せられた敬意こそが、ＵＮＨＣＲが諸国家の難民政策に影響を与えることが可能だった力の源泉である。ナイ（Joseph Nye）によるソフト・パワーの議論は、主に国家の持つ力を分析の対象としているものの、国際機関など非国家主体にもそのようなソフト・パワーの存在を認めている（ナイ 二〇〇四、一四五―一五六）。ナイは、国際社会で「力」を行使するには軍事力・経済力といったハード・パワーだけでなく、文化や政治的な価値観、政策の魅力などに由来するソフト・パワーが重要であるとしている。ＵＮＨＣＲはその強力なソフト・パワーを用いて、国家の行動に影響を与え、また国際協調の促進と負担の分担を可能としていた。

しかし、一九八〇年代に入るとＵＮＨＣＲのソフト・パワーは陰りを見せ始める。この時期、多くの先進国では高度経済成長期がすでに終焉し、戦後復興期に必要とされた外国人の労働力はもはや歓迎されなくなった一方で、国際的な交通手段の発達によってアフリカやアジアからの難民が直接に先進国へ押し寄せるようになってきた。そのなかで、難民として出身国を離れる事由がなく、先進国でのより良い暮らしや経済的理由によって先進国をめざしたと思しき人々の数が急速に増加していった。「経済難民」という言葉が人口に膾炙されるようになったのは、この時代からである。この状況を受けて、国際社会の理想の実現という価値は、それぞれの国の国益と乖離していることが明らかになった。そして先進国のなかで、あからさまに難民条約の遵守を拒否する国が出現していった。

難民レジームに対する不満は先進国からだけではなく、南側の諸国からも上がってきた。その不満とは、難民は国際的な問題であるにもかかわらず、その負担の多くは膨大な数の難民を実際に受け入れている南側諸国に押し付けられ、北側諸国は負うべき負担を引き受けていないとするものだ（Betts 2009, 13–15）。南側諸国によれば、北側の先進諸国は難民支援に関連する財政的責任を十分に果たしていないだけでなく、「第三国定住制度」(2)を通じて引き受けている難民の数もまったく十分でないとする。世界中に影響が及ぶ環境問題などとは異なり、難民の一次的なインパクトは局所的にしか現れない。したがって、その局所的なインパクトから遠く離れた国に対して負担を要求する困難さは難民レジームに独特のものである。しかし、難民に関する国際協調と負担の分担に関する合意を作るためには、何らかの「力」をもってこれら非協力的な国々に負担を引き受けさせなくてはならない。この困難の克服にUNHCRは国際会議での説得交渉を通じて「力」の源泉を得ようとしてきたが、ベッツはその成功例として、中米の難民に関して締結された中央アメリカ難民国際会議（Conferencia Internacional sobre Refugiados Centroamericanos: CIREFCA）、そしてインドシナ難民に関して開かれた包括的行動計画（Comprehensive Plan of Action: CPA）を挙げている。一方で、それが思ったような結果を生まなかった例としては、アフリカの難民問題に関して二度にわたって開催されたアフリカ難民援助国際会議（International Conference on Assistance to Refugees in Africa: ICARA）と最近のコンベンション・プラス（UNHCR Convention Plus）を例としている（Betts 2009, 16–22）。

5　「規範」の形成とレジームの変容

政治的なダイナミズムの発生源として、社会構成主義（コンストラクティヴィズム）の立場は間主観的に生成される規範の役割を重視する。そしてコンストラクティヴィズムの興隆は、ポスト冷戦時代の国際関係学の一つの大きな理論的な流れとなった。従来のリベラリズムの潮流にある国際関係理論も、リアリズムによる国際関係理論も冷戦の終結を十分に予測・説明することができなかった。ポスト冷戦の時代にコンストラクティヴィズムが注目を浴びてきたように、パワーポリティクス全盛の冷戦時代には国際政治における「力」として十分に認識されなかった国際機関の影響力というものに対する認識が高まった。それと同時に、国際機関の数もポスト冷戦の時代を迎えて飛躍的に増加した。バーネットとフィネモアによると、二〇〇四年の時点で少なくとも二三八の国際機関が存在していた（Barnett and Finnemore 2004, 1)。冷戦後の新国際秩序の構築において、国連をはじめとする国際機関の役割が再評価され、そして大きな期待がかけられた。また人道支援分野で活動するアクターの数も増加し、競合関係が見られるようになった。この熾烈化した競争のなかで国際機関は新たな規範を生み出し、自らをその規範の守護者に任じていく。

この見方に立てば「国内避難民」（ＩＤＰ）はこうした潮流のなかで新たに生成された規範と理解することが可能である。「国内避難民」が人道支援の対象として取り扱われるようになったのは、難民よりもずっと遅く一九九〇年代である（Cohen 2002, 3–9）。特に湾岸戦争（一九九二年）の際にイラク北部山岳地帯に大量に発生した避難民は、国境を越えていないが難民と同様の人道的ニーズを要する人々の存在を全世界に印象づけた。国内避難民は「内戦や暴力行為、深刻な人権侵害や、自然もしくは人為的な災害などによって家を追われ、自国内での避難生活を余儀なくされている人々」と定義されるが（UN 1998）、当然ながらそのような存在は決して新たに出現したのではない。ただし、それまで一般的に国内避難民の保護は当該国の責任であると考えられており、また内政不干渉原則やアクセスの難しさから国際的な支援の対象とはされてこなかった。しかし、難民と変わらぬ困難に直面しながら、国境を越えていないために支援を受けられない彼らに対する同情論や、冷戦後の新世界秩序構築のなかで「人道的介入」が新たな国際政治の手段として取り沙汰されていた時代背景もあり、国内避難民への支援の必要は国際社会によって急速に認識されるようになった。

そして一九九七年にはフランシス・デン（Francis Deng）らの手によって「国内避難民に関する基本原則」が国連人権小委員会に提出され、国内避難民の保護は新たな人道活動における「規範」として確立していく。しかし、全世界の国内避難民の数は難民をはるかに超え（UNHCR 2018）、(3) この問題を取り扱う新たな国際機関を作ることも、既存の組織の一つに責任を託すことも困難に思われた。それでも、この規範によって生み出されたダイナミズムは、国連にその人道活動に必要な新たなパラダイムの創出を強いた。こうして二〇〇五年から導入されたのが「クラスター・アプローチ」と呼ばれる国際協調と負担分担のシステムである。クラスター・アプローチ自体は、広く国連の人道支援における調整メカニズムとして考案され、国連諸機関およびＮＧＯ、国際赤十字赤新月社連盟など、人道および開発諸機関の賛同をもって成立した。国内避難民支援の文脈で言えば、これは新たに国内避難民に責任を負う国際機関を作る代わりに、既存の国連機関がそれぞれの専門分野に応じて国内避難民支援の責任を分担する国際協調の手法である（堀江 二〇一七、一一七–一二五）。全体の調整には、以前の国連災害救済調整官事務所から昇格した国連人道問題調整事務所（ＯＣＨＡ）が当たり、支援事業の調整のみならず、ドナー国など人道支援に関係する諸国との調整に各国連機関を代表して当たるようになった。

国内避難民支援への関与に関してＵＮＨＣＲは内部に意見の分裂があった（副島 二〇一四）。またＵＮＨＣＲの国内避難民への関与は、迫害を受けた人々が国外に逃れ庇護を受ける権利を侵害するものだとする慎重な意見も外部から挙げられた（Ludlam-Taylor 2002, 37）。しかし「規範」によって形成された「力」は、かつて難民レジームにおいて大きな「力」であったＵＮＨＣＲ法務局の抵抗を押し切った。今やＵＮＨＣＲは「何か特別な条件が生じない限り、（国内避難民支援に）原則関与」する（副島 二〇一四、九〇）という立場に代わった。

一方で、ＵＮＨＣＲもまた新たな規範の形成を模索している。ＵＮＨＣＲは難民の保護という委任事項を主体的に解釈し、難民の保護のさらなる前進のために必要と判断した事項に関しては、加盟国に積極的に承認を働きかけるが、それが従来の委任事項の範囲を再定義する必要があるような場合、ＵＮＨＣＲは意図する国際協調を醸成するために、そのアイデアに同調する特定の国を仲介者とすることが観察される。例えば二〇一二年に発足した「ナンセン・イニシアチブ」(4)は自然災害やグローバルな環境変化によって常居所を追われ、国境を越えた移動を強いられた人々への支援という新しい規範を作り出そうとする枠組みであるが、ＵＮＨＣＲの委任事項の範囲にこのような人々の保護が含まれるとは従来考えられてこなかった。またＵＮＨＣＲとしても、このような人々の保護を含むような委任事項の拡大は加盟国の支持を得るものか、不確かであった。そこでＵＮＨＣＲはこの分野に関心の高いノルウェー政府を表に立て、自らは裏方に回って議論の深化を促している。

6　難民保護の新しいアプローチと「利益」のダイナミズム

しかし、「規範」の影響力は、それを受容し行動に反映させるアクターの存在を前提とする点において、相対的なものである。過去すでに確立した国際社会の規範であっても、実際の政治状況の展開によって反故にされる。その意味では、コンストラクティヴィズムが説明するような規範による国際政治の形成というのは不可逆的なプロセスではなく、一時的な国際政治状況を生み出すにすぎないものである。難民の保護において、国境で庇護を求める人々を、迫害の怖れのある場所に追い返すことを禁じる「ノン・ルフールマン原則」は難民保護の基幹をなす規範であり、国際法の見地からは難民条約の非加盟国も遵守しなくてはならない慣習国際法（Customary International Law）として確立されたものと考えられてきた（UNHCR 2007, Para.15）。難民の多くが発展途上国の出身であるため、この原則は主にそれらの国々と国境を接する途上国に課せられてきた義務であった。しかしながら人々が長距離を移動する時代にあって、多くの人々が先進国に直接に庇護を求めた。その結果、いまや先進国によってノン・ルフールマン原則が無視される状況が明らかになってきた（杉木 二〇一七、二六）。遠い国から押し寄せるこれらの人々への対処がこれまでになく重大な国内政治の問題となっている今日、規範を声高に訴えることは、この現状を改めるには無力である。

とはいえ、どの国も少なくとも表面的には規範を踏みにじることは控える。(5) 国際社会が今後の難民・移民問題を協議するため、二〇一六年九月にニューヨークで開催された「大規模な人の移動に関する国際サミット」においても、難民条約の規範としての有効性とその遵守は成果文書に盛り込まれた（UN General Assembly 2016）。しかしながら、ドナー国も庇護提供国もこれ以上の負担の増加に同意できる状況にはない。したがって、国家にさらなる負担や難民の受け入れを義務づけるような国際協調を実現することは、現在の政治状況のなかでは難しい。この状況でUNHCRが難民問題に関する国際協調を実現するための「力」の源泉は、難民レジームそれ自体からは発生しないであろう。

可能なのは、それぞれの立場にある国家の他分野の「利益」の獲得に難民の存在を結びつけた、「利益提唱型」のアプローチである。なかでも近年ＵＮＨＣＲが試みているのは、難民の庇護国で難民を経済発展に結びつけた社会統合の促進であり、それは難民の社会統合を許すことを条件に、経済開発に必要な資金の提供を行い、また難民を労働力として積極的に活用することによって経済発展に貢献を図るものである。また、この背後には庇護国での社会統合を促進することによって難民を足止めし、ドナー国に押し寄せる「非正規難民」の削減を図ろうという別の利益の存在も見て取れる。

しかし、従来の難民レジームにおいて難民の庇護国での労働は受け入れ（ホスト）国の忌避するところであり（Zetter and Ruaudel 2018, 4–6）、経済的にも貧しい庇護国の限られた雇用や経済的機会を難民に奪わせないために、ホスト国は難民のホスト国社会における労働や経済活動を厳しく制限し、彼らを僻地にある難民キャンプに隔離し続けてきた。労働は難民条約によって明白に認められた難民の権利であるが、庇護国の経済状況と領域的庇護を損なわないために、ＵＮＨＣＲも難民の労働の権利の侵害については長らく口をつぐんできた。しかし、労働や経済活動の自由を奪われた難民たちは、いつしか非正規な手段や経路を使ってより経済的な機会に恵まれた先進国をめざすようになり、また、多くの国では増え続ける難民の数に人道支援が追いつかなくなっており（6）、難民自身が何らかの経済活動によって収入を得ることなしには生存に必要なニーズを満たすことも能わなくなってきている。

このような状況を打開するために、まずは難民の庇護国での経済的貢献を可能とするための可能性が探られるとともに、研究者、市民社会やメディアを含む社会のさまざまな影響力を持つ人々を巻き込んで、難民に対する肯定的なイメージを作り出すことが試みられてきた。そのために研究者は難民による地域の経済貢献の実例を集め、実務者は国際金融機関と連携し、難民の多く居住する国で難民の経済参加とリンクさせた開発援助パッケージの施行を試みてきた（佐藤 二〇一八、八九）。難民の潜在的経済貢献に好意的な規範の形成は、例えばドイツなど難民受け入れに積極的な国において政府と市民社会を通じて行われた。しかし、このような動きが実際の国際協調の形成により実質的な「力」を発揮するためには、提唱する「利益」の実現可能性を早急に示すことが必要であろう。

おわりに――国際協調と負担分担の未来

国際協調のメカニズムであるレジームの成立とその維持・変容には「力」「利益」「規範」の三要素の複雑なダイナミズムの投影がある。難民に関する国際協調に関してみれば、国際機関が率先して「力」「規範」「利益」を用いて国際社会に協調関係の構築と負担の分担に関する合意形成を働きかけてきた。時代の変化とともに難民のニーズも変わり、必要とされる国際協調の形も変わる。第二次世界大戦後の国際政治環境の大きな変化に伴って、難民レジームが対象とする事象は大きく変容してきた。難民レジームの設計時に想定された保護対象である「東欧の共産主義諸国から西欧の自由主義諸国に政治的理由によって庇護を求める人々」は、もはやどこにも存在しない。今日、難民レジームの対象で象徴的なのは、アフリカや中東諸国から、さまざまな社会経済的逆境から逃れるために欧米の先進工業諸国をめざす大量の人々の流れである。これらの人々の多くは、難民保護の伝統的立場から見れば、難民レジームの保護対象とすべきなのか、判断の難しい人々を多く含む。この大きな変化の歴史のなかで、難民レジームを支える国際機関であるＵＮＨＣＲは、情勢の変化に応じた国際的協調体制と負担の分担を取り付けることに、あるときは「力」を用い、あるときは「規範」を用い、試行錯誤を重ねてきた。もちろん「力」「利益」「規範」は相互に補完関係にあり、本章で扱ってきた難民レジームの変容のいずれも、単独の要素の作用のみによって説明されるものではない。しかしながら、長期的な傾向を分析すれば、難民レジームの変容や維持を担保する要素としての「力」と「規範」の有効性は失われつつある。その背後にある理由は、この小論で論じた点だけではなく、はるかに複雑で広範な要素に求めなくてはならない。いずれにせよ、現在進行中の難民レジームの変容において、国際社会の諸アクターに何らかの協調を促しうる数少ないカードの一つが「利益」である。

二〇一八年一二月、国際社会は「難民に関するグローバル・コンパクト」の採択を実現させた（UN 2018）。このグローバル・コンパクトの採択は二〇一六年九月の「移民と難民の大量移動に関するニューヨーク宣言」（UN General Assembly 2016）に約束されたとおりであるが、そこで提唱されたさらなる負担分担の原則の実現という目標から見れば、法的拘束力のないこの合意の実効性に疑問の余地は多い。グローバル・コンパクトにおいても難民と受け入れ国コミュニティに対する「利益」は大きく強調されているものの、国家の行動を法的に義務づけることなくして実現可能なのか。例えば「利益」を実現するために政府・民間からの投資を必要とするが、その「負担の分担」を本当に各国に負わせられるのか。グローバル・コンパクトは進捗を監視し、継続的に国家間の負担の共有を交渉する場所として、各国閣僚レベルの参加による「グローバル難民フォーラム」（Global Refugee Forum）の創設を宣言している。実質的な負担の分担に関する交渉は、このフォーラムを使ってなされるだろう。その意味で、グローバル・コンパクトで合意したのは、負担の分担そのものではなく、それを交渉するためのフレームワークの設立である。このグローバル・コンパクトの事実上の有効性は未知数であるが、変化する現実に合わせて難民レジームを変容させ、国際協調と負担の分担を実現していくためには、今後もＵＮＨＣＲが国際社会の議論をリードしていかなければならないであろう。

難民を受け入れることが受け入れ国の利益になるのか、明確な答えはまだどこにもない。同様の議論が移民の経済的貢献に関しても論じられて久しいが、それに関する一般社会の議論はきわめて政治的なものとなっている。ベンジャミン・パウエル（Benjamin Powel）によれば、経済学者の間でも移民政策について意見が分かれている理由として、移民の①非経済的な影響に関して実証研究があまり行われておらず、それらに関する不一致、②現実の実証結果を新たな政策の枠組みに取り込む場合、それをどのように反映させるべきかについての不一致、③社会にとってどのような社会厚生関数が適切かについての意見の不一致があるとしている（パウエル 二〇一六、三〇四）。つまり、十分な包括性のある議論がなされていないということである。そして移民・難民の受け入れ国への貢献に関する議論は、経済的指標のみによって測られるものではなく、広く社会的な要素が考慮されなくてはならないし、また受け入れ人口との相対的なバランスも考慮しなくてはならないことは明らかだ。欧州への移民・難民の流入がピークに達した二〇一五年、難民の受け入れに当時最も積極的態度をとっていたドイツでは、難民のドイツにもたらす経済的貢献に関して好意的に論じられた。他の欧州諸国では勢いを増す極右勢力はその逆を論じた。両者に共通しているのは、何ら明確なエビデンスに基づくものでも包括的な議論でもないという点である。

この状況は二〇一九年を迎えた現在でもほとんど変わりはない。オックスフォード大学の難民研究センターを中心に、難民のホスト国における経済的自立と貢献に関する研究(7)が盛んに進められているが、一般化できるモデルや理論を導き出すにはまだ至っていない。事例の分析を中心とした研究は、早晩より広い地域に適用可能なモデルに帰納されなくてはならないであろう。しかし、それが実現されたとしても、これまでも難民をめぐる状況は一つ一つ異なっていたことから考えれば、それがただちに一般的に適用可能な処方箋となると考えるのは楽観的すぎるだろう。

フリチョフ・ナンセンが初代の難民弁務官に任命されたとき、彼の目の前に置かれた問題はあまりにも大きく、そして彼の使うことのできるカードはきわめて限られていた。それからおよそ一〇〇年が経とうとしている今日、難民をめぐる国際協調と負担の分担に関する現実は、それとよく似た場所にある。

【注】

（１）例えば旧約聖書・申命記第一〇章第一七―一九節。イスラムにおける庇護の概念に関しては、Elmadmad (2008) を参照。

（２）第三国定住制度とは、第一次庇護国で登録・滞在する難民のうち、ＵＮＨＣＲの難民保護に関する一定の基準に照らし合わせて、庇護国に留まることができない事由があると判断された難民を、欧州や北米、豪州などに再定住させる制度。現在、世界で日本を含む二八カ国がこの制度の受け入れ先となっているが、受け入れる定員は国によって大きく異なる。

（3）二〇一七年末の時点で、全世界の国内避難民の総数は四〇〇〇万人を超え、難民（約二五四〇万人）の総数をはるかに超えている。二〇一七年に新たに移動を強いられた人々の内訳を見ても、一六二〇万人の新たな避難民のうち、国内避難民が一一八〇万人で、難民と庇護希望者を合わせた四四〇万人の三倍近い。

（4）ナンセン・イニシアチブに関する詳細は同イニシアチブのホームページ（https://www.nanseninitiative.org/）を参照。またＵＮＨＣＲによるフォローアップに関してはUNHCR（2015a）を参照。

（5）アメリカで二〇一七年に大統領に就任したドナルド・トランプは、選挙期間中から国際社会の諸規範を堂々とないがしろにする政治パフォーマンスによって支持者の歓心を買っているが、逆に言えば従来の規範がいまだ広く力を持つからこそ、このようなパフォーマンスも可能になる。

（6）世界食糧機関（ＷＦＰ）の資金不足により、難民に対する食料配給が各地で減らされている（例えば、WFP 2017）。

（7）詳しくは、同センター内のRefugee Economies Programme, Oxford University (https://www.refugee-economies.org) を参照。

【参考文献】

Barnett, Michael and Martha Finnemore (2004) *Rules for the World: International Organizations in Global Politics*, Cornell University Press.

Betts, Alexander (2009) *Protection by Persuasion: International Cooperation in Refugee Regime*, Cornell University Press.

Betts, Alexander and Paul Collier (2017) *Refuge: Rethinking Refugee Policy in a Changing World*, Oxford University Press

Cohen, Robert (2002) "Recent trends in protection and assistance for internally displaced people," Janie Hampton ed., *Internally Displaced People: A Global Survey*, Earthscan.

Elmadmad, Khadija (2008) "Asylum in Islam and in modern refugee law," *Refugee Survey Quarterly* 27 (2).

Krasner, Stephen D. (1983) "Structural cause and regime consequence: Regimes as intervening variables," Stephen D. Krasner,

International Regimes, Cornell University Press.

Loescher, Gil (2001) *The UNHCR and World Politics: A Perilous Path*, Oxford University Press.

——— (2017) "UNHCR's origins and early history: Agency, influence, and power in global refugee policy," *Refuge* 33 (1).

Ludlam-Taylor, Louise (2002) "Recent literature on IDPs," Janie Hampton ed., *Internally Displaced People: A Global Survey*, Earthscan.

McArthur, John and Krista Rasmussen, "What would US cuts to the UN look like?" 1st May 2017, Brookings Institution. https://www.brookings.edu/blog/future-development/2017/05/01/what-would-us-cuts-to-the-un-look-like/

Milner, James (2017) "Power in the global refugee regime: Understanding expressions and experiences of power in global and local contexts," *Refuge* 33 (1).

United Nations (1950) General Assembly Resolution 428 (v) of 14 December 1950, "statute of the office of the united nations high commissioner for refugees." http://www.unhcr.org/protection/basic/3b66c39e1/statute-office-united-nations-high-commissioner-refugees.html

——— (1957) 12th General Assembly Resolution GA Res. 1167 (IIX). https://documents-dds-ny.un.org/doc/RESOLUTION/GEN/NR0/119/50/IMG/NR011950.pdf?OpenElement

——— (1998) "Guiding principles on Internal Displacement," GPID 日本語版作成委員による日本語訳「国内強制移動に関する指導原則」https://www2.ohchr.org/english/issues/idp/docs/GuidingPrinciplesIDP_Japanese.pdf

United Nations General Assembly (2016) New York Declaration for Refugees and Migrants, UN Document, A/71/L.1, 15 October 2016. http://www.un.org/ga/search/view_doc.asp?symbol=A/71/L.1.

UNHCR (2007) Advisory Opinion on the Extraterritorial Application of Non-Refoulement Obligations under the 1951 Convention relating to the Status of Refugees and its 1967 Protocol, Geneva, 26 January 2007. https://www.unhcr.org/4d9486929.pdf

——— (2015a) Press Release on 14 October 2015, "UNHCR commits to follow up on the Nansen Initiative on climate and disaster displacement and launches new overview of its work in this area." http://www.unhcr.org/news/press/2015/10/561e5ea06/unhcr-commits-follow-nansen-initiative-climate-disaster-displacement-launches.html

――――(2015b) Press Release of 22 December 2015. http://www.unhcr.org/news/press/2015/12/567918556/million-refugees-migrants-flee-europe-2015.html

――――(2017) Global Trends: Forced Displacement in 2017. http://www.unhcr.org/5b27be547.pdf

UNHCR/IOM (2015) Press Release on December 22, 2015 "A million refugees and migrants flee to Europe in 2015." www.unhcr.org/news/press/2015/12/567918556/million-refugees-migrants-flee-europe-2015.html

World Food Programme (WFP) (2017) Press Release of 02 October 2017, WFP Cuts Food Rations For Refugees In Kenya Amidst Funding Shortfalls. https://www.wfp.org/news/news-release/wfp-cuts-food-rations-refugees-kenya-amidst-funding-shortfalls

Zetter, Roger and Héloïse Ruaudel (2018) "Refugees' right to work and access to labour markets: Constraints, challenges and ways forward," *Forced Migration Review* 58.

明石純一（二〇一〇）「入国管理の「再編」とグローバルガバナンス」『国際日本研究』第二号。

小澤藍（二〇一二）『難民保護の制度化に向けて』国際書院。

カント／中山元訳『永遠平和のために／啓蒙とは何か　他3編』（二〇〇六）光文社古典新訳文庫。

小泉康一（二〇〇九）『グローバリゼーションと国際強制移動』勁草書房。

佐藤滋之（二〇一八）「難民キャンプ収容政策の推移と転換――その背景とＵＮＨＣＲの役割」日本国際連合学会編『人の移動を国連システム』（国連研究第一九号）国際書院。

杉木明子（二〇一七）「アフリカにおける強制移動民と「混合移動」――ソマリアの事例から」『国際問題』六六二号。

副島知哉（二〇一四）「国内避難民の保護とＵＮＨＣＲ――クラスター・アプローチに見る政策決定過程」墓田桂他編『難民・強制移動研究のフロンティア』現代人文社。

舘葉月（二〇一四）「難民保護の歴史的検討――国際連盟の挑戦と「難民」の誕生」墓田桂・他編著『難民・強制移動研究のフロンティア』現代人文社。

ナイ、ジョセフ・Ｓ／山岡洋一訳（二〇〇四）『ソフト・パワー――二一世紀国際政治を制する見えない力』日本経済新聞社。

中山裕美（二〇一四）『難民問題のグローバルガバナンス』東信堂。

パウエル、ベンジャミン／藪下史郎監訳（二〇一六）『移民の経済学』東洋経済新報社。

堀江正伸（二〇一七）「国内避難民救援機関とは何か」滝澤三郎・山田満編『難民を知るための基礎知識――政治と人権の葛藤を越えて』明石書店。

山田満（二〇一七）「国民国家と難民」滝澤三郎・山田満編『難民を知るための基礎知識――政治と人権の葛藤を越えて』明石書店。

山本吉宣（二〇〇八）『国際レジームとガバナンス』有斐閣。

第8章　無国籍とは何か
――削減条約の現代的課題における作用

新垣　修

【要旨】　本章では、「無国籍の削減に関する条約」（削減条約）が現代的課題において働く（あるいは働かない）作用について、国際的移動とその自由という観点も交えながら検討する。まず、医療科学技術の発達によって可能となった「国際代理出産」を取り上げ、「親」の概念の複雑化・不明化において削減条約が有効な手立てとならない場合があることを示す。次に、テロと安全保障への考慮に起因する「国籍剥奪」という現象において、削減条約が、国民の複数層への分解に寄与していく点を説明する。最後に、気候変動の影響によって「消えゆく島嶼国家」という認識・言説における削減条約の位置づけについて考える。

【キーワード】　国際代理出産、国籍剥奪、テロと安全保障、気候変動、島嶼国家

はじめに

国家は、自らの内側に抱かれるにふさわしい者を決定することで、それ以外の者を外側に配置し、時には放逐してきた。このような選択的行為は、例えば新国家建設や国民統合の必要という、国家や地域が動揺する時代にはいっそう顕著となる。そして、どの国からも国籍を得られない彼らは、どの国からも保護を得られない「無国籍者」となる。[1]彼らの人生には、国際移動の自由の制限を含め、さまざまな苦境が伴う。

国際社会は無国籍に対し、無為無策であったわけではない。なかでも、無国籍に関する国際規範の中軸の一つとして打ち立てられ、無国籍を減らすことを目的とした条約について触れないわけにはいかない。それが、「無国籍の削減に関する条約」[2]（以下、削減条約）である。この条約が採択された当時の背景には、国際人権に対する新たな思考的展開のみならず、それを下支えする国際体制の基本要素、すなわち国家の主権性の保持と国際社会秩序の維持に対する諸国の執着があった。主権国家を単位に構成される国際社会に対する伝統的理解では、人は誰でも国家に帰属すべきであり、そうでない無国籍者は制度的に矛盾する「異常な存在」（anomaly）とみなされていた。削減条約は、あたかも国家の専権事項のように思われてきた自国民決定の営みを堅持したいという欲求と、国際社会での無国籍発生を防ぎたいという望みの狭間で妥協点を見出そうとした政治プロセスの産物である。[3]そのため、二一世紀の無国籍の状況に対応する装置としてこれが十全に機能しなかったり、採択当時には予測できなかった事態を引き起こしたりしたとしても不思議ではない。しかし現実に、どのような事象において、どのような作用が見られるのだろうか。

無国籍に関する調査研究の進展と深化は法学分野のみに限っても目覚ましいが、[4]この主題について、これまで必ずしも既述したような問題意識から考究されてきたわけではない。そこで本章では、医療科学技術の発達によって可能となった「国際代理出産」、テロ対策や安全保障への考慮に起因する「国籍剥奪」、気候変動の影響で「消えゆく島嶼国家」という三つの事象を取り上げる。そして、削減条約が現代的課題に対してどのような作用を及ぼすかについて、国際的移動の自由の視点も絡めながら探りたい。

1　無国籍者と無国籍削減条約

(1)　無国籍者とは

削減条約における無国籍者とは「いずれの国家によっても、その法の運用において国民と認められない者[5]」のことだが、ＵＮＨＣＲは、二〇一七年現在、世界での総数を少なくとも一〇〇〇万人と見積もっている（UNHCR 2017）。近年において顕著なのは、ミャンマー連邦共和国とバングラデシュ人民共和国に在留しているロヒンギャの人々である。差別と排除の歴史・政策により、ミャンマー国籍法が制限的かつ厳格にしか適用されないことはよく知られるところである。その他、コートジボワール共和国、タイ王国、ラトビア共和国、シリア・アラブ共和国（以下、シリア）、クウェート国、ロシア連邦でも無国籍者が比較的多く確認されている（*ibid.*）。また、英国、イタリア共和国、スペイン王国、フランス共和国などは無国籍者を認定する手続きや保護する制度を有するが、これは、無国籍者がいわゆる「北側」の国々にも存在することを意味する。

無国籍者といっても、その人生は個々の状況によって異なり、これを一様に語ることはできない。ただし、なかには想像を絶する苦難を強いられる人々もいる。自らの存在を法的に証明できない彼らは、時には「あたかもそこに存在しないかのように」扱われ、「透明人間」と比喩されることがある。出生証明書の類を持たない者は、この世で生を受けたことを公に証することができない。生涯を通じ、教育の機会や保健医療その他の社会的利益へのアクセスを否定され、就労の機会は閉ざされる。運転免許証を含む公的書類の発給が拒まれる。選挙権はもちろんない。銀行口座を開設できず、ローンを組むこともできず、持ち家や自家用車を購入できない。婚姻証明書の発給がなければ、自分の家族を持つという、ごく普通の生活の営みの希望すら遠のく。死してなお、死亡証明書すら発給されない。

また彼らは、別のときには、「あたかもそこに存在してはいけないかのように」扱われる。その国家の国民でなく法的地位が不安定な彼らは、国外退去の危険と常に背中合わせである。在留許可がなければ、収容される怖れもある。国外退去の対象となっても、彼らを引き受ける「母国」とその旅券がないために送還先不明となり、収容が長期化・永続化することもある。仮に出国が実現しても、国家との絆を持たないまま国際移動する人々には保護・救済の後ろ盾がなく、人身取引の標的になりやすい。

（2）削減条約――成立背景と対応措置

国際社会は、このような困難をもたらす無国籍の原因とその対処に無関心ではなかった。国際連盟時代には無国籍の防止に一定の関心を払っていたし[6]、戦後、この課題は国際連合（以下、国連）の場に引き継がれた。国連経済社会理事会は一九五〇年に決議三一九BⅢ（Ⅺ）を採択し、無国籍の削減・撤廃の具体的方法について諸国に対し提案するとともに、必要な文書などの起草を国際法委員会に促した。これを受け、国際法委員会は一九五一年に「無国籍を含む国籍の研究」特別報告者に常設国際司法裁判所元裁判官のマンレー・ハドソン（Manley Hudson）を任命し、条約作成の準備に取りかかった。翌年、特別報告者職を引き継いだロベルト・コードバ（Roberto Cordova）は、国際法委員会の求めに応じ、「将来の無国籍の撤廃に関する条約」案と「将来の無国籍の削減に関する条約」案を提出した。前者は諸国に重い義務を課す内容で、後者は相対的に緩やかなものであった。国際法委員会は、コードバ案に修正を加えた二つの条約案を国連総会に提出し、一九五九年、三五カ国代表参加のもと、全権国際会議がジュネーブで開催された。そしてこのとき、各国代表が二つの条約案から選んだのは、「将来の無国籍の削減に関する条約」案であった。これは、生来的無国籍（出生時から国籍を有することのない無国籍）の削減に力点を置き、後発的無国籍（有していた国籍を出生後に失くすことで生じる無国籍）の面で比較的緩やかな義務を課す内容であった。そして一九六一年には三〇カ国の国家代表が参加する条約案審議がニューヨークで再開され、削減条約が採択された。以上の経緯から明らかなように、削減条約は無国籍の全廃を目論むような野心的試みではなく、将来の無国籍の発生を防止することで削減を達成しようという意図の国際文書である。そのため、削減条約に用意された無国籍発生防止の機能は限定的であった。たとえ条約が適切に解釈・適用される場合でも、一定の事情での無国籍の発生と継続は許容されている（Waas 2016, 75–77, 84）。

では削減条約は、具体的に、どのように無国籍削減を実施しようとするのか。本条約は無国籍発生の原因を明記してはいないが、起草に至るまでの過程で一定の発生形態が念頭に置かれ、(7) それらに対応する四つの実践的な措置を条約に用意することとなった。まず第一に、出生時の無国籍発生とそれを防止するための措置である。これは、出生時より両親のいずれからも国籍を継承できず、また出生国からも国籍を与えられない危険に置かれる者（主に子ども）の無国籍化に対処するための策である(8)（第一条〜第四条）。第二に、国籍の喪失や放棄による無国籍化とそれに対応する措置である。つまり、婚姻やその終了といった個人の身分変更による影響や、何らかの理由で国籍を放棄するような事態に対応する措置である(9)（第五条）。第三は、国家機関の主導による国籍の取消し、すなわち、剥奪による無国籍化とそれに対応する措置である。(10) そして第四に、国家の領域の変更により無国籍が発生する事態とそれに対処する措置がある（第一〇条）。おおよそ、第一の措置は生来的無国籍の発生原因に、その他は後発的無国籍の発生原因に着目した対応策と言ってよいだろう。

削減条約の価値や上記の措置の効果に対し、一定の評価が与えられてきたのは確かである。(11) 一方、現代的課題におけるその作用が十分に解明されたわけではない。そこで第三節では、国際代理出産という無国籍発生の原因に焦点を当て、「出生時に無国籍発生を防止するための措置」（生来的無国籍防止）の作用について考える。また第四節では、近年、国際的に拡張しつつある現象として国籍剥奪を取り上げ、「剥奪による無国籍化に対応する措置」（後発的無国籍防止）がもたらすそれについて検討したい。さらに第五節では、「消えゆく島嶼国家」という認識・言説において、削減条約そのものがどのような位置づけにあるかを探る。これを通じて浮き彫りになるのは、無国籍発生防止への手立てとしての削減条約の有効性というより、「不全」と「分断」、「乖離」という作用である。これらはまた、関係する人々の国際移動の自由にも影響を与える。

2　人間の新しいつくり方――国際代理出産と無国籍

（1）国際代理出産とその市場化

「人間の新しいつくり方」を拡張する生殖テクノロジーは、すでに代理出産で実用化されている。このことが近年、「親」の概念を複雑化・不明化させ、無国籍を生み出す新たな原因にもなっている。削減条約で生来的無国籍を防止するための対応、すなわち「出生時に無国籍発生を防止するための措置」は、どのように作用するのだろうか。

「代理出産」とは、女性が出産後に子を他者に渡す約束で懐胎・分娩することを一般に指す。代理出産には二つのタイプがある。一つは「伝統的代理母型」である。これは、男性依頼主（主に夫）の精子と第三者である代理母の卵子を用いて体外授精させ、それを代理母の子宮に注入して懐胎させるとともに、女性依頼主（主に妻）に代わって代理母が分娩する方法である。男性依頼主以外のドナーの精子が用いられることもある。つまり、代理母の卵子と、依頼主男性あるいは彼以外の男性ドナーの精子が受胎に使われる。そのため、代理母と生まれる子の間には遺伝的関係が生じ、また代理母はその子を分娩する。他方、女性依頼主と子の間に遺伝的関係はなく、彼女は分娩も行わない。

もう一つのタイプが「ホスト代理母型」である。女性依頼主から採取した卵子と男性依頼主の精子を体外受精させ、胚となったものを女性依頼主以外の第三者の女性の子宮に移植することにより、第三者の女性が懐胎・分娩するのがその基本型である。依頼主の精子・卵子を用いず、ドナーが提供する精子と卵子のいずれか、あるいは両方を利用する方法もある。精子と卵子がともにドナーから提供される場合、男女依頼主と子の間に遺伝的関係は生じない。当然ながら、女性依頼主は分娩を行わない。

代理出産は多くの国々で禁止され、あるいは厳しく規制されている。そのため、禁止・制限国の国民が代理出産を望む場合、これが実行できる数少ない国や地域に赴き、そこで契約を結んで代理出産を行うこととなる。これが国際代理出産である。国際代理出産の実情を正確に把握するデータは乏しいが、一年に少なくとも二万人が代理出産によって誕生しているという (Boillet and Akiyama 2017, 522)。この背景には、需要国側の不妊患者の存在や人々の晩婚化・晩産化の傾向のみならず、「親」となりたい人々の増加もある。国際代理出産を望むのは不妊の男女カップルだけではない。独身者や同性愛カップルなどもそうである。

この国際代理出産は、グローバルに市場化している。需要国の少なくとも一部の人々にとって、法による制約を避けて代理母を低コストで調達できる手段となる。[12] 供給国には、新たな収入源として国際代理出産に魅力を感じる人々もいる。このような背景から、ロシア連邦やジョージア、ウクライナ、アメリカ合衆国の一部の州といった供給諸国の人々と、代理出産を望む需要国の人々とをつなぐ「生殖ツーリズム」が顕著となった。「子宮レンタル」と揶揄され、貧困層女性から搾取する新たな形態として批判を受けながらも、国際代理出産の世界的市場化が終焉に向かう明確な兆しはまだない。

(2) 国際代理出産による無国籍化

国際代理出産は、無国籍の新たな発生原因となりつつある。依頼主の本国法は一般に代理出産を認めておらず、原則として、現実に分娩した者や遺伝子を与えた者を法律上の「親」とする。そのため、依頼主が、国際代理出産によって生まれた子の「親」と認められないことがある。他方、代理出産が合法的に認められている諸国では通例、外国籍の依頼主を「親」と推認するため、代理母を国内法上のそれとは認めない。そのため、どの関係国の国内法の目で見ても「親」が存在せず、それが法的に定まらない子は無国籍者となる。

国際代理出産で出生した子が無国籍となると、そこにはさまざまな苦難が待ち受ける。例えば、法的に「親」が確定できない以上、扶養義務の所在すら判然としないため、その子が出生国で放置される怖れもある。また、他の無国籍者と同様、無国籍の子の国際移動の自由にも制限がかかるが、その結果は特殊なものである。「親」となることを意図した依頼主は、無国籍となった子を出生国から連れ出し、依頼主の国に連れ帰って扶養することができない。したがって、その「親」が無国籍の「我が子」に会うためだけであっても、前者が出生国に入国して後者を訪ねなければならない。

日本とインドが関わった実例に、「マンジ（Manji）事件」がある。これは、日本国籍の夫婦がインドで行った「ホスト代理母型」出産に関する事件である。本件では、国際代理出産における「親」の不明化と子の無国籍化が端的に現れている。ある日本国籍の男性が、インド国籍の第三者女性（匿名のため身元不明）の卵子と彼の精子を受精させ、インド国籍の代理母に受精卵を移植した。二〇〇八年七月に代理母は女児であるマンジを出産したが、その出生前に依頼人の夫婦は離婚しており、日本国籍の女性はマンジの引き取りに関心を示さなかった。

日本の国籍法は血統主義（*jus sanguinis*）を原則としているので、母親あるいは父親が日本国籍を有していれば、その子も日本国籍を取得する。ただし国内法の理解によれば、母子関係は分娩の事実によって確定するので、マンジと日本人女性の親子関係は認定できなかった。また、既婚女性より子が産まれた場合、その女性の夫が父親となる。この解釈によれば、マンジの父親は日本人男性ではなく、（既婚者である）インド国籍の代理母の夫である。したがって、マンジの両親のどちらも日本人であることが法的に認定できず、彼女は日本国籍を誰からも引き継げなかった。他方、インドは国際代理出産を合法としていたため、依頼主の夫婦を「親」と推認することが当時の一般的前提であった。具体的には、子の出生証明書に記載された者、すなわち、遺伝子を与えた者が「親」であった。マンジについては日本国籍の男性の名がそこに明記され、母親の記載はなかった。[13] 唯一の「親」と記載された日本人男性はインド国籍を有さず、したがって日本と同じく血統主義の原則に立つインドの国内法上、マンジはインド国籍も引き継げなかったのである。結局、「親」が不明となり、子であるマンジは無国籍者となった。そこで、日本国籍の男性はマンジをインドから日本に連れ帰ろうと試みたものの、旅券も査証も発行されなかった。マンジの国際移動は制限され、生後数カ月間にわたり国境を越えることができなかったのである（Boillet and Akiyama 2017, 525–527; Lin 2012–2013, 556–559; Mortazavi 2012, 2274–2275）。

（3）不全

もし、削減条約の締約国において国際代理出産によって無国籍が発生したなら、条約の要請はその事態と一定の接点を持つこととなろう。しかし、その規範的作用の有効性には疑問符がつく。生殖技術開発が進んで市場が拡大するとともに、「人間のつくり方」が多様化するにつれ、「親」の定義はもはや自明ではなくなった（Boillet and Akiyama 2017, 529–531）。そして、「親」の定義の動揺が、今や無国籍者を生む新たな源泉となりつつある。医療技術革新やそれがもたらす結果を想定していなかった削減条約が、国際代理出産で生じる事態に十分対応できないことは想像に難くない。この無国籍発生状態に対し、削減条約の防止機能は次の点において不全である。

まず、「親」を認定できないことに由来する不全である。既述したとおり、削減条約は「出生における無国籍発生に対する措置」を備える。その具体的方法の一つは、「親」の国籍を引き継ぐことで子の国籍を確保して無国籍を防ぐことである（第一条第四項および第四条第一項）。しかし、「親」の概念が複雑化し不明化する昨今、どの関係国の国内法においてもその定義の要件を満たす者を見出せないなら、誰が「親」なのかを決められない。概念が複雑化・不明化し、その認定が不可能なら、「親」の国籍を子に継承させて無国籍を防ぐという方法は機能しようがないのである。無国籍者となれば、国際移動によって「親」が子と面会するなどは可能かもしれないが、「家族」が一体となって生活を送ることは容易ではない。

さらに、取得する国籍を指定できないことに由来する不全もある。削減条約の「出生における無国籍発生に対する措置」として、締約国は、出生国の国籍を与えることで無国籍を防ぐ補完的手段を活用することもできる（第一条第一項）。すなわち、生来的無国籍の発生を出生地主義（*jus soli*）で防止する方策である。しかしこれが、妥当な解決策にならない場合もある。国際代理出産に伴う子の国籍については、通例、依頼者の国籍取得が期待される。そのため、その子に出生国の国籍が与えられることは、必ずしも代理出産依頼者が意図した結果とはならない。その子が出生国ではなく、依頼主の「親」の国で生活を送ることとなったとしよう。その国では「外国人」としての処遇しか与えられないかもしれない。その場合、その子の最善の利益に反する怖れすらある（Boillet and Akiyama 2017, 530）。

3　国籍剝奪と無国籍

（1）「新時代の脅威」と国籍剝奪

近年、テロ対策と安全保障政策の一環として、政府が自国民の国籍を剝奪する現象が顕著となりつつある。削減条約で後発的無国籍への対応として用意されている「剝奪による無国籍化に対応する措置」は、これにどのような作用を及ぼすのだろうか。

二〇一四年九月までに、シリアとイラク共和国で戦闘員となった者のうち、一五～二五％程度が西欧と北米の諸国の出身者と見られていた（Byman and Shapiro 2014, 9）。過激化した彼らが暴力を向ける矛先、すなわち彼らに刺激されたホームグローン・テロリストが育つところは自国である。このような認識のもと、一部の自由民主体制諸国は自国領域内でのテロの顕在化を「新時代の脅威」と位置づけ、これに対抗する措置を講じている。その一つが、脅威となるかもしれない自国民の国籍を剝奪し、テロを予防することである（新垣 二〇一七）。「新時代の脅威」への対応を国籍の観点から急速に進めるのが英国であり、二〇一四年に一九八一年国籍法第四〇部の改正がなされた。その過程では、英国を出国してシリア紛争に参加した英国市民がもたらす脅威という安全保障面が強調され、彼らを標的にした対テロ対策の一環という性格が濃厚となっていった。改正後の現行法によれば、市民権の剝奪が公益に資するという判断に内務大臣が満足するに至れば、剝奪は可能である。そして帰化者については、たとえ結果的に無国籍者になろうとも、少なくとも法解釈上は市民権を剝奪できることとなった(14)。

二〇一四年法改正が織り込まれた安全保障上の狙いには、市民権剝奪によって国外でのテロの訓練や活動に関わる（と思われる）市民の英国からの出国阻止がある。ただしそれ以上に期待されたのは、予防的効果であろう。国外で市民権が剝奪されれば彼らの英国への「帰国」は不可能となり、英国国内でのテロの発生を「予防」できるからである。

英国において、国籍剝奪禁止を定める無国籍削減条約は、政府の権限拡大を阻止する歯止めとはならなかった。無国籍の発生を許す国籍剝奪が英国にとっては義務違反にはあたらない、という理解が受け入れられたためである。すなわち、無国籍削減条約第八条は国籍剝奪を原則として禁止しながら、例外事由を列挙しており、英国の事情がこれに該当するというのである(15)。

（２）分断

近年、テロと安全保障を根拠とした国籍剝奪の傾向は、英国のみならず他国でも認められるところである。しかし英国とは異なり、同様の文脈では、無国籍を生むような国籍剝奪の権限拡張までは許容しない国である。これら諸国では、国籍剝奪が原因で無国籍者とならないよう、その対象を他の国籍を有する重国籍者に限定している。これは、無国籍を伴う国籍剝奪を原則認めない削減条約の要請と矛盾しない実践である。一例がベルギー王国（以下、ベルギー）である。同国では、パリのシェルリー・エブド襲撃事件を契機として二〇一五年七月に法改正がなされ、テロを根拠とした国籍剝奪が可能となった。これにより、いかなるテロ犯罪でも五年以上の懲役の有罪判決を受けた者であれば、ベルギー国籍を剝奪することが可能となった[16]。ベルギーでは、かねてより一定の根拠で国籍剝奪は可能であったものの、この法改正でテロ犯罪すべてがその範疇に含まれるように対象が拡張された。それでもなお、無国籍が生ずる場合、国籍剝奪は認められない（ERCSSM 2018a, 9–10）。

このように、ベルギーは単一国籍者と重国籍者を区別し、後者のみを国籍剝奪の対象としている。しかしながら、このような区分が、国籍を「奪えない国民」と「奪える国民」という二層を一国の内部に創出することもある（新垣二〇一七、九）。前者がテロ行為を現に行った場合、刑法・行政法上の基準に沿った手続きが取られても、国籍までは奪われない。他方、後者の場合、その疑いがあるだけで国籍を失うこともある。その疑念の判断基準の根底にある意識は、彼らの行動が国民的価値に反しないものだったか、彼らは国民としてふさわしいか、である。

ベルギーと同様、削減条約の要請との抵触を避ける傾向はオランダ王国（以下、オランダ）でも見られる。二〇一七年の国籍法修正法に基づき、オランダの司法大臣は、一六歳以上の者（したがって子どもも含む）の市民権を剝奪できる権限を持つこととなった。つまり、内閣が準備した「一覧」に列挙さている、国際・国内武力紛争に関与する組織（「イスラム国」（IS）やアル・カイーダなど）に加わり、オランダの安全保障に脅威を与えると「思われる」とき、司法大臣はその者の市民権を剝奪できる。市民権を剝奪された者は「望まれない外国人」となり、オランダへの入国は困難となる。ただし、無国籍が生じないよう配慮されており、対象者は重国籍者に限られている。この権限に基づき、司法大臣は二〇一七年九月に初めて、シリアに渡航したためテロリストと目された四名のオランダ市民権を剝奪した。彼らはいずれもモロッコ系であり、モロッコ王国の国籍も有していた。司法大臣はこの処分について、彼らの行動はオランダの価値すべてと相容れず、もはやオランダ国民に値しないと述べたという（Jaghai 2017, 5）。国籍剝奪の決定が下された際、四名のうち三名はシリアにいたが（一名はすでに死亡したと推定される）、政府は彼らの実質的な受け入れ拒否宣言をしており、オランダへの入国はもはや叶わない（ERCSSM 2018a, 11, 17; Amnesty International

2017, 61–62)。

市民権を失った者はオランダに「帰国」不能となるのだから、オランダ国内で家族との結合や再会はできない。さらに彼らが、オランダ以外の国籍国と実質的なつながりを有しているのかも現実の課題となろう。たとえ法形式上、国籍が認められようとも、当事者がその国籍国を訪問した経験もなく、またその国の言語すら理解できないなら、「国籍国」で生活を営むのは現実的に困難である。

オランダの国籍法修正法は、市民権剝奪の権限を司法大臣に与えるものであったが、同時に、削減条約の「剝奪による無国籍化に対応する措置」への一致にも応えている。しかしながらこの態度ゆえに、オランダ国民が認識上、二層に分断されることとなった。一方に、もしテロ組織に関与したことが実証されたとしても市民権を剝奪できない国民（オランダ国籍単一保持者）がいる。他方で、その疑いがあるだけで市民権が奪われかねない国民（重国籍者）の存在を明らかにすることとなったからである。オランダにおける重国籍者の多くは国外につながる移民などであり、大多数はモロッコ系かトルコ系である。結果的に、オランダが市民権を「奪える国民」は、これらの集団（オランダ全体においてはマイノリティ集団）に集中している。民族的・宗教的・政治的な共通性をある程度備えているこのマイノリティ集団は、かねてより差別や圧力を受け、社会の周縁にあってすでに不利益を被ってきた。削減条約が備える「剝奪による無国籍化に対応する措置」と矛盾しない法や政策により、彼らはさらに社会から分断され、孤立感を深めていくのではないか。国籍という同一枠内に包摂されていた国民の一部が、実のところ、下層に分類されていることが可視化され、その層に属する集団（＝重国籍者）の国籍が相対的に剝がれやすいことが公式に宣言されたのだから（ERCSSM, 2018b, 11; Amnesty International 2017, 62)。

4　消えゆく島嶼国家と無国籍

(1) 島嶼国家における気候変動の影響

ツバル、モルディブ共和国、キリバス共和国、マーシャル諸島共和国といった太平洋の島嶼国家が、気候変動の影響による海水面上昇で水没や国家運営脆弱化の危機にあるとの認識が登場して久しい[17]。近い未来、これらの島嶼国家が完全に水没するかどうかは分からない。しかし、気候変動が少なくとも部分的に関与しているとされる集中豪雨やサイクロン、洪水、海岸浸食などの悪化・増加によって、これまでどおりの経済システムや生活スタイルの維持がいっそう困難となるのは避けられそうにないようである（World Bank 2013）。もし国民が居住できる環境が破綻すれば、彼らはそこで生きることはできず、国外に移動せざるをえない。

「水没シナリオ」の言説では、島嶼国家はその領土すべてを失うことになるが、たとえそうならなくとも、早晩、その領域内に定住する国民を失う可能性がある。領土（の全部あるいは主要部分）の喪失や、大半の国民の国際移動により、島嶼国家は「消えゆく」のだろうか。領土や国民が消えれば、もはや国家として存続しえず、国家を失った人々は無国籍者となるのか。そうであれば、無国籍の防止を目的とする削減条約は、この現象にどう関わりうるのだろうか。

(2) 乖離

気候変動によって「消えゆく島嶼国」（実際は水没しなくとも国家領域の一部あるいはほとんどが居住不能となった諸国）の国民が他国へ大量移動したとしても、彼らと無国籍削減条約との接点はかなり薄いであろう。母国が物理的に消える（危機にある）のだから、彼らは無国籍者である――これが一般的な通念かもしれない。しかし、現行の国際法において、彼らを無国籍者とみなすことは困難である。国家領域が生活を営むことができないほどの居住不能に至るとしても、さらに国家の形状（領土）そのものが消え失せても、他国に避難した人々は国際法の意味において無国籍者と認められることはなかろう。よって、無国籍者ではない彼らについて、削減条約の防止措置が作用する余地はほとんど残されていない。換言すれば、削減条約の目的の射程や発生防止の対象に、そもそも、このような原因によって生ずる「無国籍のような」事態は含まれないのである[18]。

なぜなら、気候変動によって領土が居住不能となるか、たとえ領土を失ったとしても、国家は基本的に存続すると考えられるからである。そのため、領域を離れ国際移動した人々もまた、その国家の「法の運用において国民と認められ」よう。「領土消えて国籍残る」、なのである。たしかに、「国家の権利及び義務に関する条約」第一条は国家の資格要件の一つに「明確な領域」を挙げる。だが、気候変動リスク下にある島嶼国がこの要件を失っても、永続的住民、政府、外交関係を結ぶ能力という他の要件を維持することは可能である。実際、国民の多くが国外に居住しているからといって、その国家の存続が疑われるわけではない。また亡命政府のように他国領域内に存在していても、外交能力の機能を維持でき、旅券や身分証明書を「自国民」に発給できることがある。より決定的なのは、国家承継といった限定的場面を除き、国家の終焉に関する明確かつ一般的な条件が国際法上確立していないことである。国家がその資格要件を事後的に喪失したとしても、それをもって国家が終焉するという規則は不在であり、現状維持が推定される（Human Rights Council 2018, para. 73; McAdam 2010, 110–126; Park 2011, 4–8）。主権に執着する各国が、既得のそれを失う基準の設定に消極的だったことが一因なのかもしれない。

とは言っても、政府や国民の大半が国外に退去した状態では、国家による国民の通常の保護は期待しえず[19]、人々が「無国籍のような」脆弱な状況に置かれることは避けられない。しかしながら、彼らを無国籍者だと法的に認識できないかぎり、削減条約がその発生防止に介入できる足場は、皆無ではないにせよ[20]、相当限られる。また、削減条約に用意された対応措置も、法的に定義された無国籍者とその発生原因を念頭に置いて構築されており、気候変動リスク下の島嶼国という二一世紀的事象に効果的に働くようには思えない。このように、削減条約の対応措置と、近い将来起こるであろうと予測されている事柄（またその言説）の間には明らかな乖離がある。そしてこの乖離は、国際法の一分野から彼らが公的に排除されたことを印象づけるものかもしれない。

おわりに

本章では、無国籍の削減について、関連条約が現代的課題に対して働く（あるいは働かない）作用について考察した。削減条約の「出生時に無国籍発生を防止するための措置」は、国際代理出産とそれがもたらす「親」の概念の複雑化・不明化において有効な手立てとならず、「不全」に至る場合がある。「親」の概念がますます複雑化・不明化するなかで、子が無国籍者となれば、その国際移動の自由も制限される。また、依頼主の「親」の国で生活を送ることになっても、外国人の地位でしかそれを築けないかもしれない。

また、テロ防止と安全保障との兼ね合いで、各国政府が自国民の国籍を剝奪する権能を強化している。これらのなかには「剝奪による無国籍化に対応する措置」と矛盾しない範囲で対応している国々がある。そこでは、国籍を剝奪することが可能な対象は重国籍者に限られる。彼らの国籍が剝がされれば、そこはもう「母国」ではなく「帰国」もできないため、他のどこかの「国民」として生きなければならない。このような対応は、一つの国家において国籍を「奪える国民」と「奪えない国民」を法的に分離するという作用を及ぼす。「二層の国民」をより可視化し、両者の「分断」に寄与しているとも言える。

消えゆく島嶼国家という論点については、領土喪失が必ずしも国家の終焉を意味しないことから、各国国民の国籍の継続が推定される。そのため、彼らがたとえ実質的な無国籍状態に置かれたとしても、削減条約が関与できる余地はほとんど残されていないだろう。これは、現行の国際法と、将来発生すると見られる事態の間の「乖離」である。

ただし、削減条約以外の法規範により、「不全」や「分断」、「乖離」といった現象を補完しようとする動きがあることにも触れておかねばなるまい。国際代理出産の分野でその動きを主導するのが、ハーグ国際私法会議である。この会議は以前より、本章で扱った課題も含めて国際代理出産で生じる諸問題を明らかにし、国際文書の策定によってこの問題に対応しようとの考えを示してきた。そして二〇一八年の関連の専門家グループの報告では、国際私法に関する文書の今後の展開について言及した箇所で、「子どもの権利条約」に含まれる基本的権利、とりわけ、子どもの最善の利益への考慮の必要が強調されている（HCPIL 2018, para. 6)。国籍剥奪の分野では、二〇一八年、「安全保障政策としての市民権剝奪に関する専門家円卓会議」が市民社会主導により、ハーグで開催された（ASSER Institute 2018)。この円卓会議では、さまざまな国際文書や判決などを分析しながら、「恣意的」国籍剝奪を禁止する規範や正統性が模索された。気候変動リスク下の島嶼国の言説については、そのような諸国の出身者を「事実上の（*de facto*）」無国籍者として対応する方策が、国際機関などから示されている。そして、領土が劣化・消失する前に、効果的な国籍を取得し重国籍化を図るなどして、事実上の無国籍化を防止する案が含まれている（例えば、UNHCR 2009, 3)。学術・実務専門家らによるこのような発話や活動の活性化は、削減条約のこれからの作用のあり方を問い直すうえで無視できない。

追記　本稿は、ＪＳＰＳ科研費一八Ｋ〇一四七九の助成を受けたものである。

【注】

(1) 本章では国籍（nationality）と市民権（citizenship）を区別せず、原則、国籍という文言を用いる。ただし、第三節で扱う欧州諸国の国内法で citizenship の文言やその訳語にあたる単語が使われている場合は、それに従い市民権とする。ちなみに、そこで触れるグレートブリテン及び北アイルランド連合王国（以下、英国）の国内法では国籍と市民権の用語が混在しているが、国籍法上いずれも明確な定義はなく、両者の関係性も判然としない（宮内二〇一二、一七三–一七四）。

(2) 同条約は一九六一年採択、一九七五年発効。二〇一八年一〇月現在、締約国数は七三カ国である。

(3) 削減条約採択までの基本的背景と概要については、新垣（二〇一四、三七–三九）を参照。

(4) 二〇〇〇年以降の若干の主要先行研究の例として、Goldston (2006); Sawyer and Blitz (2011); Waas (2009); Weissbrodt and Collins (2006) を参照。なお、日本の研究の動向を示すものとして、無国籍情報センター「文献情報」を参照。

(5) 削減条約が対象とする無国籍者の定義については、「無国籍者の地位に関する条約」（一九五四年採択、一九六〇年発効）のそれが援用される。

(6) 一九三〇年の第一回国際法編纂会議で採択された「国籍法の抵触についてのある種の問題に関する条約」は、身分行為などで生ずる国籍喪失の事態を防止するために義務を定めた。

(7) 例えば、特別報告者ハドソンは、生来的無国籍が血統主義と出生地主義の原則の不一致から生じ、後発的無国籍が国籍の放棄や国家の一方的行為、領土変更などから生じることを一九五一年に明らかにしていた（新垣二〇一四、三八）。この段階から、無国籍の撤廃や削減とは、原因そのものに焦点を当てることを意味していた。

(8) 同条約第一条については、本章第二節参照。第二条は、棄児（遺棄されているのを領域内で発見された子ども）の国籍についてである。また、出生地主義の原則で対応できない事態を補完するのが第四条である。締約国の領域の外で生まれ、その子がそのままでは無国籍になる場合、血統主義の原則に基づいて国籍が与えられる。

(9) 第五条第一項は、外国人との関係に基づく身分の変更によって生じる無国籍の防止を図るものである。また第七条第一項aは、自発的行為としての国籍離脱が国内法上認められていても、他国の国籍取得がなければ国籍喪失は生じないという原則の表明である。第二項では、外国への帰化を望む国民であっても、他国の国籍取得の保証がなければ国籍を喪失しないことが示されている。

(10) 本章第三節参照。また第九条は、差別に基づく国籍剝奪を禁止している。
(11) 削減条約が内蔵する四つの措置は、各国が直面する無国籍問題への解決法として、ある程度の普遍性を持つ。そのため、例えば条約未加入のアフリカ諸国であっても、関連する国内法の模範となっている（Waas 2016, 82–84）。
(12) しかしながら、このような国々でも国際代理出産の市場化には批判がある。これを受け、インドでは二〇一五年、外国人を対象とした代理母出産が禁止された。
(13) 代理母と日本人女性は、遺伝的なつながりがなかったために記載されなかった。また、卵子を提供した女性は匿名であったため、記載されなかった。
(14) 原則として、その者が市民権剝奪によって無国籍者となる場合には、剝奪は認められない。しかしながら、帰化者については例外規定が用意された。内務大臣が、①帰化者が国家の重大な利益を著しく損なう方法で行動したため、市民権の剝奪が公益を促進し、他国の国籍を取得できるかもしれないと信ずるだけの合理的根拠が存在する、②帰化などによる英国市民権の取得が詐欺、虚偽の表示または主要事実の隠匿の手段でなされた、という判断に満足するに至る場合、市民権を剝奪することができる。①については他国の国籍の取得状況について慎重であるものの、他国の国籍を現に有していることまでは求めておらず、帰化者が市民権剝奪によって無国籍者となる可能性を完全に排除しているわけではない。
(15) 第八条第一項によれば、国籍を剝奪すれば無国籍となる者の国籍剝奪を原則禁止する。ただし本条は、国籍剝奪が許容される例外事項を列挙している。例えば、国籍が虚偽の表示または詐欺によって取得された場合は、国籍剝奪が認められる（第二項ｂ）。特に英国について関連深いのが、同条第三項ａである。これによれば、締約国は署名・批准・加入時に、その時点での国内法に存在する国籍剝奪の権利の理由を明らかにしていれば、ある者が国家の重大な国益を深刻に害するような行為をとった場合などでは、その者の国籍を剝奪することができる。英国におけるテロ対策・安全保障と国籍剝奪の状況については新垣（二〇一七、四–七）を参照。
(16) Article 23/2 of the Code of Belgian Nationality. ちなみに、ベルギーにおいて国籍剝奪を命ずることができるのは裁判所のみであり、司法統制の余地を少なくとも形式上残している。
(17) 国際的次元では、二〇〇七年の気候変動に関する政府間パネル（ＩＰＣＣ）報告書において、気候変動の加速と人間への影響が指摘された。これを受け、国連気候変動枠組条約第一三回締約国会議バリ行動計画で、気候変動の人間への影響を抑えるための、適応策と危機管理の重要性が訴えられた。二〇〇九年の国連気候変動枠組条約第一五回締約国会議では、気候に関連した災害で避難民化した人の数が二〇〇八年だけで二千万人以上に上ったとの報告がなされた。また個別には、二〇一四年、キリバス共和国大統領が、将来の国民の避難地・再定住地としてフィジー共和国から小島を購入した。

（18）本章の「国際代理出産」では、国際代理出産で生まれた子が無国籍となることを前提に、削減条約の有効性の制約を論じた。しかし、気候変動リスク下にある諸国から逃れた人々については、現状、その前提を想定することすら困難を伴う。

（19）例えば、外交保護権の行使は困難である。

（20）関係国が領域移譲を伴う合意のシナリオに動き、これら諸国が削減条約の締約国となれば、「国家の領域の変更により無国籍が発生する事態とそれに対処する措置」（第一〇条）の適用の可能性も生まれよう。

【参考文献】

Amnesty International (2017) “Dangerously Disproportionate. The ever-expanding national security state in Europe.”

ASSER Institute (2018) “Expert Roundtable on Citizenship Stripping as a Security Measure.” http://www.asser.nl/about-the-institute/asser-today/expert-roundtable-on-citizenship-stripping-as-a-security-measure/ (access: 2018.9.17)

Boillet, Veronique and Hajime Akiyama (2017) “Statelessness and international surrogacy from the international and European legal perspectives,” *Swiss Review of International and European Law* 27, 513–534.

Byman, Daniel and Jeremy Shapiro (2014) “Be afraid. Be a little afraid: The threat of terrorism from western foreign fighters in Syria and Iraq” *Foreign Policy at Brookings Policy Paper* 34.

Expert Roundtable on Citizenship Stripping as a Security Measure (ERCSSM)(2018a) “Discussion Paper 1: Global and Regional Trends” (unpublished).

———(2018b) “Discussion Paper 2: Legal issues and international standards” (unpublished).

Goldston, James (2006) “Holes in the rights framework: Racial discrimination, citizenship, and the rights of noncitizens,” *Ethics &*

International Affairs 20(3), 321–347.

Hague Conference on Private International Law (HCPIL)(2018) "Report of the September 2018 meeting of the Experts' Group on Parentage / Surrogacy."

Human Rights Council (2018) "The Slow onset effects of climate change and human rights protection for cross-border migrants" Annual report of the United Nations High Commissioner for Human Rights and reports of the Office of the High Commissioner and the Secretary-General (A/HRC/37/CRP.4) (Thirty-seventh session).

Jaghai, Sangita (2017) "Citizenship deprivation, (non) discrimination and statelessness. A case study of the Netherlands" *Statelessness, Working Paper Series* No. 2017/07, Institute on Statelessness and Inclusion.

Lin, Tina (2012–2013) "Born lost: Stateless children in international surrogacy arrangements," *Cardozo Journal of International and Comparative Law* 21, 545–587.

McAdam, Jane (2010) " 'Disappearing states', statelessness and the boundaries of international law" Jane McAdam ed., *Climate Change and Displacement: Multidisciplinary Perspectives*, Hart Publishing.

Mortazavi, Sarah (2012) "It takes a village to make a child: Creating guidelines for international surrogacy," *The Georgetown Law Journal* 100 (6), 2249–2290.

Park, Susin (2011) "Climate change and the risk of statelessness: The situation of low-lying island states" (Legal and Protection Policy Research Series).

Sawyer, Caroline and Brad K. Blitz eds. (2011), *Statelessness in the European Union: Displaced, Undocumented, Unwanted,* Cambridge University Press.

UNHCR (2009) "Climate change and statelessness: An overview," (Submission to the 6th Session of the Ad Hoc Working Group on Long-Term Cooperative Action (AWG-LCA 6) under the UN Framework Convention on Climate Change).

———(2017) "Global Trends." https://www.unhcr.org/globaltrends2017/ (access: 2018.9.18)

Waas, Laura van (2009) *Nationality Matters: Statelessness under International Law*, Intersentia Publishers.

———(2016) "The UN statelessness conventions," Alice Edwards and Laura van Waas eds., *Nationality and Statelessness under International Law*, Cambridge University Press.

Weissbrodt, David and Clay Collins (2006) "The human rights of stateless persons," *Human Rights Q*uarterly 28, 245–276.
World Bank (2013) "Acting on climate change and disaster risk for the Pacific" (Working Paper).
新垣修（二〇一四）「無国籍者地位条約と無国籍削減条約――成立までの経緯と概要」『法律時報』一〇七八号、三五–四〇頁。
――――（二〇一七）「国籍の剥奪と安全保障化」明治学院大学国際平和研究所『ＰＲＩＭＥ』四〇号、三–一三頁。
宮内紀子（二〇一二）「イギリス国籍法制の構造的転換――一九八一年イギリス国籍法における現代化および国籍概念」『法と政治』第六三巻第二号、一六七–一九九頁。
無国籍情報センター「文献情報」。https://mukokuseki-centre.jimdo.com（閲覧：二〇一八・九・二一）

第Ⅳ部 難民の生活と社会
——定住と共生、再構築への道

第9章　国内移動と国際移動

杉木　明子

【要旨】　紛争、迫害などにより移動を余儀なくされる難民・国内避難民の数は増加し、帰還、庇護国定住、第三国定住といった選択肢がないままに第一次庇護国に五年以上滞在する「長期滞留難民」の数が増えている。そのため多くの難民受け入れ国では、庇護希望者の入国を阻止したり、難民の権利を否定した政策を実施する傾向が顕著になっている。このような政策は難民をより危険な状況に追い込むだけでなく、難民・国内避難民問題の解決にも寄与しない。本章は強制移動理論の視点を援用し、ソマリア難民・国内避難民の事例を分析することで、なぜ難民・国内避難民が多様な移動を行い、難民問題が複雑化するのかを明らかにし、今日の強制移動の動因を提示する。

【キーワード】　第一次庇護国、第二次・第三次移動、強制移動理論、難民隔離政策、ソマリア難民、国内避難民

はじめに

人類の歴史は移動の歴史でもあり、古くから人は出生地を離れ、移動している。その形態は多様であり、厳密に分類することは難しいが、今日、自発的・非自発的移動と呼ばれるさまざまな移動は、次の五つに大別できるだろう。①一定の期間、特定の業務に従事するために滞在する契約労働者の移動、②長期間または永住を目的として、合法的に受け入れ国へ移動する「移民」、③経済的目的などで非合法的な手段で移動してきた「不法移民」、④迫害や人権侵害などの理由で国境を越える移動した難民（および庇護希望者・庇護申請者）[1]、⑤紛争などから逃れるために移動したものの、国外へは移動していない国内避難民など、である。

国際移住機関（ＩＯＭ）によると、二〇一五年には世界の全人口の約三・三％にあたる二億四四〇〇万人が出生地を離れ、その数は一九七〇年と比べて三倍に増加した（IOM 2017, 13）。また二〇一一年以降、庇護申請者の数が急増し、二〇一七年には過去最大に達するとともに、世界の難民、国内避難民の数も二〇一一年以降、増加が続き、二〇一七年末の時点で世界には約二五四〇万人の難民、四〇〇〇万人の国内避難民、および三一〇万人の庇護申請者がいる（UNHCR 2018b, 2）。同時に、難民が庇護国で五年以上滞留している長期滞留難民の数も増加しており、二〇一七年末で世界の全難民の三分の二にあたる約一三四〇万人が長期滞留難民である（UNHCR 2018b, 22）。

このような状況から、庇護希望者の越境を阻止し、難民の受け入れを抑止する政策を実施する国が増えている。アフリカでも、従来は比較的寛大に難民を受け入れていた諸国が難民の権利を否定する政策を導入する動きが見られる。だが、よりよい環境を求めて移動する人々の数は減少せず、アフリカからヨーロッパ連合（ＥＵ）諸国をめざす難民も増加している[2]。それに対して、ＥＵ諸国は国境警備を強化し、越境移動者をＥＵ域外へ押し返す「プッシュ・バック」政策を実施している。欧州対外国境管理協力庁（ＦＲＯＮＴＥＸ）や沿岸警備隊の取締りでは、ボートからモーターを外したり、危険な状態の庇護希望者を傍観し、救助を拒むなど、悪質な対応がしばしば見られる（久保山 二〇一七、一五九―一六〇）。

全世界で最も移動時のリスクが高い「地中海ルート」では、全世界の失踪者・死者数の約五〇％を占めている。その主な原因はボートや船の沈没で、国連難民高等弁務官事務所（ＵＮＨＣＲ）の統計では、二〇一七年に三一三九人、二〇一六年に五〇九六人、二〇一五年に三七七一人が死亡または失踪している（UNHCR Operational Portal, Mediterranean Situation）。また、地中海を越えて移動してきた人たちの多くが暴力、虐待、拷問、強制労働や搾取、性的暴力、脅迫などを体験している（UNHCR 2018c）。

だが、越境移動者に対する厳罰化はより進展しており、二〇一五年一〇月には国連安全保障理事会（以下、安保理）で決議二二四〇が採択された。同決議では地中海における密入国防止のために、旗国の同意のもとで、公海上での臨検、拿捕、密入国業者や人身取引業者に対する強制措置をとることが許可されている。海難救助や人道支援を行う人を「密航幇助」として処罰するなど、人道的支援自体を「犯罪化」する兆候も見られる（Landry 2016, 1–3）。

しかし、リスクの高い移動を続ける人々は後を絶たない。本章では、ソマリア難民の移動を事例として、なぜ多くの難民が第二次、第三次移動を繰り返すのかを検討する。ここでソマリア難民に着目するのは、一九八〇年代後半以降、ソマリア人の約五五％にあたる約一一〇万人が世界各地へ移動し（Connor and Krogstad 2016）、現在もさまざまなタイプの移動を続けているからである。ソマリア難民の移動パターンを分析することで、難民が移動を継続する要因と共通する問題を可視化することができるだろう。

なお本章では、民族としてのソマリ人と国名としてのソマリアを区別して使用する。ソマリ人は主にアフリカ大陸北東部の「アフリカの角」と呼ばれる地域に暮らすとともに、世界各地に「ソマリ・ディアスポラ」が居住している。一九六〇年に成立したソマリア共和国（以下、ソマリア）の国籍を持つソマリア人のなかで、迫害などから逃れるために移動する庇護希望者、庇護申請者、または難民と認定された人をソマリア難民と呼ぶことにする。

1　難民の移動と移動モデル

　これまでに国境を越える人の移動に関してさまざまな理論が論じられてきた。これらの理論は、主に三つのタイプに分類できる。第一は、マクロレベルで構造的要因から移民や難民の移動を分析する、プッシュ・プル理論（push-pull theory）、世界システム論である。(3) 特にプッシュ・プル理論は国際移動を説明する際に最も多く利用されてきた。この理論は新古典派経済学に依拠し、国際的な移動は、国家間の諸条件の差が生み出す現象と捉えられる。送り出し国には、過剰人口、失業、貧困、低賃金、内戦、教育の機会の欠如など、人々をその地域や国家から押し出すマイナス要因、すなわち「プッシュ要因」がある。他方、受け入れ国には、労働力不足、高賃金、政治的安定、福祉・医療・教育制度の充実などの人々を引き寄せる「プル要因」がある。このような差異が国際移動の要因と考えられてきた（小井戸 一九九七、三六―三七）。難民の移動は、基本的に非自発的移動であり、政府の弾圧、人権侵害、内戦などのプッシュ要因が強く働いていると考えられている。

　しかし、この理論は、個人のエージェンシー（agency：主体性）を軽視しており、また移動の要因とパターンを単純化していると批判されてきた。第一の問題は、受け入れ国の経済状況や法律が変化しても、移動が継続していることを説明できない点である。第二に、貧困や所得の格差が必ずしも移動の要因でないことである。これまでの国際移動に関する統計分析から、先進国への人口移動では、最貧困国からよりも、中所得国からの移動率が高いことが明らかになっているのである。第三に、同様にプッシュ要因を有するすべての国の住民が必ずしも移動するとはかぎらない。国際移動のパターンにおいて特定の集団が、特定の国（・地域）から特定の国（・地域）へ移動する傾向が見られ、このような特徴を単なる国家間の諸条件の格差だけでは説明できない（高橋 二〇一四）。

　国際移動論の第二のタイプはミクロ理論で、個人の決断に焦点を当てている。この理論では、個人は合理的に選択する主体とみなされている。個人は費用（移動と移動先での統合のための財政的・心理的資源の投資など）と利益（生活水準の向上、安全の確保）を考慮し、移動の是非を判断する（King 2012, 14）。しかし、個人の意思決定は必ずしも自立的ではなく、個人を取り巻く環境、社会関係、目的地の政策や制度などから影響を受ける。

第三のタイプのメゾ理論は、マクロとミクロの理論をつなぐ理論として登場し、代表的なものとしてはネットワーク論、システム論、トランスナショナル論などがある。メゾ理論が注目するのは、移動希望者と移動先をつなぐ社会的紐帯や社会資本である。これに該当するのは、（a）国際移動している家族や親族、（b）華商や印僑などの通商ネットワーク、（c）ディアスポラなどである。個人や集団的アクターと多様な社会的関係を結ぶネットワークが構築されると、ネットワークは移動を支援する機能を有し、個人の選択に影響を与えるだけでなく、移動集団の規模にも影響をもたらすと考えられている（Faist 2000, 30–31, 102, 203）。

これまで強制移動民の移動は、メゾ理論では上手く説明できないと言われてきた（Boswell 2002, 4）。それは第三国定住などの場合を除き、難民の移動は基本的に緊急避難性が高く、一時的で短期的な滞在と認識されていたことや、自らの意思や選択肢を反映する機会が限定的な、「非自発的」移動とみなされてきたことが関わっているだろう。だが、長期滞留難民や「難民ディアスポラ」の増加、インターネットやＳＮＳなどコミュニケーション・情報伝達手段のアクセスが容易になった今日では、難民の有する社会的ネットワークは移動先の選択、移動形態、生計戦略へ多大な影響を与えており、メゾレベルの視点はきわめて重要である。

このような議論の展開を反映し、難民を含む強制移動に関する理論やモデルにおいても、クンズ（Kunz 1973）の「動的モデル論」やリッチモンド（Richmond 1988; 1993）の「反応的移動論」をはじめ、マクロ、メゾ、ミクロ理論を融合したものが多い。ヴァン・ヒア（Van Hear et al. 2018）らが論じている「プッシュ・プル・プラス理論」もその一例である。この理論では、個人はエージェンシー（主体性）を持つ存在であるとともに、帰属するさまざまな社会集団や社会的ネットワークから影響を受ける「社会的存在」とみなされ、人の移動は個人のエージェンシーと多様な構造の相互作用の「産物」と捉えられる。この理論では、さまざまな動因（driver）が多様な次元（dimension）で結合し、移動を引き起す要因を形成すると想定されており、個人をめぐる社会関係資本の多元的な相互作用、マクロ構造と個人の移動を加味した分析視角を提供している。

強制移動論においてミクロ、メゾ、マクロレベルを包括的に捉えるアプローチのメリットは、以下のように要約される。

マクロ理論は、移民の「パイオニア」や強制移動民が移動する要因を明らかにする。メゾ理論は、どこへ移動するかを定め、なぜ移動が継続し、なぜ特定の地域に特定の集団が移動するのかを分析するのに有用である。ミクロレベルの理論から、マクロとメゾレベルの要因がどのように個人の移動を決定するかを解明することができる（Boswell 2002, 4）。

言うまでもなく、難民は単一で均質な存在ではなく、個々の難民の有する能力、資質、選好、社会・集団的属性が異なり、それゆえ難民の移動を一般化することはできない。そのため、既存の強制移動の理論が移動の実態を説明するには一定の制約があることは否めない。本章では、これまで論議されてきた強制移動論の分析視角を念頭に置きつつ、移動が起き、継続する要因をミクロ、メゾ、マクロの各レベルから重層的に分析したい。そこで本章は、多くの難民はさまざまな問題や制度的制約に直面しながらも、よりよき生活を追求する主体であるとし、難民の主体性とレジリエンス（強靭な回復力）に注目する。そのうえで、①難民・国内避難民の個人的資質とその社会的属性による関係性、②出身地または移動した国での政策や法的権利、③ＵＮＨＣＲやＮＧＯなどによるさまざまな支援、④難民・国内避難民と受け入れ地域の人々の関係に着目して、移動を促す動因がどのように形成されているかを考察する。

2　国内移動

二〇一七年末の時点で世界には四〇〇〇万人の国内避難民がおり、その数は難民や庇護申請者の数よりも多い。一九九七年以降の動向を見ると、国内避難民は増加傾向が続き、二〇一五年には最も多い四〇八〇万人に達した。二〇一六年以降はやや減少している。これは二〇一六年にイラク、シリア、スーダン、ナイジェリア、フィリピン、パキスタンなどで国内避難民が出身地へ帰還したためである。他方、新たな国内避難民が増えており、二〇一七年にはシリア、コンゴ民主共和国、南スーダン、ソマリア、イラクで国内避難民が急増している（UNHCR 2018b, 33–35）。いずれにしても、国内避難民が厳しい状況に置かれていることに変わりはない。

（1）ソマリアの国内避難民事情

本節ではソマリアにいる国内避難民が直面する問題を見ていきたい。ソマリアでは一九八〇年代半ばから不安定な政治情勢が続いたが、一九九一年にシアド・バーレ政権が崩壊し、それ以降、全土を一元的に統治する中央政府は存在していない。現在のソマリアは、一九九一年に独立を宣言した「ソマリランド共和国」（国際的に未承認、以下ソマリランド）、一九九八年に自治政府の樹立を宣言したプントランド、および中・南部という三つの地域に事実上分かれている。二〇〇五年に発足した暫定連邦政府（ＴＦＧ）、および二〇一二年に成立した連邦政府（ＳＦＧ）は国際社会から「合法的な中央政府」とみされてきたが、ＳＦＧが支配しているのは中・南部の一部である。

ソマリアでの国内避難民の推移は、中・南部の政治情勢に連動している。一九九一年のバーレ政権崩壊とともに戦闘が激化し、一九九二年には大規模な干ばつが発生した。一九九二年には約二〇〇万人のソマリア人が国内避難民になり、約七八万人が近隣諸国で難民になった（Lindley and Hammond 2014, 58）。一九九二年以降、ソマリアへ派遣された国連の平和維持軍やアメリカ主導の多国籍軍は紛争を解決できなかった。しかし、一九九五年に第二次国連ソマリア・ミッションが撤退すると、紛争はローカル化し、戦闘は続いたものの一定の統制が保たれた。一九九五年から二〇〇六年まで難民・国内避難民の数はあまり変動していない。

しかし、二〇〇六年にイスラーム法廷連合（ＵＩＣ）の支配がアメリカの支援を受けたエチオピア軍の攻撃で終わると、中・南部の治安は著しく悪化し、再び国内避難民・難民が大量に発生した。ＵＩＣの分派で急進的なイスラーム主義を掲げる武装組織、アッシャバーブ（Al-Shabaab）が南部で勢力を拡大すると、国内避難民の数は三倍以上に増えた（*ibid.*）。二〇一〇年には過去五〇年間で最も深刻な干ばつが発生したが、アッシャバーブは国外からの人道援助を拒否したために、難民・国内避難民の数は急増した（UNHCR 2018a）。二〇一三年にケニア政府、ＵＮＨＣＲ、ＳＦＧの間で締結された三者間協定により、二〇一四年からソマリア難民の帰還が始まった。二〇一五年に三万七三四四人、二〇一六年に三万六一三三人、二〇一七年に四万一四七九人がケニアから帰還した（UNHCR Population Statistics Somalia 1990–2018）。しかし、帰還した元難民の多くは出身地に戻ることができず、国内避難民になっている。その結果、ソマリアでは二〇〇四年の国内避難民は約四万人であったが（USCR 2005）、二〇一六年末の時点で約一五六万二五五四人になり、二〇一七年には過去最大の二一一万六七〇五人に増加している（UNHCR Population Statistics Somalia 1990–2018）。

ＳＦＧは国内避難民問題に積極的に取り組む姿勢を示し、法制度の整備を行った（Hussein 2016）。しかし、ＳＦＧの統治能力が脆弱であるうえに、政府内で国内避難民の政策をめぐる対立が発生している。モガデシュや国内諸都市、およびその近郊では不動産投資ブームが起き、土地や不動産価格が高騰している。その結果、不法に居住していた国内避難民が強制的に退去させられ、ホームレスになる人が増えた（Yarnell 2013）。

（2）国内避難民が直面する課題

多くの国内避難民は危険に怯えながら暮らしている。国内避難民キャンプは過密状態で、新規の国内避難民は最も脆弱な人以外住むことができないが、キャンプ自体も安全な場所ではない。武装組織や民兵だけでなく、本来なら住民を保護する役割を担う国内避難民キャンプのゲートキーパー、ソマリア政府軍、さらにアフリカ連合ソマリア・ミッション（ＡＭＩＳＯＭ）の兵士も人権侵害に関与しているが、加害者が処罰されることは稀である（HRW 2013a）。慢性的な資金不足に加え、人道支援物資の略奪や横領が横行し（BBC 2013）、安全な水、食料、保健・衛生、教育などのベーシック・ヒューマン・ニーズが充足されていない。栄養不良やコレラなどの感染症が蔓延しており、モガデシュの五歳未満の国内避難民の死亡率は全体の六倍以上である（IDMC 2015, 7）。

ソマリアでは国内避難民だけでなく、多くのソマリア人が厳しい生活を余儀なくされているが、国内避難民の場合、親族や同じ氏族（クラン）[4]のメンバーからの支援を得られず、現地社会へ統合することが難しく、さらに社会的セーフティネットがないため、より脆弱な立場に置かれている。特に中・南部に暮らす国内避難民の状況は深刻である。二〇一五年二月の時点で、中・南部に八九万三〇〇〇人の国内避難民がいるが（*ibid.*, 4）、爆発事件、襲撃事件、戦闘がたびたび発生し、安住できる場所ではない。モガデシュやその他の都市へ戻った人のほとんどは、ボディガードを雇える有力な政治家や裕福な実業家である。かつて住んでいた住居や土地は武装組織、軍閥、有力な実業家などに占拠され、生計を立てる手段がないため帰還を断念する国内避難民も多い。ＳＦＧは国内避難民の生活環境を改善し、経済的自立を実現するため、再定住プログラムを検討してきたが、いまだに成果を収めていない（Drumtra 2014, 32）。

中・南部に比べ、ソマリランドの政治情勢や治安は比較的安定しているが、国内避難民はソマリランド特有の法的、政治的問題に直面している。二〇〇一年ソマリランド憲法、二〇〇二年市民権法によると、ソマリランドの市民権を有するのは、英領ソマリランドが一九六〇年に独立する以前に合法的にソマリランド市民として居住していた父親の子孫である。母親がソマリランド人であっても父親がソマリランド人でない場合、ソマリランド市民権を取得できない。実際には、ソマリランドに伝統的に居住していたクランまたはマイノリティ・グループと血縁関係にある人はソマリランド人とみなされている（Lindley and Haslie 2011, 17–18）。

ここで問題となるのは、中・南部から来たソマリア人の法的地位である。二〇一五年三月時点でソマリランドには八万四〇〇〇人の国内避難民がおり（IDMC 2015, 4）、そのほとんどは中・南部の出身者である。ソマリランドで主流のクランはイサック（Isaaq）であり、ソマリランドに避難してきた中・南部出身者が所属するクランはハウィヤ（Hawiye）、ラハンウェイン（Rahanweyn）、または少数グループである。そのため、ソマリランド政府は中・南部出身者を「外国人」または「難民」とみなしている（Lindley and Haslie 2011, 17–18）。

このような問題はあるが、これまでソマリランド政府は中・南部出身者を比較的寛大に受け入れてきた。ソマリランド憲法には、バーレ政権が署名した主要な国際人権条約を継承し、人権保護を遵守することが記載されている。憲法第三五条ではソマリランド以外から移動してきた人の庇護申請が認められており、二〇一四年に国内避難民政策草案も策定された。しかし、二〇〇八年にハルゲイサにある大統領公邸、国連開発計画事務所、エチオピア領事館でアッシャバーブによる爆弾事件が起きると、中・南部の国内避難民に対する不信感が高まり、国内避難民に対する恣意的な逮捕や襲撃が増加している（*ibid.*, 18）。

プントランドは中・南部出身のソマリア人を国内避難民と位置づけている。二〇一五年三月の時点で約一三万人の国内避難民が居住している（IDMC 2015, 4）。市民権取得要件は血統主義・出生地主義併用型で、行政指針に国内避難民はプントランド市民と同等の権利を有することが定められている。だが、プントランドはダロッド（Darood）が主流のクランであり、ダロッドに属する中・南部出身者は同系のクランから支援を得て、現地社会に統合されているが、他のクランや少数グループはプントランド社会から疎外されている。

さらに近年、犯罪やアッシャバーブが関与する襲撃が増加し、中・南部出身者に対する不信感や差別的な意識が高まっている。地元民による国内避難民居住地への襲撃や、強制移住、強制再定住がたびたび行われている。二〇一一年にはプントランド自治政府は、「真の国内避難民」と犯罪者や武装勢力のメンバーとを区別するために、中・南部出身の避難民にＩＤカードを発行すると発表した。この計画は国際社会からの支持が得られずに中止されたが、プントランド自治政府が中・南部出身者を警戒していることを物語っている（Lindley 2013, 302）。

ソマリア中・南部では治安が不安定で、ＳＦＧの対応も不十分であるため、国内避難民は安心して暮らすことはできない。二〇一四年以降、ケニアから帰還した元難民の多くは帰還を後悔しており、再びケニアや他国へ移動する人もいる（Hujale and McVeigh 2017）。比較的治安が安定しているソマリランドやプントランドでも、国内避難民政策は不十分である。国内避難民が自立的な生活を送るために必要な経済・社会的インフラは整備されておらず、現地に家族や親族、社会的ネットワークを持たない避難民は現地社会に統合することが難しい。このようなソマリアの状況が国外への移動を生み出し、移動を継続させる要因となっている。

3　国際移動

一般的に多くの庇護希望者は近隣諸国へ移動し、難民として居住する場合が多い。アフリカでも同様の動向が見られ、一九九〇年代までアフリカ諸国は比較的寛大に近隣諸国の難民を受け入れてきた。しかし、一九九〇年代以降、多くのアフリカ諸国は門戸開放型の難民政策を転換し、移動の自由や就労を禁止し、難民キャンプや特定の場所に居住させる、隔離政策を実施している。本節では、第一次庇護国への移動および第一次庇護国内での移動と、第二次移動のメカニズムを検討する。

(1)　第一次庇護国への移動

先述のように、庇護希望者の多くは陸路で隣国へ移動するケースが多く、ソマリア難民の場合も、ケニア、エチオピア、ジブチなどで暮らす人々が最も多い。二〇一八年一一月末の時点でケニアには、四七万八八人の難民がおり、そのうち二五万六九二二人がソマリア難民である。ほとんどのソマリア難民（二〇万八一一人）は、北東部のダダーブ地域に建設された難民キャンプに居住している。ナイロビには登録されているだけで二万二四三七人のソマリア難民がいる（UNHCR 2018d）。これらの数は公的に登録されている難民の数であり、何らかの理由で庇護申請を行っていない「自発定住難民」（Self-Settled Refugee）もいると言われている。

(a) 難民キャンプ・難民居住地の状況

アフリカの難民受け入れ国では、難民を難民キャンプに居住させる場合が多い（宮脇 二〇一七、二〇九-二一〇）。ケニアは一九九〇年代初めに難民政策を変更し、難民を難民キャンプに居住させる隔離政策を開始した。地元民と難民の経済的対立を回避するため、難民の都市での居住や就労を禁止し、地元民の反対で都市に建設されていた難民キャンプは閉鎖された。現在はダダーブとカクマの二カ所に難民キャンプがあり、学校、診療所、井戸などの生活インフラが建設され、UNHCRと提携しているNGOがさまざまなサービスを提供している。

難民キャンプ個々の状況は異なるが、いくつか共通する問題が見られる。第一は、多くの難民キャンプが国境付近や地域の中心から離れた場所に位置し、受け入れ国の経済的なネットワークと断絶しているため、難民が経済的に自立した生活を送ることが困難なことである。難民キャンプで暮らす難民が生計を立てる方法は、①農業に従事する、②雇用によって現金収入を得る、③小規模なビジネスを行う、という方法に大別できる。

①に関しては、難民に提供される土地は農業に適しておらず、面積も狭いため、自らが生産する農作物だけで生活を営むことは難しい。②の場合は、キャンプ内で通訳や教育、医療関係、社会福祉などの分野でNGOのスタッフとして働く場合と、農場や建設現場などで日雇い労働者として働く場合が多い。前者は、専門的な知識が必要で、出身国で取得した修了書や資格が認められない場合があり、雇用のポストも少ない。そのため仕事を得ることは難しい。

ケニアのように難民の就労が認められていない国では、報酬は「インセンティブ」と呼ばれ、同等の仕事をしている現地スタッフの給料よりも安く設定されている。日雇い労働の場合も、難民の立場は弱く、賃金のピンハネや未払いの問題が多発している（Verdirame and Harrell-Bond 2005, 214–259）。

ソマリア難民の多くは、農業に従事せず、自らが何らかのビジネスに関わる場合が多い。ダダーブへ移動してきたソマリア難民の多くは遊牧系牧畜民で、(5) ソマリ系ケニア人と共通の言語、文化、宗教を共有し、経済活動や婚姻関係を通して国境を超えた交流が古くから行われていた。そのため、ソマリア難民と地元民との経済活動を通じた交流が行われ、難民は食料、衣料などの販売や、バイク・タクシーなどのビジネスを行い、多くのソマリ系ケニア人がキャンプと地域の食料品などの日用品の取引する「仲介人」として働いている。（Veney 2007, 116–122）。ダダーブでソマリア難民の経済活動を調査した報告では、最も多くの所得を得ている富裕層（一カ月あたり一〇万シリング以上）は、数少ないが、自らが卸売業か貿易に関わっていた。難民の大多数は貧困層であり、ミルク、野菜、カート（チャット）、(6) 薪などの販売や運搬、靴磨き、車の洗浄、牧草や材木の販売などが収入源である。また援助のみに依存する生活を送っている難民も少なくない。難民キャンプやその周辺地域の経済規模が小さいため、十分な現金収入を得ることは簡単ではない（Kamau and Fox 2013, 27）。

第二の問題は、難民キャンプや居住地で難民の安全や権利が十分に保障されていないことである。難民がしばしば犯罪や暴力、ハラスメントなどの人権侵害の被害者になっている。本来なら難民を保護すべき警察や政府軍の兵士、難民支援関係者が難民の権利を侵害する加害者となるケースも頻繁に発生しているが、加害者が処罰されることはきわめて稀である（Bosh 2014）。またアッシャバーブなどの武装組織が難民キャンプ内の難民を襲撃したり、強制的に兵士を徴募している事例も報告されている（HRW 2013b）。

第三に教育や就労の機会が限定されているため、援助に依存した生活が常態化している。難民キャンプでの難民支援に対しては、難民の援助依存を助長させ、受け入れ国の隔離政策を恒久化させるとして批判も多い（Chkam 2016）。

しかし、深刻な病気を抱えていたり、高齢で働くことができない脆弱な人にとっては、人道支援機関から提供される援助は命綱でもある。

二〇一八年八月にダダーブで行われた調査では、難民の約八〇％が食料を援助に依存しており、三分の一の難民が自らの生活を維持する生計手段がないと述べていた（REACH 2018）。さらにＵＮＨＣＲや他の援助機関が財政難に直面して、難民に対するさまざまな支援が削減され、二〇一七年一〇月には世界食糧計画（ＷＦＰ）はダダーブとカクマの難民キャンプにおける食料援助を三〇％削減した（WFP 2017）。同時に難民に対する教育や職業訓練なども停止もしくは縮小され、難民が経済的に自立することは難しい。ダダーブに住むソマリア難民の多くは帰還には消極的であるが、ケニア社会への統合や第三国定住が難しいことを憂慮している。将来の希望が持てない青年たちのなかには、アルコールや薬物に依存したり、武装組織や犯罪組織のメンバーとなる者もいる（Capital FM 2013; Akwei 2017）。特に近年は、将来に失望した難民の青年たちが巧みに「密航」に誘い出され、移動時に拘束されて、身代金を要求される「人質ビジネス」も行われている（Hujale 2019）。

(b) 都市難民

アフリカの難民受け入れ国では、特別な理由を除いて都市に居住することを規制している国が多いが、ケニアもまた教育や医療などの理由を除き、ナイロビなどの都市に難民が暮らすことを禁止している。しかしながら、安全上の理由や、生計手段の確保、ビジネスチャンスを求め、合法・非合法的に都市に暮らす「都市難民」と呼ばれる人々がいる。世界的に都市の人口は急増しているが、多くの難民・庇護申請者も都市へ移動しており、二〇一一年末の時点で約一〇四〇万人の難民のうち、約四三〇〜七〇〇万人の難民が都市に居住している（UNHCR 2012）。

ＵＮＨＣＲやＮＧＯなどによる都市難民への支援はきわめて限定されているため、難民は自らの才覚と親族・家族・友人などのネットワークを駆使して、生計手段を確保しなければならない。二〇一八年一一月末の時点でナイロビには、七万四八四五人の「都市難民」と呼ばれる難民が登録されており、そのうち二万二四三七人がソマリア難民である（UNHCR 2018d）。ケニア人であれ、難民であれ、フォーマル・セクター（公式部門）で職を得ることは難しい。さらに難民は言語、資格や修了など各種証明書の問題、差別などのハンディを負っている場合が多い。そのため、多くの難民はインフォーマル・セクター（非公式部門）で働いている。

難民が従事する経済活動は多様であるが、主に建設現場などで日雇い労働をするか、小規模なビジネスに関与する場合が多い。主な仕事は、加工食品、野菜、果物、雑貨、中古衣料、アクセサリー、電気製品、携帯のプリペイド・カードの販売などの小売業や、自転車修理、靴修理、電気製品修理、大工・木工、バイク・タクシー、美容師などのサービス業である。女性はメイドやベビーシッターなどの家庭内労働者となる場合もある（杉木 二〇一一）。

難民が新たな土地で暮らすには、社会的なネットワークが重要である。難民が都市で生き残るために重要な社会的ネットワークは、①海外（特にグローバル・ノース（北半球の先進国））に住む家族や親戚との関係、②同じ地域から来た難民との社会的ネットワークである。①は家族や親族からの海外送金という形で見られ、難民が生活するうえでも、ビジネスを行ううえでも必要である。②に関しては、都市で仕事や住居を見つけるうえで重要である。その点で顕著なのはソアリア難民とソマリ系ケニア人の結束である。ナイロビのイスリー地区（Eastleigh）は「リトル・モガディシュ」と呼ばれ、ソマリア難民はソマリ系ケニア人とともにローカルおよびグローバルなネットワークを活用したビジネスを行っている。イシリーへはナイロビの他の地区やナクル、エルドレット、キスムなどの地方都市からソマリ系以外のケニア人も買い付けに来ており、経済交流が盛んである（Carrier 2016）。

しかし、ナイロビなどの都市でもソマリア難民は、さまざまな問題に直面している。これらのなかで切実な問題は、治安と安全の確保である。ケニア政府は難民の就労や経済活動を禁止しているため、都市難民は法的、社会的、政治的、経済的に脆弱な立場に置かれている。都市難民はしばしば警察や軍の嫌がらせや恣意的な逮捕・拘禁の対象になるだけではなく、労働許可書を持たないために劣悪な労働環境で長時間、低賃金で働かされ、搾取されている。賃金が未払いの場合でも司法に訴えることができず、泣き寝入りする場合が多い。武装組織のメンバーがリクルートや諜報活動を行い、難民に対する脅迫、拷問、拉致などが行われる事例もある。難民が犯罪の被害にあった場合、警察はあまり協力的ではない。

さらに深刻なのは、ケニアではソマリア難民の「安全保障化」が顕著となってきたことである。大半のソマリア難民がテロや犯罪行為に関与していないにもかかわらず、難民受け入れ地域の代表者や国会議員などの言動には治安や犯罪の増加を難民の責任に転嫁する発言が目立つ（Sugiki 2015）。二〇一四年三月二六日、ケニア政府は難民キャンプ以外の場所に住むすべての難民に対して、ダダーブ難民キャンプへ移動するよう指示した。同年四月二日からは「平和監視の取締り」（Operation Usalama Watch）が始まり、警察や治安維持当局によるソマリ系ケニア人、ソマリア難民を対象とする強引な捜査と恣意的な逮捕が行われた。ナイロビのイスリー地区やモンバサなどの都市で約四〇〇〇人が逮捕され（HRW 2014）、六月半ばまでに、ソマリ系ケニア人を含む三六〇人がソマリアへ強制送還された。ソマリ系ケニア人の国会議員はこの取締りに抗議したが、非ソマリ系ケニア人の国会議員の反応は冷ややかであった（ICG 2014, 13）。

以上から明らかなように、ソマリア難民にとってケニアは安心して暮らせる状況ではない。このような環境がソマリア難民の第二次移動の送り出し要因となっている。これまでヨーロッパへ渡ったソマリア人に対して行われた調査でも、ケニアにおける法的地位の不安定さ、将来のチャンスの欠如は、ソマリア人の第二次移動の動機となっている（Moret et al. 2006）。さらにケニアには、「非合法的」移動を斡旋する密航業者も存在しており、ソマリア難民や他の難民の第二次移動の通過国にもなっている（RMMS 2013）。

（2）第二次移動

出身国から近隣諸国へ移動した難民が、第一次庇護国で治安や安全、あるいは経済・政治・社会的問題に直面し、第一次庇護国から他国へ移動するケースが見られる。ソマリア難民の移動パターンは、主に三つに大別できる。第一のルートは、南アフリカ共和国（以下、南ア）へ移動する南ルートである。一般的に、陸路でケニアから複数の国を経由して南アへ移動するが、海路が利用される場合もあり（RMMS 2016）、年間約一四万三〇〇〇人のソマリア人とエチオピア人が南ルートで移動している（Frouws and Horwood 2017）。第二は、紅海やアデン湾・アラビア海を横断してイエメンへ移動する東ルートである。二〇〇六年一月から二〇一六年六月の間に少なくとも二一万七〇九一名のソマリア人がイエメンへ渡った（RMMS 2016）。第三はヨーロッパへ移動する西ルートで、地中海中央ルートとも呼ばれている。ソマリアからエチオピア、スーダン、リビア（もしくはエジプト）を経由して地中海を渡り、イタリアから他のEU諸国へ移動する場合が多い。ソマリア人が最も好むのは西ルートであるが、移動するリスクもコストも高い。二〇一五年には一万二四三三人がソマリアから通過国を経てイタリアへ移動し、その数は二〇一四年に比べて一一六％増加している（*ibid.*）。本項では南ルート（南アへの移動）による移動を概観する。

南アはアフリカ最大の「経済大国」であるとともに、一九九四年の民主化以降、比較的安定した政治体制を維持してきた。南アは一九五一年国際難民条約、同議定書、一九六九年OAU難民条約に加入するとともに、一九九八年に難民法を制定し、難民制度を整備してきた。南アの難民受け入れ数は他のアフリカ諸国に比べると少ないが、二〇一六年までの新規庇護申請者数は世界で最も多い（UNHCR 2018a）。また二〇一四年にはドイツやアメリカを抜き、世界で最も多くの庇護申請者が南アに居住していた（佐藤 二〇一六、二一）。二〇一七年末時点で南アには八万八六九四人の難民がいるが、難民の出身国を見ると、最も多いのがソマリアで二万六九七七人、次いでコンゴ民主共和国二万六〇四三人、エチオピア一万七五六二人、コンゴ共和国五二六一人、ジンバブエ四五五八人が続く（UNHCR Population Statistics South Africa 2017）。これらの国はジンバブエを除き、南アと隣接しておらず、陸路で移動する場合は、複数の国を通過しなければならない。

ソマリア難民が陸路で南アへ移動する場合、ケニアからタンザニアへ移動し、ザンビア、ジンバブエを通過して南アへ達するか、ケニアからマラウィ、モザンビークを通り、南アに入るルートが一般的である（Horwood 2009, 57–63）。ケニア、エチオピア、イエメンに次ぎ、南アは第四番目に多くのソマリア難民が居住している（UNHCR 2018a, 37）。多くのソマリア難民が南アへの移動する理由は、ソマリア近隣諸国の庇護国での難民の権利が十分に保護されていないこととともに、経済的な機会が関わっていると言われてきた。ソマリ人は古くから貿易などのために近隣地域やアラブ地域へ渡り、商業活動に従事しており、移動と商業は民族全体に受け継がれ（Horst 2006, 65–70）、経済活動のために外へ移動することは一種の通過儀礼と認識されている。移動には多大な費用がかかり、一人あたり約一七五〇ドルから二〇〇〇ドルを密航斡旋業者に支払う必要がある。通常、これらの費用はハワラ（hawala）と呼ばれる信用取引や、ウエスタン・ユニオン、M-PESAなどのスマートフォンによる送金システムを通して南アや海外にいる難民の家族、親族によって支払われている（Horwood 2009, 111–124）。こうした実利的かつ文化的・伝統的方法がソマリア難民の移動を後押ししており、難民の移動は個人の選択だけでなく、家族を含めた集団的選択であるとも考えられる。

二〇一七年まで南アは、他のアフリカ諸国と異なり、難民隔離政策をとっておらず、庇護申請者・難民には移動の権利や就労が認められていた。そのため、南アの難民政策はUNHCRなどから高く評価されてきた。だが、この時期にも南アの難民政策にさまざまな問題が見られた。

第一に、難民認定プロセスに時間がかかることである。南アは他のアフリカ諸国のように集団認定（prima facie refugee）は行っておらず、個人の庇護申請に基づき審査している。審査結果が出るまでには約二年がかかると言われているが、実際にはより長い時間がかかる。第二に難民審査に関与するスタッフや内務省の役人の腐敗や汚職が横行し、認定プロセスが不透明なことである。第三に、難民に認定されても、その有効性には期限があり、難民の市民権取得は認められているものの、実際に取得することは容易ではない（佐藤 二〇一六、二一）。

第四に、難民の権利は法的に保障されているものの、現実には難民が教育、医療・保健などの社会的サービスを利用することは容易ではない。ヨハネスブルグで行われたソマリア難民を対象とした調査では、学齢期の子どもの七〇%が未就学であり、多くの難民の子どもたちが教育を受ける権利を恣意的に否定されていることが明らかになった。また難民が銀行で口座を開設することも難しく、このことはビジネスを行ううえでの障害となっている。さらに、警察による難民・庇護申請者に対する嫌がらせや恣意的な拘留や収容所での性的暴行、暴力、賄賂の要求なども報告されている（Landu 2006, 319–322）。南アに到着した庇護希望者が食料や住居を確保し、生きていくには、支援が不可欠で、大半のソマリア難民は南アに到着後、南アに住む親族や友人、クランのメンバーなどから支援を得ている（Jinnah 2010, 94–95）。

多くのソマリア難民は、家族・親族、クランのネットワークを活かし、小売業や貿易に関わっている。社会的ネットワークを活かして大量に物資を仕入れ、低価格で販売を行うため、南ア人が経営する商店よりも多くの顧客を得て、成功を収める人も少なくない。他方、ソマリア人の成功は南ア人の反感や妬みの原因になり、ソマリア難民やソマリ系南ア人の所有する商店はしばしばゼノフォビア（外国人嫌い）またはアフロフォビア（アフリカ人嫌い）と呼ばれる「アフリカ系移民」を対象とする暴力事件の標的になっている。二〇〇八年五月にはヨハネスブルグの旧黒人居住区（タウンシップ）で始まった暴力行為が拡大し、二週間で六二人が殺害され、七〇〇人が負傷し、一〇万人以上が避難を余儀なくされた。このようなソマリ人を含む外国人を標的とした襲撃は続いており、例えば二〇一三年と二〇一四年にはソマリア人に対する暴行事件が発生し、二〇一五年四月にはダーバン、ケープタウン、ヨハネスブルグで大規模な暴力事件が再発している。このときには少なくとも一五人が死亡し、三〇七人が逮捕され、二〇〇〇人以上の外国人が避難した（Anuoluwapo and Ijeoma 2017, 3298）。頻発する暴力事件に対して政府は十分な対策を講じておらず（Shabelle Media Network 2018）、一部の政治家は外国人に対する排斥を扇動していると非難されている（AI 2018）。

だが、南アに住むソマリア難民の数は減少せず、二〇〇八年の暴動以降も、ソマリア難民の数は増加を続け、二〇一六年は減少したが、二〇一七年末で二万六九七七人のソマリア難民、四〇四一人の庇護申請者が南アにいる。南アで居住を続ける理由には、三つのタイプが見られる。第一は、南ア以外へ移動したいが、資金が不足していたり、パスポートやビザを取得することができずに留まっている人々である。第二に戦略的に滞在している人々で、南アで難民として認定された後、第三国定住で他国へ移動することを希望している。第三は南アでの現状に満足している人たちである。南アでの経済活動、子どもの教育、コミュニティの支援などにより生活が充足しているため、他国へ移動する積極的な動機はない。ある調査では八四％のソマリ人は南アでの生活を肯定的に捉えていた（Horwood 2009, 105–106）。

二〇一七年、国内外からの批判にもかかわらず、南アでは難民法の修正案が採択された。これに基づくならば、南アでも隔離・管理する傾向が強い難民政策が実施されることになる。主な変更点は、第一に庇護申請者は政府が定めた収容所に隔離され、就労が禁止されたことである。第二に、審査結果を待つ庇護申請者は申請の更新を一～六カ月ごとに行わなければならず(7)、更新しない場合、「不法移民」として強制送還の対象となる。第三に難民の場合、市民権を取得するには一〇年以上の滞在が必要となった（Crush et al. 2017, 4–10）。上記のような政策変更は、南アへ移動する「偽装難民」や「経済移民」の入国を阻止するためだとして正当化されている。このような政策が南アへの移動や南アで居住する難民にどのような影響をもたらすのか、現時点では定かでない。

おわりに

世界各地で迫害や人権侵害から逃れるために、多くの人々が国境を越える移動をしている。このような人々を保護するために形成されてきた国際難民レジームは危機にあると言われている。

それは、第一に、従来の規範や制度を国家が遵守しなくなってきたことである。特に懸念されるのがノン・ルフールマン（non-refoulement）原則の違反や逸脱である。例えば、ＦＲＯＮＴＥＸなどによる海上警備や「フェンス」などの建設を行い、国境管理を強化して庇護希望者の入国を阻止するとともに、人権侵害の可能性が高い北アフリカや中東諸国と再入国協定を締結し、不認定となった庇護申請者や「非正規移民」を引き受けさせる「プッシュ・バック政策」を行っている。第二に、難民条約上の難民の定義が多様な形態の「人の移動」と合致しないことである。特に懸案となっているのは、難民と移民を明確に区別することが困難なことである。第三に、多くの難民は、第一次庇護国からさらに移動を繰り返す、「不規則な移動」や「混合移動」を行っていることである。

本章では、ソマリア難民が自らの才能や能力、社会的ネットワークを駆使しながら、どのような移動を行い、移動先でどのような生活を送っているかを見てきた。ここから明らかなのは、難民は援助に依存した受動的な存在ではなく、潜在的な能力を有することである。難民キャンプに住む難民、都市難民、第一次庇護国からさらなる移動を続けている難民の生き残り戦略は異なる。しかしながら、本章から明らかなように、難民は自らの才能や能力、社会的ネットワークなどを駆使しながら戦略を立て、少しでもよい生活を求めて移動し、移動先で新たな生活を模索する強靭な回復力がある。だが、難民・国内避難民は庇護国や避難先でさまざまな制約に直面し、これらの制約が経済活動やその他の可能性を奪っていることは否めない。近年、アフリカでも欧米諸国でも、庇護希望者の越境を阻止し、難民の管理や隔離を強化する政策が打ち出されている。しかし、人の移動を封じ込めることは、より危険で深刻な状況に人々を追い込むこととなる。問題の根本的な解決には、難民の適切な保護とともに難民を生み出す諸要因（紛争、人権侵害など）に対処する必要がある。

【注】

（1）厳密には、人権侵害、紛争などの理由で移動を余儀なくされ、庇護を求めて越境した庇護希望者は、庇護申請を行うことで庇護申請者となる。そして庇護申請が当該国政府によって審査され、難民として認定されると難民としての法的地位を取得することになる。本章で特に明記していない場合は、庇護希望者、庇護申請者を難民に含めることにする。

（2）難民として認定された第一次庇護国から移動をする人々をどう呼ぶかは論議が分かれている。それは、自発的移動と強制的移動、移民と難民を区分することがきわめて難しいからである。本章では、迫害や人権侵害などの理由で第一次庇護国からさらなる移動を継続している人々も難民と表記する。

（3）世界システム論では、国際移動は送り出し国、受け入れ国の二国間の関係だけでなく、世界全体の構造が関わり、国際移動には搾取が伴うと考えられている（小倉　一九九七、八）。

（4）クランはソマリ社会では父系制血縁関係に基づいて構成される人間集団を意味する。ラハンウェイン、イサック、ダロッド、ディル、ハウィヤが主要五クラン・ファミリーと呼ばれ、それぞれ二〇〇万人以上から構成されている。さらにその下位集団としてサブ・クランやディヤと呼ばれる数百から数千の構成員からなる集団がある（遠藤　二〇一五、六四）。

（5）ただし、バンツー系ソマリア人を除く。

（6）幻覚作用の植物で現地では嗜好品として多用されている。

（7）更新期間に関しては明確な基準がなく、担当者の裁量に委ねられており、その点に関しても批判されている。

【参考文献】

Akwei, Ismail (2017) “Kenyan police arrest teenagers en route to joining Somalia’s Al Shabaab,” 8 June. http://www.africanews.com/2017/06/08/kenyan-police-arrests-teenagers-en-route-to-joining-somalia-s-al-shabaab/（access: 2018.9.2）

Amnesty International (AI) (2018) “South Africa: Ten years after xenophobic killings, refugees and migrants still living fear,” 11 May. https://www.amnesty.org/en/latest/news/2018/05/south-africa-ten-years-after-xenophobic-killings-refugees-and-migrants-still-living-in-fear/（access: 2018.9.2）

Anuoluwapo, Durokifa A. and E. O. C. Ijeoma (2017) “The post-apartheid xenophobic attacks in South Africa; A reflection government interferences,” *African Population Studies* 32 (1), 3293–3306.

BBC (2013) “UK aid supplies lost to Somali militants,” 11 August. http://www.bbc.com/news/uk-23653789 (access: 2017.5.4)

Bosh, Alinoor Moulid (2014) “Police abuse running rampant in Dadaab camp,” 31 December. https://www.aljazeera.com/humanrights/2014/12/police-abuse-running-rampant-dadaab-camp-2014122274338732869.html (access: 2018.4.5)

Boswell, Chrisitina (2002) “Addressing the causes of migratory and refugee movements: The role of the European Union,” *New Issues in Refugee Research*, Working Paper 73.

Capital FM (2013) “21 refugees nabbed on their way to Shabab Camp,” 4 November. https://www.capitalfm.co.ke/news/2013/11/21-refugees-nabbed-on-their-way-to-shabaab-camp/ (access: 2017.4.3)

Carrier, Neil (2016) *Little Mogadishu: Eastleigh, Nairobi’s Global Somali Hub*, Hurst.

Chkam, Hakim (2016) “Aid and the perpetuation of refugee camps: The case of Dadaab in Kenya 1991–2011,” *Refugee Survey Quarterly* 35(2), 79–97.

Connor, Phillip and Jens Manuel Krogstad (2016) “5 facts about the global Somali diaspora,” Pew Research Center, June 1. http://www.pewresearch.org/fact-tank/2016/06/01/5-facts-about-the-global-somali-diaspora/ (access: 2017.6.7)

Crush, Jonathan, Caroline Skinner and Manal Stulgaitis (2017) “Rendering South Africa undesirable: A critique of refugee and informal sector policy,” *Southern African Migration Programme Policy Series* 79.

Drumtra, Jeff (2014) Internal displacement in Somalia, Brookings-LSE Project on Internal Displacement. https://www.brookings.edu/wp-content/uploads/2016/06/Brookings-IDP-Study-Somalia-December-2014.pdf (access: 2018.12. 15)

Faist, Thomas (2000) *The Volume and Dynamics of International Migration and Transnational Spaces*, Oxford University Press.

Frouws, Bram and Christopher Horwood (2017) ”Smuggled south: An updated overview of mixed migration from the Horn of Africa to Southern Africa with specific focus on protection risks, human smuggling and trafficking,” RMMS Briefing Paper 3. http://www.mixedmigration.org/wp-content/uploads/2018/05/016_smuggled_south.pdf (access: 2018.6.30)

Horst, Cindy (2006) *Transnational Nomads: How Somalis Cope with Refugee Life in the Dadaab Camps of Kenya*, Berghadn Books.

Horwood, Christopher (2009) *In Pursuit of the Southern Dream: Victims of Necessity: Assessment of the Irregular movement of*

Men from East Africa and the Horn to South Africa, IOM. https://publications.iom.int/system/files/pdf/iomresearchassessment.pdf（access: 2018.5.26）

Hujale, Moulid (2019) “Despair endengers Dadaab refugees as smugglers seize their moment,” *The Guardian*, 9 January. https://www.theguardian.com/global-development/2019/jan/09/despair-endangers-dadaab-refugees-smugglers-seize-moment-somalia-kenya（access: 2019.1.4）

Hujale, Moulid and Karen McVeigh (2017) “ ‘I feel betrayed’: The Somali refugees sent from safety into war zone,” *The Guardian*, 22 June. https://www.theguardian.com/global-development/2017/jun/22/betrayed-somali-refugees-kenya-dadaab-camp-sent-from-safety-into-war-zone（access: 2018.9.3）

Human Rights Watch (HRW) (2013a) ”Hostages of the gatekeepers: Abuses against internally displaced in Mogadishu, Somalia.” https://www.refworld.org/docid/5152c1002.html（access: 2018.9.3）

——— (2013b) ”You are all terrorists: Kenya police abuse of refugees in Nairobi.” https://www.refworld.org/docid/51f121744.html（access: 2018 9.3）

——— (2014) “Kenya: Halt crackdown on Somalis.” https://www.hrw.org/print/253369（access: 2016.10.2）

Hussein, Mohamed Omar (2016) “Somalia: Parliament unanimously vote for refugees and IDPs law,” 3 February, Dalsan Radio, All Africa. http://allafrica.com/stories/201602050770.html（access: 2017.5.6）

International Crisis Group (ICG) (2014) “Kenya: Al Shabaab—Closer to home,” *Africa Briefing* 102, 25 September.

IDMC (2015) “Somalia: Over a million IDPs need support for local solutions,” 18 March. https://reliefweb.int/report/somalia/somalia-over-million-idps-need-support-local-solutions（access: 2018.11.12）

International Organization for Migration (IOM) (2017), *World Migration Report 2018*. https://publications.iom.int/system/files/pdf/wmr_2018_en.pdf（access: 2018.4.5）

Jinnah, Zaheera (2010) “Making home in a hostile land: Understanding Somali identity, integration, livelihood and risks in Johannesburg,” *Journal of Sociology and Social Anthropology* 1(1–2), 91–99.

Kamau, Christine and John Fox (2013) The Dadaab dilemma: A study on livelihood activities and opportunities for Dadaab refugees, Danish refugee council and UNHCR. https://drc.ngo/media/1654297/dadaab_livelihood_study_-final_report.pdf

(access: 2018.6.5)

King, Russell (2012) "Theories and typologies of migration: An overview and primer," *Willy Brandt Series of Working Papers in International Migrationan and Ethnic Relations* 3/12, Malmö University.

Kunz, E. F. (1973) "The refugee in flight: Kinetic models and forms of displacement," *International Migration Review* 7(2), 124–146.

Landry, Rachel (2016) "The 'humanitarian smuggling' of refugees: Criminal offence or moral obligation?," *Working Paper Series* 119, Refugee Studies Centre, University of Oxford.

Landu, Loren B. (2006) "Protection and dignity in Johannesburg: Shortcomings of South Africa's urban refugee policy," *Journal of Refugee Studies* 19(3), 319–322.

Lindley, Anna (2013) "Displacement in contested places: Governance, movement and settlement in Somali territories," *Journal of Eastern African Studies* 7(2), 291–313.

Lindley, Anna and Anita Haslie (2011) "Unlocking protracted displacement: Somali case study," *Working Paper Series* 79, Refugee Studies Centre, Oxford University.

Lindley, Anna and Laura Hammond (2014) "Histories and contemporary challenges of crisis and mobility in Somalia," Anna Lindley ed., *Crisis and Migration: Critical Perspectives*, Routledge.

Moret, Joëlle, Simone Baglioni, and Denise Efionayi-Mäder (2006) *The Path of Somali Refugees into Exile: A Comparative Analysis of Secondary Movements and Policy Response*, Swiss Forum for Migration and Population Studies 46.

REACH (2018) Kenya: Half of the Assessed Households Report Insufficient Access to Food at Dadaab Refugee Complex, October 31. https://reliefweb.int/report/kenya/kenya-half-assessed-households-report-insufficient-access-food-dadaab-refugee-complex（access: 2018.12.10）

Richmond, Anthony H. (1988) "Sociological theories of international migration: The case of refugees," *Current Sociology* 36(2), 7–26.

――― (1993) "Reactive migration: Sociological perspectives on refugee movements," *Journal of Refugee Studies* 6(1), 7–24.

Regional Mixed Migration Secretariat (RMMS) (2013) Mixed migration in Kenya: The scale of movement and associated protection risks, Mixed Migration Research Series 2 June. http://www.mixedmigration.org/wp-content/uploads/2018/05/005_mixed-migration-kenya.pdf（access: 2017.10.13）

RMMS (2016) Somalia/Somaliland Country Profile, Updated July. http://www.regionalmms.org/images/CountryProfile/Somalia/Somalila-SomalilandCountryProfile.pdf（access: 2017.10.13）

Shabelle Media Netwoerk (2018) "South Africa: Somali national killed in South Africa amid rise xenophobic attacks," 17 June. https://allafrica.com/stories/201806180360.html（access: 2018.9.8）

Sugiki, Akiko (2015) " 'Securitization' and politics of forced migration: A case study of Kenya," T. Charbit and T. Mishima eds., *Questions de migrations et de sante en Afrique sub-saharienne*, L'Harmattan.

UNCR Population Statistics South Africa (2017) http://popstats.unhcr.org/en/time_series（access: 2018. 12. 13）

UNHCR (2012) "The implementation of UNHCR's policy on refugee protection and solutions in urban areas," *Global Survey* 2012, 7.

——— (2018a) *Statistical Yearbook 2016.*

——— (2018b) *Global Trends 2017.*

——— (2018c) Desperate Journeys: Refugees and Migrants Arriving in Europe and at Europe's Borders January-August 2018, September 2018. https://reliefweb.int/sites/reliefweb.int/files/resources/65373.pdf（access: 2018.10.6）

——— (2018d) UNHCR, Statistical Summary as of 30 November 2018, Refugees and Asylum Seekers in Kenya. https://www.unhcr.org/ke/wp-content/uploads/sites/2/2018/12/Kenya-Statistics-Package-November-2018.pdf（access: 2019.1.5）

———, Operation Portal, Mediterranean Situation, https://data2.unhcr.org/en/situations/mediterranean#_ga=2.175577445.653238079.1546622960-1967430946.1525010373（access: 2019.1.5）

UNHCR Population Statistics Somalia (1990–2018) http://popstats.unhcr.org/en/overview（access: 2019.1.8）

UN Security Council (UNSC) (2010) Report of the Monitoring Group on Somalia Pursuant to Security Council Resolution 1853 (S/2010/91)

USCR (2005) "World Refugee Survey 2005, Somalia," 20 June. https://www.refworld.org/cgi-bin/texis/vtx/rwmain?page=search&docid=42c928933e&skip=0&query=world%20refugee%20survey%202005&coi=SOM（access: 2016.10.6）

Van Hear, Nicholas, Oliver Bakewell and Katy Long (2018) "Push pull plus: Reconsidering the drivers of migration," *Journal of Ethnic and Migration Studies* 44(6), 927–944.

Veney, Cassandra R. (2007) *Forced Migration in Eastern Africa: Democratization, Structural Adjustment, and Refugees*, Palgrave.

Verdirame, Guglielmo and Barbara Harrell-Bond (2005) *Rights in Exile: Janus-Faced Humanitarianism*, Berghahn Books.

World Food Program (WFP) (2017) "WFP cuts food rations for refugees in Kenya amidst funding shortfalls," 2 October. https://www.wfp.org/news/news-release/wfp-cuts-food-rations-refugees-kenya-amidst-funding-shortfalls（access: 2018.10.3）

Yarnell, Mark (2013) "When push comes to shove: Displaced Somalis under threat," Filed Report, Refugee International, November 8. https://www.refworld.org/docid/528488ac4.html（access: 2018.6.3）

遠藤貢（二〇一五）『崩壊国家と国際安全保障――ソマリアにみる新たな国家像の誕生』有斐閣。

小倉充夫（一九九七）「国際移動の展開と理論」小倉充夫編著『国際移動論――移民・移動の国際社会学』三嶺書房。

久保山亮（二〇一七）「ヨーロッパの難民受け入れと保護に関する現代的課題――「難民危機」という神話を超えて」人見康弘編著『難民問題と人権理念の危機――国民国家体制の矛盾』明石書店。

小井戸彰宏（一九九七）「国際移民システムの形成と送り出し社会への影響――越境的ネットワークとメキシコの地域発展」小倉充夫編著『国際移動論――移民・移動の国際社会学』三嶺書房。

佐藤千鶴子（二〇一六）「南アフリカの移民・難民問題」『アジ研ワールド・トレンド』二五三号、二〇–二三頁。

杉木明子（二〇一一）「サハラ以南アフリカの難民と定住化――ウガンダの事例から」小倉充夫・駒井洋編著『ブラック・ディアスポラ』明石書店、一四七–一五三頁。

高橋和（二〇一四）「人の移動をめぐる研究の動向――ヨーロッパにおける人の移動の自由と管理を中心に」『山形大学法政論叢』五八・五九号、四三–六九頁。

宮脇幸生（二〇一七）「アフリカにおける難民・ディアスポラのトランスナショナルな活動」人見康弘編著『難民問題と人権理念の危機――国民国家体制の矛盾』明石書店。

第10章　新たな人生に向き合う
――難民の暮らしとメンタルヘルス

森谷　康文

【要旨】　紛争や迫害、さらに移動過程での生命の危険は、難民に心的外傷（トラウマ）を生じさせ、その後の生活をより困難なものにする要因となる。また移住先での難民は、社会的つながりの喪失や言葉の違い、職歴が生かされないことなどから不自由を強いられ、精神的ストレスを感じることが少なくない。こうしたメンタルヘルスへの対応は、難民保護において欠かすことのできない視点である。半面、「トラウマを抱える」など難民の脆弱性に焦点を当てることは、難民が受け入れ側社会に「依存」する存在であり、「負担」を生じさせるといった否定的評価を喚起することにもつながる。そのため、難民のメンタルヘルスを改善するための支援活動には、慎重さが求められる。本論では、「トラウマ」が移住先での難民保護のなかで、どのように取り扱われてきたのかを整理するとともに、難民のよりよい統合と定着を促進するメンタルヘルスへの対応の枠組みを提示したい。

【キーワード】　トラウマ、メンタルヘルス、ＰＴＳＤ、生物・心理社会モデル、生きられた経験

はじめに

日本では、一九七八年から二〇〇五年末まで行われたインドシナ難民定住事業、一九八二年から始まった難民条約による受け入れ、二〇一〇年からのアジアで初となる第三国定住事業、二〇一六年からはシリア難民に対する人材育成事業といった難民の受け入れが行われている。今日、その数は少ないながら、日本にも難民やその子孫が暮らしているのである。難民の生活状況は、出身地域、受け入れカテゴリー、個別の生活歴や日本での滞在年数などによって多様だが、コミュニケーションや就労におけるキャリア形成、子育てや進学など生活のさまざまな側面に課題を抱える者が少なくない（例えば、川上 二〇〇一、原口 二〇〇一、倉田 二〇〇三、森・櫻井 二〇〇九、森谷 二〇一四）。

難民の定住先での適応が進まないこと、特にその初期段階における社会適応の困難さには、異なる文化や生活様式、移住先の教育や医療といった社会のさまざまな諸制度に馴染みがないことが背景にある（UNHCR 2002, 22）。生活上の困難は難民の不安や無力感を増大し、新しい生活への適応をいっそう難しくするという負の相互作用を生み出す。加えて、難民の母国での紛争や迫害、避難の過程での命を脅かされるような体験は「トラウマ（心の傷）」となり、一部の難民は日常生活を営めないほど精神的に深刻な傷を負うこともある。こうしたことを踏まえて、難民の住居の確保や言葉の習得、就労や就学といった定住先での暮らしにおいて、また重篤なトラウマを抱える者に対する「心のケア」として、難民の「メンタルヘルス」への対応が、移住先社会への統合と定着を促進するうえで重要になっている（UNHCR 2002, 15–25, 231–244）。

その一方、UNHCRのシニア・メンタルヘルス・オフィサーのピーター・ヴェンテヴォゲル（Pieter Ventevogel）は、UNHCRのウェブサイトで、「トラウマを抱えているどころか、ほとんどの難民は驚くほどに強靱である」と述べ、「トラウマ」や「トラウマを抱えている」という言葉が、難民を描写する際にしばしば使われることに疑義を呈している（UNHCR 2017）。このＵＮＨＣＲのメッセージは今日の難民保護に対してどのような課題を指摘し、どのような方向を示唆しようとしているのだろうか。

日本における難民問題は、難民認定数が少ないことに代表されるように、受け入れ姿勢が消極的なことから、どうしても受け入れ数や認定審査手続きといった「入口」に注目が集まる。しかし、先に述べたように、すでに一定の難民が日本で暮らしており、今後も受け入れを継続することから、難民の心のケアも含めた総合的な生活支援の整備やそれに資する調査・研究がいっそう求められる。

日本における難民のトラウマやメンタルヘルスに関するこれまでの研究は、難民の精神的ストレスやトラウマの影響を医学的に測定し、その背景や現状を報告したもの（例えば、市川 一九九八、Ichikawa et al. 2006）や難民支援におけるトラウマやメンタルヘルスへの配慮、その方法に関するもの（例えば、森谷 二〇一一）が中心となってきた。日本の難民研究が国際法をはじめとする難民政策や認定手続きの適否が中心となるなかで、これらの取り組みが日本社会での難民の存在を浮かび上がらせ、難民が必要とする支援の探求を喚起してきたことは言うまでもない。

しかし、こうした研究の多くは、心的外傷後ストレス障害（Post Traumatic Stress Disorder: PTSD）の診断基準をはじめとした医学的に標準化されたチェックリストに基づき難民の状況を把握しようとしたり、難民を「トラウマ」や精神面でのリスクを負った「被害者」として抽象的かつ画一的に扱う傾向があった。ワー（War 2016, 8）は、こうした難民への「被害者」としてのタグづけは、難民が置かれている場の社会的・政治的な意味を含みながら、それ自体が難民への不利益ともなりかねず、難民の「迫害からの生存者」であるという能動的な意識より「被害者である」という受身的な感覚を増大させると批判する。

日本の難民研究のなかにも、トラウマへの反応の多様さを指摘し、ＰＴＳＤの診断基準に限定することに警鐘を鳴らすものも見られる（例えば、野田 二〇〇二）が、トラウマや被害者などの言説が、難民に関する社会の意識や難民自身に与える影響について考察されることは少ない。本章では、まず難民保護におけるトラウマの採用が政策や実践にどのように影響してきたのかを整理する。そして、日本の難民問題の調査・研究および支援の実践におけるメンタルヘルスの扱い方に関する視野を広げたい。また、難民の定住支援におけるトラウマやメンタルヘルス問題への対応としてオーストラリアでの実践例を紹介し、日本での望ましい実践のあり方に示唆を与えたい。

1　トラウマとは何か

（1）トラウマとＰＴＳＤ

「トラウマ」という言葉は、難民保護に限らず、今日の社会に広く普及している。ただし、その概念は社会一般に使われる際はもちろん、トラウマを扱う専門領域の一つである「精神医学」のなかでも共通理解がない（宮地 二〇〇五、四）。

ここでは、宮地（二〇〇五、五）の「トラウマという概念はたしかに定義も難しく、拡大解釈をして使われがちで、その危険性は十分気をつけておかなければならない」という警告を踏まえながら、難民保護の文脈のなかで、トラウマを語る際に重要な事柄を整理しておきたい。

まず、精神医学の領域では、「非常に強い心的な衝撃によって、その体験が過ぎ去った後も体験が記憶の中に残り、精神的な影響を与え続けることがあり、このようにもたらされた精神的な後遺症をとくに心的トラウマと呼ぶ」（金二〇〇六、三）とされている。このトラウマの症状としてよく結びつけられるのがＰＴＳＤである。

日本トラウマティック・ストレス学会では、米国精神医学会診断統計マニュアル（*Diagnostic and Statistical Manual of Mental Disorders*）の第五版（ＤＳＭ-５）を基に、ＰＴＳＤの特徴的な症状についておおむね表10-1のように説明しており、「診断基準に基づく症状が一カ月以上持続し、それにより顕著な苦痛感や、社会生活や日常生活の機能に

表10-1　PTSDの特徴的な症状

侵入症状	・トラウマとなった出来事に関する不快で苦痛な記憶が突然に蘇る（フラッシュバック）。 ・トラウマとなった出来事が悪夢として反復される。 ・思い出したときに気持ちが動揺したり、動悸や発汗といった身体生理的反応を伴う。
回避症状	・出来事に関して思い出したり考えたりすることを極力避けようとする。 ・出来事を思い出させる人物、事物、状況や会話を避けようとする。
認知と気分の陰性の変化	・自分に関わることを否定的に考える。 ・興味や関心の喪失。 ・周囲との疎隔感や孤立感を感じる。 ・幸福感や、愛情といった陽性の感情がもてなくなる。
覚醒度と反応性の著しい変化	・いらいら感、集中困難、睡眠障害。 ・無謀または自己破壊的行動。 ・警戒心が過剰になり、ちょっとした刺激にもひどくビクッとするような驚愕反応。

出所：日本トラウマティック・ストレス学会ホームページより。

支障をきたしている場合、医学的にPTSDと診断される」としている（日本トラウマティック・ストレス学会）。

（2）一般化されたトラウマ

DSM-5の基準では、PTSDを引き起こすトラウマとは、実際にまたは危うく死ぬ、重傷を負う、性的暴力を直接体験する、あるいはそのような出来事に他人が巻き込まれるのを目撃する、家族や親しい者が巻き込まれたのを知ることに加えて、遺体を収集する緊急対応要員や児童虐待の詳細に触れる機会の多い警察官といった職業など他者のトラウマ体験を繰り返し見聞きするような場合も含まれている（日本トラウマティック・ストレス学会）。宮地（二〇〇五、九）は、DSMにおけるPTSDの診断基準を「トラウマの核となる出来事の一側面を明確に記述した点で、（トラウマとは何かという）議論の土台とするにはじゅうぶん有効な定義だ」と述べる一方で、「この定義に合わなくてもトラウマを引き起こす出来事はたくさんあるだろう」と、トラウマが現在も「発展途上」の概念であることを示唆している。

トラウマによる反応は、社会的・制度的サポートの状況、人の自己や家族に対する考え方、トラウマ体験やトラウマによる症状への意味づけ、抱える苦痛を表現することへの社会的な許容などによっても多様である（Yeomans and Forman 2009, 229–233）。ワー（War 2016, 1–6）は、一九八〇年に発表されたＤＳＭ–ⅢにＰＴＳＤの項目が設けられて以降、その診断基準に基づいた調査が多く行われてきたが、そのなかには、対象となる人々の社会的、文化的、政治的な側面を考慮しないままＤＳＭの診断基準を当てはめているものがあることを批判し、こうした医学的な診断基準の枠組みのなかに置かれたトラウマを「一般化されたトラウマ（Universalization of Trauma）」と呼んだ。日本のトラウマケアの実践のなかで広く参考にされている『心的トラウマの理解とケア』のなかで、著者の金は、トラウマ反応について「マスコミではＰＴＳＤが報じられることが多いが、それはトラウマ反応の特殊な一つの反応のかたちである」（金 二〇〇六、五–六）と述べているように、私たちが抱くトラウマのイメージは、多かれ少なかれ「一般化されたトラウマ」の影響を受けていると言えよう。

（３）動態としてのトラウマ

トラウマを理解するうえで、筆者が参考にしたいのは宮地の「トラウマは本来言葉にならない」ということである。このことを提唱する宮地は、この本来言葉にならないトラウマを考えるうえで「環状島」という比喩を用いたモデルを提示している（宮地 二〇〇七、六–一七）。その概要は以下のとおりである。

「環状島モデル」は、個人が負ったひとつひとつのトラウマを海に浮ぶ環状の島に例えたものである。環の内海に、死者、そしてその周りに衝撃のあまり正気を失った人といったトラウマを語ることができない人を位置付け、内海から島にあがったところに言葉を発することができる者、つまりトラウマを語る力を持った者がおり、島の尾根にむかっていくほど個人の語る力は高まっていく。島の尾根から降って外海にむけては非当事者が位置付けられており、尾根に近いほど当事者へのコミットの度合いは高く、外海は傍観者、無関心な者、当該問題ついて全く知らない者へと広がり、島から離れていく。さらに、トラウマの個人や社会に与える持続的な影響力を「重力」、トラウマをうけた個人と周囲との関係性を「風」とし、島の面積に影響を与える「水位」をトラウマやトラウマを負った者への社会の理解度に例えている。トラウマをうけた個人は、これらのことが相互に関わり合うなかで、ある者は内海に留め置かれ、ある者は陸に上がり島の尾根にむかって登ることができ、またある者は再び陸地から内海に引き戻されるといったように変化する。

クラインマン（Kleinman 1988, 6–10）は、「抑うつ」をはじめとする精神病理の表出は、単なる心と身体の単純な関係性にとどまらず、症状は社会・文化・政治的であり、対人関係や社会的つながりの喪失と深く関わっていることを強調する。トラウマもまた、個人がトラウマをどのように受け止めるのか、個人の身体がどのようにトラウマを表出するのか、そして個人がトラウマをどのように語り、乗り越えていくのかといったことが、個人を取り巻く社会環境との関係のなかで絶えず変化していると言えよう。

2　「一般化されたトラウマ」の採用——オーストラリアの政策と定住支援

（1）難民の定住支援の構築とトラウマの採用

ボーンレインとキンジー（Boehnlein and Kinzie 1995, 227–229）によれば、難民が抱えるメンタルヘルスに関する記録は、一九五〇年代にナチスによるホロコーストから逃れたユダヤ教徒に関わるものに関心が集まり、一九六〇年代にはいくつかの報告がなされている。また、一九七〇年代半ばからは、拷問や政情不安、飢え、病気による仲間の死などを体験してきたカンボジア、ベトナム、ラオス出身の難民のなかで精神疾患を発症させるリスクが高いことに専門家の注目が集まった（Boehnlein and Kinzie 1995, 229）。さらに一九八〇年のＤＳＭ‐ⅢにＰＴＳＤが登場したことで関連分野の調査が爆発的に増大することとなる（Dell'Osso and Carmassi 2011, 1）。難民のＰＴＳＤに関しても一九九三年のカンボジアとタイの国境にあるインドシナ難民のキャンプでの調査などを皮切りに始まっている（Silove et al. 2017, 131）。

難民のトラウマやＰＴＳＤへの注目は、その医学的な治療から始まったが、メンタルヘルスの問題から生活にさまざまな困難を抱える者が少なくないとの認識から、定住支援の諸側面でもＰＴＳＤを基調にした難民理解や支援方法が採用されるようになっている。筆者がフィールドにしているオーストラリアでは、国の移民政策を大きく転換するきっかけともなった、ボートに乗ったベトナム難民が初めて辿り着いたのが一九七六年である。当時の難民が移住前や移住過程において、後にＰＴＳＤ症状を呈するようなトラウマ体験をしなかったわけではないだろうが、当初の定住支援は到着時の一時滞在施設の提供や定住先での住居や就労先を紹介するといった支援が中心であった。オーストラリアには、非英語圏を中心とした移民に対し、コミュニティの活性化を通して支援する移民情報センター（Migrant Resource Centres :MRCs）があるが、最初のセンターが設立されたのは、一九七七年のことである（Jupp 2002, 39）。現在では、各地域に設立されている移民情報センターのなかに、連邦政府から委託を受けて母国での迫害や紛争の被害、性的暴行などのトラウマ体験によるＰＴＳＤ症状を訴える難民への特別プログラムの実施しているところもあるが、設立当初は、到着初期の生活オリエンテーションの実施をはじめ、語学教室の運営やエスニック・コミュニティの相互扶助の活性化を通した難民の定住促進が活動の中心であった。

オーストラリアの難民保護の枠組みは、一九八一年の「特別人道支援プログラム（Special Humanitarian Program）の創設に始まって、「危機的状況にある女性（Woman at Risk）」、「緊急救助（Emergency Rescue）」といった紛争や迫害の被害者を中心とするプログラムの整備が行われる。特に「危機的状況にある女性」は、トラウマ体験や拷問による被害を受けた者を優先的に受け入れるとされている（DIMIA 2003, 165）。一九八五年には、難民のトラウマを専門とする医療機関が設立されている（Reid and Strong 1987）。その後、州政府の諮問を受けた専門家の報告書に基づき、トラウマと拷問の被害に苦しむ難民を支援する団体が設立されるようになる（Bowles 2005, 261）。例えば、一九八七年にはヴィクトリア州でファウンデーションハウス（Foundation House：正式名称は The Victorian Foundation for Survivors of Torture Inc.）が、その一年後の一九八八年にはニューサウスウェールズ州でもスターツ（STARTTS: Service for the Treatment and Rehabilitation of Torture and Trauma Survivors）が創設されている（STARTTS 2013, 5）。

マイヤーとモランド（Meyer and Morand 2015, 235）の「人道支援において難民のメンタルヘルスや心理社会的問題が取り扱われるようになるのは一九八〇年代後半であった」との指摘を踏まえるなら、オーストラリアの難民定住支援においてもDSM‐Ⅲによるｐｔｓｄ診断基準の確立が大きな影響を与えていると考えられる。ただし、スターツの報告書（STARTTS 2013, 5）には、その設立は従来の公的なメンタルヘルス支援が不十分であると感じていたインドシナ三国の出身者やラテンアメリカ系のコミュニティからの強い要望があったことが記載されており、「一般化されたトラウマ」の限界も、こうした団体の設立の背景となっている。当時のファウンデーションハウスやスターツの活動は、メンタルヘルスの問題を抱える移民・難民への専門的な個別カウンセリングや家族単位のグループワークといった心理学アプローチが中核となっていたが、次第に移住後の生活ガイダンスや就労支援、社会福祉サービスの調整・斡旋などといった定住に関わるさまざまな活動に広がっていった。

（２）定住支援における一般化されたトラウマの影響

一九七〇年代のオーストラリアの移民・難民政策は、非英語圏からの移民・難民の直面していた貧困や失業が社会的にも注目を集め、教育の不備に加えて心理的なストレスへの対応の不備が強調される。財政の効率化が政府の主目的であっただろうにせよ、そこで注目されたのは、同じ文化背景を持ったエスニック・コミュニティの活用であった（塩原 二〇〇五、四七‐五一）。ところが一九八〇年代になると、国の財政的な問題から公共サービスの縮小や市場主導による経済政策が強化され、移民情報センター（MRCs）への補助金は縮小される。難民・移民への語学習得プログラムも一部の者には有料となり、学習時間も短縮されるなど包括的な定住支援は後退していった（渡辺 二〇〇四、一〇九）。

一方、難民支援においてはＰＴＳＤを含む初期健康診断が総合人道支援の定住サービスのなかに位置づけられ、トラウマに対する支援が必要な場合には政府に委託を受けた専門機関が対応することとなった。また、二〇〇八年には新たに「複雑事例支援（Complex Case Support）」が導入されている。これは、先に述べたような通常の支援の枠組みでは対応できないほど心身にきわめて重大な問題を抱える難民に対して、カウンセリングをはじめとする治療や、生活上の困難に対する密度の濃いさまざまな支援を入国から最長で五年間にわたり提供するプログラムである。このように現在のオーストラリアの難民保護は、包括的なコミュニティ支援が縮小されるかたわら、トラウマや特別な事例に特化した支援を集中して行うことに偏重した傾向が見られる。こうした状況が反映されてか、南オーストラリアでのシリア難民に関わる支援機関の調査を行ったナッサー－エディン（Nasser-Eddine 2017, 12）は、複雑事例支援を含む人道支援プログラムによる定住支援機関が地域で他の社会サービス提供機関と連携できないことや、エスニック・コミュニティグループなどが自分たちの仲間を支援するためにトラウマケアを行う専門機関と連携しようとしたときに、包括的な情報を得ることができないという問題を報告している。オーストラリアの大きな難民支援ＮＧＯである「難民評議会（Refugee Council of Australia）」は、オーストラリア社会の一般的な教育や社会サービス機関に難民の複雑な背景やトラウマによる困難の理解が普及しておらず、こんな状態では一般の社会サービス提供機関と難民との間に些細な問題が生じただけで難民専門の支援機関に丸投げするだろうと警告している（RCOA 2015, 10）。さらに、こうした状況が頻繁に起こると、難民が必要とする一般の社会サービスを利用できなくなるだけではなく、本来は一般の社会サービス機関が提供すべきものを難民専門の支援機関が肩代わりしなければならなくなり、本来の活動が逼迫するだろうと述べている。

オーストラリアにおける一九八〇年代から九〇年代にかけての難民の定住支援は、コミュニティを基盤にした支援体制を構築するための「エスニック」から、限定された者に必要な支援や治療を提供するための「トラウマ」へとその枠組みを変化させてきた。公的な難民定住支援プログラムは、非常に限定されたものになり、一部の難民は社会一般で利用されている社会サービスから切り離されていることが窺える。オーストラリアの難民定住に関わるさまざまな支援制度や支援団体の設立には、「一般化されたトラウマ」を採用した政府の難民政策が少なからず影響を与えているが、それによりいくつかの必要な支援制度や方法が拡充されてきた。しかし当事者である難民から見ると、難民の定住支援制度を利用するためには、難民は常に「難民」でなければならず、「一般化されたトラウマ」あるいは「PTSD」の患者である必要があり、そのために通常の社会サービスからは排除される可能性がある、という矛盾を抱えてしまう。通常の社会サービスから排除された難民は、生活のためには難民に限定された定住支援を利用するしかなく、自分たちが排除される背景となった「難民」というラベルやトラウマあるいはPTSDに苦しむ存在という言説に依存せざるをえないというジレンマに陥っているとも言えるだろう。

(3) 難民認定審査手続きにおける「一般化されたトラウマ」の採用

難民保護において、医療や定住支援と並んで「一般化されたトラウマ」あるいはPTSDが採用される場面に「難民認定審査手続き」の一連の過程がある。例えば、アメリカの難民認定手続きにおいて、難民認定申請者は入国から一年以内に申請書を提出しなければならないという期限が設けられているが、申請の遅延が認められる理由としてPTSDの診断が採用されることがある（工藤 二〇一四a、五七）。日本においても、法務大臣の行った「難民認定をしない処分」を裁判所が取り消す判決をした際に、認定審査手続きにおける原告（難民）の証言にトラウマの影響があることへの配慮が理由の一つとして採用されている。

平成一二年（行ウ）第一八一号 難民の認定をしない処分取消請求事件（東京地方裁判所）
　難民認定手続はしばしば迅速で形式張らず、本質的に探求的であり、口頭の証拠のほとんどは通訳というフィルターを通している結果、認定過程は誤解の可能性に満ちている。申請者の緊張、トラウマや文化的相違も混乱や誤解を作り出すことがある。

平成一四（行ウ）第五号　難民不認定処分等取消請求事件（名古屋地方裁判所）
　迫害状況から逃れてきた難民認定申請者は、立証手段を所持していることが少なく、迫害によるトラウマによる記憶の混乱もあり得るから、難民受け入れ先進国のように、申請者の供述のみに依存せず、客観的情勢の科学的調査を重視することを手続指針として、難民調査手続が行われるべきである。

　難民認定審査を行う側にも、トラウマの採用と思われる言動が見られる。日本の難民認定申請者の弁護を行う、全国難民弁護団連絡会議が発表した「難民審査参与員 問題ある言動 実例集」（全国難民弁護団連絡会議 二〇一七）によると、難民審査に関わる参与員による「あなたは難民としては元気すぎる、本当の難民はもっと力がない」といった発言や母国での迫害体験に対して「これまで経験してきたケースと比べると、被害の度合いは極めて低いという事実を指摘せざるを得ません」といった発言が見られる。こうした発言からは、「トラウマ」や「ＰＴＳＤ」には直接言及していないものの、「一般化されたトラウマ」にもつながる難民に対する偏ったイメージを持っていることが見てとれる。
　ゴイエール（Gojer 2014, 6）は、カナダの難民認定審査手続きにおけるＰＴＳＤの採用は、二つの方向から行われていることを指摘している。一つは、難民認定審査に携わる移民局や審査官によるＰＴＳＤの診断基準の採用であり、もう一つは、難民自身や難民認定を擁護する立場の弁護士らが、難民の証言の信頼性を示し難民認定を勝ち取るためにＰＴＳＤの診断基準を用いることである。

先にも述べたように、トラウマは多様であり流動的である。ＰＴＳＤの診断基準と実際にトラウマを負ったとされる難民の「生きられた経験（lived experience）」にギャップがあることはいくつかの研究でも指摘されている（Crosby 2006; Weine et al. 2004; Gojer 2014）。「生きられた経験」とは、「意識の流れのなかで素朴に過ぎていく体験が、反省的な眼差しによって、一つの統一体として捉えられる『意味のある体験』となること」である（岩崎 二〇一六、二四）。つまり、難民がトラウマ体験を振り返り、これまでの体験や価値、文化などを踏まえて自分なりの意味を付与した体験として語ることと言えよう。

ところが、難民認定を行う側は、難民認定過程において難民が提示する主観的証拠の評価は、ＰＴＳＤの診断基準といった社会的に構築され「信頼性」のあるものに依拠することとなる（Gojer 2014, 7–8）。ゴイエールは、ハウル（Houle 2009）の「カナダの移民・難民委員会（Immigration and Refugee Board）のメンバーは、難民としての証拠を機械的または数字的なものとして測る作業として見ているという一般的な印象がある」、また「提供する情報の関連性（または不足）を真に理解しようとするよりも、証言の欠陥を見つけることをより重視している傾向がある」という指摘を踏まえて、これをカナダの移民難民委員会が作った難民認定基準のサブカルチャーだと批判する（Gojer 2014, 8）。

一方、難民自身や難民を擁護する弁護士は、難民がトラウマを負ったと見られるエピソードがあれば、その体験や症状を審査官や裁判所が納得できるように法医学の言葉に書き換えて説明する必要がある（*ibid.*, 7–8）。その点で、ＰＴＳＤの診断基準はわかりやすく有効なツールとなる。難民自身が自らの体験や心身の症状を難民認定に有利に働くように表現する際には、自らの経験を法医学の文脈に沿って語り直すこともあるが、多くは弁護士や精神科医、心理専門家によってその作業が行われる。先にも述べたように、難民自身の語る体験は必ずしもＰＴＳＤの基準に当てはまらないものもある。ゴイエール（*ibid.*, 7）は、ＤＳＭのようなトラウマを診断基準に基づいて測定可能なものと考える実証主義的なアプローチは、トラウマを負った者の訴えをＰＴＳＤの診断基準に合致するようなものへと書き換えることであり、流動的で複雑な個々人のトラウマ体験が捉え損なわれてしまうと指摘する。クロスビー（Crosby 2006, 3）もまた、こうした難民にラベルを貼りカテゴリー化することに対して、「生きられた経験」を覆い隠すことであり、見えなくすることになると批判する。ファシンとディ・ハルウィン（Fassin and d'Halluin 2005, 598）は、こうした専門家による行為を、被害者から迫害の生きた経験を切り離し、専門家の言葉によって客観化するという試みであり、結果的に難民申請者の主体性を損ねてしまう可能性があることを懸念している。工藤（二〇一四b、七三–七六）の調査では、難民がこうした専門家とのやりとりによって自らの経験に新たな意味を与えていくという行為も見られる。しかし、そこには自らのより良い人生のために難民としての社会的地位を得るという難民自身の主体的な関わりがあることが指摘されていることにも注意したい（工藤 二〇一四b、七三）。

3　難民のトラウマとどのように向き合うのか——オーストラリアの定住支援を通して

これまで見てきたように、難民保護における「一般化されたトラウマ」の採用は、定住支援においては、難民を通常の社会サービスから切り離し、「一般化されトラウマ」を基調とした限定された支援制度に依存させる可能性をはらんでいる。さらに難民認定手続きにおいては、認定審査を行う側からは排除の道具として使用され、認定を申請する側の対応によっては難民から主体性を奪うことにもつながる。こうした問題にどのように対応できるのか、オーストラリアの定住支援を通して考えてみたい。

筆者は二〇一四年から二〇一六年にかけて、オーストラリアで生活する難民の地域社会や社会制度といったホスト社会との関わりについて調査を行った。第二節で紹介した難民のトラウマやメンタルヘルスの問題への支援を行うために一九八八年に設立され、現在では定住に必要な就労や生活支援、コミュニティ形成などの活動を行っているスターツに協力を依頼した。

スターツから紹介された難民数人にインタビューを行ったが、トラウマをはじめ難民が抱える可能性のあるメンタルヘルスの問題について、対象者全員が何らかの教育を受けていた。スターツは、新規定住者のためのオリエンテーションをはじめ、個人や家族単位での社会適応プログラムを実施しており、そのなかでトラウマや定住過程において生じる可能性があるメンタルヘルスの問題について基礎的な知識を提供している。さらに必要な者には、同団体の専門のカウンセラーが個別に対応しながら、就労を含めた生活支援を一体的に提供している。インタビューを行った難民の多くが同じ出身国や民族からなるグループに所属しており、定期的に集会を開いているという。

インタビュー対象者のなかには、銃を持った兵士に追いかけられる、空爆に遭う、親しい人が目の前で死んだなどの体験を語る者もいたが、多くは医学的な治療や個別のカウンセリングより仲間と話をすることが有効だと感じていた。ただし、支援団体のスタッフによると、暴力を受けた女性、特に性的暴行を経験した者が自らの体験を同胞に話すことはほとんどなく、個別のカウンセリングにもつながりにくい。オーストラリアに来る過程で、自分だけが生き延びた、親しい人を残してきたといった一種の「生存者が抱える罪悪・自責感（Survivor's guilt）」を抱える者も自分の体験を語ることを避け、孤立しやすいという。こうした難民に対しては、所属するエスニック・コミュニティで対応することが逆に差別や排除につながることもあるため、幅広い者を対象とした学習会や料理教室、語学教室、スポーツやダンスなどのグループ活動を通してスタッフとの信頼関係を構築しながら、個別のカウンセリングと体験を共有できる少人数のグループや家族単位でのアプローチから始めるという。複雑事例支援での対応が必要な場合は、専門の支援機関へ紹介するが、その場合にはコミュニティメンバーや他のサービスとのつながりをいかに継続するのかが課題になっている。

筆者がスターツのスタッフに「国や文化によってトラウマの捉え方や表出は違うか」と聞いたところ、「同じこともあるが、もちろん違うと感じることは多い」と答え、そのことは実践経験でも感じているが、団体が主催する研究

図 10-1　難民の心理社会的状態理解のための複合的相互作用モデル

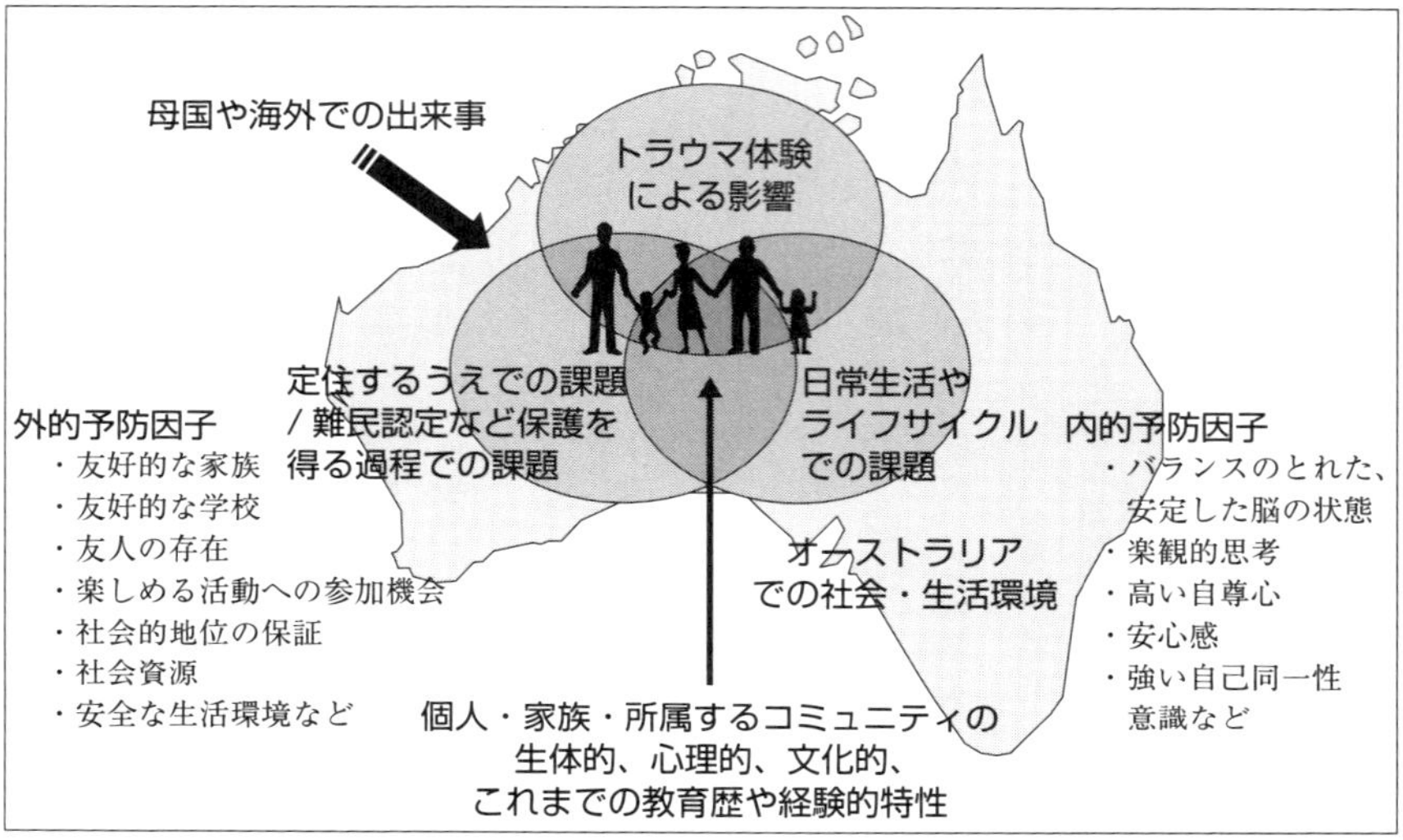

出所：STARTTS Work Shop Core Concepts in Working with People from Refugee Backgrounds, 2015.

会でも学んでいるという。トラウマや難民のメンタルヘルスに関する知識や支援方法について実践から生まれてきたベスト・プラクティスや困難事例を共有することもこの団体の活動の一環となっており、大学の研究者とも協力して常に新しい実践方法の試みを取り入れ、定期的に評価を行っている。

スターツがスタッフの研修会や難民への教育で用いるのが、「難民の心理社会的状態理解のための複合的相互作用モデル（Complex Interaction Model)」である（図10-1)。

このモデルは、難民個人や家族、コミュニティを生物的、心理的、文化的、これまでの教育や経験的な諸特性を持った存在として捉え、「トラウマ体験の影響」と「定住先で体験する課題」、「誰もが体験する生活上の課題」、そしてテレビやインターネットを通じて入ってくる「母国や海外での出来事」などを踏まえて理解しようとするものである。また、支援の際には図10-2に示すように、個人はもちろん家族や所属コミュニティからホスト社会への介入までを総合的に進めることを試みる。これは「トラウマを語る」ことのできる環境の重要性を

図 10-2　トラウマの生物・心理社会モデル

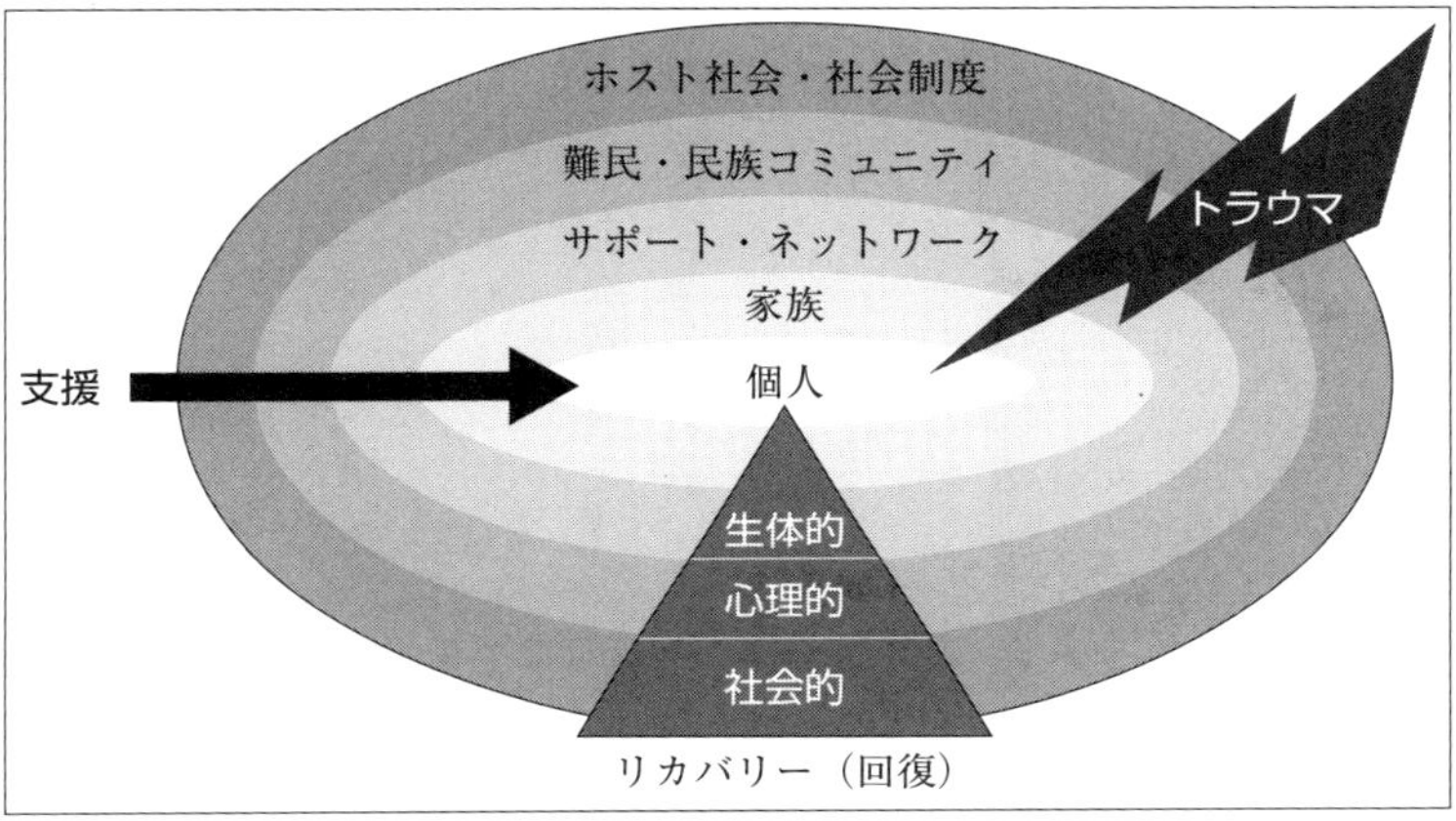

出所：STARTTS Work Shop Core Concepts in Working with People from Refugee Backgrounds, 2015.

強調する宮地の環状島モデルと共通している。こうした枠組みによってトラウマを一般化されたものに矮小化するのではなく、個別的で多様なものとして捉えることにより、トラウマを負った個人が「被害者」ではなく凄惨な体験を生き抜いてきた「生存者」として、主体的に受け入れ社会での生活を送ることをめざすものである。

おわりに

クラインマンとクラインマン（Kleinman and Kleinman 1996, 10）は、トラウマの物語が、生きていくための社会資源を手に入れ、難民という地位を得るための「通貨」あるいは「象徴的資本」となっているという。これは、社会的な苦悩やその文化的意味を医学によって個人の病理とすることへの批判であるが、難民認定手続きや定住支援において、難民自身がよりよい生活を得るという目的のために「一般化されたトラウマ」を能動的に活用するのであれば、一定の意義があるとも言えるだろう。ただし、そこには弁護士をはじめとする支援者との共同作業が重要であるし、医療、生活、就労あるいは教育といった包括的な定住支援とそれぞれの場における支援者の連携と同胞集団の形成といった難民が移住した社会への統合と定着を促進する環境整備が不可欠である。その点でスターツの採用する「難民の心理社会的状態の理解のための複合的相互作用モデル」や「トラウマの生物・心理社会的モデル」は難民自身も含めた多様な関係者の共通認識を作る基盤となるだろう。

移民排斥や難民の流入に対して厳しい基準を設け、それに該当しない者を「偽装難民」といったように犯罪者化して排除しようとする勢力が増すなかでは、トラウマを抱えて脆弱で保護の必要な存在として難民を形容することは、限られた対抗軸の一つなのかもしれない。ただし、「一般化したトラウマ」の採用は、難民であることを証明するための基準として、それに該当しない者を排除する道具ともなる。また、難民を擁護する立場であっても受け入れ側の枠組みで難民を語ろうとすることは、難民やその体験の多様性、文化・社会的文脈を無視して難民を客体化・非主体化することにつながる。とりわけ難民としての保護が受けられない庇護申請者は、住居や食料支援といった最低限のサービスが優先されるため、支援者側が「一般化されたトラウマ（の影響）」に無自覚であれば、彼・彼女らはトラウマを負った脆弱な存在に留め置かれることを強いられ、支援に依存する者という偏ったイメージをますます社会に印象づけることになるだろう。難民保護におけるトラウマの採用は、たとえ難民擁護派が使用するにせよ、それが難民にとっては諸刃の剣なのだということに自覚的でなければならない。

本章は、今日の難民保護において、定住支援と難民認定審査手続きにおける「一般化されたトラウマ」の採用とその影響について整理し、オーストラリアの実践をもとに難民のトラウマに向き合うための支援のあり方について考察した。しかし、画一的に捉えられがちな難民をより深く理解するために必要な、難民自身の経験と認識を個々の実態について追求できたわけではない。例えば、難民のトラウマやメンタルヘルスに関して、難民自身がトラウマやその体験をどのように捉えているのか、語ることができないトラウマがどのように語られ始めるのか、どのように「一般化されたトラウマ」と折り合いをつけて能動的に活用しているのかといった質的な把握が必要となろう。こうした研究が、ＰＴＳＤ有病率や発症のリスク要因、症状などを量的に捉えようとする試みと足並みを揃えていっそう進み、難民の苦悩の軽減につながることを期待したい。

追記　本章は、二〇一四年–二〇一六年度科学研究費補助金（基盤研究C）「難民の社会統合とソーシャルキャピタルに関する研究」（課題番号二六三八〇七三五）による成果の一部である。

【参考文献】

Boehnlein, James K. and J. David Kinzie (1995) "Refugee trauma," *Transcultural Psychiatry Research Review* 32 (3), 223–252.

Bowles, Robin (2005) "Social work with refugee survivors of torture and trauma," M. Alston and J. McKinnon eds., *Social Work Fields of Practice,* 2nd edition, Oxford University Press, Australia.

Crosby, Alison (2006) "The boundaries of belonging: Reflections on migration policies into the 21st century," *Inter Pares occasional Papers series* 7, June 4.

Dell'Osso, Liliana and Claudia Carmassi (2011) "PTSD 30 years after DSM-III: Current controversies and future challenges," *Italian Journal of Psychopathology* 17,1–4.

Department of Immigration and Multicultural and Indigenous Affairs (DIMA) (2003) *Report of the Review of Settlement Services for Migrants and Humanitarian Entrants.*

Fassin, Didier and Estelle d'Halluin (2005) "The truth from the body: Medical certificates as ultimate evidence for asylum seekers," *American Anthropologist* 107 (4), 597–608.

Foundation House HP, About us. http://www.foundationhouse.org.au (access: 2018. 7. 25)

Gojer, Julian (2014) "Post-traumatic stress disorder and the refugee determination process in Canada: Starting the discourse," UNHCR, Policy Development and Evaluation Service.

Houle, France (2009) "Pitfalls for administrative tribunals in relying on formal common law rules of evidence," R. Creyke ed.,

Tribunals in the Common Law World, Federation Press.

Ichikawa Masao, Shinji Nakahara, and Susumu Wakai (2006) "Effect of post-migration detention on mental health among Afghan asylum seekers in Japan," *Australian and New Zealand Journal of Psychiatry* 40(4), 341–346.

Jupp, James (2002) *From white Australia to Woomera: The story of Australian immigration,* Cambridge University Press.

Kleinman, Arthur (1988) *Rethinking psychiatry*, Simon and Schuster.

Kleinman, Arthur and Joan Kleinman(1996) "The appeal of experience: The dismay of images: Cultural appropriations of suffering in our times," *Daedalus* 125(1), 1–23.

Meyer, Sarah, and Mary-Beth Morand (2015) "Mental health and psychosocial support in humanitarian settings: Reflections on a review of UNHCR's approach and activities," *Intervention* 13 (3), 235–247.

Nasser-Eddine, Minerva (2017) *Integration of Syrian Refugees in South Australia: A Snapshot,* Al Hikma Middle East Advisory Agency.

Refugee Council of Australia (RCOA)(2015) *Review of the Humanitarian Settlement Services and Complex Case Support Programs.*

Reid, Janice and Timothy Strong (1987) *Torture and Trauma: The Health Care Needs of Refugee Victims in New South Wales: Summary,* Cumberland College of Health Sciences.

Silove, Derrick, Peter Ventevogel, and Susan Rees (2017) "The contemporary refugee crisis: An overview of mental health challenges," *World Psychiatry* 16(2) 130–139. PMC Web 28 Aug. 2018.

STARTTS (2013) *Refugee Transition*, 25 Years of Startts, 28, Special Anniversary Edition.

UNHCR (2002) *Refugee Resettlement. An International Handbook to Guide Reception and Integration.*

——— (2017) News and Stories Q & A: Far from being traumatized, most refugees are 'surprisingly resilient.' https://www.unhcr.org/news/latest/2017/1/586b78de4/qa-far-traumatized-refugees-surprisingly-resilient.html (access: 2018. 4. 1)

War, Firdous (2016) "Psychosocial Aspects of Trauma and Related Disorders, " Marion Baker et al. eds., *Identifying, Treating, and Preventing Childhood Trauma in Rural Communities*, IGI Global.

Weine, Stevan, et al. (2004) "Family consequences of refugee trauma," *Family Process* 43(2), 147–160.

Yeomans, Peter D. and Evan M. Forman (2009) "Cultural Factors in Traumatic Stress," Sussie Eshun and Regan A. R. Gurung eds., *Culture and Mental Health: Sociocultural Influences, Theory, and Practice*, Wiley-Blackwell.

市川政雄（一九九八）「難民トラウマと精神的ストレス――在日ビルマ人難民申請書の場合（特集 二 日本の難民制度はどこに行く⁉）」『法と民主主義』三三三、五二―五七。

岩崎久志（二〇一六）「「生きられた経験」を明らかにする現象学的考察の検討」『流通科学大学論集　人間・社会・自然編』、二九（一）、一一―二八頁。

川上郁雄（二〇〇一）『越境する家族――在日ベトナム系住民の生活世界』明石書店。

金吉晴（二〇〇六）「トラウマ反応と診断」『心的トラウマの理解とケア』第2版、時報。

工藤晴子（二〇一四ａ）「セクシュアリティとトラウマの動員」『年報社会学論集』二七、四九―六〇。

――（二〇一四ｂ）「難民保護におけるホモセクシュアリティ概念の採用――ゲイとレズビアン難民によるナラティヴ構築の事例から」『Gender and sexuality: journal of Center for Gender Studies, ICU』九、六三―八九。

倉田良樹（二〇〇三）「日本に定住するベトナム系住民の就労状況」『一橋大学経済研究所世代間利害調整プロジェクトディスカッションペーパー』一四九。

塩原良和（二〇〇五）『ネオ・リベラリズムの時代の多文化主義　オーストラリアン・マルチカルチュラリズムの変容』三元社。

全国難民弁護団連絡会議（二〇一七）「難民審査参与員　問題ある言動　実例集」。http://www.jlnr.jp/statements/2017/jlnr_suggestion_20170912_annex.pdf（閲覧：二〇一八・四・一二）

日本トラウマティック・ストレス学会ホームページ、トピック「ＰＴＳＤとは」。http://www.jstss.org/topics/01/（閲覧：二〇一八・七・二五）

野田文隆（二〇〇二）「難民とトラウマ」『臨床精神医学（増）』一五二―一五七。

原口律子（二〇〇一）「インドシナ定住難民の社会適応――サポート・システムの分析を基軸として」『九州大学大学院人間環境学研究院人間科学共生社会学』一、一―四七。

宮地尚子（二〇〇五）『トラウマの医療人類学』みすず書房。

――（二〇〇七）『環状島＝トラウマの地政学』みすず書房。

森恭子・櫻井美香（二〇〇九）「在日難民女性の生活実態と地域社会の関わり――在日ビルマ難民女性の聞き取り調査を通

して」『日本女子大学紀要　社会福祉』五〇、六七―八一。

森谷康文（二〇一二）「エスニック・コミュニティのない難民申請者へのグループワークによる支援」『難民研究ジャーナル』一、一〇一―一一〇。

――（二〇一四）「難民の健康問題　健康の社旗亜的決定要因の視座から」墓田桂・杉木明子・池田丈祐・小澤藍編著『難民・強制移動研究のフロンティア』現代人分社。

渡辺幸倫（二〇〇四）「オーストラリア成人移民英語プログラム九〇年代の動向：改革か後退か――年次報告書の分析を中心に」『早稲田大学院教育研究科研究紀要　別冊』一一（二）、一〇三―一一三。

第11章　メディアの機能と影響
――治安と安全保障、彼らは負担か資源か

藤巻　秀樹

【要旨】　難民問題ほどメディアの報道の影響を受ける分野はない。そう言っても過言ではないほど、報道の果たす役割は大きい。だが、新聞などのメディアは、はたして本当に「難民」を正確に報道しているのか。難民当事者や支援団体、行政の話を聞くかぎり、答えは「ＹＥＳ」とは言い難い。スクープを追う新聞や「絵になる映像」を求めるテレビの特性が災いして、一面的で偏った報道が横行している面は否めない。国民が幅広く難民に関心を持ち、また問題の根源を正確に理解するような仕組みづくりが求められている。

【キーワード】　ネットカフェ難民、欧州難民危機、偽装難民、難民認定制度、社会統合政策

はじめに

欧米で難民受け入れに反対を唱える政治勢力が台頭している。彼らは「難民は潜在的テロリスト。入国させると治安が悪化する」と公然と主張する。[1]こう訴えるのは何も極右政党の党首ばかりではない。民主主義国家として世界をリードするはずの超大国の大統領も同じようなことを言っているのだから、始末が悪い。翻って日本はどうか。

欧州難民危機が起こった二〇一五年九月、安倍晋三首相は外国人記者から難民受け入れの意思を聞かれ、「人口問題として申し上げれば、女性や高齢者の活躍が先」と表明、[2]失笑を買った。移民と難民を混同した発言だったが、移民にしろ難民にしろ、受け入れたくないという意思だけは伝わった。だが、事は安倍首相だけの問題ではない。日本国民全体に難民についての正確な理解があるかと問われれば、答えはおそらく「ＮＯ」であろう。

日本人が難民問題に無理解なのは、①欧州や中東、アフリカなど、どこか遠い国の話だと感じている、②受け入れが少ない日本では身近に難民がおらず、実感が湧かない、などの理由が大きい。そこで重要なのが、新聞やテレビなどメディアの役割である。多くの日本人はメディアを通じて難民の存在を知るのではないだろうか。メディアは難民問題をどう報じてきたのか。正確な事実を伝えてきたのか、それとも誤解をもたらしたのか。もし誤解を与えたとするなら、それはなぜなのか。

本章では、主に国内外の新聞・テレビ報道と筆者自身によるインタビューを基に、難民問題におけるメディアの機能と影響について考察する。

1　メディアから見た難民

日本の新聞には、ほぼ毎日のように「難民」という言葉が登場する。しかし、記事をよく見ると、本来の難民とはまったく関係がないことが書かれていたりする。『日本経済新聞』電子版の二〇一七年九月から二〇一八年八月までの一年間の記事を検索すると、本来の意味でない「難民」の記事が約五〇件も見つかる。そのなかで最も多かったのが「買い物難民」の記事で一七件。「買い物難民」とは、過疎地に住む高齢者などで、自宅の近くに店がなく、移動手段もなく買い物に行けない人を指すという。なぜ、このような人が難民なのか、理解に苦しむが、二番目に多いのは「引っ越し難民」（一一件）で、「ランチ（昼食）難民」（六件）、「納税難民」（三件）、「ネットカフェ難民」（二件）などの用例が続く。

「引っ越し難民」は人手不足が原因で希望日に引っ越しができない人、「ランチ難民」はオフィス街の周辺に飲食店が少なく、昼食をとりそびれる人、「納税難民」は給料からの源泉徴収に慣れ、確定申告の仕方がわからない人、「ネットカフェ難民」は定住する住居がなく、インターネットカフェで寝泊まりする人を指す。このほか、「ＩＰＯ（新規公開株）難民」、「決済難民」、「ワクチン難民」、「老後難民」、「給油所難民」、「ウーバー難民」、「喫煙難民」、「会場難民」、「イノベーション難民」、「内定難民」など、本来の意味から外れた「難民」の用例が紙面に溢れている。困っている人、迷っている人、行き場がなくてさまよっている人がみんな難民になってしまうという驚くべき言語感覚である。

こうした言葉の使い方について、難民当事者はどう思っているのだろうか。日本に来て二八年になるミャンマー難民のチョウ・チョウ・ソー氏は「英語の refugee は政治亡命者の意味があるが、日本の難民は困っている人、可哀想な人という意味に転化している。新聞は言葉を選んで記事を書いてほしい。これでは難民本来の意味が消えてしまう」と語る(3)。ＮＰＯ法人「難民を助ける会」の伊藤かおり広報部長は「新聞がこうした使い方をすることで、難民のイメージが軽くなってしまっている。難民の人たちも相当なギャップ、違和感を感じている」と指摘する(4)。

国連難民高等弁務官事務所（ＵＮＨＣＲ）駐日事務所によると、難民は一九五一年の「難民の地位に関する条約」で、「人種、宗教、国籍、政治的意見やまたは特定の社会集団に属するなどの理由で、自国にいると迫害を受けるかあるいは迫害を受ける恐れがあるために他国に逃れた」人々と定義されている(5)。また今日では、政治的な迫害のほか、武力紛争や人権侵害などを逃れるために国境を越えて他国に庇護を求めた人々を指すようになっている。

筆者自身、新聞社に勤務していたのでよくわかるのだが、こうした難民の正確な意味を理解している新聞記者は少ない。社会部などで難民問題をフォローしている記者や政治部、国際部の一部の記者以外は、ほとんど知らないとみなしてよい。「買い物難民」や「引っ越し難民」の記事を書いた記者は、もちろん理解していない。知らないから、本人はおもしろい表現だと思うのか、あるいは読者にわかりやすいと感じるのか、軽い気持ちで書いているのである。そこには、難民当事者がどう思うかという視点は欠如している。

2　報道が変えた難民政策

二〇一五年九月二日、シリア難民の三歳の男児が遺体となってトルコの海岸に打ち上げられたニュースが、世界を駆けめぐった。フランス国営テレビ「フランス２」は三日午後八時のニュースで、「たった一枚の写真が問題の捉え方を一変させてしまうことがある。これから見せるのは欧州に衝撃を与えた映像だ」と、三歳児の遺体発見を報道した。写真を撮影、配信したのはトルコの通信社だったが、欧米各国のマスメディアはためらいながらも一斉に映像を流した。

英国では『ガーディアン』(*The Guardian*)、『タイムズ』(*The Times*)、『デイリー・メール』(*Daily Mail*)、『デイリー・ミラー』(*Daily Mirror*)、『インデペンデント』(*The Independent*)、『サン』(*The Sun*) などの主要紙が三日付で一面に写真を大きく掲載し、このニュースを報じた。紙面には「欧州難民危機の衝撃的で悲惨な現実」(『ガーディアン』)、「耐え難い！」(『デイリー・ミラー』)、「人間の破滅の小さな犠牲者」(『デイリー・メール』) などセンセーショナルな見出しが踊った。欧州の新聞は通常、人間の遺体の写真を載せないが、このときばかりは、ほとんどの新聞が掲載に踏み切った。『ガーディアン』のジェーン・マーティンソン (Jane Martinson) メディア部長は「この写真は千の言葉よりも価値がある。これによって議論の性格が変わる」と掲載した理由を述べた。[6]

当時、ＥＵ (欧州連合) ではシリア難民の受け入れをめぐって積極的なドイツやスウェーデンと、拒否的なハンガリー、チェコなどの中欧諸国との対立が続いていており、英国も消極的な姿勢を示していた。だが、一連の報道で英国の政策が変わる。写真を一斉に掲載した英紙の報道を受け、キャメロン首相は「この映像を見た人は誰でも動揺するだろう。私は父親として浜辺のこの男の子の姿に耐えがたい思いを抱く。英国には倫理観がある。我々は責任を果たす」と述べた。[7] 同首相は四日後の七日、五年間で二万人のシリア難民を受け入れることを発表した。

危険な航海で地中海を渡って欧州をめざし、命を落とした難民は数多くいる。そのことについての報道も数多くあったが、世論が大きく変わることはなかった。トルコの海岸に打ち上げられたシリア難民の男児のニュースが英国の難民政策を変えるほどの力を持ったのは、衝撃的な写真があったからである。仮に写真が掲載されなかったなら、あれほどの影響力はあっただろうか。遺体の写真を載せることの賛否はあるだろうが、結果的に写真が世界を動かした。メディアの報道姿勢一つで政策が変わることを、まざまざと示した出来事だった。

日本でもメディアの報道が政府の難民政策に大きな影響を与えた例がある。二〇一五年二月、『読売新聞』の記事をきっかけに、就労を目的にした難民認定の虚偽申請が横行しているとの報道が広がり、世論の後押しを受けて政府は難民認定制度の運用の見直しを進めたのである。

「難民申請　偽装を指南」。――二〇一五年二月四日付の『読売新聞』は一面トップ記事で、ネパール人に難民認定の偽装申請を指南し、就労させていた同じネパールのブローカーの男が入国管理当局から出入国管理法違反容疑で摘発されたことを報じた。同紙によると、難民申請制度を悪用したブローカーの摘発は初めてという。当時、日本では難民申請をした外国人の申請期間中の生活を支えるため、申請から六カ月が経てば一律に就労を認める仕組みになっていた。認定審査は通常一年近くかかり、異議申し立てや再申請をすると、さらに時間がかかるため、数年にわたり働き続けることも可能だった。ブローカーの男はこの制度を逆手にとって、日本での就労を希望するネパール人に日本で難民申請すれば就労できると働きかけていた。

『読売新聞』はこの後、二月一一日から社会面で連載企画「難民偽装」を五回にわたって掲載、ネパール人に難民申請を指南する複数のブローカーの暗躍や外国人技能実習生が劣悪な労働条件に耐え切れず、失踪して難民申請する実態、外国人労働力に依存しないと立ち行かない日本の人手不足の実情などを伝えた。二二日にはこの問題を社説で取り上げ、「難民偽装問題　悪用防ぐ制度見直しが必要だ」との見出しを掲げ、「法務省は実態解明を進めるべきだ」と主張した。一面トップのニュース記事から始まり、五回もの連載企画、社説と続く取り上げ方は相当な取材をしたうえでの報道で、偽装難民を問題提起するキャンペーン報道とも受け取れる。他の新聞も『読売』の報道を受けて、この問題を報じるようになったが、記事の扱いは小さく、回数も少なく、『読売』の報道が突出している。『読売』は二〇一五年三月以降もこの問題をきめ細かくフォローして記事化している。

『読売』の報道を受け、法務省は制度の見直しを検討していることを明らかにし、二〇一八年一月一二日に難民申請から六カ月後に一律に日本での就労を認める運用をやめることを発表した。難民申請する外国人を申請から二カ月以内に四つに分類し、明らかに難民に該当しない人や同じような理由で再申請する人には就労を認めず、在留期限が来れば、強制退去の手続きを進めることにした。

ＮＰＯ法人「難民支援協会」の石川えり代表理事は「法務省がメディアと組んでキャンペーンを仕掛けているので

はないかと感じた」と『読売新聞』の一連の報道を振り返る。(8) 難民支援協会は『読売』の二月四日付の記事の後、ホームページで「具体的に濫用の明確な定義がないまま、特定の国から偽装申請が横行しているといった報道には懸念を覚える」との見解を表明している。法務省入国管理局（二〇一九年四月から出入国在留管理庁に改組）で難民認定室長、審判課長を務めた君塚宏氏は読売からの取材を受けたことを認めたうえで「メディアの報道は影響が大きい。入管のホームページで情報発信しても、あまり見る人はいない」と語る。(9) 難民認定制度の運用見直しは政府が意図的にメディアを動かしたかどうかはともかく、新聞の報道が世論を動かし、政策の変更につながった例であることは間違いない。

この難民偽装問題は法務省の制度見直し発表から五カ月後に、再びメディアで話題になった。二〇一八年六月六日、NHKが午後一〇時からのニュース解説番組「クローズアップ現代＋《プラス》」で「自称〝難民〟が急増!? 超人手不足でいま何が…?」というタイトルで、就労目的で難民申請をする外国人の実態を放映したのだ。これに対し、難民支援協会は直ちに番組に抗議する声明をホームページ上に掲載した。抗議の理由は、①就労目的の難民申請者のみが取り上げられ、日本に庇護を求めてきた本当の難民の存在について触れられていない、②「日本の難民＝自称、偽物」というイメージが植え付けられてしまう内容だった、というのが主な点である。

「クローズアップ現代＋《プラス》」の特集は、日本で就労したい外国人が難民申請をしてまでも働こうとする実態を報道することで、日本の人手不足の深刻さを浮き彫りにすることに主眼が置かれていたが、来日する難民を支援する立場の協会とすれば、本来の難民にまったく触れないバランスの欠けた報道と映り、看過できなかったのであろう。難民への認識が低い日本では、視聴者に日本の難民は偽物だというイメージを刷り込みかねない、という危機感の表れである。ただ、マスメディアは常にニュースを取り上げるので、新しい現象、驚くような出来事、世間の気を引くような話に重点を置いて報道する。バランスをとった報道をすると、読者や視聴者に対するアピールが弱くなるので、どうしても偏った内容になりやすいという傾向がある。NHK側に悪気や意図があったとは思えないが、難民支援協会が抗議する気持ちもよくわかる。

難民支援協会のホームページによると、協会は①報道の訂正、②日本の難民申請者に関する偏った報道への抗議、③今後の番組制作に関するお願い、の三点で構成する抗議文をＮＨＫに送ったところ、ＮＨＫ名古屋放送局の報道部チーフ・プロデューサーとディレクターが協会を訪れ、双方が協議を行ったという(10)。難民支援協会は報道の一部に誤りがあることを指摘、ＮＨＫもそれを認め、番組のウェブサイトを訂正すると約束した。ただ、テキストは差し替えられたものの、「訂正した」との記載はなく、協会は「これでは番組の視聴者が訂正に気づくのは困難」と指摘している。そのうえで「当会は難民の命や人生がかかっているという認識で、情報発信を慎重かつ丁寧に行ってきました。大きな影響力のあるマスメディアが今回、このような対応に終わったことは、大変残念でなりません」とＮＨＫを批判している。

3　新聞の社説に見る難民

前節で述べたように、『読売新聞』は二〇一五年二月二一日付の社説で難民偽装問題を取り上げ、二月四日に一面で報道したネパール人のブローカーの男が入管法違反容疑で摘発された事件を詳しく紹介したうえで、難民認定制度の見直しの必要性を訴えた。その理由として、制度が悪用されていること、また虚偽申請の急増による難民申請数の増加が審査の長期化につながり、本来救済されるべき難民の保護の遅れにつながっている点を強調している。虚偽申請の増加の背景には、人手不足のなか、日本での就労を望む外国人の増加とそれを制限する日本の外国人労働者政策があるが、それについては触れていない。

『読売』は政府が難民認定制度の見直しを発表し、運用が始まった後の二〇一八年四月二七日付でも「難民偽装申

請　制度の悪用は見過ごせない」との見出しで、この問題を社説で取り上げた。「新たな運用を開始してから、一カ月間の申請は、前年の半数にとどまっている。偽装申請に対する一定の抑止効果が表れている」と制度見直しを評価した。その一方で「懸念されるのは、就労許可の厳格化で、難民申請を経ずに不法就労する人が増えることだ」と不法就労問題に焦点を当てている。今回は外国人労働者問題にも言及、人手不足のなか、外国人労働者を適切な手続きにより、受け入れるべきと主張している。真に救済が必要な難民については、審査の透明性を高め、着実に保護するよう求めている。

難民偽装問題については終始『読売新聞』が報道をリードしたが、では日本の他の新聞は社説でどのような主張したのか。保守系と言われる『読売新聞』に対し、リベラルとされる『朝日新聞』の社説を見てみたい。『朝日』は難民偽装問題が表面化した二〇一五年に、四月七日付、八月一三日付、九月一六日付と三回にわたって社説で取り上げている。政府は『読売新聞』の二月四日付の報道を受け、上川陽子法相が六日、「法の趣旨に則って適正化を図っていくことが大変大事だ」と述べるなど、難民認定制度を見直す方針を打ち出した。九月一五日にこの方針も盛り込んだ「第五次出入国管理基本計画」が発表されるが、『朝日』は計画発表の前に二回、発表直後に一回社説を掲載している。

計画発表前の四月七日付の社説の見出しは「難民受け入れ　拡大こそ国際貢献の道」。欧米に比べ、難民の受け入れが少ないことを強調、UNHCRなど国際機関の意見も取り入れて認定審査を柔軟にし、国際基準に揃えるよう求めている。難民偽装問題を受けた政府の制度見直しの動きに懸念を表明、「疑うことから始めては、難民認定という制度自体、成り立たない」とし、難民の受け入れ拡大を訴えている。「難民受け入れ　手を差しのべる姿勢を」という八月一三日の社説でも、日本の難民認定数の少なさを強調、世界的に難民申請者が増えるなか、日本が国際的責任を果たすよう求めている。「就労資格を求めて難民申請する人はいるかもしれない」と虚偽申請があることは認めながらも、「認定の幅を狭めることには慎重であるべきだ」と主張している。政府の認定制度見直しを懸念するUNH

ＣＲの姿勢を全面的に支持し、偽装難民の排除より、日本の難民認定審査の厳格さを見直すよう訴えている。

『朝日新聞』の九月一六日付の社説は、一五日の第五次出入国管理基本計画の発表を受けて掲載された。前回同様、難民認定制度の見直しへの懸念を示しているが、見出しが「難民問題　法務省任せで良いのか」となっているように、出入国管理行政の視点を超えた省庁横断的な取り組みを求めている。「難民問題を扱う際に『偽装』や『不正』を防ぐ法務省の観点も必要だろう。しかし、それが全てであるはずがない」として、日本の難民認定数の少なさに言及、前回と同じく受け入れを増やすことで国際的な責任を果たす必要性を強調している。法務省任せにするのでなく、政治家のリーダーシップのもと、難民問題に取り組むよう求め、一九七〇年代にベトナムやカンボジアからインドシナ難民を一万一千人以上も受け入れた実績に触れている。安倍政権が「積極的平和主義」を掲げていることを指摘、日本に何ができるのか、具体策の検討に着手するよう求めている。『朝日』は二〇一六年に入ってからも九月二三日付で社説を掲載、「難民と世界　もっと支援に本腰を」の見出しで、政府は責任を果たすべきだと訴えるなど、一貫して日本の難民受け入れ拡大を主張している。

以上の例から明らかなように、『読売新聞』と『朝日新聞』では主張が一八〇度異なる。『読売』は就労目的の虚偽の難民申請を問題視し、認定審査の厳格化を主張、政府の制度見直しを後押ししたのに対し、『朝日』は法務省主導の認定審査の厳格化より、日本の国際的責任を重視、省庁を横断した全政府で難民問題に取り組むよう論陣を張っている。角度を変えて言えば、『読売』は不法労働への取り締まり強化、『朝日』は人道的観点からの難民受け入れ拡大を主張している。保守系、リベラル系と言われる両紙の特徴が難民問題への対応にも表れていると言えるだろう。

では経済専門紙の『日本経済新聞』はこの問題をどう見ているのだろうか。『日経』は二〇一五年三月一六日付で「難民に冷たい国でいいのか」との見出しで社説を掲載している。『日経』も『朝日』同様、日本の難民認定の少なさを強調、「『難民鎖国』とか『難民に冷たい国』といった批判を、甘んじて受け入れざるを得ない実績といえる」と指摘している。難民偽装問題にも触れているが、審査厳格化を求めているわけではなく、偽装難民により申請者が増加したことに着目、「難民かどうかを判定する実務をになう人たちの仕事は難しさを増している。だからといって、本当に迫害のおそれのある人たちを受け入れて保護するという責務を果たさないのでは、本末転倒だ」と本来の難民の認定への影響を懸念している。

二〇一八年一月一八日付の社説「『真の難民』保護に一層の改革を」でもこの論調は変わらず、制度見直しで偽装難民の申請を抑えることは「やむを得ない対応」としながらも、真の難民保護のためには、厳しい認定基準の緩和が必要としている。『日経』は経済紙ということもあって日本の労働者不足には敏感で、外国人労働者の受け入れには積極的な論調を展開している。こうした観点から、難民偽装問題の背景には、建前では単純労働者を受け入れないとする日本の外国人政策の矛盾があると指摘、「人手不足が深刻になるなか、外国人をどう受け入れていくのか――。これが問われているともいえる」と問題提起している。

おわりに

大学や学会などで積極的に日本の難民政策について発信する法務官僚の君塚宏氏は「日本の新聞を一紙だけ読んでも、難民問題はわからない」と指摘する。まず新聞によって論調が大きく違う。「『読売新聞』と『朝日新聞』を両方読んで、やっと問題が見えてくる」。さらに「新聞はニュース記事優先で断片的に伝えるので、全体像が伝わらない」(11)という。偽装難民に焦点を当てた記事と日本の難民認定数が少ないことを強調した記事では読者の受ける印象は大きく変わる。前者を読めば、難民申請者に問題があることになるが、後者を読めば、難民を認定する側の法務省に問題があるように感じるだろう。

偽装難民という言葉を聞くだけで、読者は「難民申請者は胡散臭い人」という印象を持ち、犯罪につながるイメージを持つ。治安上の観点から難民は受け入れたくないという意見に傾いても不思議ではない。だが、欧米に比べ、日本の難民の認定数が極端に少ないという事実を聞けば、なぜ日本は難民を受け入れないのか、受け入れるべきだという考えを持つかもしれない。

どういう側面に力点を置いて報道するかで世論は大きく変わる。難民問題のように、一般市民があまり精通しているとは言えないテーマでは、出来事の一端だけを伝えるのでなく、多面的な報道が望ましい。ニュース記事では伝えきれないので、特集や連載記事で深堀した報道を心がけるべきだろう。

「私たちの活動はメディアに支えられて今日がある。でも最近は報道が偏っているように思う」と指摘するのは、難民を助ける会の柳瀬房子会長だ。柳瀬氏は難民審査参与員を務めているが、「申請する人のなかで難民の蓋然性があると思われるのは三～五％。このことをもっと知って欲しい」と語る。[12]『読売新聞』の報道のように就労目的の虚偽申請など難民とはおよそ言えないような申請者が多いのは事実だと明かす。ただ、柳瀬氏は偽装難民の存在を別の角度から問題提起する。「申請に来る人はみんな健気。本人たちは働けるビザの取得だと思って来ている。（申請書にはブローカーから）指示された通りに、みんな同じ文言を書いている」と難民申請者の実態について語る。そのうえで、「今や東京のコンビニや居酒屋を支えているのは外国人。日本人はそれを見て見ないふりをしている。難民問題だけを取り上げても意味がない。移民問題を同時に議論していく必要がある」と訴える。

日本は原則、専門的・技術的分野の外国人しか受け入れない政策を堅持してきた。二〇一九年の入管法改正で「特定技能」という新在留資格を設け、一歩を踏み出したものの、いわゆる単純労働者には長く門戸を開いてこなかった。人手不足のなか、外国人の単純労働へのニーズは高く、本来は技能を学んで祖国に帰って活かすことが趣旨の技能実習生や、勉強することが本来の目的であるはずの留学生のアルバイトに頼って労働力を確保してきた。こうした建前と本音の乖離が偽装難民を生み出したのも事実だ。日本の難民受け入れが少ないのも煎じ詰めれば、日本の移民政策が不明確であることが大きい。移民政策が不在なため、難民を受け入れた後の社会統合政策がはっきり見えてこない。

ミャンマー難民のチョウ・チョウ・ソーさんは難民偽装問題について「難民申請者が難民かどうかという入管の見方ではなく、申請者がどこの国の人で、どんな事情を抱えているかを伝えてほしい」とメディアの報道に注文を付ける(13)。「難民申請者がなぜ増えたのか、申請する人にもそれぞれの理由がある。申請者たちの声を聞きたい」という。今、日本にはベトナムやネパールから就労したいという人が技能実習生や留学生として大勢来ている。難民申請するのもこうした人たちだ。チョウさんは「彼らは若く、日本社会に役立っている。偽装難民だと言って追い出すのではなく、どういう方法で在留させるのかを考えたほうがいい」と提案する。偽装難民だとして排除している外国人は実は人手不足の日本を救う「資源」かもしれないのだ。

チョウさんはさらに指摘する。「日本人は自分の生活にばかり関心を持ち、周りで起こっていることに無関心になっているのではないか」。引っ越し難民やネットカフェ難民という言葉が新聞に躍るのも、その表れと見ている。「なぜ難民がいるのか。問題のルーツを知ってほしい。遠い国の問題がなぜ日本に関わってくるのかを考えて欲しい」という。メディアに求められるのもグローバルな視点で、それを読者や視聴者にわかりやすく、実は自分たちにも身近な問題なのだと伝える工夫が必要である。

難民を助ける会の伊藤広報部長は外国の難民の状況について「日本のメディアは実際の姿を伝えていない」と手厳しい(14)。「欧州の難民危機ばかりが報道され、実際に最もシリア難民を保護しているトルコやヨルダン、レバノンなどの状況があまり報道されない。日本の記者は取材に行きやすい欧州にばかり行き、トルコなど中東にはあまり行かない」という。中東に行っても「絵になる」という理由で、「難民キャンプばかりが映され、町のなかで暮らしている人や就労している人はあまり報道されない」と指摘する。

新聞はスクープのようなニュース、テレビは迫力ある映像を重視し、なかなか全体像を俯瞰するような報道はない──。難民支援団体などの関係者からはこうした声が漏れてくる。ごくまれに難民問題に強い関心を持つ記者が出てきても、担当がすぐ変わるとか、社内上層部の抵抗に遭って思うような記事を書けないという声も耳にした。メディアの批判をすることは簡単だが、難民問題を広く国民に関心を持ってもらうにはメディアの役割が重要であることも間違いない。メディアの報道の仕方一つで国民が難民に抱くイメージは「負担」にもなり、「資源」にもなる。何より、人権上の観点から難民は保護すべき存在なのだという基本を理解することが重要だろう。また難民が発生する根源を知るには国際的な視野が必要である。難民を身近に感じるにはどうしたらよいか。メディア、行政、支援団体、大学など研究機関が連携し、研究する仕組みが求められているのではないだろうか。

【注】

（1）フランスの極右政党「国民戦線」（二〇一八年六月に国民連合に党名変更）は「難民にテロリストが紛れ込んでいる」と主張し、難民受け入れ停止を訴えた（『日本経済新聞』二〇一六年三月二三日付）。欧州では、「ドイツのための選択肢」、オーストリア自由党、スウェーデン民主党などの極右政党が台頭、同様の主張を展開している。

（2）二〇一五年九月二九日、ニューヨークで開かれた国連総会で演説した後の記者会見での発言。英国のロイター通信などが報道、内外の新聞に掲載された。

（3）筆者によるインタビュー（二〇一八年五月二五日）。

（4）筆者によるインタビュー（二〇一八年三月二八日）。

（5）ＵＮＨＣＲ駐日事務所のホームページ。http://www.unhcr.org/jp/what_is_refugee（閲覧：二〇一八・九・一〇）

（6）フランス国営テレビ「フランス２」の二〇一五年九月三日午後八時のニュースで放映された。

（7）同前。

（8）筆者によるインタビュー（二〇一八年二月二〇日）。

（9）筆者によるインタビュー（二〇一八年三月二三日）。

（10）難民支援協会のホームページ。https://www.refugee.or.jp/jar/publicity/2018/08/02-0000.shtml（閲覧：二〇一八・九・一〇）

（11）筆者によるインタビュー（二〇一八年三月二三日）。
（12）筆者によるインタビュー（二〇一八年五月二五日）。
（13）筆者によるインタビュー（二〇一八年五月二五日）。
（14）筆者によるインタビュー（二〇一八年三月二八日）。

【参考文献】


Daily Mail, 2015.9.3.

Daily Mirror, 2015.9.3.

The Guardian, 2015.9.3.

滝澤三郎編著（二〇一八）『世界の難民をたすける三〇の方法』合同出版。

滝澤三郎・山田満編著（二〇一七）『難民を知るための基礎知識』明石書店。

根本かおる（二〇一七）『難民鎖国ニッポンのゆくえ』ポプラ社。

米川正子（二〇一七）『あやつられる難民――政府、国連、NGOのはざまで』筑摩書房。

『朝日新聞』二〇一五年四月七日「難民受け入れ　拡大こそ国際貢献の道」。

『朝日新聞』二〇一五年八月一三日「難民受け入れ　手を差しのべる姿勢を」。

『朝日新聞』二〇一五年九月一六日「難民問題　法務省任せで良いのか」。

『朝日新聞』二〇一六年九月二三日「難民と世界　もっと支援に本腰を」。

『日本経済新聞』二〇一五年三月一六日「難民に冷たい国でいいのか」。

『日本経済新聞』二〇一八年一月一八日「『真の難民』保護に一層の改革を」。

『読売新聞』二〇一五年二月四日「難民申請　偽装を指南。ネパール人摘発　就労制度を悪用　入管法違反容疑」。

『読売新聞』二〇一五年二月二二日「難民偽装問題　悪用防ぐ制度見直しが必要だ」。

『読売新聞』二〇一八年四月二七日「難民偽装申請　制度の悪用は見過ごせない」。

NHKクローズアップ現代＋ホームページ「自称〝難民〟が急増!?　超人手不足でいま何が…?」。http://www.nhk.or.jp/

gendai/articles/4142/index.html（閲覧：二〇一八・九・一〇）

難民支援協会ホームページ「難民申請の『偽装』『悪用』『濫用』等に関する報道について」。https://www.refugee.or.jp/jar/release/2015/02/13-1830.shtml（閲覧：二〇一八・九・一〇）

難民支援協会ホームページ「クローズアップ現代で放送された内容について」。https://www.refugee.or.jp/jar/publicity/2018/06/06-0000.shtml（閲覧：二〇一八・九・一〇）

難民支援協会ホームページ「クローズアップ現代＋への抗議とその後の協議の結果について」。https://www.refugee.or.jp/jar/publicity/2018/08/02-0000.shtml（閲覧：二〇一八・九・一〇）

第12章　定住と社会統合
――アイデンティティの再確立

小泉　康一

【要旨】「定住」の目的は、ＵＮＨＣＲによれば、国際的保護、恒久的解決、責任分担の三つからなる、と言われる。これらの用語をより子細に検討すると、三つの要因は実際上、相互につながりあって存在していることがわかる。そのため難民の定住を受け入れた国（ホスト国）では、当初の受け入れ措置から、その後に人々をホスト社会にどう統合していくのかを含めて定住計画を立案する必要がある。

定住から統合へのプロセスは、難民にとっては、社会的なネットワークの形成・確立とともに、以前の社会的な絆の喪失を認め、諦めて受け入れ、傷を癒すプロセスである。

「統合」を考える際に重要なことは、難民がホスト社会への編入を自分から望むかどうかである。難民個々人が、自分は何国人だと宣言する新しいアイデンティティの感覚を持ちうる準備があるかどうかである。


【キーワード】国際的保護、負担（責任）分担、定住、統合、アイデンティティ

はじめに

今世紀初頭以来、定住はアメリカでも欧州でも、重要な政策課題として、（再）浮上している。「定住」（resettlement）とは何であり、どう使われるべきなのかを探ることは、とりわけ重要になっている。定住は、UNHCRの保護（人命を守る）という課題のなかで、一つのカギとなるテーマである。

しかし、現代の難民保護をめぐる多国間の論議の多くは「南／北」の区分に沿って、分裂・対立している。「南」の国々は絶えず、他国、とりわけ先進国（ドナー）により多くの負担分担を訴え、一方「北」の先進国は、自分たちの優先順位と関心に合わせて、UNHCRの年間予算や定住枠の割り当て（人数）に限られた資金を拠出し、使い道を指定している。ドナーとUNHCRのこの力学が、UNHCRの年次総会、つまり同執行委員会（Executive Committee: ExCom）の討議と予算交渉、特別計画の策定に影響を与えている。

アメリカと欧州は、それぞれ背景が異なるものの、定住の核となる難民の保護と「恒久的解決」の実施・開発の点で特異な状況にあり、定住計画は今、転換期にある。アメリカの定住計画は、主として家族再会と外交政策上の考慮、そして人道主義の混合であった。この三つの定住目的のうち、人道主義は別として、家族再会と外交利益の二つがはたして最も有効であるかどうかが問題になり、国家の安全が新たに外交政策の目標に移し替えられている。

欧州とりわけEU（欧州連合）では、多くの国々が自分たちの定住計画を新たに開発したり、再検討している。EUが直面する難民保護の課題の解決のために、これまでEUが行ってきたのは比較的小規模の定住計画だったが、それをさらに拡大するという考えは、アメリカでの定住の再検討という場合よりも、いっそう難問である（Noll and van Selm 2003, 25）。

決定的に問題なのは、EUの多くの加盟国のなかに、定住計画に関与する「政治的な意思」があるかどうかである。

欧州の大半の国々はまだ、自国内の難民政策を十分な形で作るのをためらっており、EU段階で「(一時)庇護」に共通に取り組む以上の関与はしていない。

難民の定住(計画)が、難民と国家にとってより効果的になるためには、難民自身の定住ニーズに沿った計画と、基準となる実施措置の開発、それに社会にどう受け入れるかという「統合」(integration)の問題とその見通しという、考慮を必要とするいくつかの要因が存在している。

「定住」と言った場合、自国へ帰還して生活を再び始めたり、あるいはまた庇護された国での生活も定住である。本章では先進国と言われる国々での定住(第三国定住)の話を進めつつ、同時に途上国でのそれらの定住も視野に入れている。

1　定住の目的と内容

難民は、最初に庇護された国(第一次庇護国)で安堵する間もなく、敵意を持った集団による攻撃や、逮捕、拘禁の危険に晒されるため、まずは彼らの身の安全を確保することが重要になる。UNHCRの『ハンドブック』に書かれた定住(第三国定住)の目的のなかから、いくつかを抜き書きしてみる(1)(UNHCR駐日事務所 二〇一〇、四)。


「そのような明白な状況〔第一次庇護国での危険な状況・筆者注〕では、国際的保護の手段及び恒久的解決策の両方の観点から第三国定住の必要性が浮上する。」

「第三国定住以外には恒久的解決策が存在しない。」

「第三国定住はまた、固有の危険にさらされている難民や、全般的な経済・社会情勢ゆえに特定のニーズを避難国が満たせない難民にとっても、最も適切な選択肢となる場合がある（このような難民の例は、保護者のいない子ども・若者、重度の障害難民、高齢者、特別の医療を必要とする難民、危険な状況にある女性、トラウマ・拷問をうけた難民などである)。」〔傍線は筆者〕

「難民の第三国定住計画は世界全体で、また先進諸国と途上諸国の間で難民問題に対応する責任の分担を促す重要な手段でもある。」〔傍線は筆者〕

以上のことから、ＵＮＨＣＲが考える「定住の目的」とは、国際的保護、恒久的解決、責任分担（負担分担ともいう）の三つであることがわかる。そしてこの三つは、以下の簡単な分析からわかるように、相互につながりを持って存在している。すなわち、まず第一に、定住は難民保護に包括的に取り組むうえで、重要な要因である。第二に、その定住は、保護手段や恒久的解決策として単独で働くことはできない。各国は、より公平に負担と責任を分担し、柔軟な定住規準で難民を受け入れ、難民を保護するための能力を養い、効果的に定住を使うことが期待されている。そして第三に、定住のこれらの使い方は、包括的な取り組みのなかで、いわゆる三つの「恒久的解決策」（帰還、現地統合（第一次庇護国定住）、第三国定住）の一つとして、効果的に使いうることを示している。

そして受け入れ後に、ホスト社会にどう統合していくのかを含めて、定住（計画）は立案されねばならない。先進国のこれまでの受け入れ経験では、移民・難民をホスト社会の経済、文化、社会制度、組織に馴染ませる要因については、いくつかの仮説がある（Weiner 1999, 384, 388）。

簡略に言えば、以下の場合に定住受け入れから統合へと事態が進むと考えられている。①受け入れ社会が移民を社会の永久の構成員と見て、市民権を与える場合。移民は、市民権と新しいアイデンティティを受け入れる。②移民に子どもが生まれたときには、その国の国民と見なされ、同等の教育機会が与えられる場合。③移民の性格が特に受け入れ社会の労働市場での要請にあっている場合。④受け入れ国の経済が活況のときは、移民とホスト国民の競争が減り、移民に機会が与えられる場合。⑤労働市場の構造が職種の改善・上昇を求める移民に機会を与える場合。⑥受け入れ社会が、移民社会の文化や価値を傷つけない場合。⑦移民の入国の速度・流れが時間的に十分に分散されるか、特定の一国からだけの入国者数が少なく、「民族的な少数者の居住地区」（ethnic enclave）を長期に存続させない場合。⑧受け入れ社会が、移民・難民の流入を管理可能だとみなす場合。⑨国家が、学校、雇用、住居で、彼らとの分離を求めたり進めたりしない場合、が言われている。

2　定住を支える制度的枠組み

難民の定住問題が複雑になる理由は、難民と非難民の間を分類し区別したいという、制度面からの必要性のためである。制度は、次の三つの段階に分かれ、それぞれの段階で働いている。第一は、国際社会の段階。難民条約は、難民の処遇について各々の締結国の行動を定め、難民の権利についての国際基準を全般的に確立しようとしている。考えられる権利とは、人間としての尊厳、平等性、文化的な事柄の選択の自由、公正、安全、独立などが含まれている。同条約はまた、第二の国家段階で、難民が社会生活を送るうえでの各種の保護措置を定めている。特に、権利と市民権の分野は、政策を作る際の基礎となる考え方であり、土台となる部分である。国民としての地位、市民権、権利の概念は状況ごとに異なるが、すべてにおいて、その状況下で原則を守り、実施するうえでの基礎となっている。これは、難民の権利という第一の権利から派生する、第二の権利とも言える。市民権、家族再会、法のもとでの平等は、それ自体、難民の定住・統合を定めていないが、統合についての重要な前提事項である（Ager and Strang 2008, 175）。

そして第三の地域社会段階で、国家の難民定住政策は、難民の人々や地域の共同体が潜在的な行動力を最大限に発揮するうえで、重要な役割を演じることになる。具体的には、雇用、社会福祉、教育、住居といった事柄で、難民の社会権として難民条約で述べられている分野である。重要なことは、難民が法的な助言を受けたり、福祉サービスを利用したりする際に、地元民と平等だという感覚を持てるかどうかである。難民の市民権への申請率は、市民権や権利が難民にどう理解されているかを示す重要な指標である（Ager and Strang 2008, 177）、と言われる。

かくして政府は、国民としての地位、市民権、難民に与えられる権利について、政策を明確にする必要がある。そうした考慮は、難民政策を立てる際の規準となる枠組みの基礎である。難民の権利を明確化することは、定住政策の基礎を定めることである。

政策の基礎となるのは、難民の状況分析だが、よく行われるのは「生計枠組み」（the livelihoods framework）分析である。ジェイコブセン（Karen Jacobsen）らによれば、この枠組みには、①社会的な脆弱性、②生計を立てるうえでの資産、③結果として生じた事態、の三つの要素がある（詳しくは、Jacobsen 2006, 280–284）、とされる。①は、受け入れ国の法律と政策の具合・状況と、実施状況で決まる。②は、社会資本。同国人による物的および精神的支援や助言、就職へのツテ、資金の入手先が存在するか否かの状況や程度である。③は、受け入れ社会にとっての影響・結果である。

この分析を行う際には、国政段階、地方段階、地域社会段階での状況を知るために、より小規模で具体的ないくつかの指標（指標セット）が必要となる。しかし実際のプロセスは、複合し多元的で多様な要因が介在するので、些細な事情に煩わされない包括的な視点が重要となる。

ライアン（Dermot Ryan）らの「資源モデル」（the resource-based model）は、難民個々人の必要や目標、欲求からの理解が重要だ（Ryan et al. 2008, 15）としている。彼らの主張は、難民が適応するうえで、資源の存在は中心的であり、資源の種類、性質、状況、程度を、個々人の必要、目標、欲求に応じて見るべきだ、とする点にある。人間が生きるには、一定の基本的ニーズが満たされねばならない。このニーズを満たすのが資源というわけである。だから「資源」という概念は、個人にニーズを満たし、目標を追求できるようにするために欠かせないものとなる。

ともあれ、難民は絶えず資源の流出状態にある。逃亡およびその過程で、個人的資源、物質的資源、社会的資源を失うなかで、受け入れ社会の新しい社会文化環境に入ることは、自らの文化資源（社会的地位、学歴、職業・技術、経験など）の価値を減じたり、喪失したりすることになる。受け入れ国の当局は、雇用、教育、正当な法的地位といった主要な資源の入手に制限を加えるかもしれない。

日本社会を例にとれば、日本社会には社会経済的立場があり、法的地位、性別、民族別（在日朝鮮人・韓国人など）の区別をもって構成されている。日本社会のこれらの区別や違いが、日本の難民政策に映し出されてくる。

3　統合——用語と要因

移民・難民の統合の問題が近年、多くの先進諸国で主要な政策課題となっている。統合の問題はまた、集団のアイデンティティや治安などにつながる問題である。受け入れ社会での難民の統合は、研究者、実務者、そして政策立案者にとっても、概念的にも実践的にも、非常に論議のある問題となっている。用語は定義が異なり、また統合を進める場合の政策も異なったやり方で行われている（Korac 2003, 398）のが実情である。

「統合」は、移民の吸収という現代に特有な政治状況をめぐる論議のなかで、社会政治理論から出てきた言葉である（Weil and Crowley 1999, 100）。古典的な社会学上の意味では、共有された信念・慣行、社会的な相互関係、共通の目標といったことから出てきた言葉である。ここではコーラック（Maja Korac）の定義を借りて、統合を「新着民が社会の目的に対し、調和を持ちつつ、一定の社会参加が達成できる前に克服しなければならない主要な障害を含む目標志向のプロセス」（Korac 2003, 401）としておく。

それでは先進国で一般に、移民の社会統合に影響する要因とは何か。何の要因が、難民と受け入れ国の国民の関係を敵意あるものとするのか、あるいは支援的なものと決めるのか。公共政策はその関係にどう影響し、違いを作り出すのか。

経験的に知られているのは、第一に、社会が喜んで難民を編入・吸収するのかどうか。第二に、付与された法的地位と新しいアイデンティティで、社会の一員になることを難民自身が望んでいるか。第三は、経済活動のために労働市場のすき間を難民が見つけられるかどうか、である。換言すれば、難民とホスト国民の関係に影響するのは、どんな入国政策と定住・統合政策が採用され、これらの政策が難民の統合にどう役立つかである。

しかるに、現実はどうであろうか。欧州各国での統合過程では、行き詰まり感がある。スカーフで顔と頭を覆い教室にやってくるムスリム少女の問題はフランスで大きな問題となった。賛否の論争が渦巻いた。イギリスでは、ムスリムが政府のキリスト教やユダヤ教の私立学校支援を理由に、自分たちムスリムの私立学校への財政援助を政府に要求した（Weiner 1999, 384）。

近年まで多くの移民国において文化的な多様性に関する優勢な考え方は、同化を通じて時とともに問題は解決するとされていたことである。フランスは、欧州のなかでも移住の長い歴史がある国であり、共和国社会へ移民を同化する能力を誇りにしてきた。「フランス・モデル」では、民族や国の違いは第二世代でなくなるとされる。それゆえ、社会的な烙印の根拠は存在していない。この考えはフランスだけでなく、まだいくつかの国で支配的な考え方となっている。

しかし同化という考え方は、次第に実現することが難しくなっている。移民を今一度「社会化する」という国民国家の力は、グローバル化の傾向と社会自体の結束が下降することで、随分と損なわれている。移民は、通信・運輸手段の格段の進歩で、祖国を頻繁に訪れるようになって、祖国とのつながりや文化を維持しやすくなった（Castles 2000, 198）。自国文化への誇りは、同化を容易にするのか、それとも緩慢にするのか。文化的な周縁性は、アイデンティティの変化を早めるのかどうかは、まだ答えられていない問題である。

4　統合——難民の社会編入

これまで移民の統合を扱った学術研究の多くは、主に同化の程度か、経済的地位の改善・向上への構造的障害となる、個人や集団の違いに焦点を合わせてきた。他方、政策論議はほとんど入国許可人数とその選別規準に集中してきた。同化は常に個人に生じるが、集団の同化は歴史現象として起こっている。その意味で、「同化モデル」は歴史的な分析にはいくらかの有用性があり、あらかじめ措定された単線的な考え方は捨てねばならないが、完全に否定することもない。ただ、同化モデルは、「移民／ホスト社会」の相互作用の理解にはあまり有用ではない。

統合過程では、市民権はアイデンティティや所属の問題に関係する。難民は、市民の地位を持つことなく市民社会に十分関与できるのかどうかが、問題にされねばならない。そして、難民が社会統合で求められる市民社会への関与とはどういうことを意味するのかが問われねばならない。難民の社会的アイデンティティを考える際、アメリカの定住政策と欧州のそれとを比べると、考え方の違いがいっそう明確になる。

(1)アメリカとEU——相違する考え方

アメリカでは、難民は進取の精神を発揮して早期の自給を期待されている。アメリカでは、公的サービス制度で定住難民に現金を支給するが、彼らへの活発な支援策はない。支援はもっぱら民間の善意である。高い期待に応えられない人々の問題は残ったままである。アメリカでは、福祉制度が非常に限られ、定住した難民に関する政策は一九八〇年代以降、労働可能な人の福祉依存を避けようとしてきた。しかしそれでも興味深い点は、アメリカは入国を認める際、彼らが考える統合という事柄への可能性が高い、もしくは高い技術力、資格を持つ人々を探して選ぶこと（人の選り好み）はしていない点である。

それに対し欧州では、福祉国家として、権利と資格に基づいて、難民に公的な支援を与えている。しかし欧州では、どうしたら難民が社会参加し、活動的な市民になりうるかとは考えられていない。あくまで「被災した人々」という理解である。難民の社会統合には、あまり関心が払われていない（Smyth et al. 2010, 413）[2]。焦点は、福祉の受給者としての難民であり、労働力という貢献者ではない。むしろ、弱者や高度の治療を要する人、社会的・心理的にニーズが高い人に焦点を合わせている。関心は「庇護」にあり、そのなかで入国を制限し、人々をいかにして帰国させるかに力点が置かれている。アメリカとはまた別の意味で、保護を受ける外国人が社会に入り、どうしたら活発な市民になりうるかについては、焦点を合わせていない。

その背景として考えられるのは、欧州は各国の成り立ち、アイデンティティが移住によって作られたというより、外国へ人々を移住させたという経験を共有しており、EU内ではその意識が底流として存在していることである。加えて、少なくとも一九七〇年代以降、欧州の人々は、地域社会で新しい生活を始めた人々に、自分たちの生活を豊かにしてくれるというより、追い立てによるトラウマを持つ「強制移住」の人々と理解しがちである。彼らの意識が向かうのは移住の原因にあり、個人を社会のために最大限に生かそうという考えはない（Noll and van Selm 2003, 7）と言われる。

換言すれば、欧州の定住（計画）は、「難民」と「福祉国家」の間のつながりの問題である。福祉国家の結果として、EU諸国の国内では、地方自治体が統合で先頭に立つ傾向がある。NGOがその役割を持つところでは、彼らNGOが公的機関から入手可能なサービスについての情報を難民に伝達するか、民間独自の追加支援という形で援助が行われている。

アメリカと欧州の制度の間には、以上のように考え方に内容的な違いがある。欧州での福祉制度による難民支援、特に今あるEUの定住計画は、主に弱者に焦点を合わせているので、アメリカに比べ、生活再建のため、個人に対し非常に強い関心を向けている。このやり方は、悪く言えば、難民ニーズの強調につながり、「依存」という問題を生じ、統合への別の阻害要因にならないか、と危惧される。「揺り籠から墓場まで」という欧州の福祉制度は、当初の援助が終わった後、経済的、政治的、社会的に、難民に生活を持続させる可能性はあるのだろうか、という問題につながってくる。

定住、そして統合という問題は、難民は長期に滞在し、社会の活発な一員であり、受け入れ国の労働力、文化生活の担い手であるという考え方が基本であろう。事実、欧州の国のなかには、統合関連の基準について焦点を合わせる必要性を認め、定住国やその社会の利益だけでなく、難民自身の利益の観点から、公に議論を始めているところが見られる。

(2) 難民は何を望むのか

定住から統合へのプロセスは、難民にとって、社会的なネットワークの形成・確立とともに、以前の社会的な絆の喪失を認め、諦めて受け入れ、傷を癒すプロセスである。受け入れ社会の統合制度が持つ特徴と言えるものは、難民と受け入れ社会との相互作用の型、様式と、難民を取り巻く社会との相互作用の質を決定する。そのため第一に、統合状況を評価したり、統合を推進したりする政策の開発をする際には、種々のプロセスを経験に基づいて調べ、社会参加の度合いとその相互関係を調べる必要がある。

イタリアの事例では、旧ユーゴからの難民たちは、ＮＧＯであるカリタス支給の無料の食事配給に頼らず、自尊心の維持のほうを選ぶ傾向があった。尊厳の重要さが、彼らを生き続けさせた決定要因だ、と難民は強調する（Korac 2003, 402）。難民が解決を見出し、自給を達成するには自尊心が重要なことを示していた。

第二に、受け入れ社会への適応で難民の態度を決定づけるのは、彼らが社会的もしくは政治的に自らが拒否されたかどうかである。難民は、もし彼らが帰国できないと知るならば、新しいアイデンティティを得る機会をつかもうとする（Weiner 1999, 382）[3]。主流社会と空間的および質的に社会接触ができることは、より広い社会は自分たちと相容れない閉じられた社会ではなく、到達不可能でもないと難民が主観的に感じることにつながる。この主観的感覚が個人の亡命状況の評価に前向きに働き、一般に低く見られる、彼ら難民の社会的な役割だけではなく、職種の面での不満足という感情を補う傾向がある。

地元民と自発的に、個人的に出会い、接触することは、難民が受け入れ社会について学ぶ重要な方法と見られる。出会いが自発的だということは、学習、そして態度の変更、新たなアイデンティティの形成の仕方は相互的で、難民と地元民の双方にとって、互いに影響を与えるということを、地元民も難民自身も知ることが重要である。

最後に重要なことは、難民が社会への編入を望むかどうかである。（再）定住した国を単に祖国での暴力や迫害からの一時的な避難場所と考えるなら、彼ら難民は、同化・統合の中心となるプロセス、彼らのアイデンティティを再確立するプロセスを辿ろうとは思わない。

難民が「状況をどう感じるか」ということが、よく使われる客観的な指標、例えば雇用、所得、言語能力と同じくらい適応の指標として重要である。統合の状況を分析する際には、住居、教育、雇用、社会経済、社会的流動性のような測定可能な変数の調査ではなく、むしろ特定の状況、場所、時間のなかで、特定の集団の人々のニーズ、目標、規範で作られるプロセスの探求が重要である。現地語の習得への希望は重要な要因だが、それだけでは不十分である。難民が、自分は何国人だと宣言する新しいアイデンティティの感覚を得る準備があるかどうかである。

個人の満足度と、統合が成功したかどうかの評価は、個人の職業的移動の可能性のような容易に測定可能な指標を超えて、主流社会との社会的リンクの質や、つながりがどの程度強いのかという指標を含むものでなければならない。統合は、決して連続的でもないし、道が一つだけのプロセスでもない。受け入れ社会は一枚岩ではないので、その社会のさまざまな部分で発生の形態が異なり、多様な結果を持つ可能性がある。統合は、互いに重複する一群のプロセスであり、個人と集団が相互に作用し、変化する、特定が難しい長期のプロセスである。しばしば、このプロセスは生涯にわたる。

（3）多様な人々への、多様な視点

学術研究面から言えば、「統合」というテーマは、定住国社会（ホスト社会）での受け入れに焦点を合わせた、クンズ（Kunz 1981）の難民移動の理論的な業績のうえに、研究者はますます、当該の難民の個人的な受容能力とホスト社会の制度的状況による影響が織りなす相互過程として問題を分析するようになってきている。

定住する難民の統合の問題は、その扱い方次第で、非常に異なる局面を見せる問題である。難民が、一つの分野・段階で統合されたとみなされても、他の分野で困難さを感じているかもしれない。違いが出る主な理由は、広い意味で福祉国家としての性質による差異である。

定住する人々は個人としてはもちろん、集団としても期待・希望、教育、技術、資源の面で大いに違いがある。難民の社会統合は、地域社会、国レベルでの要因に影響されるだけではなく、国境を越えた世界的なつながりが、定住国での個人にどのように影響し、そのつながりを維持したなかで、受け入れた国の市民社会とどう関わるかという興味深い問題を提出している。

移住・移民の統合の理論はまだないが、統合に含まれるプロセスを理解する方法は改善されてきている。この用語の使用は分析にあたり、難民自身がその中心であることを強調している。

おわりに

一国の定住では、しばしば良きにつけ悪しきにつけ、「成功か否か」という言葉が多用される。その判断基準が明確にされねばならない。難民個人の価値や優先度は容易には外に出ないし、あまねく受け入れられるわけでもないので、成功か否かの評価では、外部者の評価とともに、当人たち自身の評価も含まれねばならない（Hirschon 2000, 408）。[4]

彼らの定住場所で、難民のニーズが中心だというのが、社会の一員となるうえで重要である。

　政府の政策、国民の態度、外部の条件のいったい何が難民の気持ちを統合に前向きにさせるのかは、複雑な事柄だが、統合されたいという望みがプロセスの重要なポイントである。主流社会との日々の社会的接触と社会へ包摂されたという感覚が、国家の制度とより広い大衆の次元での排除の経験を和らげるかもしれない。

　しかしそうした認識も、難民集団が共通して持つ「強靭性」を認識して、十分に釣り合いをとる必要がある。難民には人間としての強い適応能力がある。強制移動の苦難に対抗できる資源が彼らのなかには存在する。そうした能力を理解することに、援助側が失敗することがよくある。

　難民・強制移動と定住・統合は、高度に複雑な現象である。現在の定住計画では、発生規模が異なることに関心が集まり、一般に受け入れ人数が注目される。その際の問題は、国際保護を行ううえで、「費用」は本当に問題点なのかということである。資源を大量に必要とする定住事業で大事な点は、入国を許可された難民の数ではなく、保護が必要な人々へ保護を与えることである。緊急事態で定住を考えるときには、単一の計画モデルだけに拠るのではなく、さまざまな形で協力することが重要である。

　国家としての関わり方は、おそらく人道支援、もしくは難民保護という分野だけからの関与ではなく、外交上の利益が絡むが、それを変更することは可能である。現代の国家は幅広い分野に関心を持っており、関連する分野、例えば移住、安全保障、開発などの問題への関心があれば、難民の保護に寄与する機会となりうる。

　問題への包括的な取り組み如何では、中東にしろアフリカにしろ、定住は、地域内の国々やEUに流入した人々の帰還や現地統合につなげられて、第一次庇護国での対応能力を強めるという可能性を含んでいる。すべての国々、特に先進諸国は、個別的および集団的に、定住計画を作ることが求められている。最初は小さく、緊急の事態ではUNHCRの呼びかけで、一時的に定住場所を与えることだけしかできないかもしれない。しかし時の経過で、より広範な定住許可を出すことが可能になりうると思われる。

定住計画を開始する前に、必要となる義務の程度（資源負担）がどれほどかを十分に認識し、同じような考えをもつ国々を仲間として連れてきて計画を機能させるか、作り出す必要がある。シリア難民危機に直面したEUの場合なら、EUを横断した定住能力を開発することは、管理された形で、より多くの難民の入国を可能にすると思われる。現在の定住では、特別の緊急事例を除き、人命に差し迫った危険があり、保護が緊急に必要だといった問題には、あまり関係していない。難民の保護はごく当然だというものにはならず、他にとるべき方策がないから、という状況にある。移民国は定住計画で多くの難民を受け入れる一方、欧州をはじめとする非移民国は一般に受け入れをためらい、人数的には小規模で、保護を目的にした定住を行う傾向がある。

EUは受け入れ人数が少ないので、受け入れ（多くは治療の必要な人）の決定は早い。これは小規模計画ならではの価値があり、高度の治療や心理的なケアといった難民のなかの最弱者に努力を注ぐのは、欧州が計画を小規模にする理由として、理解されている（Noll and van Selm 2003, 17）。難民のなかの最も弱い人々に保護を与えるという、今ある欧州の計画は失われてはならないが、今後、定住を通じて保護の必要な人の合法的な入国に進もうとするのであれば、「恒久的な解決」は、保護が必要な弱者難民を全体として包み込む計画に拡大していく必要があろう。

解決という枠組みのなかでは、難民の自主性に注目すべきである。特にアフリカ難民の場合には、歴史的に古くから、隣国に自主定住（self-settlement）をして、国際援助機関や庇護国政府の公的助けによらず、自分たちの手で非公式に問題を解決している。難民たちの問題解決への、この潜在的な可能性を見るとき、難民グループは、かなりの政治的能力と自分たちの必要に見合った解決策を見つけ出すことに大きな能力と可能性を持っている（Refugee Studies Centre 2010, 20）ことがわかる。

難民は、途上国でも先進国でも、自主定住と国境を越えたネットワークの力で、事実上グローバルに、困難のなかで自分たちなりの創造性で、事態の打開と解決を図っている。

受け入れ社会で、難民が近隣に対し自分たちを分離してしまうのは、難民やその子弟が社会の他の人々と同じ教育を受け、自らのコミュニティ外に雇用を見出すとき、同化の障害にはならない。しかし、教育と雇用が制限され、それが原因で発生した自己分離の場合には、状態を長引かせ、しばしば移民・難民の間、そして時には他のさまざまな移民集団との間に摩擦を生じている。民族ごとに異なるアイデンティティ、そしてエンパワーメントの問題が明らかに存在する。移民・難民受け入れのパターンが国ごとに不揃いななか、創造性の発揮か自己分離かは、統合の現状を理解するうえで重要な問題となってきている。

（再）定住は、難民を保護し、解決の方法として長続きし、負担分担の重要な手段となっている。定住は、難民の利益に沿う効果的な手段であり、彼らの庇護と難民援助の問題について、国民の意識を高める機会にもなる。定住は、人（難民）が自発的に帰国できず、生命、自由、安全、保健、基本的人権が、自国ないし庇護を求めた国で、危険な場合にとられる手段である。

定住は、自発的に国に帰る権利を損なうものではない。研究者は、「庇護」と「定住計画」を明確に分けるよう求めている（Sianni 2000, 2）。（再）定住へ関わることと、庇護の義務を果たすことは、相互に交換できるものではない。難民への入国管理への倫理を考えることは、最後には国としての倫理的な正しさを考えることから切り離すことができない。

【注】

（1）元となる英文初版は、実際の難民受け入れと第三国定住に関する案内冊子として、二〇〇二年九月に出ている。
（2）難民に関する関心も、もっぱらディアスポラとか、トランス・ナショナリズムから、といったものが多い。
（3）こうした事例は、たくさんある。一九世紀後半および二〇世紀前半、アメリカに渡った東欧からのユダヤ人。ロシア、トルコからのアルメニア人。トルコからのギリシャ人。イランからのバハイ教徒（Bhais）。ウガンダからのインド人の例などがある。

（4）アフリカでの強制移動民を調査したスカッダー（Thayer Scudder）も、「成功とは、研究者だけではなく、定住者が認め、かつ文化的、環境的、経済的、制度的、政治的に持続できる方法で、定住者の生活改善ができることである」と述べている。

【参考文献】

Ager, Alastair (1999) “Perspectives on refugee experience,” Alastair Ager ed., *Refugees: Perspectives on the Experience of Forced Migration,* Continuum.

Ager, Alastair and Alison Strang (2008) “Understanding integration: A conceptual framework,” *Journal of Refugee Studies* 21(2), 166–191.

Castles, Stephen (2000) *Ethnicity and Globalization*, Sage Publications.

Hirschon, Renée (2000) “The creation of community: well-being without wealth in an urban Greek refugee locality,” Michael M. Cernea and Christopher McDowell eds., *Risks and Reconstruction*, 393–411.

Jacobsen, Karen (2006) “Editorial introduction: Refugees and asylum seekers in urban areas, a livelihoods perspective,” *Journal of Refugee Studies* 19(3) , 273–286.

Korac, Maja (2003) “The lack of integration policy and experiences of settlement: A case study of refugees in Rome,” *Journal of Refugee Studies* 16(4), 398–421.

Kunz, Egon F. (1981) “Exile and resettlement: Refugee theory,” *International Migration Review* 15(1), 42–51.

Noll, Gregor and Joanne van Selm (2003) “Rediscovering Resettlement,” *Insight,* Migration Policy Institute.

Refugee Studies Centre (2010) *Forced Migration Research and Policy: Overview of Current Trends and Future Directions*, Oxford Department of International Development, University of Oxford.

Ryan, Dermot, Barbara Dooley and Ciaran Benson (2008) “Theoretical perspectives on post-migration adaptation and psychological well-Being among refugees: Towards a resource-based model,” *Journal of Refugee Studies* 21(1), 1–18.

Sianni, Areti (2000) *Reflection on the Changing Nature of Resettlement and the Impact upon the Operational Environment, Annual*

Tripartite Consultations on Resettlement, Geneva, 3–4 July 2000.

Smyth, Geri, Emma Stewart and Sylvie da Lomba (2010) "Introduction: Critical reflections on refugee integration: Lessons from international perspectives," *Journal of Refugee Studies* 23(4), 411–414.

Weil, Patrick and John Crowley (1999) "Integration in theory and practice: A comparison of France and Britain," Steven Vertovec and An Elgar eds., *Migration and Social Cohesion*, Reference Collection, Edward Elgar.

Weiner, Myron (1999) "Determinants of immigrant integration: An international comparative analysis," Steven Vertovec and An Elgar eds., *Migration and Social Cohesion*, Reference Collection, Edward Elgar.

小泉康一（二〇一三）『国際強制移動とグローバル・ガバナンス』御茶の水書房。

ＵＮＨＣＲ駐日事務所（二〇一〇）『難民の第三国定住——難民の受け入れと社会統合のための国際ハンドブック』。

第V部

地域研究

——事例分析と研究手法、課題の発掘

第13章　ダルフール紛争における国内避難民支援と遊牧民

堀江　正伸

【要旨】二〇〇三年に勃発したスーダンのダルフール紛争は、二〇〇万人近い避難民の多さと彼らの苦境が、当時の国内避難民（ＩＤＰ）の保護・支援への国際的関心の高まりと相まって注目された。国際的な人道支援も大規模なものとなったが、その対象は高い関心が注がれたＩＤＰが中心であった。つまり、移動を強いられたか否かが、人道支援の対象者であるか否かの基準となったのである。

しかし、ダルフールには強制されずに移動を繰り返していた遊牧民もいた。遊牧民の一部がＩＤＰへの攻撃の加害者であったこともあり、彼らは国際的な関心のなかでむしろ敵視されていった。しかし遊牧民は、アフリカ各所で植民地支配、独立、市場経済化、開発、気候変動などにより周縁化され、また生活形態の変化を強いられてきたことも知られている。

本章では、人道支援が移動を強いられた人々に集中しがちななか、遊牧民をどのように支援していくべきかの一端を考察する。

【キーワード】人道支援、遊牧民、強制移動、国内避難民、ダルフール

はじめに

二〇〇三年にスーダン西部ダルフール（Darfur）地方で発生したいわゆるダルフール紛争は、政府のダルフール地方での政策、特に開発事業が差別的に行われていることに不満を持っていた人々が組織した反政府組織の一つ、スーダン解放軍（Sudan Liberation Army: SLA）が、二〇〇三年二月、北ダルフール州の州都エルファシャール（El Fasher）にある政府機関を襲撃したことを契機に勃発した。政府は反乱を鎮圧するために、元来スーダン・チャド国境付近に存在していたジャンジャウィード（Janjaweed）と呼ばれる武装集団を民兵化して応戦、村々を攻撃したとされる。ジャンジャウィードのメンバーはラクダを飼育する遊牧民であり、被害者の多くが農耕民であったことから、ダルフール紛争はやがて「遊牧民 対 農耕民」の戦いと認識されることとなった。

ダルフール紛争が「史上最悪の人道危機」として国際社会から注目された最大の理由は、避難民の多さであり、その数は一八五万人以上とされている（UN 2005, 98）。その多くは「難民」、つまり国際的に認識された国境を越えて避難した人々ではなく、国内で避難生活に入った国内避難民（Internally Displaced Person: IDP）であった。

ＩＤＰの保護や彼らへの支援の必要性は、一九九〇年代より徐々に国際的に議論されるようになり、一九九八年には今日までＩＤＰ保護・支援の国際的規範とされている「国内避難民に関する基本原則」（*Guiding Principles on Internal Displacement*）が国連人権委員会にて発表されるに至った。ＩＤＰ問題を巡る議論の中心にあった問題意識は、「難民とＩＤＰの違いは国境を越えたか否かだけ」なのに「なぜ国際社会は彼らを保護し、支援することができないのか」ということであった。筆者の見解では、難民とＩＤＰはその他にも相違点があるが、両者はともに「移動を強いられた」人々であることは間違いなく共通している。

筆者は、ダルフールのＩＤＰへの国際的関心が最も高かった二〇〇八年五月より三年間、彼らへの人道支援に従事

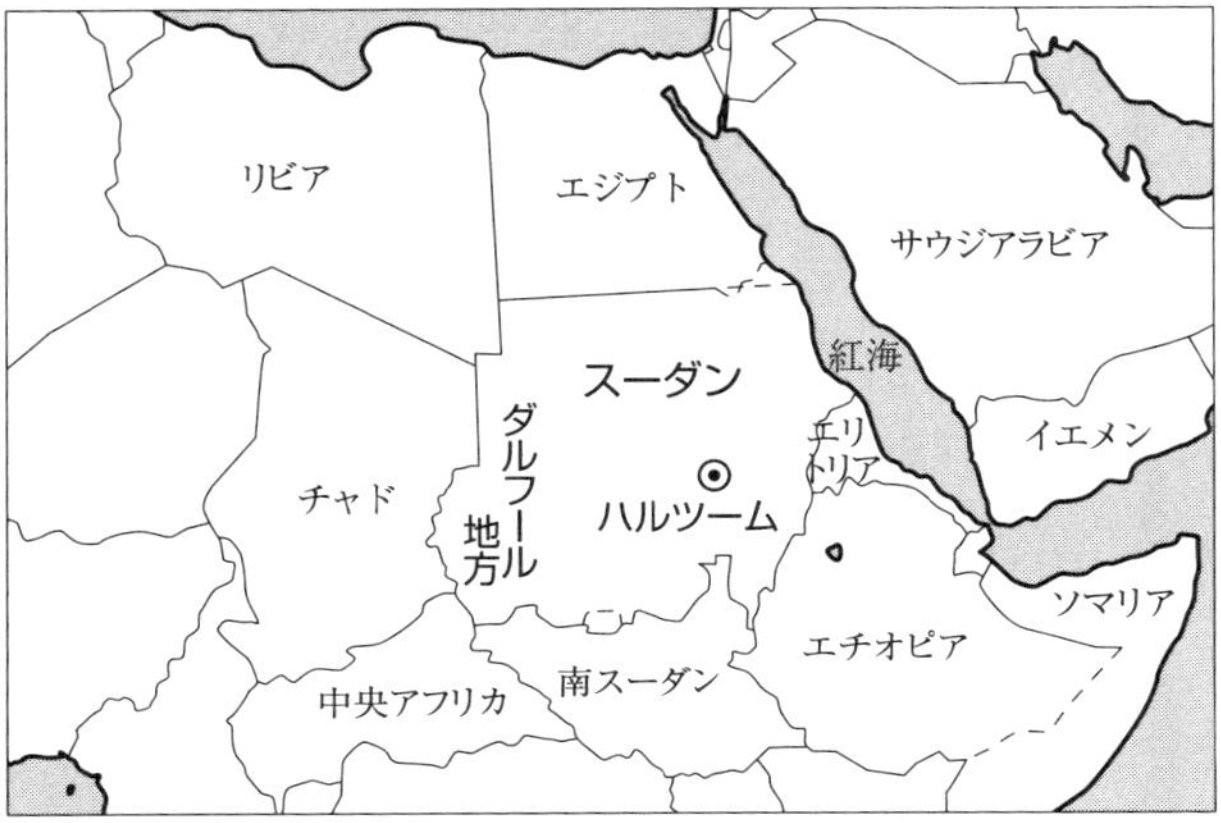

した。その間、「自分が携わっている支援がはたして彼らの生活の向上につながっているのか」という疑問を抱き、支援対象者の日常生活や彼らの織りなす社会を観察し続けた。しかし、そもそも支援対象者つまり「ＩＤＰとホスト・コミュニティ[1]」という選定は妥当であっただろうか。ダルフールには強いられていない移動をする人々もいた。遊牧民である。農耕民と遊牧民は、何世紀にもわたって共にダルフールを生活の場としてきた。一方が移動を強いられて生活を大きく変化させざるをえなかったならば、もう一方の生活にも何かしらの影響があると考えるのが普通であろう。そこで、本章では筆者が行った「移動を強いられた人々（ＩＤＰ）」の観察を違った視点、つまり「強いられたわけではないが移動していた人々（遊牧民）」の視点で振り返り、紛争地における遊牧民の生活を考察してみたい。そこから、難民やＩＤＰを保護・支援する際に、遊牧民にどのような配慮がされるべきかの一端が見えてくるはずである。

1　遊牧民の置かれた状況

二〇一五年に国連の主導で、二〇三〇年までの開発目標である持続可能な開発目標（Sustainable Development Goals: SDGs）が制定された。ＳＤＧｓは「誰も取り残さない」を標語としているが、それは二〇〇〇年から二〇一五年の途上国の開発目標であったミレニアム開発目標において取り残された人々がいたという認識から生まれている（UN 2015, 8–9）。そのためＳＤＧｓは、以前は表面に出てこなかった地域における開発の状況や進捗を明らかにするため、全体に注目しながらより細かい分類を行うことに努めるとしている（UNSG 2014, 10）。しかし、データ分析の専門家は、社会の兆候や変化を探るための分析にはある程度の人口規模が必要だと指摘する（Randall 2015, 1）。遊牧民の一般的イメージは、少人数で家畜の世話をしながら移動を繰り返すものであろうが、はたして開発から取り残されずにすむのだろうか。そこで、本節ではまず遊牧民に関する近年の代表的な文献を参考に、遊牧民研究の現在と彼らが置かれた状況を概観する。

まず、遊牧という文化と国民国家の概念の対立という問題がある。東アフリカが主に英国の植民地であった頃、植民地行政は遊牧民をコントロールするのに苦慮していた。その理由は、定住者に比べると社会の構造や他者との接点において共通点が少ないことがあった。植民地から独立を果たすと、国境管理という問題も出てきた。遊牧民が国境を越えることで人々の往来の管理が難しくなることや、家畜が病気を運んできてしまう懸念などが生じたのである。また、人々が一定の住所を持っていないということは、国家にとって不可欠な徴税ができないことにつながる（MacKay et al. 2014, 102）。これらのことより、植民地行政は遊牧民の定住化計画を進めていき、それは独立後の国家によっても進められていったのである。

次に遊牧という生業を考察してみる。遊牧民というと家畜を育てながら移動し、「伝統的」な手段で生計を立てている人々という印象を持つ読者も多いかもしれない。だが、遊牧民も他の生業や経済活動と関係をもちろん持っている。しかし、遊牧民の研究は歴史学や人類学の範疇とされ、国際協力や平和構築といった広い意味での国際関係などで表舞台に立ってこなかった一因は、遊牧民の他の経済活動、つまり、農業、商業、鉱業や都市での季節労働など他の経済活動との関係があまりに柔軟であることにあると見る研究者もいる（Randall 2015, 2–3）。つまり、遊牧民の遊牧以外の経済活動との関わり合いは多様で、世帯全員で遊牧しているケースもあれば、一部は定点で農業を営んでいる場合すらある。さらに、遊牧民は、採捕、交易なども含めて、さまざまな生業要素を組み合わせて生業複合という形で生活しているのである（佐藤 二〇〇二、六）。

市場経済化も遊牧民の生活に影響を与えてきた。一九三〇年頃にウガンダ、スーダン、エチオピア、ソマリア、ケニアなどの国境地帯に対する支配を確立した英国は、現金取引による市場経済化を進めた。植民地支配による市場経済化は、遊牧民と行商人の間に培われていた物々交換と信用取引を脆弱なものとした（同上、一一）。また独立後も市場経済化が急進的に実施されたため、東アフリカではほとんどの遊牧社会が国家経済から周縁化され、何らかの変容を迫られている（佐藤 一九九五、一三〇）。ケニアではかつて農耕民や商人との物々交換で得られた農産物や日用品が、今では町の商店で購入されるようになったことが報告されている（孫 二〇一二、三一）。

さらに気象条件も彼らの生活に影響を及ぼしてきた。しかし遊牧民は、歴史的に旱魃や少量で不規則な降雨に対し、家畜の群れや人々を分割することや、狩猟や採取、また農業で栽培されるものとは異なる食料を探し求めることで凌いできた。また、二〇世紀後半には、賃金労働への転換なども含めて、対応するようになった（Fratkin 2013, 199）。

加えて、旱魃およびその後の対応として行われた支援が遊牧民の生活に影響を与えていることを多くの遊牧民研究者が指摘している。例えば、一九七〇年代のサヘールでの旱魃は、ケニア東部の遊牧民の社会に、政府や国際機関による開発政策が大規模に行われる契機となった（佐藤 二〇〇二、一一）。また、二〇〇〇年代になってからも東アフリカ乾燥地域が経験した三回の旱魃は、それに対して行われる支援、定住政策、教育を通して、遊牧民と国家との距離を狭めてきたことが指摘されている（孫 二〇一二、iii）。また、開発や定住政策といった直接的に定住を促進するような政策でなくとも、旱魃の度に行われる短期的な食料支援さえ、遊牧民の定住化やその位置決定にインパクトを与えているとの指摘もある。配給に漏れなく参加できることと、食料を自力で集落まで運ぶことを考えると、町から近い場所に集落を作ったほうが有利だからである（孫 二〇一二、一二七）。

自身は支援を受けていなくとも、遊牧民の社会に難民キャンプができたことで、難民として集う他者との新しい社会関係を築く例も紹介されている（Ohta 2009）。また逆に、南スーダンの遊牧民が紛争により国境を越えてウガンダへ避難し、難民となる事例も紹介したい。彼らは南スーダンから持ち込んだり、人道支援によって提供されたりした物資だけでなく、ホスト社会との社会的関係を活用し、難民居住地という多くの制約がある場所にもかかわらず、生活を再構築し生き延びる可能性を広げた（望月 二〇一八）。

このように遊牧民の「伝統的」生活は、植民地化、国家の独立、定住化、市場経済化、気象条件などに影響され変化してきた。こうした変化の連続は、変化のないときなどなかったかのようで、「伝統的」な遊牧民的生活といったようなものは、はたして存在するのかと思わされるほどである。こうした遊牧民の生活に寄り添い研究を続けている人類学者は、彼らは生業基盤としての遊牧を維持しつつ、生態環境、社会環境との関わりのなかから対応戦略を編み出し、生活を多様化させ、新しい状況に能動的に対処していると論じる（佐藤 二〇〇二、孫 二〇一二）。

このようなことを念頭に、次節ではダルフール紛争とそれに伴う人道支援が、遊牧民の生活をどのように変化させたかを考察していく。

2　ダルフール紛争と人道支援

ダルフール紛争から避難したＩＤＰの避難先は、さまざまなケースがあるものの、必ずしも大規模な町に限られていなかった。人口の少ない村々も避難民の受け入れ先となったが、それはＩＤＰが国際的な支援もなくキャンプの準備もないなか、親戚縁者を頼ったり、ローカルな政治背景を考慮したりして避難場所を選択した結果である。しかしＩＤＰは、出身の村単位を維持したまま、村、集落ごとに「シェイク（Sheik）」と呼ばれるリーダーに導かれて避難地へ移動した。

二〇〇三年九月にスーダン政府とＳＬＡの間で締結された停戦協定により人道支援が行える状況になると、国連は資金を獲得し紛争被害者への人道支援を組織的に行うため「大ダルフール特別イニシアチブ」（Greater Darfur Special

Initiative (ORCHC/GDSI/version 1）という計画を作成した。そこに含められた支援対象者は、四〇万のＩＤＰと隣国チャドに避難した七万の難民となっている。避難の原因としては、元からダルフールの人々の生活基盤が多様で脆弱であったこと、近年激しさを増す旱魃による強制移動、遊牧民と農耕民の水支援をめぐる競争の激化、民族同士の戦いなどが挙げられている。また、早急に必要な支援としては、食料支援、健康支援、水・衛生施設、仮設住宅などが挙げられている。

しかし停戦は長続きせず、二月に再び戦火が激しさを増すと、国連はさらに「統合人道支援計画」（Consolidated Appeal）を発表する。この計画においても支援を必要としている人々は前出の「大ダルフール特別イニシアチブ」よりも数は増えているが、六〇万人のＩＤＰと一〇万人の難民、またホスト・コミュニティとされた。後に「キャンプ」と呼ばれる場所は、こうして形成されていったのである。[2]

二〇〇四年になると事態は深刻さを増し、国連はさらに人道危機に対する警戒を強めていく。四月、国際連合人道問題調整事務所（ＯＣＨＡ）、国際連合児童基金（ＵＮＩＣＥＦ）、世界保健機関（ＷＨＯ）、国際連合食糧農業機関（ＦＡＯ）が「国連機関間現地調査及び早急人道的ニーズに関する調査」（UN Inter-Agency Fact Finding and Rapid Humanitarian Needs Assessment）を行った。報告によると、調査地の南ダルフール州のカイレック（Kailek）には同年二月からＩＤＰの流入が始まり、着の身着のままで避難したＩＤＰが焼け跡に残る食料を拾って食べていると伝えている（UN 2004, 5）。

また報告によれば、カイレック周辺の二三の村々が二月にジャンジャウィードと政府軍により焼き払われた一方、近隣にある「アラブ」の村々は焼かれずに残っていたという。また、ＩＤＰが暮らす場所から数百メートル離れた場所にはジャンジャウィードがたむろしており、ＩＤＰを「保護」、またＩＤＰが避難地の外で薪拾いをする際や、森に自生している食料を調達する際には、有償で「エスコート」をしていると説明している（*ibid.*, 5）。興味深いのは、村人が立ち去ったフール人の村々は、略奪と放火で完全に破壊され、ラクダと牛の放牧地として使用されているというくだりである（*ibid.*, 3）[3]。フール人とは、「フール人の土地」を示す「ダルフール」の語源となっている人々で、一般的に農耕民が多い。つまり、「農耕民は被害者でＩＤＰ、遊牧民は加害者」とされたわけである。

二〇〇五年になると、より綿密な支援計画「国連とパートナーの行動計画」（United Nations and Partners Work Plan for Sudan）が発表されたが、ここでも各人道支援機関の支援の対象者は、大方ＩＤＰとホスト・コミュニティとされた。その他の紛争勃発当初に発行された国連の報告や支援計画もＩＤＰとホスト・コミュニティに注目を注いでいる。これには、冒頭で紹介した国際的なＩＤＰへの注目が無関係ではないだろう。ＩＤＰは、東西冷戦の終結とともに増加した「新しい戦争」[4]の被害者として一九九〇年代後半より特に注目を集めていた。つまり、国境を越えて避難する「難民」には、難民条約で一応保護に関する国際法があるし、彼らの保護を専門に担当する国連機関のＵＮＨＣＲも存在する。しかし、当時目立つようになっていた内戦や人権侵害、それにより激増したＩＤＰは、難民条約やＵＮＨＣＲによる保護の対象外であった。またＩＤＰの支援・保護は、内政不干渉原則に抵触する怖れもある。このような事情により、難民と同じように移動を強いられ、苦境に立たされているＩＤＰには、国際的な支援の手を向けられないということが注目を集めたのである。前述のとおり、このＩＤＰの惨状を改善するために一九九八年「国内避難民に関する基本原則」が国連人権委員会で発表されたのであるが、ダルフール紛争はそれらの議論の成熟期と重なるのである[5]。

このダルフールでのＩＤＰへの注目は、二〇一八年の今日まで続いている。ＯＣＨＡが編纂している「二〇一八年版人道対応計画」（Sudan 2018 Humanitarian Response Plan, January-December 2018）においても、人道支援の対象はやはりＩＤＰとされ続けている。この計画の現場レベルでの運用を確かめるべく、筆者は本章を執筆中の二〇一八年八月、モルニ（Morni）ＩＤＰキャンプで人道支援に携わるＮＧＯ職員に現在行われている人道支援について問い合わせを行った。その結果、人道支援の内容は以前とほぼ変わりがなく、つまり国連世界食糧計画（ＷＦＰ）による一般的な食料配布が継続されており、その他ごく小規模な農業支援もＮＧＯにより行われているが、支援の対象者はやはりＩ

ＤＰとホスト・コミュニティとのことであった(6)。

それでは、何世紀にもわたってダルフールをＩＤＰやホスト・コミュニティとともに生活の場所としてきた遊牧民は、どうなってしまったのだろうか。紛争の勃発当時の二〇〇四年より、ダルフールの人々の生活についての研究を進めているタフツ大学のヤング（Helen Young）は、「農耕民のＩＤＰ化は農村部において遊牧民たちを優位に立たせたが、同時に重要な経済的・社会的要素の喪失を意味している」と警鐘を鳴らした（Young et al. 2009, 3）。もちろん、キャンプに入ったＩＤＰたちにとって紛争からの避難は苦痛であったに違いないし、生産手段から切り離された彼らに人道支援は命綱であったであろう。しかし、国連の報告にあるような、遊牧民をほぼ「悪者」とするような極度に単純化された国際社会の見方と、それを基にＩＤＰとホスト・コミュニティに集中した人道支援は、意図的でなかったとはいえ、遊牧民を新しく再周縁化していったのではないだろうか。

3　ＩＤＰと遊牧民

筆者がＩＤＰキャンプにおける聞き込みを中心とした調査で明らかにしたかったのは、自身も携わっていた人道支援が支援物資・サービス以外で地域社会に及ぼす影響であったが、調査の対象は人道支援と同じように、やはりＩＤＰとホスト・コミュニティであった。しかしながら、ＩＤＰの語りのなかには、農耕民がＩＤＰ化する以前の遊牧民との関わりを示すものも多くあった。ここで、それらを整理しておきたい。

まず、「食」である。遊牧民を含むダルフールの人々の主食はソルガム（モロコシ）である。ソルガムは、雨期以外にほとんど降雨のないダルフールでは年一回しか収穫できない。援助で配給されたものも含めて、現在はＩＤＰキャンプで年中入手することができるこのソルガムであるが、遊牧民はどのように入手していたのだろうか。調査中、遊牧民はソルガムを収穫期に農耕民から購入し、そのまま農耕民の家に置いていたという話をよく聞いた。購入した一年分のソルガムを携帯しながら遊牧することは難しいからだ。農耕民の家には、遊牧民のソルガムを保管しておく巨大な素焼きの容器があったそうだ(7)。つまり、遊牧民たちはソルガム一年分を購入し、それを農耕民の家に保管し必要な分を随時補充していたのである。

また逆に、農耕民も遊牧民の製品、つまり肉や乳製品を必要とする。筆者がモルニに滞在している間、乳製品はラクダのミルクをほんの数回目にしただけであり、ＩＤＰも筆者もホスト・コミュニティが営む商店でロングライフの牛乳か、粉ミルクを購入していた。しかし、肉はキャンプで購入することができた。牛肉に関しては、キャンプの一角に肉を売る場所が設けられており、簡易なものではあるが五件の肉屋が店を並べていた。しかし、電気がないキャンプに当然冷蔵庫はなく、毎日殺し、精肉したものを店先に並べる必要があった。そのためキャンプの外には、暗黙のうちに家畜を殺す場所ができていた。ラクダの肉は販売されていなかったが、時折知人より「今日ラクダの肉があるので、あとで食べに来い」と誘われることがあった。

現在は、ＩＤＰキャンプで肉屋を営む者と遊牧民との直接交渉で取引されている牛であるが、以前は仲買人が存在したという。また、各村には遊牧民が家畜を入れ販売するために柵をめぐらした場所が備えられており、仲買人がそこから牛やラクダを購入したという。大型の村には、遠く首都のハルトゥームからも精肉業者が訪れていたという。また、ラクダは隣国のエジプトへ販売されることもあったと聞いた。その囲いは、畑を荒らしている家畜を農耕民が捕獲した場合にも使用されていた。家畜は高価であるため、檻のなかに家畜を入れて見張っておけば、やがて遊牧民が引き取りに来ることとなり、引き渡し時には損害について交渉が持たれていたという。しかし、家畜が畑に入ることは、農耕民にとっても良い面があったという。それは、遊牧民の家畜の糞が、畑を再肥沃化するからである。

また、遊牧民は、農耕民が所有する家畜も飼育していた。紛争が始まる三〇年前にダルフールで遊牧民と農耕民の関係について調査をしたハアランド（Haaland）は、銀行もなく、「伝統的統治システム」のなかで割り当てられていた土地が売買の対象でなかったダルフールにおいて、農耕民が蓄えを増やす手段として牛を用いるメカニズムを明らかにしている。裕福な農耕民は牛を購入し、それを遊牧民に委託して飼育してもらっていた。そして、子牛が誕生した場合には親牛の所有者ものとなり、遊牧民はミルクを得ていたというのだ（Haaland 1972, 155–156）。この遊牧民と農耕民の関わりについて筆者が行った聞き取り調査では、自分の牛の成長具合を確かめに行った際に遊牧民と持たれる宴が楽しかったと思い出話を聞かせてくれたＩＤＰも複数いた。

また、貧しい農耕民にとっても、遊牧民は助けになっていた面もあった。多くの家畜を飼育する遊牧民が村を訪れ、農耕民の子弟を雇っていたというのだ。その際の子どもの選定は村のリーダーが行い、賃金は現金で支払われていたそうだ。

さらに、遊牧民は運送業者としても活躍していた。農耕民は収穫した農作物を市場まで運搬する必要があったが、そこで遊牧民の家畜が活躍していたということを複数のＩＤＰが説明してくれた。その運搬代金も現金で支払われていたとのことであるが、この遊牧民の運搬業は紛争が始まる前にすでにトラックに代替されていた。

4　新しいモルニでの生活手段

前節では、紛争以前の遊牧民と農耕民の関係の一端を紹介したが、元農耕民であるＩＤＰのキャンプ生活が長期化するにつれて、そのような関係性は見られなくなった。それどころか、ＩＤＰは支援従事者である筆者が村への帰還の希望の有無を尋ねると、口を揃えたように「遊牧民が定住しており安全上の問題より帰ることができない」と言う。さらに筆者を驚かせたのは、食料配給所での出来事である。ある日、遊牧民が食料配給所へやってきて食料を要求した。遊牧民に食料を渡すべく手配を進める支援従事者に、ＩＤＰの代表者が「なぜＩＤＰのために準備されている食料を遊牧民に渡すのか」と抗議してきたのである。キャンプが形成されて一五年あまりが経過した今日、そこで誕生した子どもたちは、もはやかつての遊牧民と農耕民の関係に関する知識を持っておらず、今後再び農耕民と遊牧民が以前のような関係を取り戻せるかは疑問である。

その一方、ＩＤＰも支援に頼り切って長期にわたる避難生活を営んでいるわけではない。また遊牧民もダルフールを去ったわけでもない。ＩＤＰの生活のなかにも、遊牧民が関連していると思われることがあった。紙幅の関係もあり、ここでは農民がＩＤＰ化した後の遊牧民の生活と関連する事項を三点のみ紹介しておきたい。

ＩＤＰの家庭では、家長や男子が出稼ぎに行っているという話をよく聞く。出稼ぎで稼いだ資金を元手にＩＤＰ相手の商店を開く者もおり、だからこそ現金が必要となるのである。そうした出稼ぎ者は、銀行や送金システムのない、ほぼ「荒野のただなか」であるモルニへどのように送金するのだろうか。筆者が滞在している間に、ホスト・コミュニティの経営する比較的大規模な商店が衛星電話を導入した。出稼ぎ者はそうした商店経営者の都市にいる親戚や友人に金を託し、そのことが衛星電話でモルニ（Morni）の商店に伝えられ、モルニ側の商店主がＩＤＰの家族に現金を支払うのだ。つまり、「地下銀行」である。また、最近の情報では、キャンプから三〇キロ程度離れた町に銀行ができ、ＡＴＭも備えているという。さらに、筆者のモルニ滞在中に携帯電話塔が立てられ、ＩＤＰの生活を一変させた。携帯電話は、キャンプ内外とのコミュニケーションを可能にし、送金システムも備えていた。ちなみに、携帯電話塔はモルニが七万以上の人口を有しているために作られたもので、逆に言えばＩＤＰが来なければ設置は実現しなかったと思われる。この事例は、紛争により人々が移動した結果、より貨幣経済や情報化に取り込まれる結果となったということである。

次の事例は、季節滞在型農業である。筆者のモルニでの生活が終わりに差しかかった二〇一一年、筆者はＩＤＰが夕方にあたかも通勤ラッシュのようにモルニに帰ってくる姿をよく目撃するようになった。また、モルニの外に出かけた際、人々が農作業に勤しむ姿も頻繁に目にした。しかも、その傍らには牛の群れが草を食べているという光景すらあった。聞き取りでは、一部のホスト・コミュニティや近隣の村出身のＩＤＰが、賃金を払って他のＩＤＰを畑に行かせているることがわかった。そして、なかには遊牧民にも「警護料」のようなものを払っている者もいるという。実際に「警護料」を払っているか否かは確認できなかったが、筆者は遊牧民と農耕民がモルニの外で近い距離で作業しているのを何度も目撃したし、雨期に泥沼にはまって立ち往生した筆者の車を引き出す際、彼らが一緒になって手伝ってくれたことさえあった。

最後に紹介したい事例は、一度は消滅した仲買を行う者が出てきたということである。食料支援はＩＤＰの代表者からなる「食料支援委員会」の人々の協力を得て行っていたが、あるとき、そのうちの一人が急に委員会から抜けた。筆者に協力的な委員であったため、筆者は行方などを他の委員に聞いたが明確な返答を得られなかった。ところがある日、彼が二〇頭あまりの牛を連れて、モルニを歩いているところに遭遇した。彼は遊牧民から牛を預かり、モルニで売る商売を開始して忙しくなったと筆者に説明した。

筆者はこのような事例に遭遇する度に、国際社会がめざしていた「ＩＤＰの自主的帰還」に反して、「ＩＤＰはもう帰らないだろう」という思いを強くした。なぜなら、このような事例は、もともと人口四千あまりであったモルニが、今では七万以上の人口を有し「都市化」したことを示しているように筆者には思えたからだ。そのほかモルニには、学校、簡易水道、病院などの施設もあるし、何より大きいのは、そこに「市場」があり「職」が創出され始めていたからである。

5　外部者による再分類

筆者がモルニ滞在中に驚いたことの一つは、遊牧民と農耕民という分類が実はあまり明確でないと思えることに、度々出くわしたことである。ＩＤＰやホスト・コミュニティの家族構成を聞くと、そこに存在していない家族メンバーを挙げられることがある。そして、その人はどこにいるかと問うと、牛を長期間にわたって放牧しており、現在は南のほうにいるといった返答をもらうことがあった。ホスト・コミュニティのなかには、父が長年遊牧をしており、それを兄が継続、自身はモルニで商売をしているなどというケースもあった。彼は、支援機関の分類ではＩＤＰやホスト・コミュニティに入る人々である。

また、今日におけるＩＤＰ側、つまり農耕民であるザガワ（Zaghawa）人は、歴史的に半遊牧民であったことが知られている。しかし、ザガワ人が支援計画や報告書のなかでそのように表現されることは稀である。紛争前にドイツのバイロイト（Bayreuth）大学が行った調査によれば、ザガワ人は元来ラクダ、牛、やぎ、羊などを飼育する遊牧民であり、機会があればごく小規模でヒエを栽培しているとある（Ibrahim 1998, 137）。また、隣国チャドの大統領イドリス・デビ（Idriss Déby）はザガワ人であり、彼らはダルフール・スーダン国境が制定される以前から、その周辺の広範な地域を生活の基盤としていたことを窺わせる。

また一九八〇年代中頃になってから、チャドの内戦から逃れるためにダルフールへ遊牧の場を移した遊牧民もいた。しかし、何ら支援を受けることができなかった彼らは、北部アフリカでアラブ・イスラム帝国の樹立をもくろんでいたリビアのカダフィ（Muammar Gaddafi）元首相により徴用された。その際カダフィは、「アラブ」と「アフリカ」の違いを強調し、カダフィに徴用されたラクダを飼育する遊牧民の一部が「アラブ」としてダルフールに存在することとなった（De Waal 2005, 197）。この「アラブ」「アフリカ」という区分けは、ダルフールが紛争により国際的な注目を浴びるなか、メディアや国際機関の報告にも目立った。つまり、単的に表現すれば、アフリカ系である農耕民が、アラブ系である遊牧民に襲われてＩＤＰ化したという構図である。

この「アラブ」と呼ばれる人々であるが、実は上記のラクダ遊牧民の他にもいる。モルニにも「アラブ」と呼ばれる人々や、自身を「アラブ」と表現する人々もいた。筆者の感覚ではあるが、モルニの「アラブ」の外見は他のＩＤ

Pとまったく変わらないし、「アラブ的」でもない。アフリカ系とされるフール人やマサリット人たちも、彼らに敵意を持たずに筆者に「彼はアラブ」などと教えてくれた。スーダンが独立した後、歴代の政権は植民地時代に構築された地方統治システムを都合よく変更し、維持してきた（Flint and De Waal 2008, 259）。この「アラブ」というのはその過程で生み出されたある種の特権階級のようなもので、「アラブ」という呼び方はモルニでは人々をからかったように表現したり、逆に自分を他者とは少し違うとアピールしたりするときに使われていた。

このように、国際社会がはっきりした区別であるかのように使っている「遊牧民」「農耕民」「アラブ人」「アフリカ人」などの分類には、かなり揺らぎがある。また、遊牧民にも「アフリカ人」はいるし、農耕民にも「アラブ人」はいる。ＩＤＰの代表者たちもこれらの区分けを利用して語る。しかし筆者は、ＩＤＰが支援機関・メディアがそのような明確な区分けを利用していることを承知のうえで、支援側の人々との話をわかりやすくするために、また時にはより多くの支援を引き出すために、区分けを使用しているという印象すら持った。

遊牧民の伝統性を考察してみても、かつては信頼関係で成り立っていたであろう製品の取引に、紛争前から仲買人という市場システムが利用されていたことや、賃金労働に関わっていたなど、市場経済と無縁だったわけではない。さらにダルフールの遊牧民も、他所の遊牧民と同様、旱魃などの自然災害に遭遇し、生活を変化させてきたであろう。遊牧民も、家族の一部が農耕に従事している者、新しく来た者など、決して一様でない。つまり、外部者が「伝統的」なイメージを持つ遊牧民の生活とて、紛争以前にどれほど「伝統的」であったかは定かではないのである。

6　国際機関のめざす解決策

ダルフールにおけるＩＤＰ支援の究極的目標は、ＩＤＰに対する食料などの人道支援と、彼らの帰還を実現することであった。しかし、筆者が滞在していた時期、つまりＩＤＰキャンプが形成されてから八年あまりが経過した際、ＩＤＰたちの多くはもう帰らないか、帰ったとしても以前は人口が４千人あまりの村が、地域のハブのような役割を果たしていくだろうことは想像できた。

そこには、ＩＤＰたちは配布された食料を「自分で食べる」以外に活用することで新たな生計手段を見つけていたし、学校、病院、水道、携帯電話網などの施設もある。また、雇用機会も生まれている。このような動きは一〇年足らずのうちに起こったものであるが、通信網、交通網の発達とともに早まりこそせよ、止まることはないと考えられる。つまり、ＩＤＰキャンプは都市化したのである。

避難民が支援に頼り切って生活しているわけではないことは、難民キャンプの事例でも紹介されている。ザンビアでは、一九九九年以降のアンゴラ内戦激化を逃れた難民が難民収容施設に暮らしているが、難民は公的な就労の機会を制限されている一方で、フォーマルかインフォーマルかを問わず、収容施設外の地域社会と接点を持つことによって現金稼得の機会を得ているという。そして、アンゴラからの難民と近隣のザンビア人は相互依存関係を構築するに至っているとのことである（中山 二〇一四）。

このような動き、つまり避難民や周辺の人々が、避難や支援を契機として新たな生活様式を生み出した事例は、支援側の想定を超えるものであろうが、世界中に多数ある。話をモルニに戻せば、モルニのＩＤＰとホスト・コミュニティ、そして遊牧民も例外ではなかろう。先に農耕民と遊牧民が以前のような社会関係に再び戻るのは難しいだろうとの見解を述べた。しかし、ＩＤＰの流入により四千人の人口が七万五千人あまりに膨張し、紛争からの避難と援助を通じて都市化したモルニの人々と、定住していない遊牧民はまだ誰も知らない新たな関係を築いていくに違いないし、その兆候は見られる。冒頭、他所での遊牧民の置かれた状況を多少紹介したが、「伝統的」とも思える生計を営む遊牧民たちはそもそも現在までに、意図的あるいは非意図的に政治的条件、市場経済化、自然条件、開発、支援に応じて生活様式を変化させてきたのである。

とはいえ、そのような遊牧民の社会変化を専門にしている研究者は、遊牧民の生活様式の変化は、プロセスを要すると強調する（佐藤 一九九五、一三〇）。避難民が比較的短時間に移動したとしても、急に遊牧民の生活が変容するわけではない。その間、社会の一部に移動という急激な変化が起きれば、社会のもう一部である遊牧民の生活とて立ちいかなく可能性は十分にある。ダルフールにおいては、国際社会の「遊牧民は加害者」との認識のもと、彼らへの支援は行われてこなかった。しかし、遊牧民もＩＤＰと同様に脆弱な立場に置かれ、本来なら人道支援の対象者となりうるレベルの生活を送っていた人々もいるかもしれないのである。

おわりに

世界各地で、遊牧民は植民地政策、開発政策などにより周縁化されたり、定住化されたりする事例が報告されているダルフールの遊牧民は、もちろんそれ以前の貨幣経済の進行や気象条件により生活様式を変化させてきたが、紛争、避難、また国際的な人道支援の支援対象者外とされたことで、彼らはさらに周縁化されてしまったのではないだろうか。農民がＩＤＰ化したことで生活が激変し、支援を必要としていた遊牧民もいたであろう。しかし支援はＩＤＰやホスト・コミュニティに集中し、遊牧民には向かなかったのである。今日、従前の政治的意見による迫害から逃れた人々という意味での定義上の「難民」に加え、経済上の理由から移動を強いられた人々を「経済難民」、気候変動により移動を強いられた人々を「気候変動難民」と呼ぶことがある。日本でも天災などの交通の遮断により帰宅できない人々を（本来の「難民」の意味から離れて）「帰宅難民」などと表現することがあるが、このような表現を借りれば、ダルフールの遊牧民は、国際機関から支援を受けることができなかった「援助難民」と見ることもできる。

当初、二〇〇万人とも言われる避難民が発生したことから、国際社会の支援の関心が避難民の惨状に向くのは当然であろうし、彼らが人道支援を必要としていたことに疑いはない。しかし、支援が周辺へもたらしてきた影響に一〇年以上も目を向けてこなかったことをどう考えればよいであろうか。本章で紹介したとおり、そもそも「遊牧民」「農耕民」などといった分類は曖昧な場合もあるし、遊牧民の生活とて過去に置かれた社会的、政治的、経済的背景により変化を強いられ、一様ではない。支援機関は、そのような社会に「支援されるべき者」「支援されるべきでない者」という新たな区分けをするようなことは回避すべきであっただろうと考える。

さらに、仮に移動を繰り返しているような遊牧民自身が、脆弱性により難民やＩＤＰとなったとしても、現在用意されている「定住」という解決法が適合するかは吟味される必要がある。最近の支援技術の進歩で、指紋や虹彩を利用して受益者登録しているか否かを瞬時に判断するシステムも開発されており、定住していなくとも支援対象に含めることが可能である。本章で示したとおり、避難民と周辺社会がさまざまな経済的・社会的接触を通じてお互いの関係を樹立する例は、世界の各地で報告されている。そうであれば、支援側はそのような自助努力とも理解することのできるプロセスに注目し、支援を柔軟に変化させることはできないだろうか。遊牧民とその周辺の人々の社会構築のプロセスを後押しするように支援することは、ローカルな人々の和解や相互依存の認識を高め、草の根からの平和構築にとっても重要なのではないだろうか。

【注】

（１）ホスト・コミュニティとは、ＩＤＰを受け入れた村に従前より住んでいた人々である。
（２）スーダン政府は、「キャンプ」として認定した場所には同政府内に設置された人道支援委員会より管理者を派遣したが、彼らはキャンプでの人々の動向や国際機関の活動を監視する役割を帯びていた。
（３）ダルフールにおいては、ラクダを飼育する遊牧民アバラ（Abbala）と牛を飼育する遊牧民バガラ（Baggara）は明確に区別されており、生活様式や移動範囲に相当の違いがある。このように一括して「遊牧民」とすることで「農民 対遊牧民」という構図が強調されてしまったのではなかろうか。

（4）カルドー（Kaldor）は、冷戦が終結し国家間戦争の懸念が低下した後に顕著化した世界各地の内戦を「新しい戦争」と呼んでいる（カルドー 二〇〇三、八–九）。

（5）その後、ダルフール紛争の被害者をめぐる人道支援は、国連の人道支援改革の契機ともなっていった。

（6）筆者からモルニに駐在しているＷＦＰの実施パートナー職員への問い合わせによる（二〇一八年八月二三日）。

（7）ダバンガ（Dabanga）と呼ばれる容器であり、筆者も住民がＩＤＰ化しなかった農村で見せてもらった経験がある。

【参考文献】

De Waal, Alex (2005) "Who are the darfurians?: Arab and African identities, violence and external engagement," *African Affairs* 104(415), 181–205.

Flint, Julie and Alex De Wall (2008) *Darfur: A History of a Long War*, Zed Books.

Fratkin, Elliot (2013) "Seeking alternative livelihoods in pastoral areas," Andy Catley, Jeremy Lind and Ian Scoones eds., *Pastoralism and Development in Africa; Dynamic Change at the Margins*, 197–205, Routledge.

Haaland, Gunner (1972) "Nomadisation as an economic career among the sedentaries in the Sudan Savannah Belt," Ian Cunnison and Aendy James eds., *Essays in Sudan Ethnography,* 149–172, C. Hurst.

Ibrahim, Fouad (1998) "The Zaghawa and the Midob of North Darfur: A comparison of migration behavior," *GeoJournal* 46, 135–140.

Kaldor Mary (1999) *New and Old Wars: Organized Violence in Global Era*, Polity Press.（カルドー・メアリー著／山本武彦・渡部正樹訳（二〇〇三）『新戦争論――グローバル時代の組織的暴力』岩波書店）

MacKay, Joseph, Jamie Levin, Gustavo de Carvaho, Kristin Cavoukian and Ross Cuthbert (2014) "Before and after borders: The nomadic challenge to sovereign territoriality," *International Politics* 51(1), 101–123.

Ohta, Itaru (2009) "Pastoralists are proficient in cultivating positive social relationships: Case of the Turkana in Northwestern Kenya," *Mila (N.S.) The Journal of the Institute of African Studies* 10, 24–38.

Randall, Sarah (2015) "Where have all the nomads gone?: Fifty years of statistical and demographic invisibilities of African mobile pastoralists," *Pastoralism: Research, Policy and Practice* 5(22), Springer Open Journal.

United Nations (2004) *Inter-Agency Fact Finding and Rapid Assessment Mission, Kailek Town, South Darfur*.

——— (2005) *United Nations and Partners Work Plan for Sudan*.

——— (2015) *The Millennium Development Report 2015*.

——— (2018) *Sudan 2018 Humanitarian Response Plan, January-December 2018*.

United Nations Office for the Resident and Humanitarian Coordinator for the Sudan (2003) *Greater Darfur Special Initiative* (ORCHC/GDSI//version 1). http://www.sudanjem.com/sudan-alt/english/news/2004_news/2004_text/gdi.htm（access: 2018.9.9）

United Nations Secretary General (2014) *The Road to Dignity by 2030: Ending Poverty, Transforming All Lives and Protecting the Planet*.

Young, Helen, Abdal Osman, Ahmed Malik Abusin, Michael Asher and Omer Egemi (2009) *Livelihood, Power, and Choice: The Vulnerability of the Northern Rizaygat of Darfur, Sudan*, Feinstein International Center, Tufts University.

佐藤俊（一九九五）「遊牧民と市場経済――東アフリカの事例から」秋道智彌・市川光雄・大塚柳太郎編『生態人類学を学ぶ人のために』世界思想社。

———（二〇〇二）「東アフリカ遊牧民の現状」佐藤俊編『遊牧民の世界』京都大学学術出版会。

孫暁剛（二〇一二）『遊牧と定住の人類学――ケニア・レンディーレ社会の持続と変容』昭和堂。

中山裕美（二〇一四）「アフリカの難民収容所に出口はあるのか」内藤直樹・山北輝裕編『社会的包摂/排除の人類学――開発・難民・福祉』昭和堂。

望月良憲（二〇一八）「元遊牧民の多角的な生計戦略――ウガンダの難民居住地における南スーダン難民の実践」湖中真哉・太田至・孫暁剛編『地域研究からみた人道支援』昭和堂。

第14章　トルコにおけるシリア難民の受け入れ
——庇護、定住・帰化、帰還をめぐる難民政策の特質と課題

伊藤　寛了

【要旨】　トルコの難民政策は、恒久的解決策としての庇護国への社会統合ではなく、一時的な保護をその特徴とする。そこには、人の移動の十字路というトルコの地政学的要因が大きく影響している。しかし、シリア難民の大量流入と長期化により、難民の社会統合（定住）が喫緊の課題となると、トルコは社会統合施策を難民保護という観点からではなく、国益追求の手段として位置づけ、実施するようになった。

本章では、世界最大の難民受け入れ国であるトルコが、三六〇万人を超える「シリア難民」の大量流入にいかに対処しているかについて、トルコにおける難民受け入れの史的展開を踏まえながら検証し、難民政策の特質と課題を明らかにする。また、トルコの難民支援体制に大きな影響を及ぼしているEUとの連携・協力関係、トルコ政府による高度人材獲得としての帰化政策に着目して考察する。最後に、現代の難民レジームが抱える課題、および今後取り組むべき課題などについて指摘する。

【キーワード】　トルコ、シリア難民、一時保護、責任分担、難民政策

はじめに

（1）問題の所在

国連難民高等弁務官事務所（ＵＮＨＣＲ）は二〇一六年三月二三日付で文書を発出し、同月一八日に発表されたＥＵ‐トルコ合意には法的に考慮すべき事項があるとした。かかる合意は「ＥＵ庇護手続き指令」に反しており、トルコが「第一次庇護国」ないしは「安全な第三国」であるとみなしうるだけの十分な保護を提供していない点に懸念を示したのであった（UNHCR 2016）。

第一次庇護国とは、ある人が最初に庇護を受けることができる国のことであり、また安全な第三国とはノン・ルフールマン原則が守られ、効果的な保護が保障されている国を指す（UNHCR 2004）。トルコはそのどちらにも当てはまらないとされる。その理由として、トルコは一九五一年の難民条約にも一九六七年の難民議定書にも地理的制限を付したうえで批准しており、欧州出身者以外は難民と認めていない（効果的な保護が受けられない）こと、そして一部のシリア難民を本国に送還しており、ノン・ルフールマン原則を遵守していないことなどが指摘されている(1)。

では、トルコはなぜそのような政策をとっているのか。移民統合政策指標（ＭＩＰＥＸ）において三八カ国中最下位のトルコが、三六〇万人に上るシリア難民の受け入れにいかに対処しているのか。そして、そこで暮らすシリア難民はいかなる状況にあるのか。こうした問いに答えることは、トルコにおけるシリア難民受け入れの特質や課題を明らかにし、同時に現行の難民レジームが抱える課題についても示唆することになるはずである。

（2）シリア難民受け入れの概要

トルコはシリア難民を受け入れる制度として「一時保護」という枠組みを選択した。これは難民の大量流入に対応するための手段である。いまだ発動されたことはないものの、EUは一九九〇年代に東欧からの難民流入を受けて、一時保護指令を策定している（山本二〇一四、Ineli-Ciger 2018）。トルコは当初、シリアとの国境地域に設置した難民キャンプ（以下、キャンプ）でシリア難民を受け入れていたが、受け入れ人数などの問題もあり、キャンプの外で生活する、いわゆる都市難民の数が増えていった。

内務省の統計によれば、二〇一九年一月時点でシリア難民の数は三六〇万人を超え、そのうち一三か所あるキャンプに滞在する人は約一四万三〇〇〇人、したがってシリア難民の九五％が都市難民という計算になる。(2)キャンプで暮らす難民の数は減少傾向にあるが、その背景にはトルコ政府が予算節減のためにキャンプの閉鎖を進めていることが考えられる。(3)

県別にシリア難民の居住者数を見ると、上位五県はイスタンブール県（五五万七九四二人）、シャンルウルファ県（四五万二六三一人）、ハタイ県（四四万六九一六人）、ガズィアンテップ県（四二万五〇九〇人）、アダナ県（二三万四六二〇人）で、イスタンブール以外の四県はいずれもシリア国境に近い地域に位置する。EU・トルコ合意に基づく「一対一方式」（第三節参照）によりトルコからEUに再定住したシリア難民の数は計一万八一五九人、国別に見ると、ドイツ六五九九人、オランダ三三〇三人、フランス三三二〇人、フィンランド一三九九人、ベルギー一一五九人などとなっている。

トルコの難民受け入れは、国際保護と一時保護の二本立てとなっている。国際保護は二〇一三年に制定された法律に基づき、個別の難民認定を経て、いわゆる条約難民として認定を受けるものである。一時保護は、シリア難民のように難民であることが「一見して確からしい」（*prima facie*）場合で、個別に対応することが難しい場合に、集団として一時保護を与える制度である。(4)そのため本来は「一時保護下にあるシリア難民」と表記すべきであるが、一般的に難民という呼称が用いられること、また煩雑な表記を避けるという観点から、本章ではシリア難民と表記する。

1　先行研究と分析手順

トルコにおけるシリア難民の受け入れは、二〇一一年の開始から丸九年が経ち、短期的な緊急人道支援の段階から中・長期的な定住・社会統合の段階へと移行している。そうした状況を予見し、二〇一四年一月から一一月にかけて行ったフィールド調査に基づき社会統合の必要性を指摘したのが、エルドアン（Erdoğan 2018b）である。シリア難民の社会統合に関してはドウシュ・シムシェッキとメティン・チョラバトゥル（Şimşek and Çorabatır 2016）やアフメット・コユンジュ（Koyuncu 2018）の研究などがある。

また、シリア難民の法的地位である一時保護に関しては、ＥＵの一時保護指令や国際難民法との関連を踏まえた研究（Elçin 2016; Eren 2018）のほか、イネリ–ジエルによる論考（Ineli-Ciger 2018）がある。同書は、ＥＵのみならず東南アジアやアメリカ、トルコの事例を取り上げて分析し、一時保護の法的根拠を明らかにしている。

移民・難民政策についてはイブラヒム・スィルケジとバーバラ・プシュ（Sirkeci and Pusch 2016）が、トルコのシリア難民に関してはビルハン・カルタルとウラル・マンチョ（Kartal ve Manço 2018）やウトゥク（Utku et al. 2017）があり、トルコの移民政策の特質として国民国家の形成とナショナリズムによる影響や安全保障の側面を明らかにしている。しかし、難民政策における高度人材確保への方針転換や難民保護との関係については十分に考察されているとは言えない。そこで本章は、これら先行研究の方法・成果を踏まえつつ、最新の統計資料や調査報告書などを用いて、かかる方針転換を含むトルコの難民政策の特質やシリア難民受け入れの実態と課題を明らかにする。

まず次節で、トルコの難民受け入れの過程を跡づけ、同国の地政学的な位置とＥＵ加盟問題が現在の政策の背景にあることを明らかにする。その後、トルコのシリア難民受け入れの実態について、調査報告書や統計資料を用いて分析する。主に依拠する資料は、トルコ首相府災害緊急事態管理庁（ＡＦＡＤ）による調査報告書（AFAD 2017）や先述のエルドアンによるフィールド調査（Erdoğan 2018a）である。また、トルコ国民教育省がまとめた教育支援に関する資料（MEB 2018）や、ＥＵによるトルコにおけるシリア難民支援に関するニーズ調査報告書（Biehl et al. 2018）なども参照した。さらに、トルコ政府の認識を明らかにするため、トルコ大国民議会人権委員会難民権利小委員会が取りまとめた報告書（TBMM 2018）を分析する。最後にこれらの分析を踏まえて、歴史的経緯と国際関係、そしてトルコの国益とが複合的に絡み合った結果として現在のシリア難民の受け入れがあること、そしてそこから導き出される課題などについて考察する。

2　トルコにおける難民政策の史的展開

（1）周辺諸国の情勢とＥＵ加盟交渉の影響

トルコは建国以来、初代大統領アタテュルクが党首を務める共和人民党の一党支配下で、均質な国民国家の建設に向けた種々の近代化政策を実施した。それらのなかで、一九二三年のギリシャとの住民交換と一九三四年の定住法（İskân Kanunu 法律第二五一〇号）が移民・難民政策に関するものとして重要である。前者はトルコに居住するギリシャ正教徒とギリシャに居住するイスラム教徒を交換するもので、両国の合意により、一九二三年から一九三八年までの間に約四〇万人のイスラム教徒がトルコに移住した。後者はトルコが受け入れる移民について、「トルコ系であること」（Türk soyundan gelen）と「トルコ文化に属している（忠実である）こと」（Türk kültürüne bağlı）を要件とした。これらの政策は当時のトルコ・ナショナリズムが色濃く反映されたものであった（Kirişci 2000; Yildiz 2007）。

一九八〇年代以降、トルコは自国への集団的な人の移動を経験する。イラン・イラク戦争後の一九八九年に約五万人、湾岸戦争後の一九九一年から一九九二年にかけて約五〇万人のクルド人らがトルコ国境に押し寄せた。また一九八九年から一九九〇年にかけてブルガリアから約三五万人、さらに一九九二年にボスニアから二万人以上がトルコに流入した（İçduygu and Aksel 2013, 174–176; Öner 2018, 25–26）。トルコはこうした事態を前にし、一九九四年九月にいわゆる「一九九四年規則」（一九九四年九月一四日付閣議決定九四／六一六九号）を制定した。(5) 同規則第三条において、難民条約上の難民の定義に合致する欧州出身者は「難民」、それ以外の国や地域の出身者で難民条約上の難民の定義に合致する者は「庇護民」（sığınmacı: asylum seeker）と定義された。これは難民条約を批准する際に付した地理的制限という留保に基づく対応の結果である。

一九九四年規則は難民保護というよりも、人の移動の管理という側面が強く（Suter 2013, 18）、その背景には安全保障上の懸念があった。湾岸戦争後の大量のクルド人の流入は、クルド労働者党（ＰＫＫ）による分離独立運動に影響を及ぼす可能性があり、トルコ当局の懸案事項となっていたのである（İçduygu and Keyman 2000, 392; Kirişci 2001, 78–79）。また一九九四年規則により、それまでＵＮＨＣＲが所管していた難民認定および再定住業務をトルコ政府も行うこととなり、トルコにおける難民受け入れ制度は「二重構造」（two-tiered system）となった（Suter 2013, 13）。(6)

トルコは一九九九年一二月にＥＵ加盟候補国となると、憲法をはじめとするさまざまな国内法をＥＵアキに適合させ（間 二〇〇六）、トルコの諸制度のＥＵ化が進行する。二〇〇五年三月に策定された「難民庇護および移民分野におけるＥＵアキの受容に関する国民行動計画」（İltica ve Göç Alanındaki Avrupa Birliği Müktesebatının Üstlenilmesine İlişkin Türkiye Ulusal Eylem Planı）(7) には、難民・移民に関する特別対策チームおよび作業グループの設置や「難民法」の制定に加え、トルコのＥＵ加盟と並行して二〇一二年を目処に難民条約における地理的制限を廃止することをめざすと記された。ただし廃止にあたっては、①トルコへの東方からの難民の流入を助長しないよう必要な法令とインフラ改革の実現、②ＥＵ諸国が負担の分担について必要な配慮を示すことを条件とした。

さらにトルコは、二〇〇五年の国民行動計画において、地理的制限の廃止によりトルコが直面しうる難民の流入に対して、ＥＵやＵＮＨＣＲに対して具体的な対策を要請した。ＥＵに対しては、①庇護民レセプション・センターなどの設置および職員の育成、②出身国情報および難民庇護情報システムの創設、③難民庇護機関の設立、を含む六項目における支援を求めた。加えて、①トルコよりも経済力があり難民を受け入れているEU諸国などがトルコから引き続き（第三国定住などにより）難民を受け入れること、②難民の大量流入時にはEU諸国をはじめ各国が公平な責任の分担原則に基づき第一次庇護国であるトルコの負担を分担すること、③制限廃止後の一定期間、UNHCRが負担の分担の一環として再定住業務を継続することを求めた。

他方、EUへの迅速な加盟をめざしていた当時のトルコは、国民行動計画に基づき難民・移民分野の法改正を実施する。二〇〇六年一月に一九九四年規則が改正され、批判の的となっていた難民申請に関する「一〇日間ルール」（入国後一〇日以内に申請するというルール）は「遅滞なく、適切な最短の期間において」と変更された。また同年九月には、一九三四年の定住法が改正された。しかし、前述の「トルコ系」と「トルコ文化」という文言は維持された。これらの改正と並んで「難民法」の制定に向けて、トルコは作業を進めていた。

（2）外国人および国際保護法の制定

「難民法」の制定作業は、内務省内に設置され二〇〇九年に始動した難民庇護・移民室（İltica ve Göç Bürosu）が主導した。同法は当初四つの異なる法令から構成される予定であったが、後に一つに集約され、「外国人および国際保護法」（Yabancılar ve Uluslararası Koruma Kanunu: YUKK 法律第六四五八号）[8]として二〇一三年四月に公布された。YUKK第一〇三条によって「移民管理総局」（Göç İdaresi Genel Müdürlüğü）が内務省内に設置され、これにより同局が一元的かつ総合的に、①移民に関する政策や戦略の実施および関係機関の間の調整、②外国人の出入国および在留管理、③国際保護、一時保護、人身取引の被害者の保護を所管し、政策を立案・実施する体制が整備された。

また政策立案を担う具体的な組織として、トルコの移民（および難民）政策や戦略文書の策定を行う「移民政策委員会」が第一〇五条により設置された。同委員会は内務大臣を議長、移民管理総局を事務局、関係省庁の次官らを構成員とし、議案に応じて関係省庁や国際機関、市民団体（NPO／NGO）の代表の出席により、年一回以上会合を開催することとされた（ただし、二〇一七年二月一五日にようやく第一回目の会合が開催された）(9)。

しかし、YUKKによってもトルコの難民認定（受け入れ）に関する基本的な方針は変わらなかった。YUKKでは、難民は次の四つに分類される。すなわち、①難民（mülteci: refugee）「欧州出身者で難民条約上の難民の定義に合致する者」（第六一条）、②条件付き難民（şartlı mülteci: conditional refugee）「欧州出身でない者で難民条約上の難民の定義に合致する者」（第六二条）、③二次的保護（ikincil koruma: secondary protection）「難民あるいは条件付き難民であるとは認められないものの、送還された場合に死刑に処される、または非人道的な処遇にさらされる者」（第六三条）、④一時保護（geçici koruma: temporary protection）「母国からの移動を余儀なくされ、移動元の国に戻ることができず、緊急かつ一時的な保護を得る目的により集団で我が国の国境に到着した、または国境を越えた外国人」（第九一条）の四つである。

二〇一四年一〇月には、YUKKの第九一条に基づいて「一時保護規則」（Geçici Koruma Yönetmeliği 閣議決定二〇一四／六八八三）が制定された(10)。当初トルコでは、シリア難民の大量流入に対して一九九四年規則（第一〇条）や内務省指令が難民保護の根拠とされた（ORSAM 2014, 11）。内務省警察総局や首相府緊急事態対応庁（AFAD）(11)といった中央政府機関が中心となりつつ、県庁やトルコ赤新月社、UNHCRやWFPなどの国際機関、国内外のNGOなどが協力しながら支援にあたった。そのなかにはシリア人が組織した団体もあった。その間、作業中であった一時保護規則は、シリア難民をめぐる情勢の変化を受けて修正を余儀なくされ、制定までに想定を超える時間を要することとなり、NGOらが早急な制定を求めて繰り返し懸念を表明する場面もあった（Erdoğan 2018b, 54）。

こうした経緯を経て、ようやく施行に至った一時保護規則の概要は次のとおりである。シリア難民の法的な地位である「一時保護」については、「母国からの移動を余儀なくされ、移動元の国に戻ることができず、緊急かつ一時的な保護を得る目的により、集団で、またはこの集団的流入期において個人で我が国の国境に到着した、または国境を越えた、あるいは国際保護への申請を個別に行うことができない外国人に措置される保護」（第三条f項）と規定された。第二二条では「一時保護身分証」（Geçici Koruma Kimlik Belgesi）の交付が規定されているが、これは合法的な滞在の証明や銀行口座の開設や各種契約時に使用することができる。また、第二七条で公立病院における基本的な治療費の支弁、第二八条で就学前教育や高等教育を含む教育（国民教育省の管理・監督のもとで実施）、第三〇条で社会的支援とサービス、第三一条で無料通訳の提供が保障されている。他に、第六条でルフールマンからの保護が記されている。第二九条において別途定めるとされた就労許可は、その後二〇一六年一月に、「一時保護を措置された外国人の就労許可に関する規則」（Geçici Koruma Sağlanan Yabancıların Çalışma İzinlerine Dair Yönetmelik　閣議決定二〇一六／八三七五）によって整備された。

（3）EUの移民管理の外部化とトルコのシリア難民支援への影響

この間、難民・移民の大量流入に苦慮するEUは、通過国であるトルコに難民流入の抑制について協力を求め、両者が共同で一連の難民対策を講じていった。まず二〇一五年一〇月一五日に「EU・トルコ共同行動計画」（EU-Turkey joint action plan）が双方によって暫定的に（*ad referenda*）合意され[12]、①一時保護下にあるシリア人とトルコのホスト・コミュニティへの支援、②非正規移民に対する協力の強化をめざすことが確認された。

続く二〇一五年一一月二九日のEU・トルコ首脳会談において同計画の実施が決定され、EUは①トルコとのEU加盟交渉の加速、②トルコからEU諸国への渡航に関する査証免除、③トルコ国内のシリア難民支援のための三〇億ユーロの資金援助を行うこととされた。一方のトルコは、①一時保護下にあるシリア人の公共サービス（子どもの教育、医療、就労など）の利用を促進するための政策などの実施、②海上警備能力の強化、③移民密航組織の取り締まりの強化などを行うこととされた[13]。

そして二〇一六年三月一八日に発表されたEU・トルコ合意では、①同年三月二〇日以降にトルコからギリシャの島々に渡航したすべての非正規移民をトルコに送還すること、②ギリシャからトルコに送還されたシリア人一人につきトルコからシリア人を一人再定住させること（「一対一」（One for One）方式）[14]、③（先の計画に記された）「トルコにおけるシリア難民のための資金援助」（EU Facility for Refugees in Turkey: FRIT）の枠組みにおける三〇億ユーロの資金提供の加速と二〇一八年末までに三〇億ユーロの追加的な援助を実施することなどで合意した[15]。

しかし、声明の履行は暗礁に乗り上げる。トルコが人権や民主主義の原則を放棄しているとして、EU内部から反対意見が出されたからである。トルコでは二〇一六年七月のクーデター未遂事件に対する強権的な取り締まりが続き、二〇一七年四月には国民投票で憲法が改正され、エルドアン大統領への中央集権化がいっそう強化された。こうした事態にEUが懸念を示したのであった。欧州議会は、二〇一六年一一月二四日と二〇一七年七月六日にトルコの加盟交渉を凍結する決議を立て続けに可決した[16]。これに対し、エルドアン大統領は国境の門戸を開放して移民をEUに送り込むと述べて応酬したが、ドイツが「EU-トルコ合意の履行を継続すべき」との見解を表明し、沈静化に努めた[17]。こうした両者の関係悪化により、三〇億ユーロの追加的資金援助を凍結すべきとの意見も出されたが、最終的に二〇一八年六月二九日のEU首脳会議で援助の実施が決定された[18]。

このように政策の史的展開を跡づけることによって、トルコの難民政策が、①地域的な情勢の影響を受けながら変化したこと、②「加盟交渉」と「外部化」によりEUから大きな影響を受けていたことが明らかとなる。一九九四年規則が制定された背景には周辺諸国の混乱による移民・難民の大量流入があり、二〇〇六年の同規則の改正はEU加盟交渉の産物であった。またトルコは、EUからの難民条約に関する「地理的制限」廃止の求めに対しては、地政学上の理由から困難であるとしつつも、EUによる負担の分担や財政的援助を条件として、将来的な廃止に可能性を残した。そして、まさにこれら難民政策の改革の最中にシリア難民が大量に発生し、当初の予想に反して事態の長期化およびEUへの大量流入が起こると、EUはトルコに協力を求めたのであった。その結果として、両者の間で国際協調が行われた。こうしてトルコの難民政策はEUの「外部化」に絡め取られていったが、他方で、EUからの財政援助によりトルコにおけるシリア難民への支援は拡充されることともなった。

3　一時保護体制下のシリア難民支援と実状

（1）シリア難民への支援策

トルコにおけるシリア難民への支援はＦＲＩＴによるものが大きな部分を占めている。そこで本節ではまず、ＦＲＩＴによる種々の支援策について確認する。ＦＲＩＴ第一期三〇億ユーロに上る支援は、①人道支援（humanitarian）と、②開発支援（developmental）の二つに分けられる。それぞれの支援額は、①が四七のプロジェクトに約一三億八四〇〇億ユーロ、②が二八のプロジェクトに約一六億ユーロとなっている。

これらＦＲＩＴによる支援事業の受託者は多岐にわたる。①人道支援では、国際赤十字赤新月社連盟（ＩＦＲＣ）、国連児童基金（ＵＮＩＣＥＦ）、国連世界食糧計画（ＷＦＰ）、ＵＮＨＣＲなどの国際機関の他、国際的なＮＧＯなどが受託者となっている。[19] ②開発支援では、移民管理総局、国民教育省、保健省などのトルコ諸省庁、国際労働機関（ＩＬＯ）や世界銀行などの国際機関、トルコのＮＧＯなどが受託者となっている。

主な支援策としては、①ではＷＦＰよる六億五〇〇〇万ユーロの「緊急社会セーフティネット支援」（Emergency Social Safety Net: ESSN）やＵＮＩＣＥＦによる五〇〇〇万ユーロの「教育支援のための条件付き現金支援計画」（Conditional Cash Transfer for Education project: CCTE）などのほか、ＵＮＨＣＲによる「難民の保護」やＩＦＲＣによる「食料などの基本的ニーズの提供・教育支援」などがある。②では国民教育省による三億ユーロの「シリア人の子どものトルコ教育制度への統合促進計画」（Promoting Integration of Syrian Children into Turkish Education System: PICTES）やＩＬＯによる一一六〇億ユーロの「難民の就労・起業支援」のほか、保健省による三億ユーロの「医療支援プログラム」（ＳＩＨＨＡＴ）などがある。

　続いて各支援の具体的な内容を見てみよう。まずＷＦＰによるＥＳＳＮは、生活困窮者を対象とする支援で、トルコ赤新月社（Kizilay）がトルコ家族・労働・社会サービス省などと連携しながら実施している。このプログラムでは、クズライカード（Kizilay Kart）と呼ばれる電子マネーカードを通じて、一人あたり月額一二〇トルコリラ（約二四〇〇円、一リラ二〇円で計算）が支給される。[20] 支援対象者は、①単身女性、②一八歳未満の子がいる一人親の世帯、③六〇歳以上の家族からなる世帯（一八歳未満の未成年者がいてもよい）、④四人以上の子どもがいる世帯、⑤一人以上の障害者がいる世帯（病院の証明書が必要）、⑥扶養家族の多い世帯（成人一人あたりの扶養者が一・五人以上）で、これまでに一二〇万人が支援を受けた。多くの人に配分する必要があることは理解できるものの、トルコの最低賃金（全国一律）が手取りで月額一六〇〇リラであること、また失業手当が（収入により）月額八〇〇リラ～一六〇〇リラであることを考えれば、支給対象が限定的であることとも相まって、この支援のみで生活することは困難であると推測される（表14−2「金銭的支援」参照）。

　次に、保健省による医療支援ＳＩＨＨＡＴは、二〇〇〇万人への基礎医療の提供と最大一〇〇万人へのメンタルヘルス・ケアの提供を行うプログラムである。これによりトルコ全国に一七八カ所の「移民保健センター」（Migrant Health Centre）、一〇カ所の「地域メンタルヘルス・センター」（Community Mental Health Center）が設置され、医師、保健師、トルコ語とアラビア語を話すケアワーカー、医療従事者らが雇用・配置されている。[21] 他にも移動式診察車両の導入や予防接種、医療従事者への技術研修などが行われている。医療支援は対象人数も多く、エルドアン（Erdoğan 2018a, 36–37）も指摘するとおりシリア難民の満足度も高い（表14−2「医療支援」および AFAD 2017, 101–108）。

　二〇一八年一二月三日付の国民教育省生涯学習総局移民・緊急事態教育室の資料（MEB 2018）によれば、トルコ国内で一時保護下にある学齢期の子どもは一〇四万七五三六人で、①公的教育機関で五二万九七五三人、②一時教育センター（Geçici Eğitim Merkezi: GEM）[22] で一〇万八六〇四人、③通信教育で一万六七一八人の計六二万二一二九人が教育を受けており、就学率は約六二・五％である。二〇一四年の三〇％に比べると二倍以上となっているが、これは政府が二〇一六年から二〇一七年にかけて政策を転換し、GEMの漸次的な閉鎖と公的教育機関への就学促進を決定したためである。(23) GEMでは二〇一七年九月時点で、全国三七〇のセンターで約一万三〇〇〇人のシリア人がボランティアとして教育活動を行っている。ボランティアに対してはUNICEFが月額一三〇〇トルコリラ（約二六〇〇〇円）を支給しているが、十分な金額ではないため、NGOが側面支援を行っている。例えば、台湾の仏教系NGOである慈済基金会は、イスタンブールにある六つのGEMのボランティア教師に月額八〇〇トルコリラを支援している（Taştan ve Çelik 2017, 22–23）。

教育支援としては、CCTEとPICTESがある。CCTE（トルコ語ではŞEY）は、もともと二〇〇三年に家族・社会政策省（家族・労働・社会サービス省に再編）がトルコ国民向けに始めたプログラムで、現在はシリア難民も対象とされている。(24) このプログラムは、学校に通えない子どもの就学を財政面で支援するもので、支給額は子どもの学年や性別などによって異なる。(25) 二〇一八年七月二三日付のUNICEF発表文書によれば、このプログラムにより三五万人余りの難民の子どもが支援を受けた。ただし、支援額が少ないため、児童労働の抑制と就学の促進効果は必ずしも十分でないという見方もある（二〇一九年四月一〇日、トルコ国内でシリア難民支援を行っている団体Aの現地代表からの聞き取り）。

続いてPICTESであるが、これは二〇一六年一〇月に二年間の期限付きで開始された、子どもの学校への適応を支援するプログラムである。(26) このプログラムにはトルコ語・アラビア語教育や補修クラスの実施、トルコ語学習教材の作成、教育関係品の配布のほか、学校の警備や清掃職員の配置、教育従事者への研修など、さまざまな内容が盛り込まれている。

シリア難民の多くは許可なしで就労しており、その数は一〇〇万人程と推測されている（Erdoğan 2018a, 107–108）。シリア難民に対する就労許可証の交付状況は、アドゥギュゼル共和人民党副党首が大統領府から入手した情報によれ

表 14-1　シリア難民のトルコにおける幸福度

（%）

まったく幸せでない	幸せでない	どちらでもない	幸せ	とても幸せ	分からない
8.2	13.7	42.3	30.2	3.5	2.2

出所：Erdoğan 2018a, 130 より筆者作成。

ば、申請数四万一三四三件、交付数二万七九三〇件であった[27]。許可数が少ない理由としては、就労許可申請に必要となる煩雑な手続きとクウォーター制が挙げられる。申請は雇用主が行うこととされており、納税証明書や財務書類、雇用契約書などの書類を用意する必要がある。また、クウォーター制により、難民の雇用はトルコ人一〇人に対してシリア難民一人とされており、一〇人以下の事業所では難民一人のみを雇用できる。

シリア難民の就労に関しては、ＩＬＯが中心となって支援をしている。ＩＬＯは二〇一八年二月から、大都市やシリア国境地域の九県で職業訓練コースの実施、インターン・プログラム、職場への定着状況の追跡調査、起業家向け研修などを実施している（二〇二〇年一月末まで[28]）。また、二〇一六年八月から二〇一八年一月にかけて、首都アンカラとシリア難民が多く滞在する国境地域において雇用機会の創出などの支援事業を実施した。就労は自立した生活のために欠かせないものであり、全国的に展開されることが期待される。

この他にもさまざまな支援が展開されており、個別のニーズへの対応に努められているものの、それらの支援を全体的に統括する役割をトルコ政府が担っているとは言いがたい。しかし、シリア難民の社会適応という観点からは、将来設計を含めた総合的な支援の仕組みを模索する必要があろう。

（2）シリア難民の実状と現状認識

次に、シリア難民の実状と、難民の生活に関する意識を確認しよう。まずトルコでの生活については、シリア難民のうち三三・七%が幸せ（「幸せ」と「とても幸せ」を合計）と考えており、幸せでないと考えている割合は二一・九%（「まったく幸せでない」と「幸せでない」を合計）であった

表14-2　シリア難民の支援に対する認識

（%）

	まったく十分でない	十分でない	どちらでもない	十分	とても十分	分からない	無回答
教育支援	5.6	13.1	14.0	43.2	10.9	10.0	3.2
医療支援	4.3	8.9	13.8	51.0	19.3	1.9	0.8
金銭的支援	41.5	33.2	9.1	4.8	0.5	7.7	3.2
食糧支援	32.6	33.8	13.2	9.4	0.6	7.2	3.2
住居支援	32.7	32.1	12.1	12.7	0.7	6.6	3.1

出所：Erdoğan 2018a, 138より筆者作成。

（表14-1）。この点について調査を実施したエルドアンは、「どちらでもない」（四二・三％）の半分を勘案すれば、過半数がトルコで幸せに暮らしていると見なしうるという（Erdoğan 2018a, 170）。

一方で、種々の支援策に関しては、教育支援については五四・一％が、また医療支援については七〇％以上が十分であると回答した（表14-2）。しかし、それ以外の支援については不十分であると考えている人の割合が多く、金銭的支援は五・三％、食料支援は一〇％、住居支援も一三・四％しか十分であるとは考えていない。

では、難民はシリアへの帰国を考えていないのか。この点については、六一・一％の人々が「戦争が終結し国の政治が良く」なれば帰国を考えると回答した。二番目に多かったのは「まったく帰国を考えてない」で一六・三％であった。その理由として一番多かったのは「トルコで幸せだから」が三八・三％、二番目が「トルコに帰化したいから」で二七・九％であった。一方、トルコとシリア以外の第三国での定住については、半数以上が否定的で六六・九％の人が「まったく考えていない」と回答し、二四％が「機会があれば」と回答した。そのうえで、もし第三国に行くとしたら希望する行き先は一位がドイツ（二六・八％）、二位がカナダ（一六・〇％）、第三位がスウェーデン（一〇・〇％）という結果となった（Erdoğan 2018a, 141–145）。

この点については、ＡＦＡＤの調査でも同様の傾向が確認される。それによると、一六・一％がまったく帰国を考えておらず、三四・九％が「シリアの混乱が収まれば」、二〇・三％が「政治体制が変われば」、そして一六・一％が「シリアで住んでいた都市の混乱が収束すれば」帰国すると回答した。また「どれくらいのシリア人がトルコに残ると思うか」という質問に対しては、二二・一％が「四分の一」、四一・三％が「半分」、二二・八％が「四分の三」、四・一％が「全員」残ると回答した。他方で、トルコよりも条件の良い第三国への定住については、二八・八％が行きたい、五〇・六％が行きたいと思わないと回答している。さらに「自分と家族の将来はトルコにあると思うか」という質問に対しては、五〇・三％が「ある」と回答した（AFAD 2017, 110–114）。

トルコ社会に適応できたかどうかについては、六・八％が「完全にできた」、四三・二％が「できた」と回答したのに対し、一九・九％が「できていない」、一・五％が「まったくできていない」と回答し、二八・六％は「分からない」と答えた。そして適応の障害となっている要因に関しては、「文化的差異」（四四・四％。要因になっていると答えた人の割合、以下同）、社会生活上の差異（四〇・三％）、道徳的差異（二八・五％）、宗教生活上の差異（一八・一％）、戦争による精神状況（六〇・一％）、物質的不十分さ（七一・八％）が挙げられた。ここからは、半数がトルコ社会に適応していると考えていること、そして道徳や宗教といった項目は適応の障害ではなく、それよりも物質的不足（貧しさ）や戦争による精神的な状況が影響していると考えていることがわかる（*ibid.*, 115–116）[29]。

以上から、教育と医療を除き、多くの人が支援は不十分であると考えていることが見てとれる。一方、半数の人がトルコで幸せに暮らし、トルコ社会に適応できていると考えていることが指摘できる[30]。それと符合するように、第三国定住を希望する人の割合も多いとは言えず、九〇％以上の人が「四分の一以上はトルコに残る」との見通しを示している。これらの調査結果に鑑みても、シリア難民のトルコへの「定住」（社会適応）を促進することが最も現実的な対応であると考えられる。

実際、トルコ政府も移民管理総局を中心として、徐々に定住に向けた施策を講じている。二〇一三年一二月一二日に「移民管理と社会適応に関するワークショップ」、二〇一四年四月三〇日には「庇護民および難民に対する社会適応政策立案に関するワークショップ」、そしてEU・トルコ合意が出される直前の二〇一六年三月九日には「社会適応戦略文書および国民行動計画」の策定に向けた「社会適応戦略文書および国民行動計画開発委員会第一回会合」が開催された。これらのワークショップや会合では、英国、イタリア、オランダなどの移民の社会統合政策の検討やトルコにおける政策策定のための議論が行われた。そして二〇一七年一二月二八日に開催された第四回移民政策委員会において、「社会適応戦略文書および国民行動計画」がその構成員に諮られた(31)。

ここで注意すべきは、この戦略文書や計画は難民に特化したものではなく、移民や外国人全般の社会適応戦略として考えられている点である。例えば、二〇一八年一一月に地中海沿岸のリゾート地アンタルヤからスタートした「社会適応ミーティング」は、大学生や実業界も巻き込んで各地で開催されており、難民の社会適応は「外国人との共生」という枠組みで考えられているのである。では、そうした枠組みのなかで行われる難民の受け入れ政策の特質と課題はいかなるものなのか。

4　人道主義に優先される実利主義

社会適応と並行して、「帰化」がトルコ政府により進められている。帰化政策はトルコの「高度人材」獲得戦略に基づく施策である。トルコは、シリア難民への就労許可を認めた二〇一六年、国際労働力法（Uluslararası İşgücü Kanunu 法律第六七三五号）を制定した。同法には、トルコ版グリーンカードやブルーカードとも呼ばれるターコイズカード（Turkuaz Kart）に関する規定が盛り込まれた。ターコイズカードはトルコの国益に資する人材の獲得を目的としており(32)、カード取得から三年後に本人と家族に国籍が付与される。ただし、一時保護下の難民はターコイズカードの対象とはされていない（第一一条第六項）。

そこで、ターコイズカードに代わるものが「帰化」であった。つまり、シリア難民のなかにいる高度人材を帰化により獲得するという戦略である。この点について、国会人権調査委員会難民権利小委員会の『移民と社会適応報告書』は次のように記す。

〔トルコ国籍法中の①一般的帰化、②トルコ人との婚姻、③例外的方法という三つの帰化の方法のうちの③に言及しつつ〕この方法で有能な人材へのトルコ国籍の迅速な付与がめざされている。この方法で経済力、学術的および職業的能力を有する潜在力のある人材が他の地域に流出することを阻止し、我が国に滞在し付加価値をもたらすよう…（中略）…六年間の間に約三万人のシリア人の帰化が実現した。（TBMM 2018, 264–265、下線原文ママ）

ここに現れているのは、人権や人道ではなく、国益や実利という視点である。帰化は、三つの恒久的解決策のうちの一つである「第一次庇護国への社会統合」の最終段階とも言われる。しかし、トルコの場合は「保護」という観点からではなく、国益を追求するための手段ないしは政策として帰化を位置づけているのである。帰化については、ソイル内相も二〇一八年一一月一五日に行われた国会予算審議の場で、子どもを含む七万二〇〇〇人が帰化しており、次の三月の地方選挙では最大三万六〇〇〇人が選挙権を有することになると述べたうえで、「ある時期、多くの苦言が呈されたのをご存知でしょう。『最も有能な人材が国外に流出している』という。これを受けて、この件について十分に検討し、きわめて真剣に作業を行いました」(33)と述べている。

『移民と社会適応報告書』は、二〇一六年一月から翌年一〇月にかけて、関係省庁や研究者、難民支援ＮＧＯ、シリア人コミュニティ団体などからの一七回のヒアリング、および難民関係施設への実地調査を踏まえて作成されたもので、国の難民政策に関する分析や見解が含まれている。例えば、「ジュネーヴではなくアナトリア条約」という項目（*ibid.*, 277–279）では、①欧州は難民危機に際して自分たちが起草したジュネーヴ難民条約を適用せずに扉を閉ざしている旨、②難民条約では難民受け入れ後の社会統合に関する記述が不十分である旨、③現行の難民条約に代えて、拘束力、負担の分担、再定住、難民発生国における問題を解決するメカニズムを持つ新たな条約が必要であることなどが指摘されている。そして、新たな難民条約の名称は世界最多の難民を受け入れているトルコにあやかり「アナトリア条約」とすべきであると提案された。しかし、そのように述べるトルコ政府とて、一方では人道主義を掲げつつも、他方においてこの機会を捉えて実利主義に基づく国益を追求していることは上述のとおりである。

おわりに

以上の分析から浮き彫りになるのは、第一にトルコの移民政策と難民政策において変わらない態度と考え方である。移民政策に通底しているのは、トルコ系の出自やトルコ文化といったナショナリスティックな側面である。一九九二年に旧ソ連圏に散在するメスヘティア・トルコ人[34]の受け入れに関する法律を制定し、二〇一八年六月にはチャブシュオール外相が五万人のメスヘティア・トルコ人に国籍を付与すると発表した[35]。そして、難民政策に通底する考え方は地理的制限である。それはトルコの難民政策の制約でもあり、トルコが批判を受ける原因ともなっているが、その背景には人の移動の要路に位置しているというトルコの地政学的な特徴がある。

第二に、トルコの難民政策を規定する要因は周辺地域の情勢とEUであり、それらとの関係において展開してきたことがわかる。トルコはイラクからのクルド難民の流入に対して一九九四年規則、今般のシリア難民の受け入れにおいては一時保護規則によって対応した。それはあくまで「一時的」な対処であり、長期的な社会統合まで見据えたものであったとは言い難い。しかし、シリアの混乱が長期化したことと、EUが難民危機に対し外部化により対処しようとしたことが、そもそも転換期にあったトルコの難民政策の方向を決定づけることとなった。その結果、トルコではEUからの資金援助によりシリア難民の社会適応に向けた種々の施策が実施されている。そこには、第一次庇護国や安全な第三国とは言い難いトルコに難民を再入国させているという懸念や批判をかわそうというEU側の狙いもある。

第三に、トルコが社会適応施策の促進に舵を切った背景には、難民保護だけではなく、国益という考え方がある。これについて先の『移民と社会適応報告書』では、「社会適応は負担となる。ただし、社会適応させることができないことによる社会的負担とそれに起因する経済的負担はさらに大きい。けれども社会適応策によって人の移動は危機ではなく、好機に転ずることができる」と記されている。

第四に、難民レジームが抱える「難民保護と責任の分担」という課題も浮かび上がった。責任の分担については、トルコはEUからの地理的制限廃止の求めに対して責任の分担を求め、EUはトルコに難民を引き受けるよう要請した。難民保護に関して重要なことは、「保護とは何か」という問題であろう。トルコはシリア難民に国籍を付与しているが、それは国益に基づく施策であった。結果的に難民を保護しているように映るが、そこには選別が働いており、公平性という課題が生じる。保護とは何かという問題は、難民支援にも及ぶ。なぜなら、難民をどこまで、またいつまで支援するかという課題を支援現場は常に抱えているからである。そして各国に共通の保護基準が設定されなければ、保護や支援の水準が高い（というイメージのある国も含め）特定の国に難民が集中するという事態を引き起こすこととなる。一方、その場合には「移動を余儀なくされた」難民側も移動先を選別していることにもなろう。

さらにトルコ政府による難民条約の拘束性や負担分担への言及は、国際法と主権国家の関係を考えるうえで示唆的であった。つまり、いかに国際法で難民の保護が謳われても、その実施が主権国家の専権事項であるかぎり、また罰則などの強制力が発動されないのであれば、難民レジームは実効性を欠くのではないかということが問われているのである。国としては自国の治安や安全を守るために国境管理を厳格に行う必要がある。それはまた、難民に安全な居場所を提供することにもつながる。ただし、難民の排除や集中、人権という問題を踏まえれば、国境を越える人の選別と庇護の統一的な基準の設定が求められる。はたして、そのイニシアチブを国連機関がとりうるのか。

トルコでは難民が自国民よりも優遇されているという風説が一部で広まり、政府やNGOが火消しに努めた。難民政策が抱える課題は、国益、言い換えれば自国民の利益と人権・人道主義とをいかに調和するかという点に起因する部分が大きい。また国境を越えられなかった人、そしてまた移動しなかった（できなかった）人の庇護をいかに実現するのかということも課題である。

トルコのシリア難民受け入れの今後に関しては、本国への「帰還」という点について考える必要があろう。トルコにおける支援策が定住という方向に進んでいることは歓迎すべきであろうが、中長期的な視点からは、シリア本国への帰還を踏まえた施策が検討されなければならない。トルコは、「ユーフラテスの盾」や「オリーブの枝」といった越境軍事作戦によって「安全地帯」を作り出し、一〇万を超えるシリア難民を帰還させたとされる。他方で、ラマダン（断食）明けの祭りの際には、本国にいる家族や親戚に会うために一つの国境門だけで七万人を超えるシリア難民が一時帰国の申請を行ったという。[36]シリア内戦後に同国やイランとの国境に「壁」を建設して厳格な国境管理を行うトルコが一時帰国を認めているのは、上記の軍事作戦後の帰還を勘案すれば、家族の再会や一時的な「家族統合」という人道的な配慮からだけではなく、将来的なシリア難民の帰還につながることを期待してのこととも考えられる。

その一方で、難民状況の「長期化」という事態への対処方法は見つかっていない。トルコのシリア難民受け入れは「一時」保護によるものであるが、いつまでを「一時」とするのかは見えていない。仮に今の流れのままトルコへの「定住」を進めた場合、シリアの情勢が回復した際の帰還をどうするのかという課題が生じる。日本のインドシナ難民のケースでは、第一世代では最期の時は母国で迎えたいと望む人が多いが、第二世代以降にとってはもはや移り住んだ日本が「母国」である。シリア難民にも同様の状況が発生することは想像に難くないだろう。また中・長期にわたり離れた母国での生活手段をどのように確保するかという問題も生じる。

このようにトルコのシリア難民受け入れという地域的な事象を考察することで、現代の難民レジームが抱える種々の課題が浮き彫りになる。こうした複合的な数々の課題に対応することが求められている。国境を越えて移動せざるをえない人々を誰が庇護し、どのような保護や支援を提供するのか。こうした根本的な点をこそ議論していくことが必要であろう。

【注】

（１）Roman et al. (2016); Amnesty International (2016); Şimşek (2017). また第一次庇護国や安全な第三国、および効果的保護については Kjaerum (1992); Phuong (2005); Gil-Bazo (2015); Gkliati (2017) を参照。

（２）http://www.goc.gov.tr/icerik6/gecici-koruma_363_378_4713_icerik　以下、特に日付を記さないかぎり、インターネット上の情報は二〇一九年一月二五日にアクセスして最終確認を行った。

（３）https://www.haberler.com/tasarruf-gerekcesiyle-6-suriyeli-kampi-kapatildi-11461528-haberi/　キャンプでは必要な物資や医療、教育といったサービスへのアクセスが容易であることから、脆弱性の高い難民や特別なニーズのある難民が暮らしている。

（４）大量流入時の「確からしさ」による難民の地位の決定に関する諸側面については Durieux (2008) を参照。

（５）「トルコに庇護を求める者または他の国に庇護を求めるためにトルコで滞在許可を求める個別の外国人および集団で難民申請の目的で我が国の国境に来た外国人と（今後）発生しうる人口移動に対して適用される方法と原則に関する規則」（Türkiye'ye İltica Eden veya Başka Bir Ülkeye İltica Etmek Üzere Türkiye'den İkamet İzni Talep Eden Münferit Yabancılar ile Topluca Sığınma Amacıyla Sınırlarımıza Gelen Yabancılara ve Olabilecek Nüfus Hareketlerine Uygulanacak Usul ve Esaslar Hakkında Yönetmelik）（『トルコ共和国官報』一九九四年一一月三〇日付二二一二七号）。

（６）ＥＵアキあるいはアキ・コミュノテール（Acqui communautaire）とは、ＥＵの法体系の総称で、ＥＵが蓄積してきた基本条約、法令、規則、指令等の全体を指すものである。ＥＵへの加盟の際にしては、このＥＵアキを受容することが要件とされる。

（７）http://www.goc.gov.tr/files/files/turkiye_ulusal_eylem_plani (2).pdf

（８）https://www.mevzuat.gov.tr/MevzuatMetin/1.5.6458.pdf　ＹＵＫＫは、第一章「目的、範疇、定義および送還（ルフー

ルマン）の禁止」、第二章「外国人」、第三章「国際保護」、第四章「外国人および国際保護に共通する規定」、第五章「移民管理総局」、第六章「雑則」の六章から構成されている。二〇一六年一〇月には同法の運用に関する規則（Yabancılar ve Uluslararası Koruma Kanununun Uygulamasına ilişkin Yönetmelik）が制定された。http://www.resmigazete.gov.tr/eskiler/2016/03/20160317-11.htm

（9）http://www.goc.gov.tr/icerik6/goc-politikalari-kurulu-toplandi_350_359_10409_icerik

（10）「トルコに集団で庇護を求める目的で来たシリア・アラブ共和国国籍を有する者およびシリア・アラブ共和国に居住していた無国籍者の受け入れと保護に関する指令」（二〇一二年三月三〇日付第六二号）http://www.goc.gov.tr/icerik3/turkiye'de-gecici-koruma_409_558_1097　同指令の内容は公にされていない。

（11）難民キャンプの設置・運営は、首相府緊急事態対応庁（ＡＦＡＤ）が所管している。同庁は大統領制への移行による二〇一八年七月九日の首相職廃止に伴い、現在は内務省内の組織となっている。また移民管理総局が設立される以前は、難民申請は警察総局が所管していた。

（12）http://europa.eu/rapid/press-release_MEMO-15-5860_en.htm

（13）https://www.consilium.europa.eu/en/press/press-releases/2015/11/29/eu-turkey-meeting-statement/

（14）https://ec.europa.eu/neighbourhood-enlargement/news_corner/migration_en　ＥＵとトルコの間の難民対策については、次も参照（今井二〇一七、一四七―一四八）。

（15）https://www.consilium.europa.eu/en/press/press-releases/2016/03/18/eu-turkey-statement/

（16）https://www.nytimes.com/2016/11/24/world/europe/european-parliament-turkey-eu-membership.html および https://www.reuters.com/article/us-turkey-eu-parliament/eu-parliament-calls-for-turkey-accession-talks-to-be-suspended-idUSKBN19R194 を参照。

（17）http://www.hurriyet.com.tr/dunya/erdoganin-kapilar-acilir-cikisina-almanyadan-yanit-40288251; https://tr.euronews.com/2016/11/25/erdogan-dan-ap-ye-sert-uyari-daha-ileri-giderseniz-sinir-kapilari-acilir

（18）https://www.aa.com.tr/tr/dunya/abden-turkiyeye-ikinci-3-milyar-avro-onayi/1190395

（19）支援策の概要については https://ec.europa.eu/neighbourhood-enlargement/sites/near/files/frit_factsheet.pdf を、詳細については https://www.avrupa.info.tr/en/eu-facility-projects-6993 および https://ec.europa.eu/neighbourhood-enlargement/sites/near/files/facility_table.pdf を参照。また支援の状況については Biehl et al. (2018) を参照。

(20) 詳細についてはプログラムのＨＰを参照。http://kizilaykart-suy.org/TR/index2.html　なお、このプログラムはトルコ語では「社会適応計画」(Sosyal Uyum Program: SUY) という。
(21) http://www.sihhatproject.org/proje-faaliyetleri_0-657
(22) 一時教育センターはシリア難民のための学校で、シリアのカリキュラムに基づいてアラビア語で授業が行われている。同センターの役割については Çatak (2017) を参照。
(23) http://www.hurriyet.com.tr/egitim/gecici-egitim-merkezlerine-4-yil-sure-40583490; http://www.guncelegitim.com/haber/12430-mebden-flas-kapatma-karari.html
(24) http://unicef.org.tr/files/editorfiles/ccte_brosur_TR_250817_printer (1).pdf
(25) 例えば初等教育第八学年の男子児童は月額三五トルコリラ（約七〇〇円）、女子児童は四〇トルコリラ（約八〇〇円）、高校生については男子生徒の場合が月額五〇トルコリラ（約一〇〇〇円）、女子生徒は六〇トルコリラ（約一二〇〇円）となっている。
(26) https://pictes.meb.gov.tr/izleme　二〇一八年一二月に第二期が開始された。
(27) https://www.chp.org.tr/haberler/chp-genel-baskan-yardimcisi-onursal-adiguzel-2016dan-bu-yana-28-bin-suriyeliye-calisma-izni-verildi
(28) https://www.ilo.org/ankara/projects/WCMS_380370/lang--tr/index.htm
(29) シムシェッキ（Şimşek 2018）も社会的階層（経済状況）がシリア難民のトルコ社会への統合の変数となっていると指摘している。
(30) ただし、トルコで活動するＮＧＯによれば、政府や国際機関等の支援が行き届かない場所で生活するシリア難民が一定数いるという。そうしたセイフティーネットから漏れている難民に着目した支援制度をいかに構築していくかも課題である。
(31) https://www.icisleri.gov.tr/goc-politikalari-kurulu-toplantisi28122017
(32) https://www.dunya.com/kose-yazisi/turkiyenin-green-cardi-turkuaz-kart-meclisten-gecti/327737
(33) http://www.milliyet.com.tr/icisleri-bakani-soylu-bu-siyaset-2796300/
(34) トルコ国境沿いのジョージア南部メスヘティ地方から一九四四年にスターリンによって中央アジアに強制移住させら

れたトルコ系の人々。一九八九年にウズベキスタンのフェルガナ地方で発生した民族衝突によって「ディアスポラ」となった。

（35）https://www.mepanews.com/50-binden-fazla-ahiska-turkune-vatandaslik-16400h.htm

（36）https://www.haberturk.com/son-dakika-suriyeliler-akin-akin-gidiyor-1984267

【参考文献】

Afet ve Acil Durum Yönetimi Başkanlığı (AFAD)（2017）*Türkiye'deki Suriyelilerin Demografik Görünümü, Yaşam Koşulları ve Gelecek Beklentisine Yönelik Saha Araştırması*, AFAD.

Aktar, Ayhan (2003) "Homogenising the Nation, Turkifying the Economy," Renée Hirschon ed. *Crossing the Aegean: An Appraisal of the 1923 Compulsory Population Exchange between Greece and Turkey*, Berghahn Books, 79–96.

Amnesty International (2016) *No Safe Refuge: Asylum-Seekers and Refugees Denied Effective Protection in Turkey*.（https://www.amnesty.org/download/Documents/EUR4438252016ENGLISH.pdf, access: 2018.11.30）

Biehl, Kristen, Geraldine Chatelard, Emre Kaya, Sean Loughna, Ümit Özlale, Serap Öztürk and Emre Üçkardeşler (2018) *Technical Assistance to the EU Facility for Refugees in Turkey* (2017/393359/1), European Commission. (https://ec.europa.eu/neighbourhood-enlargement/sites/near/files/updated_needs_assessment.pdf)

Canes, Nergis (2016) "Management of irregular migration: Syrians in Turkey as paradigm shifters for forced migration studies," *New Perspectives on Turkey*, 54.

Çatak, Bilge Deniz (2017) "Temporary education centres as a temporary solution for educational problems of Syrian refugee children in Mersin," Utku, Deniz Eroğlu, K. Onur Unutulmaz and Ibrahim Sirkeci, *Turkey's Syrians: Today and Tomorrow*, Transnational Press London, 145–155.

Durieux, Jean-François (2008) "The many faces of 'prima facie': Group-based evidence in refugee status determination," *Refuge*, 25 (2), 151–163.

Elçin, Doğa (2016) "Türkiye'de Bulunan Suriyelilere Uygulanan Geçici Koruma Statüsü: 2001/55 Sayılı Avrupa Konseyi Yönergesi ile Geçici Koruma Yönetmeliği Arasındaki Benzerlik ve Farklılıklar," *Türkiye Barolar Birliği Dergisi*, 124.

Erdoğan, M. Murat (2018a) *Suriyeliler Barometresi: Suriyelilerle Uyum İçinde Yaşamın Çerçevesi*, İstanbul Bilgi Üniversitesi Yayınları.

Erdoğan, M. Murat (2018b) *Türkiye'deki Suriyeliler: Toplumsal Kabul ve Uyum*. İstanbul Bilgi Üniversitesi Yayınları (1st ed. 2015).

Eren, Esra Yılmaz (2018) *Mülteci Hukukunda Geçici Koruma*, Seçkin.

Gil-Bazo, María-Teresa (2015) "The safe third country concept in international agreements on refugee protection: Assessing state practice," *Netherlands Quarterly of Human Rights*, 33(1), 42–77.

Gkliati, Mariana (2017) "The EU-Turkey deal and the safe third country concept before the Greek asylum appeals committees," *Movement*, 3 (2), 213–224.

İçduygu, Ahmet and Damla B. Aksel (2013) "Turkish migration policies: A critical historical retrospective," *Perceptions*, 18(3), 167–90.

İçduygu, Ahmet and Doğuş Şimşek (2016) "Syrian refugees in Turkey: Toward integration policy," *Turkish Policy Quarterly*, 15 (3), 59–69.

İçduygu, Ahmet and Fuat Keyman (2000) "Globalization, security and migration: The case of Turkey," *Global Governance*, 6, 383–398.

Ineli-Ciger, Meltem (2018) *Temporary Protection in Law and Practice*, Brill.

Kartal, Bilhan ve Ural Manço (der.) (2018) *Beklenmeyen Misafirler: Suriyeli Sığınmacılar Peneceresinden Türkiye Toplumunun Geleceği*, Transnational Press London.

Kirişçi, Kemal (2000) "Disaggregating Turkish citizenship and immigration practices," *Middle Eastern Studies*, 36(3), 1–22.

——— (2001) "UNHCR and Turkey: Cooperating for improved implementation of the 1951 convention relating to the status of refugees," *International Journal of Refugee Law*. 13 (1/2) 71–97.

Kjaerum, Morten (1992) "The concept of country of first asylum," *International Journal of Refugee Law*, 4 (4), 514–530,.

Koyuncu, Ahmet (2018) "Türkiye Toplumunda Suriyeli Sığınmacılarının Toplumsal Kabulü ve Dışlanma," Kartal, Bilhan ve Ural Manço eds. *Beklenmeyen Misafirler: Suriyeli Sığınmacılar Peneceresinden Türkiye Toplumunun Geleceği*, Transnational Press

London, 271–294.

Millî Eğitim Bakanlığı (MEB) Hayat Boyu Öğrenme Genel Müdürlüğü Göç ve Acil Durum Eğitim Daire Başkanlığı (2018) *Geçici Koruma Kapsamı Altındaki Öğrencilerin Eğtitim Hizmetleri*. https://hbogm.meb.gov.tr/meb_iys_dosyalar/2018_12/03175027_03-12-2018__Ynternet_BYlteni.pdf

Öner, N. Aslı Şirin (2018) "Türkiye'nin Göç Yönetiminin Dünü ve Bugün," Kartal, Bilhan ve Ural Manço eds. *Beklenmeyen Misafirler: Suriyeli Sığınmacılar Peneceresinden Türkiye Toplumunun Geleceği*, Transnational Press London, 19–45.

ORSAM (2014) *Suriye'ye Komşu Ülkelerde Suriyeli Mültecilerin Durumu: Bulgular, Sonuçlar ve Öneriler*, ORSAM (Ortadoğu Stratejik Araştirmalar Merkezi) Rapor No: 189. http://orsam.org.tr//d_hbanaliz/201452_189tur.pdf

Phuong, Catherine (2005) "The concept of 'effective protection' in the context of irregular secondary movements and protection in regions of origin," *Global Migration Perspectives*, 26. www. refworld.org/docid/42ce51df4.html.（access: 2018.12.26）

Roman, Emanuela, Theodore Baird and Talia Radcliffe (2016) "Analysis Why Turkey is Not a 'Safe Country'," State Watch. http://www.statewatch.org/analyses/no-283-why-turkey-is-not-a-safe-country.pdf.（access: 2018.10.30）

Sirkeci, Ibrahim and Barbara Pusch (2016) *Turkish Migration Policy*, Transnational Press London.

Şimşek, Doğuş (2017) "Turkey as a 'safe third country'? The impacts of the EU-Turkey statement on Syrian refugees in Turkey", *Perseptıons*, 22 (4), 161–182.

Şimşek, Doğuş (2018) "Integration processes of Syrian refugees in Turkey: 'Class-based integration'," *Journal of Refugee Studies*, fey057. https://doi.org/10.1093/jrs/fey057（access: 2018.10.1）

Şimşek, Doğuş and Metin Çorabatır (2016) *Challenges and Opportunities of Refugee Integratıon in Turkey*, Reseach Center on Asylum and Migration.

Suter, Brigitte (2013) *Asylum and Migration in Turkey: An Overview of Developments in the Field 1990–2013*, Malmö Institute for Studies of Migration, Diversity and Welfare, Malmö University. https://www.mah.se/upload/Forskningscentrum/MIM/Publications/WPS%2013.3%20Brigitte%20Suter%20final.pdf.（access: 2018.11.3）

Taştan, Coşkun ve Zafer Çelik (2017) *Türkiye'de Suriyeli Çocukların eğitimi: Güçlükler ve Öneriler*, Eğitim-Bir-Sen Stratejik Araştırmalar Merkezi.

Türkiye Büyük Millet Meclisi (TBMM) İnsan Haklarını İnceleme Komisyonu Mülteci Hakları Alt Komisyonu (2018) *Göç ve Uyum Raporu, TBMM*. https://www.tbmm.gov.tr/komisyon/insanhaklari/docs/2018/goc_ve_uyum_raporu.pdf.

UNHCR (2004) *UNHCR Advisory Opinion on the Interpretation of the Refugee Definition*, 23 December 2004, https://www.refworld.org/docid/4551c0374.html（access: 2019.1.18）。また邦訳は次を参照。https://www.refworld.org/cgi-bin/texis/vtx/rwmain/opendocpdf.pdf?reldoc=y&docid=54c788df4（access: 2019.1.18）。

——— (2016) *Legal considerations on the return of asylum-seekers and refugees from Greece to Turkey as part of the EU-Turkey Cooperation in Tackling the Migration Crisis under the safe third country and first country of asylum concept*, 23 March 2016. https://www.unhcr.org/56f3ec5a9.pdf（access: 2019.1.18）。邦訳は次を参照。https://www.unhcr.org/jp/wpcontent/uploads/sites/34/protect/Legal_considerations_on_return_of_Asylum_seekers_and_refugees_final15042016.pdf（access: 2019.1.18）

Utku, Deniz Eroğlu, K. Onur Unutulmaz and Ibrahim Sirkeci (2017) *Turkey's Syrians: Today and Tomorrow*, Transnational Press London.

Yıldız, Ahmet (2007) *Ne Mutlu Türk'üm Diyebilene: Türk Ulusal Kimliğinin Etno-Seküler Sınırları (1919–1938)*, İletişim Yayınları.

今井宏平（二〇一七）「難民問題の『矛盾』とトルコの政治・外交――ソフトパワー・負担・切り札」駒井洋監修、人見泰弘編著『難民問題と人権理念の危機――国民国家体制の危機』明石書店。

間　寧（二〇〇六）「トルコのＥＵ加盟交渉開始」『現代の中東』四〇、一一―一五頁。

山本哲史（二〇一四）「大量難民――国際法の視点から」墓田桂・杉本明子・池田丈佑・小澤藍編著『難民・強制移動研究のフロンティア』現代人文社。

第15章　「脱北」元日本人妻の日本再定住

宮塚　寿美子

【要旨】　近年、朝鮮半島とりわけ北朝鮮をめぐる国際情勢に世界の注目が集まるなか、北朝鮮における人権抑圧の実態や、「脱北」した人々が韓国や日本で続けている定住への努力については、必ずしも正確に伝えられていない。特に日本については、一九五九年以降、「帰国事業」の名のもとに資本主義国である日本から社会主義国である北朝鮮へ渡り、そして日本に帰還・再定住するという世界でも稀な事例がある。今日、こうした「元日本人妻」と呼ばれる女性たちの日本再定住支援が現実の政策課題となっているが、十分な対応がなされているとは言えない。

本章では、「帰国事業」以降の歴史的経緯や国際情勢を確認しつつ、「日本人妻」たちの（強制）移動と定住、さらに脱北から日本への帰還・再定住の各側面に焦点を当てる。特にオーラル・ヒストリーの手法を用いてその実態を掘り起こすとともに、課題の抽出と政策的な示唆の導出に努めたい。

【キーワード】　日本人妻、脱北者、帰国事業、日朝関係、再定住

はじめに

二〇一八年八月二〇日、朝鮮民主主義人民共和国（以下、北朝鮮）から逃亡してきた難民（以下、脱北者[1]）の男女五人が、北朝鮮政府に対し一人あたり一億円（計五億円）の損害賠償を求める訴訟を東京地裁に起こした。理由は、北朝鮮政府が一九五九年から一九八四年にかけて行った帰還事業（以下、帰国事業[2]）で北朝鮮を「地上の楽園」と宣伝し、在日朝鮮人やその日本人配偶者（このなかで大多数を占めていた人々を、以下「日本人妻」と称する）の帰還を呼びかけ、北朝鮮へ渡った彼らの人権を抑圧したことである[3]。この脱北者のなかには「元日本人妻[4]」も含まれており、彼女らがどのようにして北朝鮮へ渡り、そして日本に戻って来たのか、再度注目されることになった。

今日、先進国のドナー政府や各国政府は、難民問題の解決手段として、帰還を熱心に勧める。援助費用の軽減が大きな理由である。しかし、人々の帰還後の生活にはほとんど意が払われず、また研究の蓄積も乏しい[5]。そこで本章では、帰国事業で北朝鮮に渡り、現在は日本に帰還・再定住している日本人妻たちの半生を、歴史的経緯・国際的背景とともに確認する。さらに、なかなか伝えられない彼女たちの日本での生活実態について、主にオーラル・ヒストリーの手法を用いて詳細に把握する。そして、北朝鮮による日本人拉致問題、特定失踪者問題などとの関係も視野に入れつつ、日本人妻をめぐる強制移動と帰還・再定住問題の本質と課題について考察する。

1　帰国事業と日本再定住の脱北者

（1）帰国事業の経緯と日本人妻の帰国

表15-1　年度別帰国者数と日本人妻の数

（人）

年度	帰国船の年次別出航回数	人員	日本人妻
1959	3	2,942	57
1960	48	49,036	1,081
1961	34	22,801	489
1962	16	3,497	47
1963	12	2,567	34
1964	8	1,822	26
1965	11	2,255	20
1966	12	1,860	15
1967	11	1,831	22
1968	中断		
1969			
1970			
1971	7	1,3811	8
1972	4	1,002	?
1973	3	492	?
1974	2	369	?
計	171	91,793	1,799?

出所：脱北者支援民団センターホームページ（http://www.mindan.org/dappokusien.ph）、池田（1974）より筆者作成。

「帰国事業」とは、一九五九年から一九八四年にかけて行われた在日朝鮮人および日本人妻を含むその家族による北朝鮮への集団的な永住帰国または移住のことである。これは、帰国者にとっては祖国での新しい人生の船出であると同時に、両国政府にとっても新しい日朝関係を象徴すると期待された事業であった。北朝鮮は、帰国事業を通じて在日朝鮮人からの人的・物的支援を促し、日本との交流を拡大しようとした。日本もまた、韓国の反発を意識しながらも、この帰国事業を積極的に推進した(6)。しかし、帰国事業の開始から六〇年以上が経った現在、この帰国事業で北朝鮮に渡った帰国者たちが、北朝鮮政府に対して訴訟を起こしている。

この帰国事業で、日本から九万三三三九人(7)が北朝鮮に渡った（表15-1）。そして、一九九六年に最初の帰国者（つまり脱北者）が日本に入国した。その人物は日本人妻の子どもで日本国籍を持っていた。その後、脱北者が次々と日本に帰還している(8)。ただし、帰国事業で北朝鮮に渡った人々が日本に帰還している事実は、二〇〇二年まで公表されなかった。

二〇〇二年一一月九日付『読売新聞』のスクープ記事とそれに続くメディアの報道により、帰国事業の歴史的評価は一八〇度の転換を見せた。日本人妻ら約四〇人が日本に入国している事実が明らかになり、この脱北・帰還者をめぐる問題が日本人拉致事件に匹敵する日朝間の問題として顕在化した。[9]そして、当時から脱北者の救援に取り組んできたのが、「北朝鮮難民救援基金」[10]や「北朝鮮帰国者の生命と人権を守る会」[11]などであり、こうした団体の協力・支援で多くの脱北者が日本入国を果たした。

（2）「脱北」の発生要因と日本の特殊性

一九九〇年代の半ば、北朝鮮の経済状況が悪化した「苦難の行軍」の時期から、食料難にあえぎ、越境して中国へ逃れる北朝鮮の住民たちが現れた。いわゆる「脱北者」が生じたのである。その後、二〇〇〇年代に入って脱北者数が急増、故金正恩総書記の時代にピークに達し、行き先も韓国以外にアメリカ、イギリス、[12]ベルギー、オランダのようなヨーロッパ地域へと拡大した。そして、日本に入国する脱北者も現れたのである。

脱北者が韓国に入国する場合、「大韓民国の領土は韓半島（朝鮮半島）とその付随島とする」という憲法第三条に基づき、最初から韓国の領土に暮らしているという解釈がなされ、元来の韓国人としての入国となり、アメリカとヨーロッパの場合は、難民という資格で入国することになる。

しかし、日本に入国する脱北者は、「日本国籍」あるいは「定住権」という在留資格によって入国が可能になる。[13]これは、現在、日本政府が脱北者のなかでも帰国事業により北朝鮮に渡った在日朝鮮人、日本人妻、および彼らの子息のみに限り、入国を許可していることによる。つまり、日本に入国した脱北者は、かつて帰国事業で北朝鮮に渡った在日朝鮮人および日本人とその縁故者であり、韓国、アメリカ、ヨーロッパに入国する脱北者とは、その性格が異なる。

そして二〇一九年一月に入り、この脱北者と「日本国籍」をめぐる問題に関して、大きな動きがあった。戦後、北朝鮮に渡った日本人妻の孫にあたる女性が、血縁関係を証明する書類を基に、状況証拠で家庭裁判所が「日本国籍」があることを認めたのである。[14] これまでＤＮＡ鑑定の結果なども証拠書類として提出が必要とされていただけに、きわめて異例なことである。[15] 今後の脱北者受け入れの際に、大きな影響を与えるだろう。

2　日本人妻をめぐる研究動向

（1）難民・強制移動研究のなかの帰還・再定住問題

日本入国後の日本人妻をめぐる問題は、難民・強制移動研究における「移動」「離散」後の「帰還」あるいは「再定住」という局面に焦点を当てるものでもある。

世界では、一九六〇年代末頃を境に、それまで「移民」や「難民」、あるいは「エスニック・マイノリティ」などと呼ばれていた集団が、欧米圏を中心にして徐々に「ディアスポラ」と呼ばれるようになった（臼杵 二〇〇九）。元来、社会学的なディアスポラ研究と難民・強制移動研究は方法と考え方が異なるが、こうした用法上の変化を受けて、とりわけ一九九〇年代以降には、「ディアスポラ」をめぐる学際的な研究が急速な発展を見せ、社会学者のロジャーズ・ブルーベイカー（Rogers Brubaker）が「〈ディアスポラ〉のディアスポラ」（*The 'diaspora' diaspora*）と名づけたような言説が生じるまでになっている（Brubaker 2005）。日本では、「コリアン・ディアスポラ」として、在日朝鮮・韓国人の研究者による自身や家族のアイデンティティ研究が積極的に行われているのが特徴的である。[16]

（2）「帰国事業」の実態と特性

日本人妻に関しては、これまで一部のメディアによる報道や脱北者の証言、日朝関係・脱北者に関する研究で断片的に言及されてはいるが、学術的な研究はきわめて少ない。これは、北朝鮮に関する一次資料が慢性的に不足していること、また政策課題としても二〇一四年のストックホルム合意まで日本政府が拉致問題を優先してきたことから、日本人妻問題が重視されてこなかったことなどに起因する。

こうしたなか、北朝鮮をめぐる「日朝不正常関係」で発生した二つの人道問題、つまり在日朝鮮人の帰国事業とその延長線上で発生した日本人妻問題について、その背景と実情に関する概括的な分析から問題提起を行った李泳采の論稿（李 二〇〇九）がある。李は、日本外務省の公開資料「北朝鮮帰還日本人妻に関する照会」を使用し、外務省による日本人妻の認識過程および対応の基本方針の特徴などを指摘している。しかし、日本人妻の北朝鮮での生活状況や、日本に再入国してからの実態などについては、研究がほとんど及んでいない。

帰国事業に関する研究[17]は、近年、日韓両国の外交文書および赤十字国際委員会（以下、ＩＣＲＣ）の文書が公開されたことにより、活発に行われるようになった。テッサ・モーリス－スズキ（Tessa Morris-Suzuki）は、帰国事業の研究で初めてＩＣＲＣの資料に基づいて分析した（モーリス－スズキ 二〇〇七）。モーリス－スズキは、帰国事業の推進背景について、労働力補充とプロパガンダのため、北朝鮮からの希望があったことを認めながらも、究極的には日本政府および日本赤十字社が在日朝鮮人を追い出すために始まったと主張する。既存研究で北朝鮮と朝鮮総連の思惑が強調されてきたのとは異なり、ＩＣＲＣの資料を基に日本政府および日本赤十字社の思惑を明らかにし、さらにインタビューを通じて当事者の視点も反映しようとしたことは大きな成果と言える。

また朴正鎮（二〇〇九）[18]は、冷戦時代の日朝関係という側面から、帰国事業を巡る両国の外交関係に焦点を当てて分析している。朴は、労働力不足で北朝鮮側から帰国事業を提起したという定説に異議を唱えつつ、日本政府および日本赤十字社が在日朝鮮人を追い出すために日本側が提案したというモーリス－スズキの主張にも反論し、帰国事業は北朝鮮の対日接近、すなわち日朝正常化の推進という次元から始まったと主張する。[19]

（3）脱北者の再定住研究

脱北者の日本定着についての研究では、坂中・韓・菊池（二〇〇九）が日本に入国した脱北者に初めて注目した。坂中は、入国管理局での実務経験から、在日朝鮮人の帰国ルートと日本での定着状況、さらに日本人妻問題についても言及しているが、日朝関係と関連づけた分析はしていない。

一方、韓国では、脱北者に関する先行研究が、学術論文だけでも一〇〇〇本近くに達し、脱北者本人へのインタビュー調査などオーラル・ヒストリーの手法を活用した研究も数多く発表されている。翻って日本では、オーラル・ヒストリーを用いて日本に定住している脱北者、日本人妻を研究した論文はこれまでなかった。

筆者は、韓国での大学院留学時代、北韓（韓国から見た北側、つまり北朝鮮）学科という所属を活かし、数多くの脱北者たちと交流し、その成果を미야즈카（宮塚）（二〇一六）として発表した。そして、脱北者を支援するＮＧＯと日本人妻を含む在日朝鮮人の脱北者にインタビューし（宮塚 二〇一五）、オーラル・ヒストリーとして彼らの波乱に満ちた人生の実態に迫った。[20]本章でも、当事者の証言を重視しながら、日本人妻の帰還・再定着に焦点を当てたい。

なお、北朝鮮では情報統制が徹底されており、外国への一次資料の流出・公開は実質的に不可能であるため、口述のインタビュー結果は生きた資料として有効性が高い。ただ、脱北者のような難民は、自身の過酷な状況から逃れてきた経験から、インタビュアーの期待に応えるように事実を誇張したり、時には偽の情報を回答する傾向もあるので、第三者からの補足・確認も必要である。[21]

3　日本人妻の北朝鮮での生活

本節では、まず帰国事業で北朝鮮に渡った日本人妻へのインタビューを基に、彼女たちの北朝鮮での生活を明らかにする。調査手法としては、主にオーラル・ヒストリーを用いているが、適宜、新聞報道や各種の著作を引用して補足することとする。

〔斉藤博子氏の事例〕

斉藤博子氏（実名公開）は、日本に帰国した後、北朝鮮での自身の生活を綴った著作（斉藤 二〇一〇）を出版し、現在も積極的に活動を行っている最初の日本人妻である。北朝鮮での生活は、誰しもそれぞれのストーリーを持つが、他の帰国者、脱北者と同様またはそれ以上に厳しい環境に置かれていたことが分かる。斉藤氏は一九六一年に北朝鮮に渡った。

Q　北朝鮮へ渡るとき、躊躇はなかったのか？

A　子どもも小さく、〔父親と〕離れて暮らすのはかわいそうだし、朝鮮総連の人から「三年したら帰って来るから、大丈夫だよ」「〔北朝鮮は〕地上の楽園だ」と何度も。それでも私と兄嫁（日本人）は「行かないでおこう」と約束をしていたが、船に乗る直前に家族に「行きますね」と念を押された。私は何も言うことができず、行くことになってしまったのです。

Q　帰国船は北朝鮮の東部の湾岸都市、清津に着いたそうですが、その時の印象は？

A　船内スピーカーから「下りる準備をせよ」と聞かされてデッキに出た。前を見たら出迎えに来ている人たちの格好が、日本人も苦労していたが、それ以上にひどかった。子どもたちは下は裸で、顔は真っ黒。それを見て、「間違って来てしまったな」と、一三〇〇人の帰国者みなが大騒ぎ。そのなかにいた日本人妻は五、六人でした。

Q　食料状況はどうだったか？

A　最初は中国へ朝鮮の品物を密輸する状態が何年か続き、それが反対になって中国からどんどん物が入ってくるようになった。自分の畑で作物を作れたが、それを売らなければ油なんかの生活必需品は買えない。九〇年代より前だったか、「南朝鮮（韓国）で水害があり、米や医薬品、衣類をみんな出したから、こういう暮らしをするんだ」と説明されたのですが……。

Q　北朝鮮の指導者を見たことがあるか？

A　一九七〇年代に工場で勤務していた頃、「中央からお客さんが来るから、仕事ぶりを上手いこと見せろ」と言われました。背が小さく、金日成にそっくりで、仕事の雰囲気を見て帰って行った。偉い人だとは思ったが、後でみんなが「金日成の息子だった」と話をしていて初めて気づいたのです。

Q　北朝鮮を脱出して日本に戻ろうと決心した動機は？

A　清津から両江道の恵山に移住した。生きるために自ら開墾し、トウモロコシを売って生活必需品を手に入れる日々でした。公開処刑を目の当たりにしたり、娘が逮捕されるなど、北での暮らしは苦労の連続だった。

ある日、日本人妻がいると知った脱北ブローカーが「日本に電話をかけないか」と中国に渡ることを勧めてきたのです。さらに「日本で働かないか」と促されました。

〔日本人妻A氏の事例〕(22)

前述の斎藤氏の事例とは異なり、北朝鮮で比較的に日々の生活に恵まれていた日本人妻もいた。A氏は言う。

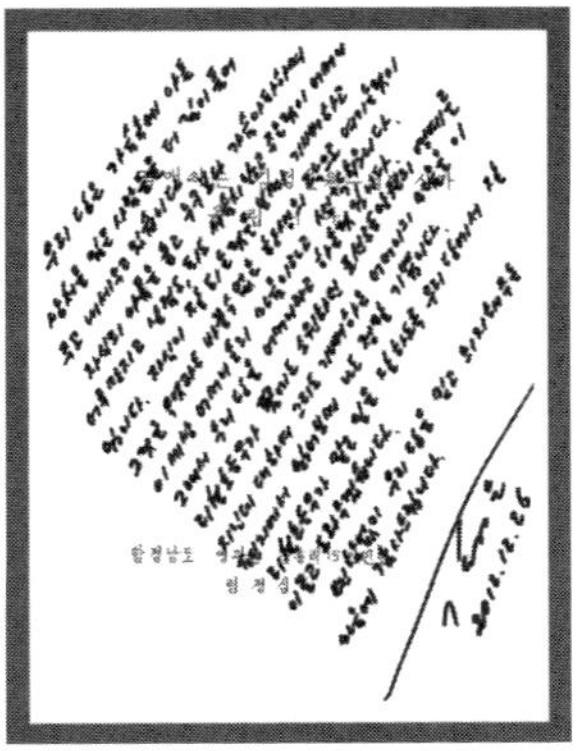

写真15-1　金正恩氏が当時、日本人妻出身のリム・ギョンシム氏へ宛てた親書

「私はあまりに地方、田舎のほうに飛ばされたのか、現地の人たちは皆優しく、温かかったですよ。みなさんがよく言う、日本人だから差別を受けるということはなかったですよ。私の他にも、日本人妻の人は何人かいましたよ。」

〔北朝鮮報道のなかの日本人妻〕

日本人妻の北朝鮮での生活は、北朝鮮の報道で公開されている。北朝鮮の朝鮮労働党機関紙、『로동신문』（以下、『労働新聞』）の電子版は二〇一一年一月一一日と一三日に、北朝鮮に住む日本人妻の皆川光子（朝鮮名は김광옥 キム・グァンオク）氏の「五〇余年の歳月のなかで見た朝鮮」と題された手記と彼女の写真を掲載した[23]。また、二〇一二年一二月三〇日付の『労働新聞』でも、金正恩委員長の親筆（写真15-1）とともに日本人妻を紹介する記事が掲載された。このような、金正恩委員長による北朝鮮に帰化した日本人女性宛の親書が公開されたのは、このときが初めてである。

この報道から、帰国事業で北朝鮮に渡った日本人は北朝鮮国籍に帰化されることが分かる。厳しい思想・言論統制が行われている北朝鮮の報道では、国家の指導者への崇拝を欠かすことができない。「キム氏は咸鏡南道の地方で生活し、家族に恵まれ、幸せな人生を送っている」とある。五〇年以上にわたる北朝鮮での生活に順応し、一種の模範的生活を送ってきた在日朝鮮人のモデルとして、日本を意識した報道であることはもちろん、国内にいる同様の帰国者たち、日本人妻たちに対する宣伝メッセージでもあると推察される。

4　日朝関係の推移と日本人妻の日本再定住

本節では、日本人妻たちの里帰り、あるいは脱北・帰還から日本での再定住の実態について、日朝関係と支援団体のNGOの実際の救援状況などから論じる。[24]

（1）日本人妻の日本里帰り

まず、日本にいる家族や親戚などは、この長い間どうしていたのであろうか。

一部の日本人妻の家族の間で、「日本人妻自由往来実現運動の会」[25]が発足し、日本人妻たちの日本への帰国を実現するために活動を続けてきた。その活動は数十年にわたるが、マスコミなどに注目されると北朝鮮にいる日本人妻たちに被害が及ぶ懸念もあるため、マスコミとの接触は極力控えている。北朝鮮から同会へ送られてきた彼女たちの手紙には、日本から送ってほしい品物が数多く書かれていた。[26]

当初は「二、三年したら日本に里帰りできる」と言われて朝鮮に渡った日本人妻たちの情報は、一九八四年の帰国事業終了とともに激減してしまう。日本に残った在日朝鮮人たちのなかには、親族に会うため北朝鮮を訪問したものの、北朝鮮の担当者から「あなたの親族の消息は、こちらでも分からない」などと言われた人もいた。脱北した在日朝鮮人たちの手記などから断片的な情報をつなぎ合わせると、消息不明になった人々は、強制収容所に入れられ、罪人として処刑された可能性が高い。祖国建設に協力してもらおうと歓迎したはずの人々への、こうした仕打ちはなぜなのか。

その理由の一つは、朝鮮戦争後に北朝鮮内で起きた権力闘争にあると推察される。朝鮮戦争後、朝鮮半島を統一できなかった原因分析と、その後の国家運営方針をめぐり、権力中枢の派閥間で対立が起こったが、最終的に金日成主席が勝利し、他派の人々の多くが「米帝傀儡のスパイ」などの罪名で処刑された。この過程で、中国、ソ連をはじめ外国と結びついていると目された人々が不信の目で見られ、「帰国同胞（帰胞＝キョッポ）」と呼ばれた日本からの帰国者たちの待遇にもマイナスの影響を与えた可能性がある。

また、日本から北朝鮮に渡った人々の多くは、社会主義思想に影響を受けた知識人であった。彼らは、一般の北朝鮮人より率直に意見を言う傾向が強かったとされる。こうしたことから、在日朝鮮人への風当たりが強くなり、注意を要するという認識が北朝鮮政府関係者の間に広がっていったのではないだろうか。

反対派を粛清した後、金日成政権はさらに厳しい言論統制を敷く。社会には自由にものを言えない風潮が広がり、また中央からの政策が現状に合わなくても修正は難しくなる。さらに、朝鮮戦争の直後は韓国よりも優勢にあった北朝鮮の経済が、一九八〇年代入ると苦しくなっていった。外貨不足が深刻化し、現在に至るまで各種の資金調達が行われるようになり、在日朝鮮人も朝鮮総連を通して祖国への送金を促された。(27) このような北朝鮮国内の経済的な理由から、北朝鮮の日本人妻問題に対する姿勢に変化が見られるようになった。(28)

北朝鮮赤十字社は、一九八二年に初めて日本人妻九人の消息を日本赤十字社に回答した。そして一九八六年、北朝鮮は日朝友好団が推進した「アジアの平和の船」を受け入れ、日朝離散家族が初めて北朝鮮で再会し、その後も北朝鮮で日本人妻との再会が行われた。

一九九〇年代に入り、冷戦が終結に向かうと、日朝国交正常化交渉が本格化し、日本人妻問題が大きく進展する。一九九一年一月、第一回日朝国交正常化交渉で北朝鮮側は「日朝交渉が円滑にいくなら、国交正常化前でも一部特殊事情のある人の帰国を認める」と述べ、また同年一一月の第五回日朝交渉で、日本政府が要求した二〇人の安否に対しても「六人健在、五人死亡、一人は該当者なし」と、初めて回答した。(29)

また北朝鮮で一九九四年から始まった「苦難の行軍」と呼ばれる大飢饉の後、一九九七年七月に金日成主席が死亡、その後継者として息子の金正日総書記による体制が始まった。こうした国内要因により、北朝鮮は日本の同胞からの

表15-2　北朝鮮が日本人妻の里帰りを認めた政治的理由

①	北朝鮮の経済状況の悪化および国際的な孤立状態からの脱却
②	食料援助の確保（1997年10月8日、日本政府が34億円支援決定）
③	日朝国交正常化交渉の再開
④	金正日総書記体制の強化のための政治的な手段
⑤	金日成主席死亡後の「遺訓」政治(30)には、日本・米国との関係改善

出所：各種資料と李（2009）より筆者作成。

表15-3　日本人妻の里帰り実現

実現時期	人数
第1回1997年11月8日～14日	15名
第2回1998年1月27日～2月2日	12名
第3回2000年9月12日～18日	16名
第4回2002年10月	取り消し

出所：各種新聞報道より筆者作成。

支援を当てにせざるをえなくなり、日本政府にも援助を要請してきた。

こうして、膠着状態にあった日朝国交正常化交渉は、北朝鮮が日本人妻の里帰りを認めるという積極的なイニシチアブにより、再び始まった（表15-2）。一九九七年八月二一日、日朝外務省審議官級の国交正常化交渉予備会談で、①国交正常化交渉の早期再開、②日本人妻の里帰り実現に向けて努力することで意見が一致し、九月九日に日朝赤十字連絡協議会で、日本人妻の里帰りが公式的に合意された（表15-3）(31)。帰国事業が始まってから、実に三八年の歳月が流れていた。

日本人妻たちが日本に到着し、全国にある墓を訪れ、北朝鮮に戻るまで、日本人妻の一挙一動にマスメディアと国民の関心が集中した(32)。日本人妻の里帰りの実現は、北朝鮮の人権問題に対する日本人のイメージ形成にも大きく影響した(33)。

第二回の日本人妻里帰りが実現した後、日朝間には新たな人権問題として、「日本人拉致問題」が浮上した。二〇〇二年九月、小泉首相（当時）と金正日総書記との歴史的な日朝会談が行われ、金総書記は北朝鮮による拉致を公式的に認めるなど、驚くべき姿勢を見せた。しかし、北朝鮮の思惑とは異なり、日本国民の拉致問題に対する怒りは日朝関係を硬直化させ、同年一〇月に予定されていた四回目の日本人妻の里帰りは取り消しになった。

その後、日本人妻問題が大きく動くには、二〇一四年のストックホルム合意[34]まで長い時間を要した。ただし、日本政府は「一九四五年前後に北朝鮮域内で死亡した日本人の遺骨および墓地、残留日本人、いわゆる日本人配偶者、拉致被害者および行方不明者を含む全ての日本人」に関する再調査を求めたが、北朝鮮側の回答は日本側が納得する内容ではなかった。そして現在に至るまで、日本人妻の里帰りと安否確認の問題は日朝間の大きな人権問題として残ったままである[35]。

(2) 日本人妻の脱北と日本入国

一方、日本に帰還した日本人妻は、どのようにして再定住するようになったのか。先述の日本人妻A氏が脱北して日本に入国する動機が、以下のインタビューからわかる。

「ある日、息子が『中国にいる友人が今度こっちに遊びに来ないか?』と。それで、ちょっと遊びに行くつもりで川を越えました[36]。そして、何週間か中国で過ごしていたら、今度は息子が『お母さん、もう年を取ったし、元気なうちに日本に帰ってみない?』って言うんです。そうして、いつの間にか日本に来るようになっていました。」

一九九〇年代後半、脱北者が発生した初期には、個人が自ら日本に入国を試みた事例[37]が大部分であったが、二〇〇〇年代からは第三国に留まっている脱北者が日本国内にいる帰国者とつながりを持つNGOに助けを要請し、NGOの支援で日本に入国する事例が増加した[38]。また、当時から、モンゴルやタイのような第三国を経由し、日本に入国するパターンが一般的であった[39]。

そのようななか、二〇〇四年から中国にある日本大使館および領事館で、脱北者を保護し始めた。ただし、中国にある日本大使館および領事館に脱北者が保護申請をする際に、二つの条件を満たさなければならなかった。一つ目は、身元確認である。保護を申請した脱北者が、実際に帰国事業で北朝鮮に渡った帰国者および彼らの家族であるかを確認するためである。しかし、身元が確認されるまでには時間がかかり、この期間は脱北者の身体は保護されない。すなわち、脱北者は、日本政府により身元が確認されるまで、自ら責任を負わねばならず、随時実施される中国公安の取り締まりにより、追放のリスクに晒されている。ある脱北者D氏は次のように言う。(40)

「私たち家族は、中国の吉林市にいる中国朝鮮族のブローカーの家に七カ月いました。韓国に出稼ぎに行った家族の空き部屋があったのです。このように一八歳と二〇歳の息子と一つの部屋にいたのはとても息苦しい思いでした。しかし、[redacted]〔筆者により伏せ字〕の指示で、絶対に外に出ませんでした。本当に中国の公安の監視には気を付けないといけないですから。」

二つ目に、身元確認の後に要求されるのが、日本での「身元保証」である。日本人妻を除き、身元保証がなされなければ、日本への入国が許可されない。北朝鮮に帰国した在日朝鮮人たちは、日本にいる親戚たちと長らく連絡が途絶えているか、もしくは拒否されている場合が多い。このため、NGOが日本国内で脱北者の身元を保証することで、日本への入国が許可されるケースが多い〔山田　二〇一〇〕。

二〇〇八年以降、中国政府は脱北者の中国国内にある外国公館への保護申請を認めなくなり、出国を禁止するようになった。(41)このため、日本人妻を含む脱北者たちは、中国大陸を抜けて、タイ、ベトナム、ラオスなどの第三国まで移動しなければならなくなった。(42)

（3）日本人妻の日本再定住

このような困難を経て日本への帰国を果たした日本人妻たちの日本再定住までの過程を見てみる。

日本人妻の日本再定住は、日本入国の際の身元確認以外は、在日朝鮮人の脱北者の場合とほとんど同じ手続き、定着過程を経る[43]。現在、日本政府は帰国事業で北朝鮮に渡った在日朝鮮人、そして日本人妻、またその子孫たちや親族に限定して、人道的観点から彼らの定住を受け入れている。

日本に入国する脱北者には、日本社会で生活するための定着金が用意されているわけではない。しかし、まず本人の希望と支援するＮＧＯ団体の判断のもと、人道的配慮から厚生労働省の規則に従い、生活保護を申請することができる。先の日本人妻Ａ氏は言う。

「足立区で準備してくれた団地に、私たちは四人で住んでいます。広くはなくても十分です。下の階に韓国から来た婦人が住んでいて、お互いに挨拶をします[44]。」

一方、東京、大阪の在日本大韓民国民団（民団）[45]は、脱北者の最初の日本入国の際、一人あたり一〇万円の定着金を支給しているが、その後は本人と身元引受人次第である。かつて、朝鮮総連と対立し、帰国事業に反対していた民団が、現在では事実上、日本に戻ってきた脱北者を支援している。この制度は、韓国本国の脱北者定着支援制度を基にし、就職の斡旋、日本語教育、公的機関での各種手続き、社会生活への適応指導、交流会の開催などを行うものである。また、必要に応じて韓国語で受診できる病院を斡旋し、健康診断などの費用を負担することもある。しかし、困難な道のりを経て日本に帰国し、日本国籍を回復した日本人妻と子どもたちは、各種トラウマなどから同じ脱北者たちとは積極的に関わろうとしない傾向がある[46]。

ＮＧＯの関係者によると、日本に帰国した日本人妻たちのほとんどは八〇歳代の高齢であり、社会で働くには年齢的にも体力的にも厳しく、生活保護を受給している。しかし、なかにはＮＧＯの関係者たちとの交流を通じ、ボランティア活動などの形で社会に恩返ししようとする人々もいる。多くの日本人妻は一定期間を日本で育ったため、日本語の理解力は落ちていない。しかし、一緒に連れてきた家族が北朝鮮で生まれ育っている場合には、日本での再定住では言語・文化理解などの苦労を共にしなければならない。さらに、北朝鮮から連れてきた子息たちの日本定着に責任を持たなければならないことが、彼女たちにとっての重圧となる。

「孫が学校に通っているけれど、あの子の母親によると、友達には韓国から来たと言っているみたい。もし北朝鮮からと言ったら、いじめを受けるかもしれないからってね。(47)」

このＡ氏の言葉からも、日本と北朝鮮との関係改善がいかに難しい状況にあるのかがよくわかる。これは、この家族だけが直面している問題ではない。「円滑な定着(48)」は望ましいが、それと同時に、いずれは残されていく子息たちは日本での定着過程でアイデンティティに関わるさまざまな葛藤に直面する。

「自分が北朝鮮から来たというと、子どもたちから、『〔北朝鮮に〕拉致しないでね！』と言われて傷つきます。(49)」

「〔北朝鮮から来たことを知られたくないので〕日本でも韓国人に会ったら、『中国の東北地方から来た』と言い、中国人に会ったら、『韓国の江原道から来た(50)』と言ったりします。(51)」

元日本人妻は北朝鮮から来た家族を共にしているため、日本社会からの偏見や差別に晒されることもあるのである。

（4）中国・樺太残留婦人のアイデンティティを模範に

日本には、自国民の難民・強制移動民の受け入れとして、中国残留邦人（中国残留孤児、残留婦人）の問題が先例としてある。かつては親族に中国残留邦人がいることを隠す傾向にあったが、近年では三世代目など各分野で活躍する人々が自身のルーツとして公表するようにもなった。中国残留婦人にとって、中国で日本人として生き続けることは、「優秀な日本人」であり続けることであり、また「小日本鬼子」の烙印を背負い続けることを意味した。そして帰国後は、「中国から帰ってきた日本人」（または、「外国人」）と見なされているという（時津 二〇〇二）。

厚生労働省の公式発表によると、中国残留婦人の永住帰国人数は四一六六人とされる[52]。北朝鮮から帰国した日本人妻のうち筆者が確認している五人と比べると、その数の差は圧倒的であるが、日本に帰国した第一世代の中国残留婦人を含め、すでに第三、第四世代の人々に関するアイデンティティ研究も行われている（張 二〇一一）。そして、このアイデンティについては、エスニックな起源によって固定されるものではなく、さまざまな条件によって不断に再生産されるものでもある（田所 二〇一八）[53]。また比較的最近になり、戦後、樺太からの集団引き揚げ後も南樺太に残り、朝鮮人と結婚した、いわゆる樺太残留婦人の事例が明るみになり、このことについても認識すべきであろう[54]。同じ日本国民である彼女たちの数奇な人生について、本質的には共有できるものがあるはずである。

そんな彼女たちとの交流を持つ機会は少ないため、今後、政府や支援団体が間に入り、お互いの生活状況や悩みなど、積極的な意見交換の機会ができることを期待したい。具体的には、公の場で自らの体験などを話すことに消極的であれば、非公開の場所、ＮＧＯ支援関係者立ち合いがある娯楽の場、そして学校・福祉施設など、より小さな規模から始めるのがよいと思われる。

写真 15-2　NGO 関係者と日本人妻たち脱北者が花見に持参した日本料理と朝鮮料理(55)

2016 年 3 月 28 日（左）、2019 年 3 月 30 日（右）それぞれ東京にて筆者撮影。

おわりに

二〇一八年に入り、朝鮮半島をめぐる情勢は急展開を見せた。四月二七日に板門店で北朝鮮の金正恩国務委員長と韓国の文在寅大統領が首脳会談を行った。世界が注目する金委員長の発言のなかで、「海外同胞」が何度も繰り返された(56)。同年九月一三日には文大統領が平壌を訪れ、四月に引き続き二回目の首脳会談を行った。南北関係の改善の兆しが見えるなか(57)、同年六月一二日にはシンガポールで、ドナルド・トランプ米国大統領と金正恩国務委員長が歴史的な首脳会談を行った。

そして、二〇一九年二月末に行われた二回目の米朝首脳会談は、合意なしに終わった。日本政府は、韓国と米国政府に北朝鮮による拉致事件解決に向けて積極的な協力を強く求めているが、進展の兆しは見えない。一方、国内では日本人妻を縁故とする「日本国籍」の取得について法的改善が進められている。脱北した当事者たちが、法的立場からも日本再定住に向けて自ら努力する姿が見受けられる。

日本の対北朝鮮政策は、拉致被害者全員の日本帰国を最優先に掲げているが、北朝鮮に残る日本人妻の問題、あるいは日本に帰還し再定住している日本人妻の問題も決して見過ごされてはならない。この問題を解決するためには、かつて行われていた帰国事業、そして日本に再定住している脱北者である日本人妻の実態把握を行い、彼女らが抱える問題に注目する必要がある。その際には、自国民の支援策として中国・樺太残留婦人の日本再定住の先例を参考にし、世論が元日本人妻の問題を認識し、改善を促していくことが重要である。あらためて、日本人拉致問題、特定失踪者、日本人妻の問題を合わせて、対北朝鮮の人道問題として認識する必要がある。日本人妻による北朝鮮への移住そして日本への帰還・再定住をめぐる取組みは、難民・強制移動民問題で対応が遅れがちな日本にとって、実践、政策、および研究の各領域で貴重な知見や示唆を与えてくれるはずである。

【注】

（1）「脱北者」という用語はもともとメディアによって使用され始めた通称であり、法律用語あるいは学術用語として使用されている言葉ではない。このため、その定義には曖昧さも残るが、本章ではあくまで一般的に通用している名称として、この語を使用する。

（2）北朝鮮では「帰国事業」と呼び、在日朝鮮人総合連合会（以下、朝鮮総連）が推進した運動という立場からは「帰国運動」または「帰還運動」と呼ばれる。また、当時、朝鮮総連と対立関係にあった韓国および在日韓国人の団体である在日本大韓民国居留団（以下、民団）の立場からは、「北送事業」と呼ばれる。本章では、事業の名称として、「帰国事業」と呼ぶことにする。

（3）原告弁護士団によると、脱北者が北朝鮮政府を提訴するのは初めてのことである。原告側は、日本政府が北朝鮮を国家として承認していないため、日本の裁判権から免除される「外国等」には該当しないなどと指摘した。このことから、実質的な審理の前に、裁判権の管轄、時効の成立如何などが争点になっている。

（4）概念上は、帰国事業などを通して北朝鮮に渡った在日朝鮮人の「日本人妻」と、その後に脱北し日本に帰還した「元日本人妻」を区別すべきであるが、煩雑さを避けるため、本章では基本的に両者ともに「日本人妻」と表記し、文脈上で混乱を避ける必要がある場合には適宜「元日本人妻」と表記する。

(5) 昨今、世界的に知られるシリア難民を例に、次のような指摘がされる。「援助という事業上の力点は、人数という量的面が優先され、人身売買の犠牲者の生命、生活の理解といった内容的な質の面が疎かになっているように見える」(小泉 二〇一八、二五)。

(6) 日本が帰国事業を推進した理由は、日本政府および自治体が出している生活保護者への負担意識(在日朝鮮人の平均保護率〔二四・〇六%〕、日本人保護率〔二・一五%〕、在日朝鮮人の高い犯罪率〔一〇〇〇人につき日本人の六・七人に比べて、三七・三人と非常に高い〕(法務省 一九五七))とともに、一九六〇年の安保改正に向けて、日本国内の左派団体と在日朝鮮人帰国運動とが連携することへの日本政府の懸念があったと見られる。

(7) このうち、日本国籍を持つ配偶者や子どもも六六七九人含まれ、日本人妻は一八三一人。「帰国事業と日本人妻」『朝日新聞』二〇〇六年四月一六日。

(8) 帰国者の日本入国に至る過程の詳細については、坂中英徳氏による回顧録(坂中・韓・菊池 二〇〇〇)参照。また、脱北当事者による自叙伝としては宮崎(二〇〇〇)がある。

(9) 「脱北日本人妻　極秘に帰国　家族含め四〇人　外務省が渡航書　九四年ごろから」『読売新聞』二〇〇二年一一月九日。

(10) 代表は加藤博氏。主に東京首都圏で活動している。二〇〇九年に東京弁護士会人権賞を受賞した。詳しい活動内容はホームページを参照されたい。https://www.lfnkr.or.jp/(閲覧:二〇一九・一一・一〇)

(11) 代表は山田文明氏。主に大阪関西圏において活動を行い、機関誌も発行している。詳しい活動内容はホームページを参照されたい。http://hrnk.trycomp.net/(閲覧:二〇一九・一一・一〇)

(12) イギリス国内に入国している脱北者の数は約七〇〇~一〇〇〇人で、韓国に次いで二番目に多い。筆者は、二〇一七年一一月と二〇一八年二月にイギリスで脱北者たちにインタビューを行った。その他、ベルギー、ドイツ、オランダでも現地調査を行い、海外に展開する脱北者にインタビューしている。紙幅の都合上、それらの成果は別稿に譲りたい。

(13) 脱北者は日本入国の際、「短期滞在の資格」で入ることになるが、日本人はすぐに日本国籍が回復される一方、在日朝鮮人は在留資格変更の申請によって定住権を得られる。この短期滞在について、支援者の一人は、次のように問題を提起している。「日本政府に早急に改善してもらわねばならない問題の一つは元在日朝鮮人であった脱北者やその家族を短期滞在という資格で入国させていることです。在留資格が短期滞在であれば、旅行者扱いです。短期滞在ということは、学校に入学する資格がないのです。…(中略)…短期滞在では仕事をすることも認められていません」(山田 二〇一〇）。

（14）本人にインタビューすることができた。「お祖母ちゃんが在日朝鮮人の人と結婚して、日本で生まれたのが私の母です。二人とも北朝鮮での生活には苦労していましたね。家では日本語で話していました。日本には身寄りがほとんどいません。」（二〇一九年四月一三日、東京）

（15）「日本につながりがある脱北者が日本に定住する際、法務局への「帰化申請」手続きで日本国籍を得るのでなく親子関係の立証をして戸籍登録許可を受けるのは異例。専門家は「初めてではないか」（脱北者を支援する北朝鮮難民救援基金の加藤博理事長）とみる。」「脱北者は、邦人の娘　家裁判断」共同通信、二〇一九年一月二七日配信　https://this.kiji.is/462171376117089377?c=39546741839462401（閲覧：二〇一九・三・三〇）

（16）日本で在日朝鮮人二世として生まれ、朝鮮大学を卒業し、現在は米国の大学で教鞭を執っているソニア・リャンが代表的である（リャン 二〇〇二）。

（17）日本国内の従来の研究は、「在日朝鮮人の生活状況」、「帰国者の人権侵害」、「日韓会談との関係」に分けられる。まず、「在日朝鮮人の生活状況」については、金（二〇〇三）や朴（一九八九）などが挙げられる。「帰国者の人権侵害」については、関（一九九七）や張（一九九一）などの著書がある。そして、「日韓会談との関係」については、金（一九九三）や高崎（一九九六）などの著作で深く分析されており、代表的研究と言える。また、資料集としては、金・高（一九九五）がよく整理されているが、日本赤十字と外務省など日本側資料の使用にとどまっており、朝鮮総連と北朝鮮側の資料の公開が必要となっている（李 二〇〇九）。

（18）この論文を加筆・修正したものとして、朴（二〇一二）がある。

（19）最近の研究では、松浦（二〇一八）が、帰国事業に関する既存研究の動向を整理している。

（20）調査・研究手法としての「オーラル・ヒストリー」は、第二次世界大戦後に確立され、米国ではすでに四半世紀にわたり研究者たちが活用している（Dunaway 1996）。口頭インタビューという方式で録音された個人の経験談を歴史的文書や学術研究資料として利用することには抵抗や批判もあったが、現在は歴史学、米国研究、女性学、民俗研究など、さまざまな分野で広く浸透している。さらに一九七〇年代以降は、研究方法としてだけでなく、教育の現場で体験学習の一手法としても活用されるようになり、研究・教育方法の一つとしてオーラル・ヒストリーが広く認知されつつある（Mason and Starr 1979）。日本では、「公人の、専門家による、万人のための口述記録」としてオーラル・ヒストリーを活用した御厨貴（御厨 二〇〇二）の研究が著名である。

(21) 脱北者研究が盛んな韓国には、脱北者に対するインタビュー調査も豊富にあり、日本との比較などにおいても参考になる（최 二〇〇三）。

(22) インタビュー当時（二〇一四年三月二六日、東京）、彼女は八〇歳代という高齢にもかかわらず、当時の記憶が鮮明で、受け答えもしっかりした口調であった。長時間にわたり、終始、微笑みながら北朝鮮での生活を懐かしそうに答えてくれたことが印象的であった。本稿のため、あらためて電話でインタビューしたが、当時と変わらず元気でいらっしゃることが確認できた（二〇一八年二月二七日）。

(23) 当時、北朝鮮による拉致問題をめぐり日朝両政府が交渉を行っており、記事が掲載される直前の二〇一一年一月九日、民主党の中井洽・元拉致問題担当大臣と北朝鮮の高官が中国で接触したばかりであった（『朝日新聞』二〇一一年一月一四日）。融和ムードを演出した北朝鮮の政治的意図が窺える。

(24) 宮塚（二〇一五）では、日本に再定着している脱北者の生活について報告している。

(25) 発足当時の代表は池田文子氏。彼女は日本人妻の妹であった。

(26) 日本にいる日本人妻の家族宛てに送られた手紙は、同会の池田代表によって一冊の本にまとめられている（池田 一九七九）。

(27) この代表例として、「在日朝鮮人が経営するパチンコ店が戦後長らく脱税業種として年間数百億円を送金し、その資金の一部は核兵器の開発に使われたと目されている」（平沢 一九九九）。

(28) なお、一九八三年にビルマを訪問中であった韓国の全斗換大統領一行が爆弾テロに襲われるという「ラングーン事件」が起き、北朝鮮工作員の関与が強く疑われた。それ以降、北朝鮮は、日本政府による対北朝鮮制裁措置の解除を求め、また一九八四年には「合営法」を制定し、日朝合弁会社の設立を打ち出すなど、日朝関係改善と経済交流の拡大のために対日融和政策をとった（李 二〇〇九）。

(29) 『朝日新聞』一九九一年一一月二一日。

(30) 金日成主席が亡くなった後、生前に息子の金正日総書記へ伝えたとされる教えに基づく統治スタイルのこと。

(31) 『朝日新聞』一九九七年八月二三日。

(32) 報道によれば、「日本人妻のうち一部は成田空港で待ち構えていた親族と再会を果たした。また四人が空港内で記者会見をし、『夢のなかで一度でも会いたいと思った親兄弟との面会が今すぐ実現する。感激しています』などと故郷の土を踏んだ感想を語った。一行は一四日まで日本に滞在し、出身地などを訪問して親族との面会や墓参などを」行った（『読売新聞』一九九七年一一月八日）。

(33) 北朝鮮の元情報工作員である青山健煕は、二〇〇二年一一月二〇日、民主党のプロジェクトチームの会合で、一九六〇年代から七〇年代に日本人妻たちに対する「四回の大粛清が行われた」と証言した。加えて、「日本に里帰りしたいと署名活動したり、日本を懐かしんでラジオを聞いたりした人が多数、収容所に送られたと聞いた」と話している。また、里帰り事業の初期に、日本のある政治家が北朝鮮の最高幹部に「何人くらい生きているか?」と問い質したところ、「正確に数えたことがないが、四〇〇人くらいだと思う」と答えたという逸話がある。外務省報道官会見記録 https://www.mofa.go.jp/mofaj/press/kaiken/hodokan/hodo0211.html（閲覧：二〇一九・三・三〇）、および柳原滋雄ホームページ http://www.yanagiharashigeo.com/report/jinken_report.htm（閲覧：二〇一九・三・三〇）を参照。なお、青山健煕自身の北朝鮮での体験記をまとめた青山（二〇〇二）も北朝鮮の裏工作について綴られている。

(34) ストックホルム合意の内容については外務省の以下のサイトを参照。https://www.mofa.go.jp/mofaj/files/000040352.pdf（閲覧：二〇一九・三・二〇）

(35) 二〇一八年、訪朝した日本人ジャーナリストの伊藤孝司氏が複数の日本人妻たちにインタビューし、その概要が「テレメンタリー～二〇一八　一度でいいから～日朝をつなぐ家族の絆～」（テレビ朝日、二〇一八年四月七日）として放送された。そのなかには、第一回の里帰りに参加した荒井瑠璃子氏へのインタビュー記事もある。日本人妻たちの証言によると、彼女たちの世話をしている「海外同胞事業局」でも、もはや全体を把握できていないようである。そうしたなか、地方の咸鏡という都市で日本人妻一一人が集まり、二〇一六年一一月に残留日本人を会長に「咸鏡にじの会」を結成したという。北朝鮮にある唯一の日本人組織である。伊藤氏は一連の訪朝取材を続け、写真とルポを整理し、現在北朝鮮に残されている日本人妻を知る貴重な著作として伊藤（二〇一九）を公刊した。

(36) 北朝鮮国内から脱出するためには、最初の段階で陸続きの中国大陸に渡る必要がある。北朝鮮と中国の国境地域は、咸興北道、両江道、慈江道、平安北道の総距離一三三四キロメートルにまたがる。北朝鮮と中国は、一九六二年に「国境問題に関する会談紀要」により、鴨緑江と豆満江の中間地点を国境と定め、両江の所有権を三同の原則（共同所有、共同管理、共同利用）を採択した（宮塚 二〇一五、八八）。

(37) 脱北者の問題が世界に広く知れわたったのは、二〇〇二年五月八日に中国・瀋陽の日本総領事館へ金ハンミ一家が駆け込んだ事件が契機である。その後、日本の国会でも脱北者問題についてさまざまな問題が提起されるようになる。
(38) 北朝鮮の生命と人権を守る会の山田文明代表とのインタビュー（二〇一四年八月三〇日、大阪）。
(39) 二〇一〇年一〇月二〇日、参議院の北朝鮮による拉致問題等に関する特別委員会で、松本剛明外務大臣（当時）は、「脱北者が一〇〇人を超える」と答えたが、NGO関係者によると約二〇〇名以上が東京と大阪を中心に居住していると推定される。加藤博氏、山田文明氏によると、日本に入国した脱北者約二〇〇名中、東京地域に約一五〇名、大阪地域に約五〇名が居住しているという（宮塚 二〇一五）。
(40) 脱北者D氏（二〇〇八年日本入国）とのインタビュー（二〇一五年三月七日、大阪）。
(41) この理由として、当時、北京五輪の開催に向けて国際社会を意識していた中国政府には、国内の人権問題が注目されることを避けたい意向があったのではないかと推測される。
(42) 日本入国までの移動の詳細な過程は、NGO団体関係者と脱北者の活動の安全を保守するために公開を控えたい。
(43) 脚注一三を参照。
(44) 日本人妻A氏とのインタビュー（二〇一四年三月二四日、東京）。
(45) 詳しい支援内容については民団のホームページを参照。
(46) 「日本人妻のBさんは、もう静かにひっそりと過ごしたいからって、声かけてもあまり皆のいる前にも来ないですよ。」（日本人妻A氏とのインタビュー、二〇一四年三月二四日、東京）。
(47) 日本人妻A氏とのインタビュー（二〇一四年三月二四日、東京）。
(48) 平島筆子氏の事例。二〇一八年一月一一日、平島氏が心臓麻痺のため七九歳で亡くなったと報道された。平島氏は当時二一歳で、帰国事業における最年少の日本人妻だった。二〇〇二年に北朝鮮から脱出し、二〇〇三年に日本に帰国するも、二〇〇五年に再び北朝鮮に戻った異例の元日本人妻である。平島氏は二〇〇三年の帰国時に七尾氏とのインタビューに応じている（七尾 二〇〇三）。
(49) 脱北者E氏（二〇〇六年日本入国）とのインタビュー（二〇一四年八月三〇日、大阪）。脱北者E氏は日本人の母が在日朝鮮人夫婦の養子となり、北朝鮮に渡った。そして、一九九〇年代後半に北朝鮮で起きた「苦難の行軍」の食料危機で大量に餓死者が出て、その死体処理の仕事をさせられたことから、精神的トラウマを負っている。そのため日本に入国後も社会復帰できず、ＮＧＯ支援者と行政の判断で生活保護を受けて生活している。

(50) 韓国北部に位置し、南北に分断された地域であるため、北朝鮮にも同じ江原道がある。方言が北朝鮮の人々の話す言葉に似ているとされる。

(51) 脱北者F氏（二〇〇九年日本入国）とのインタビュー（二〇一四年八月三一日、大阪）。その後、ＮＧＯ支援者によると、日本人異性との交際破局も原因で二年近く家族にも会わず、一人暮らしで「ひきこもり」状態が長く続いたようである。

(52) 厚生労働省による中国残留邦人支援策などの詳細は以下を参照。https://www.mhlw.go.jp/stf/seisakunitsuite/bunya/hokabunya/senbotsusha/seido02/index.html（閲覧：二〇一八・一・一〇）

(53) 田所は「ある移民コミュニティが、敵対的な出身国の支持者になるのか、それとも現居住国に帰属意識を持つのかは、居住国の政治的・社会的統合力にも依存している」と指摘する。

(54) 吉武（二〇〇五）は、日本政府が樺太残留婦人の実態について半世紀近く公表してこなかった経緯を指摘し、現状を整理している。しかし、学術的な研究はほとんど見当たらない。

(55) 日本人妻A氏によれば、北朝鮮で生活していた頃、日本人同士で集まることができる時は、日本を思い出してこっそり稲荷ずしを作って食べたそうである。北朝鮮には油揚げがないので、豆腐から自分たちで作ったという。現在でも日本で脱北者たちと会うと、その当時を思い出して稲荷ずしを作るそうである。

(56) 金正恩委員長は、公の場所で初めて「脱北者」にも言及した。日本に住む在日朝鮮人を意識したものと推測されるが、きわめて異例なことである。

(57) 二〇一八年八月二〇日～二六日に北朝鮮と韓国の境界にある金剛山で三年ぶりの南北離散家族の再会が行われた。再会事業は家族の高齢化から早期再開を望む声が多く、実現しても一回しか会うことしかできず辛いものでもある。しかし、人道的政策に関して北朝鮮が前向きな歩みを見せたことが評価される。

【参考文献】

Brubaker, Rogers (2005) "The 'diaspora' diaspora," *Ethnic and Racial Studies*, 28 (1), 1–19.

Dunaway, David K. (1996) "The Interdisciplinarity of oral history," David K. Dunaway and Willa K. Baum, eds., *Oral History: An Interdisciplinary Anthology*, 2nd ed., Altamira Press.

Mason, Elizabeth B. and Louis Morris Starr (1979) Columbia University Oral History Collection, Oral History Research Office.

미야츠카 수미코（宮塚寿美子）（二〇一六）「북한이탈주민의 일본생활 정착과정에미친 정치적・사회적 요인에 관한 연구」명지대학교대학원 박사논문（「北朝鮮離脱住民の日本生活の定着家庭に及ぼす政治的・社会的要因に関する研究」明知大学大学院 博士論文）

최봉대（チェ・ボンテ）（二〇〇三）「탈북자면접조사 방법」『북한연구 방법론』한울아카데미（「脱北者面接調査方法」『北朝鮮研究方法論』）三〇六–三三四。

青山健熙（二〇〇二）『北朝鮮という悪魔——元北朝鮮工作員が明かす驚愕の対日工作』光文社。

池田文子（一九七四）『鳥でないのが残念です——北鮮帰還の日本人妻からの便り』日本人妻自由往来実現運動本部。

——（一九七九）『日本人妻を返して！——北朝鮮帰還の日本人妻からの手紙と家族の悲願』日本人妻自由往来実現運動の会。

伊藤孝司（二〇一九）『ドキュメント 朝鮮で見た〈日本〉——知られざる隣国との絆』岩波書店。

臼杵陽監修／赤尾光春・早尾貴紀編者（二〇〇九）『ディアスポラから世界を読む』明石書店。

菊池嘉晃（二〇〇九）『北朝鮮帰国事業』中公新書。

金英達（二〇〇三）『在日朝鮮人運動の歴史』明石書店。

金英達・高柳俊（一九九五）『北朝鮮帰国事業関係資料集』新幹社。

金東祚（一九九三）『日韓の和解——日韓交渉の一四年の記録』サイマル出版。

小泉康一（二〇一八）『変貌する「難民」と崩壊する国際人道制度——二一世紀における難民・強制移動研究の分析枠組み』有斐閣。

ゴーディス、ダニエル著／神藤誉武訳（二〇一八）『イスラエル 民族復活の歴史』ミルトス。

斉藤博子（二〇一〇）『北朝鮮に嫁いで四十年 ある脱北日本人妻の手記』草思社。

坂中英徳・韓錫圭・菊池嘉晃（二〇〇九）『北朝鮮帰国者問題の歴史と課題』新幹社。

ジェンキンス、チャールズ・R著／佐藤真訳（二〇〇六）『告白』角川文庫。

関貴星（一九九七）『楽園の夢破れて』亜紀書房。

高崎宗司（一九九六）『検証　日韓会談』岩波書店。

田所昌幸（二〇一八）『越境の国際政治――国境を越える人々と国家間関係』有斐閣。

張明秀（一九九一）『裏切られた地上楽土』講談社。

張嵐（二〇一一）『中国残留孤児の社会学――日本と中国を生きる三世代のライフヒストリー』青弓社。

鶴見太郎（二〇一二）『ロシア・シオニズムの想像力――ユダヤ人・帝国・パレスチナ』東京大学出版会。

時津倫子（二〇〇二）「「中国人残留婦人」の生活世界」『「中国帰国者」の生活世界』明石書店。

七尾和晃（二〇一四）「帰国船のアイドル（上）北朝鮮帰国事業・日本人妻　平島筆子（二〇〇三年取材時六四歳）」『望郷』東海教育研究所、八八–九二頁。

ベルトー、ダニエル著／小林多寿子訳（二〇〇三）『ライフストーリー――エスノ社会的パースペクティブ』ミネルヴァ書房。

朴慶植（一九八九）『解放後在日朝鮮人運動史』三一書房。

朴正鎮（二〇〇九）「冷戦期日朝関係の形成（一九四五–六五）」東京大学大学院博士論文。

――（二〇一二）『日朝冷戦構造の誕生　一九四五–六五』平凡社。

蓮池薫（二〇一二）『拉致と決断』新潮社。

平沢勝栄（一九九九）『警察官僚が見た日本の警察』講談社。

松浦正伸（二〇一七）「「疑似環境」と政治――北朝鮮帰国事業における総連と北朝鮮ロビーの役割を中心として『国際政治』日本国際政治学会、第一八七号、八〇–九六頁。

――（二〇一八）「歴史学と概念的アプローチの統合――北朝鮮帰国事業研究の系譜と木の変容問題の解明に向けた試論的考察」『都市経営』一二九–一四四頁。

御厨貴（二〇〇二）『オーラル・ヒストリー――現代史のための口述記録』中公新書。

――（二〇〇七）『オーラル・ヒストリー入門』岩波書店。

宮崎俊輔（二〇〇〇）『北朝鮮大脱出』新潮OH！文庫。

宮塚寿美子（二〇一五）「日本における北朝鮮難民（脱北者）の実態」『難民研究ジャーナル』難民研究フォーラム、第五号、八〇–九〇頁。

――（二〇一八）「二〇一八年の脱北者をめぐる動き」『주배 tyuppe』一二、六一–六二頁。

宮塚利雄（一九九七）「日本人妻里帰り北朝鮮「帰国」礼参者たちの罪と罰」『諸君』一一、一三四–一四一頁。

モーリス-スズキ、テッサ著／田代泰子訳（二〇〇七）『北朝鮮へのエクソダス「帰国事業」の影をたどる』朝日新聞社。

山田文明（二〇一〇）「北朝鮮脱出者の救援と日本定着支援の実情」『名城論叢』一一（一）、一–一二頁。

吉武輝子（二〇〇五）『置き去り　サハリン残留日本人女性の六〇年』海竜社。

ラブキン、ヤコブ・M著／菅野賢治訳（二〇一二）『イスラエルとは何か』平凡社。

リャン、ソニア著／中西恭子訳（二〇〇二）『コリアン・ディアスポラ　在日朝鮮人とアイデンティティ』明石書店。

李泳采（二〇〇九）「「日朝不正常関係」と二つの人道問題――帰国者、日本人妻問題の背景と課題」小此木政夫・礒﨑敦仁編『北朝鮮と人間の安全保障』慶應義塾大学出版会、第八章。

【や行】

【ら行】

【わ行】

【ま行】

【は行】

【な行】

【た行】

【さ行】

【か行】

【あ行】

マイヤー（Meyer, Sarah）　*247*
マンチョ（Manço, Ural）　*320*
ムラド（Murad, Nadia）　*122*
モース（Morse, Bradford）　*102*
モーリス - スズキ（Morris-Suzuki, Tessa）　*350*
モランド（Morand, Mary-Beth）　*247*
山本吉宣　*164*
ヤング（Young, Helen）　*305*
ライアン（Ryan, Dermot）　*282*
リッチモンド（Richmond, Anthony H.）　*215*
リンツ（Lindt, Auguste）　*171*
レーヴィ（Levi, Primo M.）　*153-155*
ローシャー（Loescher, Gil）　*18, 172*
ワー（War, Firdous）　*241*
鷲見一夫　*109*

事項索引

【Alphabet】

ADB（アジア開発銀行）　*101*
AFAD（トルコ首相府災害緊急事態管理庁）　*331, 320*
AMISOM（アフリカ連合ソマリア・ミッション）　*219*
AU（アフリカ連合）　*10*
CCTE（教育支援のための条件付き現金支援計画）　*327, 329*
DDP（ダムと開発プロジェクト）　*103*
DIDR（開発による立ち退きと再定住）　*98, 104*
DSM- Ⅲ　*244, 247*
ESF（環境・社会フレームワーク）　*103*
ESSN（緊急社会セーフティネット支援）　*327, 328*
EU（欧州連合）　*10, 29, 212, 227, 265, 278, 286, 291, 325, 335*
EU- トルコ合意（協定）　*84, 318, 326*
EU アキ　*322, 338*
EU 加盟　*321, 322, 325, 326*
EU 首脳会議　*326*
EU 庇護手続き指令　*318*
FAO（国際連合食糧農業機関）　*301*
FRIT → トルコにおけるシリア難民のための資金援助
FRONTEX（欧州対外国境管理協力庁）　*212, 231*
GAD → ジェンダーと開発アプローチ
GAFM → ジェンダーと強制移動アプローチ
GEM（一時教育センター）　*328*
ICRC → 赤十字国際委員会
IDP → 国内避難民
IFRC → 国際赤十字赤新月社連盟
ILO（国際労働機関）　*12, 327, 330*
INDR → 立ち退きと再定住に関する国際ネットワーク
IOM（国際移住機関）　*12, 40, 212*
IRO（国際難民機関）　*15, 31, 70, 142*
IRR（貧窮化リスクと生活再建）モデル　*105, 106*
IS（イスラム国）　*166, 198*
IUCN（国際自然保護連合）　*103*
MDGs（ミレニアム開発目標）　*299*
MIPEX（移民統合政策指標）　*318*
NATO（北大西洋条約機構）　*19*
NGO・NPO　*9, 19, 102, 108, 127, 176, 248, 264, 266, 286, 287, 304, 358-360, 362*
NHK　*267, 268*
NRCR → 中国移民研究センター
OAU → アフリカ統一機構
OCHA → 人道問題調整事務所
PICMME（ヨーロッパからの移民の移動のための暫定政府間委員会）　*12*
PICTES → シリア人の子どものトルコ教育制度への統合促進計画

人名索引

山田満編『難民を知るための基礎知識』明石書店、2017年)、「価値観外交と人道支援の軋み」(『人道研究ジャーナル』第5号、2016年) など。

伊藤 寛了(いとう　ひろあき) 第14章執筆
帝京大学経済学部専任講師
2001年東京外国語大学卒業、2010年同大学院博士後期課程修了。その間、トルコ共和国アンカラ大学(学部)、ボアズィチ大学アタテュルク研究所(大学院)に留学。在トルコ日本国大使館専門調査員、公益財団法人アジア福祉教育財団難民事業本部などを経て、2019年より現職。
主要業績に、「日本における難民受け入れと定住支援の歩み」(『国連ジャーナル』春号、2019年)、「第三国定住によるミャンマー難民の受け入れとは?」(滝澤三郎編『世界の難民をたすける30の方法』合同出版、2018年)、「ポスト・アタテュルク時代のイスラム派知識人」(新井政美編『イスラムと近代化——共和国トルコの苦闘』講談社選書メチエ、2013年)、「イノニュの時代のトルコにおけるラーイクリキ議論の展開」(粕谷元編『トルコ共和国とラーイクリキ』上智大学イスラーム地域研究機構、2011年)、「近年のトルコにおける世俗派とイスラーム派との対立とトルコ民族主義の高揚」(『イスラム世界』72号、2009年)、「オスマン帝国末期におけるズィヤー・ギョカルプのナショナリズムとイスラーム改革思想」(『イスラム世界』65号、2005年) など。

宮塚 寿美子(みやつか　すみこ) 第15章執筆
國學院大學栃木短期大學兼任講師
2003年立命館大学文学部卒業、2009年韓国・明知大学大学院北韓学科博士課程修了(政治学博士、2016年)。韓国・崇実大学非常勤講師、長崎県立大学非常勤講師、宮塚コリア研究所副代表、北朝鮮人権ネットワーク顧問などを経て、2014年より現職。北朝鮮による拉致被害者家族・特定失踪者家族たちと講演も経験しながら、朝鮮半島情勢をメディアでも解説。
主要業績に、『朝鮮よいとこ一度はおいで!——グッズが語る北朝鮮の現実』(宮塚利雄との共著、風土デザイン研究所、2018年)、『こんなに違う! 世界の国語教科書』(二宮皓監修、メディアファクトリー新書、2010年)、『北朝鮮・驚愕の教科書』(宮塚利雄との共著、文春新書、2007年)、「北朝鮮労働者輸出の全貌——「派遣」から「脱北」」(『海外事情』第65巻、2017年)、「日本における北朝鮮難民(脱北者)の実態」(『難民研究ジャーナル』第5号、2015年) など。

杉木 明子（すぎき　あきこ）第 9 章執筆
慶應義塾大学法学部教授
2002 年英国エセックス大学大学院博士課程修了、政治学博士（Ph.D.）。2003 年神戸学院大学法学部専任講師、2004 年同助教授、2007 年同准教授、2013 年同教授を経て、2018 年より現職。2010 年～2012 年、カナダ・ヨーク大学難民研究所客員研究員。
主要業績に、『国際的難民保護と負担分担——新たな難民政策の可能性を求めて』（法律文化社、2018 年）、「ケニアにおける難民の『安全保障化』をめぐるパラドクス」（『国際政治』第 190 号、2018 年）、『国際関係のなかの子どもたち』（共著、晃洋書房、2015 年）、『難民・強制移動研究のフロンティア』（共編著、現代人文社、2014 年）、『アフリカと世界』（共著、晃洋書房、2012 年）など。

森谷 康文（もりたに　やすふみ）第 10 章執筆
北海道教育大学教育学部准教授
1989 年日本福祉大学社会福祉学部卒業、愛媛医療生活協同組合 新居浜協立病院で医療ソーシャルワーカーとして勤務した後、シドニー大学大学院修士課程（sociology, social work and social policy）にて、移民のメンタルヘルスについて学ぶ。2001 年同課程修了（M.A）、オーストラリア滞在中に障害者デイサービス施設にてコミュニティワーカーとして勤務、2002 年帰国後、特定 NPO 法人難民支援協会の顧問として難民の生活支援に携わり助言を行ってきた。2007 年より現職。
主要業績に、「難民の定住と心的トラウマの影響」（小泉康一・川村千鶴子編著『多文化「共創」社会入門——移民・難民とともに暮らし、互いに学ぶ社会へ』慶應義塾大学出版会、2016 年）、「オーストラリアの難民定住支援施策における新自由主義の影響に関する一考察」（『移民政策研究』第 8 号、2016 年）、「難民の健康問題——健康の社会的決定要因の視座から」（墓田桂等編著『難民・強制移動研究のフロンティア』現代人文社、2014 年）など。

藤巻 秀樹（ふじまき　ひでき）第 11 章執筆
北海道教育大学教育学部教授
1979 年東京大学文学部仏文科卒業、同年日本経済新聞社入社。大阪経済部、同社会部、パリ支局長、国際部次長などを経て編集委員。専門は移民政策・多文化共生論。愛知県豊田市保見団地、東京・新大久保などの外国人集住地域に住み込み取材をして長期連載企画を執筆した。2014 年より現職。
主要業績に、『開かれた移民社会へ』（共編著、藤原書店、2019 年）、「パリ同時多発テロとフランスの移民問題」（『日仏政治研究』第 10 号、2016 年）、「日本の移民・難民政策」（小泉康一・川村千鶴子編著『多文化「共創」社会入門——移民・難民とともに暮らし、互いに学ぶ社会へ』慶應義塾大学出版会、2016 年）、「日韓・日中関係悪化と在日韓国・中国人」（『移民政策研究』第 7 号、2015 年）、『「移民列島」ニッポン——多文化共生社会に生きる』（藤原書店、2012 年）など。

堀江 正伸（ほりえ　まさのぶ）第 13 章執筆
武庫川女子大学文学部教授
1992 年慶應義塾大学卒業、2005 年日本福祉大学大学院修士課程修了、2016 年早稲田大学大学院博士後期課程修了。1992 年大林組入社、2005 年より国連世界食糧計画プログラム・オフィサーとしてインドネシア、スーダン、フィリピン、イエメン、アフガニスタンにて勤務、2017 年より現職。
主要業績に、『人道支援は誰のためか——スーダン・ダルフールの国内避難民社会に見る人道支援政策と実践の交差』（晃洋書房、2018 年）、「国際機関の人道支援」「SDGs が目指す持続可能な社会」（山田満編『新しい国際協力論』明石書店、2018 年）、「国内避難民救援機関とは何か」他（滝澤三郎、学・入門』ナカニシヤ出版、2017年)、「国連機関とジェンダー・センシティヴなリージョナル・ガヴァナンス――大メコン川流域地区における人身売買対策とUNIAPを事例として」(『国連研究』第16号、2015年)、"Human trafficking in East Asia: Trends and counter-measures," (Benny Teh Cheng Guan (ed.), *Globalization, Development and Security in Asia: The WSPC Reference on Trade, Investment, Environmental Policy and Economic Integration,* World Scientific, 2014), "Regional governance against trafficking in persons: European strategies towards the implementation of global norms," (*GEMC Journal,* No.4, 2011) など。

池田 丈佑（いけだ じょうすけ）第6章執筆

富山大学人間発達科学部准教授

2008年大阪大学大学院国際公共政策研究科博士後期課程修了。東北大学、立命館大学、大阪大学でそれぞれフェローとして勤務の後、オランダ・ライデン大学人文学部地域研究所客員研究員、インド・O. P. ジンダルグローバル大学国際関係学部助教・准教授を経て、2014年より現職。

主要業績に、Critical International Relations Theory in East Asia (Kosuke Shimizu編、分担執筆、Routledge 2019)、『日本外交の論点』(佐藤史郎・川名晋史・上野友也・齊藤孝祐編、分担執筆、法律文化社、2018年)、Asia in International Relations (Pinar Bilgin and L. H. M. Ling編、分担執筆、Routledge 2017)、『多文化「共創」社会入門』(小泉康一・川村千鶴子編、分担執筆、慶應義塾大学出版会、2016年)、『難民・強制移動研究のフロンティア』(共編著、現代人文社、2014年)

佐藤 滋之（さとう しげゆき）第7章執筆

元国連難民高等弁務官事務所(UNHCR)エチオピア事務所首席保護官

1994年東京学芸大学教育学部卒業、インド・デリー大学留学後、ブリストル大学大学院政治学科修了。1997年より国際赤十字赤新月社連盟に勤務、自然災害などによる避難民支援に従事。2002年より国連難民高等弁務官事務所に勤務、ケニア、リベリア、パキスタン、フィリピン、タンザニア、スーダン、エチオピアの各地で難民・国内避難民保護業務に従事。早稲田大学大学院社会科学研究科博士後期課程に在籍中。

主要業績に、「難民キャンプ収容政策の推移と転換――その背景とUNHCRの役割」(『国連研究』19号、2018年)、『難民を知るための基礎知識――政治と人道の葛藤を越えて』第5部執筆担当(山田満・滝澤三郎編、明石書店、2017年)、「難民の労働の権利に関する研究ノート――ケニアの事例より」(*News letter* 45号、雇用構築学研究所、2015年)など。

新垣 修（あらかき おさむ）第8章執筆

国際基督教大学教養学部教授

明治学院大学大学院法学研究科修士課程修了、カナダ・トロント大学大学院政治学研究科修士課程修了、ニュージーランド・ヴィクトリア大学大学院博士課程修了、Ph.D. 。国連難民高等弁務官事務所法務官補、国際協力事業団(現・国際協力機構)ジュニア専門員、ハーバード大学客員フェロー、東京大学客員准教授、広島市立大学教授などを経て現職。

主要業績に、*Refugee Law and Practice in Japan* (Ashgate, 2008), "Non-state Actors and UNHCR's Supervisory Role in International Relations" (James C. Simeon ed., *The UNHCR and the Supervision of International Refugee Law*, Cambridge University Press, 2013), *Statelessness Conventions and Japanese Laws: Convergence and Divergence* (UNHCR Representation in Japan, 2015) など。

執筆者紹介

上野 友也（かみの　ともや）第 2 章執筆
岐阜大学教育学部准教授
1999 年東北大学法学部卒業、2001 年東北大学法学研究科博士課程前期修了、2007 年東北大学法学研究科博士課程後期修了。2007 年日本学術振興会特別研究員（PD）、2010 年阪神・淡路大震災記念人と防災未来センター研究員、2012 年より現職。
主要業績に、『日本外交の論点』（共編著、法律文化社、2018 年）。『はじめての政治学（第 2 版）』（共著、法律文化社、2017 年）。『戦争と人道支援――戦争の被災をめぐる人道の政治』（東北大学出版会、2012 年）など。

錦田 愛子（にしきだ　あいこ）第 3 章執筆
慶應義塾大学法学部准教授
1999 年東京大学法学部卒業、2001 年同大学大学院法学政治学研究科修士課程修了。2007 年総合研究大学院大学博士課程修了。ヨルダン大学戦略研究所客員研究員、早稲田大学イスラーム地域研究機構研究助手、ロンドン大学東洋・アフリカ研究学院客員研究員、東京外国語大学アジア・アフリカ言語文化研究所非常勤研究員・助教・准教授などを経て、2019 年より現職。
主要業績に、「なぜ中東から移民 / 難民が生まれるのか――シリア・イラク・パレスチナ難民をめぐる移動の変容と意識」（『移民・ディアスポラ研究』6 号、2017 年）、「北欧をめざすアラブ系「移民 / 難民」――再難民化する人びとの意識と移動モデル」（『広島平和研究』4 号、2017 年）、『移民 / 難民のシティズンシップ』（編著、有信堂高文社、2016 年）など。

浜本 篤史（はまもと　あつし）第 4 章執筆
東洋大学社会学部教授
2005 年東京都立大学大学院社会科学研究科博士課程修了、博士（社会学）。日本学術振興会特別研究員（PD）、名古屋市立大学大学院人間文化研究科専任講師、准教授などを経て 2018 年より現職。
主要業績に、『発電ダムが建設された時代――聞き書き御母衣ダムの記憶』（新泉社、2014 年）、『開発社会学を学ぶための 60 冊――援助と発展を根本から考えよう』（共編著、明石書店、2015 年）、「戦後日本におけるダム事業の社会的影響モデル : 被害構造論からの応用 」『環境社会学研究』（2015 年）など。

中村 文子（なかむら　あやこ）第 5 章執筆
山形大学人文社会科学部准教授
2009 年東北大学大学院博士後期課程修了。東北大学学際科学フロンティア研究所助教 兼 東北大学グローバル COE「グローバル時代の男女共同参画と多文化共生」研究員、米国スタンフォード大学 Law School、Human Rights Center 客員研究員などを経て、2017 年より現職。
主要業績に、「日本における人身取引と人権」（佐藤史郎他編『日本外交の論点』法律文化社、2018 年）、「犯罪のグローバル化――ヨーロッパにおける人身取引の事例から」（石井香世子編『国際社会

小泉 康一（こいずみ　こういち）編者、はしがき、序章、第 1 章、第 12 章執筆
大東文化大学名誉教授
専攻　難民・強制移動研究

国際社会の難民・強制移動民への人道的対応について、その社会的・政治的次元に関心をもっている。具体的な事柄としては、国際難民制度の進化、グローバル難民政策、国際移動と庇護、移動原因と逃亡プロセス、緊急難民援助と開発、紛争後の復興と再統合、難民援助と個人の生計などを地域横断的、歴史通時的に比較研究している。

1973 年東京外国語大学卒業、1977 年同大学院修士課程修了。その後、国連難民高等弁務官事務所（UNHCR）タイ駐在プログラム・オフィサー、英オックスフォード大学難民研究所客員研究員、スイス・ジュネーヴ大学国際関係高等研究所客員研究員、大東文化大学国際関係学部教授などを経て、同大学名誉教授。

主要業績に『変貌する「難民」と崩壊する国際人道制度：21 世紀における難民・強制移動研究の分析枠組み』（ナカニシヤ出版、2018 年）、『グローバル・イシュー：都市難民』（ナカニシヤ出版、2017 年）、『多文化「共創」社会入門：移民・難民とともに暮らし、互いに学ぶ社会へ』（共編著、慶應義塾大学出版会、2016 年）、*Urban Refugees: Challenges in Protection, Services and Policy*（共編著、Routledge, 2015）、『グローバル時代の難民』（ナカニシヤ出版、2015 年）、『国際強制移動とグローバル・ガバナンス』（御茶の水書房、2013 年）、『グローバリゼーションと国際強制移動』（勁草書房、2009 年）、『国際強制移動の政治社会学』（勁草書房、2005 年）、『「難民」とは何か』（三一書房、1998 年）など。

「難民」をどう捉えるか
――難民・強制移動研究の理論と方法

2019 年 10 月 30 日　初版第 1 刷発行

編著者――――小泉康一
発行者――――依田俊之
発行所――――慶應義塾大学出版会株式会社
〒 108-8346　東京都港区三田 2-19-30
TEL〔編集部〕03-3451-0931
〔営業部〕03-3451-3584〈ご注文〉
〔　〃　〕03-3451-6926
FAX〔営業部〕03-3451-3122
振替　00190-8-155497
http://www.keio-up.co.jp/
装　丁――――後藤トシノブ
印刷・製本――萩原印刷株式会社
カバー印刷――株式会社太平印刷社

Printed in Japan ISBN978-4-7664-2607-6